编 中国（绵阳）
科技城年鉴

YEARBOOK OF CHINA（MIANYANG） SCIENCE AND TECHNOLOGY CITY

2019

绵阳市地方志编纂中心　编

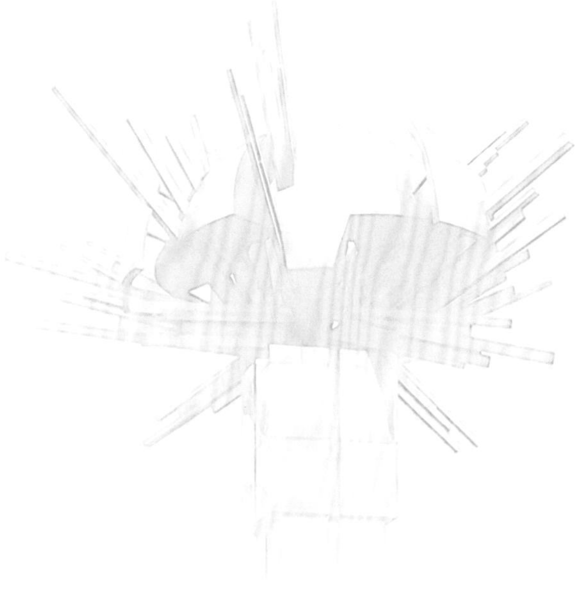

方志出版社
Publishing House of Local Records

图书在版编目（CIP）数据

中国（绵阳）科技城年鉴. 2019 / 绵阳市地方志编纂中心编. —北京：方志出版社，2019.12
ISBN 978-7-5144-4058-4

Ⅰ. ①中… Ⅱ. ①绵… Ⅲ. ①高科技开发区-绵阳-2019-年鉴 Ⅳ. ①F127. 713-54

中国版本图书馆 CIP 数据核字（2019）第 280162 号

中国（绵阳）科技城年鉴（2019）

编　　者：绵阳市地方志编纂中心
责任编辑：罗　滔

出 版 者：方志出版社
地址　北京市朝阳区潘家园东里 9 号（国家方志馆 4 号）
邮编　100021
网址　http://www.fzph.org
设计制作：成都辉汉文化传播有限公司
发　　行：方志出版社图书经销中心
电话　（010）67110500
经　　销：各地新华书店
印　　刷：成都勤德印务有限公司

开　　本：889×1194　1/16
印　　张：21
字　　数：496 千字
版　　次：2019 年 12 月第 1 版　2019 年 12 月第 1 次印刷
印　　数：0001~2000 册

ISBN 978-7-5144-4058-4　定价：288. 00 元

城市荣誉

CITY HONOR

★中国科技城
★全国文明城市
★国家森林城市
★中国优秀旅游城市
★全国科技进步先进城市
★全国创业先进城市
★国家电子商务示范城市
★全国首批“三网融合”试点市
★国家产城融合示范区
★国家智慧城市试点市
★国家新型城镇化综合试点市
★全国首批“民生改善十佳典范城市”
★中国最美山水城市
★联合国“改善居住环境最佳范例城市”

★国家系统推进全面创新改革试验先行先试区域
★国家卫生城市
★国家环保模范城市
★全国双拥模范城市
★全国人民防空先进城市
★国家新型工业化产业示范基地
★国家知识产权示范城市
★全国首批“促进科技和金融结合”试点地区
★国家产融合作试点市
★国家信息消费试点市
★中国幸福城市
★全国新型节水型城市
★联合国“杰出绿色生态城市”
★中国 2018 年“美丽山水城市”

集中发展区主体框架面积：100 平方千米

集中发展区核心示范区面积：30 平方千米

集中发展区核心启动区面积：5 平方千米

国家级园区：2 个（高新区、经开区）

省级园区：8 个

国家级科研院所：18 个

国家地方联合工程研究中心：2 个

国家级企业技术中心：8 个

国省重点实验室：27 个

国省工程技术研究中心：24 个

科技企业孵化器：60 个

孵化器总面积：115 万平方米

在绵“两院”院士：27 人

享受政府特殊津贴专家：800 余名

专业技术人才：23.5 万余人

各类高校：14 所

全国推广第二批全面创新改革经验成果：4 项

全省推广第二批全面创新改革经验成果：7 项

科技城范围内地区生产总值：1658.31 亿元

科技城第二产业增加值：826.15 亿元

数字科技城

DIGITAL
KEJICHENG 2018 **2018**

规模以上工业增加值增长：10.8%

科技城第三产业增加值：832.15 亿元

科技城全社会固定资产投资总额：1038.83 亿元

科技城社会消费品零售总额：845.04 亿元

科技城内高新技术企业：272 家

上市企业：30 家

高新技术产业产值占工业总产值比重：55.1%

战略性新兴产业产值占工业总产值比重：38.2%

重点电商企业：205 家

电商网络交易额：2902.9 亿元

全市国内省外履约项目：552 个

全市国内省外到位资金：760.24 亿元

全市专利申请量：10486 件

全市专利授权量：6651 件

技术合同成交总额：11.5 亿元

科技创新综合水平指数：72.89%

研究与试验发展（R&D）经费支出占地区生产总值（GDP）比重：6.54%

高新技术产业化指数：80.12%

科技对经济增长贡献率：58%

7 月 18—19 日，中共绵阳市委七届五次全体会议召开，审议通过加快建设中国科技城和西部现代化强市的决定

4 月 26 日，绵阳市科技创新大会召开

3月30日，绵阳市2018年第一季度重大项目集中开工仪式在三台举行

5月29日，2018年四川省重大招商引资项目集中开工绵阳分会场在游仙举行

7 月 30 日，中国（绵阳）科技城建设新闻发布会在北京举行

8 月 15—19 日，首届中国空气动力学大会在绵阳举办

12 月 3 日，绵阳市 2018 年第四季度重大项目集中开工仪式在江油举行

8 月 31 日，第七届创新创业大赛颁奖典礼在创新中心举行

1 月 23 日，市政府与平安银行战略合作协议签约仪式在绵阳举行

1 月 28 日，市政府与威马汽车技术有限公司签约仪式在成都举行

3月30日，市政府与远成集团战略合作协议签约仪式在绵阳举行

4月17日，中国（绵阳）科技城集中发展区投资推广会在成都举行

4 月 18 日，绵阳惠科第 8.6 代薄膜晶体管液晶显示器件生产线项目签约仪式在成都举行

6 月 20 日，市政府与汇桔集团工作座谈会在绵阳召开

6月25日，绵阳市游仙区新能源产业集群项目签约仪式举行

7月9日，诺思（绵阳）微系统基地项目签约仪式在成都举行

8 月 31 日，市政府与农行四川省分行政银全面战略合作协议签约仪式在绵阳举行

9 月 21 日，2018“一带一路”华商峰会侨商代表走进中国（绵阳）科技城推介会在绵阳举行

9月28日，加快推动成绵一体化发展合作协议签约仪式在成都举行

9月19日，市政府与中国联通共建中国（绵阳）科技城战略合作协议签约仪式在成都举行

10月17日，绵阳市投资控股（集团）有限公司战略投资惠科股份有限公司签约仪式在深圳举行

10月17日，中国（绵阳）科技城集中发展区投资恳谈会在深圳举行

10月18日，中国（绵阳）科技城集中发展区投资恳谈会在杭州举行

11月8日，中国（绵阳）科技城现代服务业投资恳谈会在香港举行

11 月 10 日，中国（绵阳）科技城现代服务业投资恳谈会在澳门举行

11 月 22 日，市政府与深圳证交所战略合作签约仪式在绵阳举行

11 月 26 日，绵阳·德阳加快推动绵德一体化发展座谈会暨合作协议签署仪式在德阳举行

11 月 27 日，成都绵阳深化区域合作推动一体化发展座谈会暨协同发展重大项目签约仪式在绵阳举行

① ② ③
④ ⑤

① 9月6日，省委书记彭清华等领导参观科博会展馆

② 9月7日，第六届科博会投资推介暨采供对接大会召开

③ 9月7日，2018中国（绵阳）集成电路产业发展暨物联网技术高峰论坛在会展中心举行

④ 国家科学技术奖获奖项目暨新技术展区

⑤ 9月6日，第六届中国（绵阳）科技城国际科技博览会开幕式在九洲体育馆举行

国际科技博览会
接大会
veen Purchasers and Suppliers in
ernational High-tech Expo

侯瑞兵

第六届中国（绵阳）科技城国际科技博览会
The 6th China (Mianyang) Science&Technology City International High-Tech Expo
开幕式
Opening Ceremony

第六届中国（绵阳）科技城国际科
The 6th China (Mianyang) Science&Technology City Internationa
成果发布会暨闭幕式
Achievements Release&Closing Ceremony
主办单位
Sponsors
支持单位
Supporters
承办单位
Organizers
安监局
方志办

中国科学院
CHINESE ACADEMY OF SCIENCES
第六届科技城国际科技博览会

①
②
③ ④ ⑤

① 9月8日，第六届中国（绵阳）科技城国际科技博览会成果发布会暨闭幕式现场

② 9月6日，英国企业展区开馆

③ 中科院展区

④ 中国联通5G体验区

⑤ 航空模型展示

绵阳科技城集中发展区总体发展规划

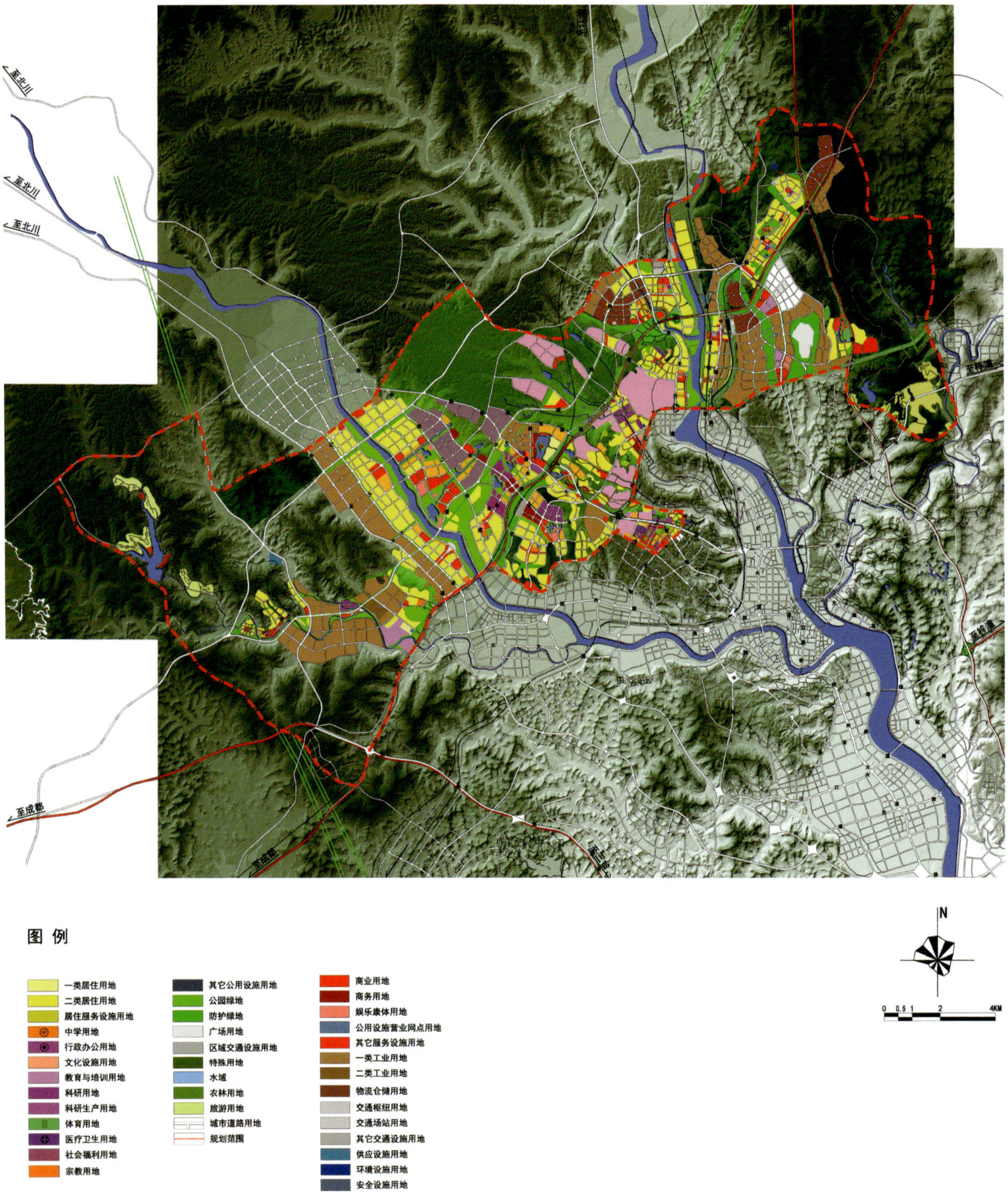

编辑说明

一、《中国（绵阳）科技城年鉴（2019）》（以下简称本年鉴）坚持以马克思列宁主义、毛泽东思想、邓小平理论、“三个代表”重要思想、科学发展观、习近平新时代中国特色社会主义思想为指导，坚持辩证唯物主义和历史唯物主义的立场、观点和方法，全面客观记述中共绵阳市委、绵阳市人民政府加快建设中国科技城的新部署、新举措、新成果。全书以科技城建设为主题，重点突出科技创新、产业发展等，为科技城科学发展、加快发展提供决策依据和借鉴，为广大读者了解和研究科技城提供资料和信息。

二、《中国（绵阳）科技城年鉴》是由绵阳市人民政府主办，绵阳市地方志编纂中心（原绵阳市地方志办公室）编纂的资料性文献，2017年创刊，每年一卷，在国内公开出版发行。本年鉴为总第3卷，记述时限为2018年1月1日至12月31日。为确保记述的完整性，部分资料作适当上溯下延。

三、本年鉴采用分类编辑法，主体由类目、分目、条目三级组成，部分内容增设子分目。设特载、大事记、综述、组织机构、研发创新平台、产业发展、产业园区、创新创业、科技成果转化和知识产权保护、开放合作、人才建设、金融服务等类目。

四、本年鉴条目标题统一用黑体字加【】表示，正文为五号宋体。全书有中英文目录、索引，具有比较完善的检索系统。在排版上，双页书眉为书名，单页书眉为类目标题。部分“简略语”随条目注释，部分条目附有资料背景链接。

五、本年鉴所载信息（数据）由科技城管委会、各县市区人民政府、各园区管委会、相关市级部门、在绵阳的科研院所、企事业单位提供，经编辑部整理编辑、编委会审查、出版社审核而成，具有权威性与资料性。

中国（绵阳）科技城年鉴编纂委员会

顾　　问： 刘　超　元　方

主　　任： 颜　超　岳　勇　罗宗志

副 主 任： 蒲方方　龙佳林　胡　精　余正道

成员单位： 各县市区政府、各园区管委会、科学城办事处、市人大常委会办公室、市政协研究室、市委组织部、市委宣传部、绵阳日报社、市金融工作局、市发改委、市经信局、市国资委、市财政局、市人社局、市统计局、市教育和体育局、市商务局、市经济合作局、市科技局、市市场监督管理局、科管委综合办、市科协、市地方志编纂中心、中国空气动力研究与发展中心、中国燃气涡轮研究院、中国电子科技集团第九研究所、西南自动化研究所、长虹集团、九洲集团、西南科技大学、绵阳师范学院

主　　编： 余正道

副 主 编： 万晓翠（常务）　吴志宏　吴　锋

中国（绵阳）科技城年鉴编辑部

主　　任： 李维怡

编　　辑： 张永兴　王仕春　晏茂川　段　雯　郭　徽　冀燕鹏　文　茜
徐江山　叶平莉　吴天文　伍丹丹　梅　柯　吴建平　郭　平

英文编辑： 周　谞

编　　务： 黄　雁

摄　　影： 赖　杰　蒲　滔　张　莉　张梦怡

图片协作单位： 绵阳日报社·视觉绵阳

中国（绵阳）科技城年鉴编辑部　地址：四川省绵阳市涪城区云泉北街 1 号集中办公区 7 号楼 C 区 116 室
电话：0816-2317693　传真：0816-2224994
E-mail:350385119@qq.com　邮编：621000

目 录
CONTENTS

特 载

大事记

综 述

组织机构

研发创新平台

产业发展

创新创业

科技成果转化与知识产权保护

开放合作

人才建设

金融服务

索　引

CONTENTS

Features

Memorabilia

Overview

Organization

Research and Development Innovation Platform

Industrial Development

Industrial Park

Innovation and Entrepreneurship

Transformation of Scientific and Technological Achievements and Protection of Intellectual Property

Open Cooperation

Talent Construction

Financial Service

Index

市委书记刘超答记者问

——在第七届中国（绵阳）科技城国际科技博览会新闻发布会上

（2019 年 7 月 25 日）

2019 年 7 月 25 日，由科技部和四川省人民政府主办的第七届中国（绵阳）科技城国际科技博览会新闻发布会在北京举行。发布会上，《人民日报》、新华社、中央广播电视总台、国际在线等 96 家新闻媒体的 110 余名记者到会采访报道。绵阳市委书记刘超回答《人民日报》、新华社、中央广播电视总台、国际在线等媒体记者提问。

《人民日报》记者：绵阳作为中国唯一科技城，科技资源富集，在全国同类城市中首屈一指。请问，绵阳在营造创新生态、汇聚创新资源上，作了哪些探索和努力？

刘超：近年来，绵阳认真贯彻落实习近平总书记关于创新驱动发展的重要论述，在营造创新生态、汇聚创新资源等方面做了许多探索和尝试，主要抓了三个方面工作：一是“育苗子”，确保有人才支撑创新。我们把人才作为科技创新第一资源，深入实施人才强市战略，出台“1+9”人才新政，设立人才发展专项资金，对高端人才发放“绵州英才卡”，实行“保姆式”服务，让人才既愿意来，又留得住，还能发展好。特别是为了给各类人才创新创造营造良好政策环境，通过积极争取，2017 年绵阳被确定为全国首批科研人员激励计划试点市，也是全国唯一入选该项试点的地级市，今年上半年有关试点经验做法被国家发改委向全国推广。二是“找银子”，确保有资金保障创新。我们积极推进金融改革创新，组建科技金融专营机构，推出一系列科技金融专营产品，创新实施了应收账款融资等金融服务模式，设立了7000万元的科技型中小企业信贷融资风险池、1亿元的高新技术中小企业贷款风险补偿基金和2.6亿元的企业应急转贷资金，为科技型企业发展提供了有力的资金支持。三是“搭台子”，确保有条件服务创新。我们围绕推进科技研发，建成了国家级和省级重点实验室、工程技术研究中心、企业技术中心134家；围绕加速科技成果转化，建立了国省级孵化器50家、入孵企业3000余家，设立了四川省两用技术再研发中心，完成100余项技术成果产品化研发，74项成果实现规模化生产；围绕强化科技服务，建立了国家级两用技术交易中心和四川省大型科学仪器共享平台，引进了汇桔网等一大批科技中介服务机构。

中央广播电视总台记者：科博会已成功举办了六届，请问，科博会的举办，对绵阳经济社会发展产生了哪些积极影响？本届科博会有哪些特点？

刘超：举办科博会是中国科技城扩大对外开放合作、融入全球创新网络的重大举措。科博会搭建了科技创新成果展示交易、国家科技信息政策发布、国际科技人才交流合作的平台和高新技术、战略性新兴产业投资促进平台，通过科博会的持续举办，日益将中国科技城推向了世界科技创新的前沿舞台、汇入了世界科技创新的时代潮流。一是展示了绵阳“新形象”，已成为社会各界观察四川、观察绵阳的重要窗口，成为绵阳和四川展示形象、扩大影响的重要平台，提升了中国科技城的知名度和影响力。二是扩大了绵阳“朋友圈”，让中国科技城与世界各国的交流交往合作更加密切，增进了中国科技城与国际的交流交往合作。三是搭建了合作“大舞台”，带动和吸引国内外创新要素加速向中国科技城聚集，促进了中国科技城创新发展、加快发展。总之，科博会对科技城建设和对绵阳高质量发展的影响是重大的、深远的。为办好第七届科博会，我们对此前六届科博会进行了回顾总结，希望把第七届科博会办成一届更具创新力、更加国际化、更显专业性的科技博览盛会。具体来讲，有三个突出特点：一是展览展示更具创新力，围绕电子信息、装备制造、节能环保、新材料、人工智能等产业领域，进行战略性新兴产业和高新技术产业成果及产品展示。二是交流合作更加国际化，奥地利共和国作为主宾国，将组织该国科研机构、知名企业、高端人才和前沿科技成果、尖端科技产品来绵参会参展，举办奥地利科技日活动，以此推动双方科研院所、高校、企业之间开展合作。同时，我们还邀请“一带一路”沿线国家和地区，以及国际国内的行业组织、科研院所、高等院校、知名企业代表和专家学者等来绵参会参展。三是论坛活动更显专业性，将策划举办中国科技城创新发展论坛、九三学社第五届全国青年论坛、北斗导航应用专题论坛等25项活动，为各方面搭建更加专业对口的交流合作平台。

（摘自《绵阳日报》2019年7月26日第一版）

2019年绵阳科技城建设重点工作安排

一、总体要求

以习近平新时代中国特色社会主义思想为指导，全面贯彻党的十九大和十九届二中、三中全会精神，认真落实省委十一届三次、四次全会和《中共四川省委　四川省人民政府关于推进中国（绵阳）科技城加快发展的意见》精神，按照《绵阳科技城“十三五”发展规划》要求，大力实施创新驱动战略，以推动科技创新为核心，以体制机制改革和开放合作为动力，以实现创新驱动发展转型为目标，统筹政府引导与市场主体、科技创新与制度创新、对内改革与对外开放、服务国防与发展经济，奋力推进中国（绵阳）科技城加快发展，为推动治蜀兴川再上新台阶作出新的更大贡献。

二、工作目标

力争2019年科技城地区生产总值同比增长9.5%，规模以上工业增加值同比增长10.7%，全社会固定资产投资同比增长16.1%，服务业增加值同比增长10.5%，全力创建国家创新型城市，科技城综合实力明显提升。

（一）创新主体持续壮大。高新技术企业超过310家，企业研发经费支出占全社会研发经费比重达到35%。高校在自主创新中的贡献大幅提升。依托科研院所落地实施一批重大项目，吸引聚集一批协作配套单位。

（二）创新生态更加优越。力争科技企业孵化器面积达到120万平方米，科技型中小企业培育达到1.2万家。每万人发明专利拥有量超过11件。

（三）创新活力不断迸发。体制机制不断创新，科技城国家、省、市政策支撑体系更加完善。科技创新综合水平指数达到72.9%。重点领域和关键环节改革持续深化，探索创新更多“绵阳经验”。

（四）创新产业蓬勃发展。新一代信息技术等六大新兴产业保持高速增长，高新技术产业产值、战略性新兴产业产值占规模以上工业总产值比重分别达到56%、39%。

三、重点工作

（一）加快培育创新主体

1. 强化企业创新主体地位。实施重点工业企业研发机构全覆盖，建成省级以上重点实验室、工程（技术）研究中心、工程实验室、企业技术中心等创新平台140个以上。开展高新技术企业数量质量“双提升”行动，有效总数超过310家，高新技术产业主营业务收入达到1800亿元。实施科技型中小企业培育“涌泉计划”，推动科技型中小企业提质增效，升规入统60户以上，认证总数达到1.2万家。

2. 提升高校科研创新能力。建好省部共建环境友好能源材料国家重点实验室、西南科技大学省部共建融合发展协同创新中心。加快建设西南科技大学国家大学科技园、绵阳职业技术学院省级大学科技园，布局建设环高校知识经济圈，大力培育高校创新创业团队。

3. 促进国防科研院所加快发展。服务保障在绵国防科研院所重大项目建设，推动更多国防科技重点实验室、军工试验设施、大型科研仪器开放共享，吸引聚集一批协作配套单位和行业龙头企业。

（二）不断优化创新生态

4. 完善科技服务体系。积极创建国家创新型城市。推进国家两用技术交易中心、大型科学仪器共享平台、两用技术再研发中心市场化运营管理，力争实现技术合同交易额12.5亿元。加快推进科技协同创新平台建设。建成国省级科技孵化器54家，科技企业孵化器面积达到120万平方米。建设国家知识产权示范市，每万人发明专利拥有量超过11件。深化“放管服”改革，打造全省一流营商环境。力争科技服务业营业收入增长20%。

5. 筑牢人才智力支撑。深入实施“科技城人才计划”“绵州育才计划”。深化人才发展体制机制改革，完善“人才新政”。力争引进培育国省级人才项目入选人才26名，新引进博士350名、硕士2200名。企业经营管理人才、专业技术人才和技能人才总量达68.5万人。加快建设中国（绵阳）科技城人力资源服务产业园。

6. 深化科技与金融结合试点。科技贷款余额实现330亿元，科技企业贷款户数突破1500户。深化应收账款融资服务试点，力争实现融资规模80亿元。推广专利权质押融资创新模式。建立科技创新券制度。建好企业上市挂牌孵化培育中心，全市上市挂牌企业达33家。

（三）着力激发创新活力

7. 深化拓展全面创新改革。推进国务院授权的先行先试改革举措落地落实，在国省层面探索形成3条以上可复制可推广的制度性经验成果。深入实施国家科研人员激励计划试点，推广试点经验。加快推动职务科技成果权属混合所有制改革试点、军工科研院所混合所有改革试点等重大改革任务。

8. 争取国家层面更大力度政策支持。深入研究和借鉴国家部分先行先试地区先行支持政策基础上，结合科技创新工作实际，按照科技城加快发展目标定位，研究起草国家支持绵阳科技城建设的政策措施，提请科技城建设部际协调小组第十四次会议审议。

9. 落实好《中共四川省委　四川省人民政府关于推进中国（绵阳）科技城加快发展的意见》。对重点任务和政策事项细化分解考核目标，开展专项督查和年度考核，确保工作任务落地落实。

（四）大力发展创新产业

10. 加速科技成果产业化。扎实抓好成德绵国家科技成果转移转化示范区建设重点工作，培育国省级科技成果转移转化示范企业30家，推进实施科技成果双向转移转化项目100项、高校院所转移孵化项目200项。积极推进激光产业基地和核医学中心建设。促进产业结构调整，带动现代服务业发展。

11. 加快发展重点产业集群。大力发展新一代信息技术、新能源、核技术应用和生物医药等新兴产业，高新技术产业、战略性新兴产业产值占规模以上工业总产值比重分别达到56%、39%。推动数字经济与实体经济深度融合发展，数字经济占地区生产总值比重达30%。实施大企业大集团培育“领航计划”，力争新增规模以上企业100户以上，省级高成长型企业8户，国家级单项冠军企业1户。

12. 加快科技城集中发展区和园区建设。启动编制《绵阳科技城“十四五”发展规划》《科技城集中发展区总体发展规划》。重点抓好骨架、次支路网、综合管廊、市政配套以及生态绿地等项目建设，力争99个基础设施项目完成投资115亿元，55个产业项目建设完成投资206.5亿元。实施“园区千百亿工程”，支持高新区、经开区在全国同类园区排名提档升级，支持8个省级产业园区提升全省排位，力争园区经济占工业经济比重达到83%以上。

（五）务实推进开放合作

13. 全面提升招商引资实效。坚持“招大引强、招新引优、招才引智”，深化与央属军工集团对接合作，招引聚集一批国防军工单位和重大产业项目。争取国家新一轮重大国防科研专项、“科技创新2030—重大项目”和重大工程布局绵阳。力争全年引进10亿元以上项目20个、30亿元以上项目10个，国内省外到位资金600亿元以上。

14. 高质量办好第七届科博会。更加突出展会特色，持续提升专业化、国际化、市场化水平，办好创新发展论坛、文化旅游新技术应用大会等活动，着力打造创新驱动发展开放合作平台。

15. 建好对外开放合作平台。支持绵阳科技城建设国省级外贸转型升级基地。全力推进出口加工区整合优化为综合保税区，争创自贸区协同改革先行区，与四川自贸试验区实现制度对接、平台融通、产业互动。加快建设绵阳跨境电商产业园。

16. 深化区域交流合作。主动融入“一干多支、五区协同”区域发展新格局，强化环成都经济圈、成渝城市群在产业协作、科技创新、人才流动等合作，加快推进成绵、绵德一体化发展。深入对接京津翼、长三角、粤港澳等重点区域城市群，积极承接先进产业和加工贸易转移。进一步优化营商环境，积极有效利用外资，争取引进一批先进制造业和高端服务业外商投资项目。支持有条件的企业通过绿地投资、跨国并购、股权置换、设立境外研发中心和贸易网点等方式开展境外投资，实现货物进出口总额达220亿元。

17. 构筑对外开放大通道。加快构建西部区域性综合交通枢纽，力争完成交通投资超过140亿元。推动绵遂内铁路前期工作，开展成都经金堂至三台城际铁路规划研究。加快建设九绵、广平、中遂高速公路，推动G5成绵扩容、绵苍高速公路开工建设控制性工程。启动建设德绵大道。推进南郊机场改扩建，力争通航城市达到39个，旅客吞吐量达到410万人次。加快推进北川、三台、江油等通用航空机场建设。

（六）筹备召开部际协调小组第十四次会议

18. 筹备部际协调小组第十四次会议。加强对上争取汇报，做好会议各项筹备工作，力争今年下半年召开绵阳科技城建设部际协调小组第十四次会议，全面总结科技城建设情况，审议国家层面支持绵阳科技城创新发展的政策措施，安排部署下一阶段工作，促进科技城在国家创新体系建设中发挥更为重要的示范引领作用。

（科管委）

大事记

Memorabilia

1月

2日　市委副书记、市长刘超主持召开市委专题会议，研究部署2018年经济工作。

▲涪城区被确定为国家知识产权强县工程示范区。江油市被国家知识产权局确定为国家知识产权强县工程试点县。

6日　四川长虹入选世界品牌实验室评选的2017年度（第14届）世界500强排行榜，排名第286位，同时获2017年中国品牌年度大奖NO.1（电视行业）。

8日　平武食品药品检测中心通过国家级评审，成为国家首批9个县级食品药品安全检测资源整合试点项目之一，四川省唯一区域性检测中心。

9日　2018年度国际消费类电子产品展在美国拉斯维加斯开幕，四川长虹现场发布全球首款拥有自主知识产权的家用三色4K激光影院——长虹CHiQ激光影院C7TU。

15日　市委经济工作暨全市金融工作会议召开。

▲2018全市工程质量三年提升行动暨“四新技术”现场观摩会在经开区举行。

17日　绵（阳）九（寨沟）高速永久性林地获国家林业局批复。

18日　2017天府·宝岛工业设计大赛绵阳分赛颁奖典礼暨发展服务型制造培训会在绵阳举行，长虹集团的长虹Wallpaper系列电视和美菱宅·酷单门冰箱、四川嘉泰的微型投影电脑分别获得一等奖。

20日　中国发展战略研究会、四川省机械工业联合会、绵阳全息能源科学研究院共同主办的全息能源2018首届能源创新大会在绵阳会展中心举行。

▲绵阳科技城企业联合商学院成立，学院由四川聚点人力资源服务公司、长虹电器股份有限公司、四川九洲电器集团有限责任公司、绵阳新华内燃机股份有限公司、中国兵器装备集团自动化研究所、西南科技大学经济管理学院等8家单位发起成立。

22日　市政府召开2017年度绵阳市国民经济运行情况新闻发布会，发布绵阳2017年经济年报，2017年全市经济实现地区生产总值

2074.75亿元，绵阳市经济总量首次突破2000亿元，成为全省首个地区生产总值突破2000亿元的地级市。

23日　市人民政府与平安银行签署战略合作协议，双方约定将以落实科技城建设等国家战略促进城市及产业转型升级发展为主题，加强经济金融资源、产业建设、信息交流等方面的优势集成与互补，共同促进绵阳市建设西部经济强市。

▲ 全市社会信用体系建设工作推进会召开。

24日　国务院国资委改革办编写的《国企改革若干问题研究》《国企改革探索与实践》系列丛书出版，长虹控股集团的改革案例入编丛书《国企改革探索与实践——地方国企100例》。

31日　游仙聚福物流园LNG清洁能源项目、石塘商贸物流园区LNG清洁能源项目、中国（绵阳）科技城物流产业园物流园LNG清洁能源项目被省政府口岸与物流办、省发改委确定为全省清洁能源项目。

2月

1日　绵阳市出入境检验检疫局与绵阳市京东方光电科技有限公司签署《检企合作备忘录》，助推电子信息产业加快发展。

3日　绵阳市首届人力资源高峰论坛举行。

8日　《绵阳发展目标和发展方略研究》《建设西部经济强市研究》等重要事项经市委常委会会议审议通过。

10日　游仙经济开发区、江油工业园区被省政府认定为省级高新技术产业园区。

12日　绵阳市首个“刷脸”存取款柜台机在高新区永昌路农行永兴分理处亮相使用。

22日　市委召开常委会会议和全市领导干部大会，专题传达学习习近平总书记来川视察重要讲话精神，特别是习近平总书记对绵阳科技城建设的重要指示精神。

23日　西南地区首套三相一体百万机组主变压器设备——神华四川天明发电公司1号机组主变压品抵达江油市。

26日　《绵阳市主动参与融合四川省“四项重点工程”工作方案》《全市2018年全年及一季度主要经济指标分解建议方案》经市政府第38次常务会会议审议通过，28日经市委常委会会议审议通过。

27日　科技城集中发展区建设领导小组会议召开，会议审议科技城集中发展区建设2018年工作要点和基础设施、招商引资、产业培育、用地保障、资金保障等方面计划。

▲ 国家发改委调研组到绵阳调研区域协调发展情况，调研组一行参观科技城建设成就展馆等处，考察绵阳新晨动力公司和京东方在建项目。

3月

8日　绵（阳）西（充）高速江家湾枢纽互通立交桥跨线完工。

▲ 绵阳市人力资源市场现场招聘进入电子化管理模式，在全省首先实现人力资源市场全信息化管理。

▲ 绵阳中学2015级学生王玄之入选新一届IBO（国际生物学奥林匹克竞赛）国家队，也是西部地区唯一入选学生。

▲ 2018中国家电及消费电子博览会上，四川长虹与比利时国家足球队签约，赞助其进军2018年世界杯。

9日　四川省工会就业创业月——走进绵阳暨绵阳市2018年职工创新创业推进和就业招聘会在五一广场举行。

▲ 中国（绵阳）科技城工业技术研究院举行产品成果发布会，会上中国兵器装备集团自动化研究所发布5项军转民专利技术，共36件发明和8项软件著作。

▲ 绵阳市“科技之春”科普活动月启动仪式在盐亭举行。

13日　美国奥林匹亚市市长谢丽尔·塞尔比率团到绵阳考察。

▲ 省商务厅调研组到绵阳调研跨境电商发展情况。

▲ 四川国大水泥有限公司、四川九州电子科技股份有限公司分别被工信部评为绿色工厂、绿色供应链管理示范企业。

15日　国家骨科手术机器人应用中心绵阳分中心成立大会暨开机仪式在绵阳市骨科医院举行。

16日　德国巴伐利亚国际商会会长托马斯·福斯特率团到绵阳开展投资合作推介活动。

23日　2017年绵阳市公民科学素质调查揭晓，调查结果显示，绵阳市公民科学素质水平测评值达7.3%，高于全省总水平0.4个百分点。

24日　全省2017年度空气质量综合指数及变化率排名出炉，绵阳市环境空气质量综合指数为4.51，居全省21个市（州）第10位，空气质量改善居全省21个市（州）第5位。

25日　绵（阳）九（寨沟）高速完成投资45.29亿元。

▲ 省道205线绵阳绕城段改线工程一期建成通车。

26日　第三届海峡两岸嫘祖文化交流活动暨绵阳（盐亭）投资推介会举行。

▲ 中西部地区中学人才培养与高校人才选拔高峰论坛在绵阳举行。

▲ 科技城集中发展区首个大型安置房小区——高新区河边镇中式风貌小镇统建安置房小区项目主体完工。

▲ 国家中药材产业技术体系绵阳综合试验站麦冬生态种植发展会议在绵阳召开。

27日　《绵阳市服务业重点产业2018年度行动方案》和2017年度绵阳市科学进步奖项目名单经市政府第39次常务会会议审议通过。

29日　奇安信集团安全运营服务总部、网络安全人才培养绵阳基地启动，首期培训开班。

▲ 全市首个国税地税联合自助办税服务厅在经开区建成投入使用。

30日　绵阳市2018年第一季度重大项目集中开工仪式举行，114个重大项目集中开工，总投资253.47亿元。

▲ 市政府与远成集团有限公司在绵阳签署战略合作协议。

▲ 四川九洲集团国家空管监视和通信系统工程技术研究中心被科技部认定为国家工程技术中心。

31日　西南科技大学“部省共建环境友好能源材料国家重点实验室建设运行实施方案”通过专家组认证。

▲ 德国北威州环保代表团一行到绵阳就生态环保、水、土壤、固废污染防治、可再生能源综合利用等方面进行考察交流。

4月

4日　四川豪斯特电子技术有限公司研发的“新一代多功能现场执法系统”发布上市。

▲ 第三届绵阳市职业技能大赛启动，大赛设数控车工、普通车工、工具钳工、电子设备装接、维修电工、汽车修理等13个项目。

9日　清华大学党委副书记过通率清华大学考察团到绵阳调研绵阳教育发展、人才引进等情况。

▲ 商务部调研组到绵阳调研跨境电子商务发展与“一带一路”建设情况。

▲ 中法友好城市教育交流活动周在绵阳外国语实验学校启动。

16日　西南科技大学主导研发的“含油污水净化及溢油回收装备”项目获第46届日内瓦国际发明展特别嘉许金奖。

▲ 工信部人才交流中心主办的第九届“蓝桥杯”全国软件和信息技术专业人才大赛（省赛）在绵阳举行。

17 日　中国（绵阳）科技城集中发展区投资推介会在成都举行，推介会上签约项目 20 个，投资额 694.15 亿元。

▲ 面向科研、教育及产业机构的垂直型 B2B+O2O 第三方电子商务平台——中科院科研电商平台喀斯玛（西南）商城落户绵阳。

▲ 长虹集团发布 2017 年年报，报告显示，长虹集团 2017 年实现营业收入 776.32 亿元，同比增长 15.57%。

18 日　市政府与惠科股份有限公司在成都签署项目合作协议，投资 240 亿元的惠科股份有限公司第 8.6 代薄膜晶体管液晶显示器件生产线项目落户绵阳。

19 日　四川—捷克共和国投资机遇研讨会在绵阳举行。

22 日　绵阳市为外商投资备案开辟“绿色通道”，办件时间由 20 个工作日缩短到 6 小时。

▲ 教育部中外人才交流中心四川调研工作会在绵阳召开。

23 日　2018 年绵阳市知识产权宣传周活动启动仪式举行。

24 日　省委常委、宣传部部长甘霖到绵阳的九洲集团、市网信办等单位调研网络安全、信息安全产业发展、网上群众路线工作情况。

▲ 中国（绵阳）科技城创新成果发布活动举行，中物院、电科集团、西南科技大学等 10 家单位分别发布 10 项科技成果转化项目，项目涉及装备制造、电子信息、新材料、节能环保等领域。

25 日　市委、市政府召开专题会议研究惠科等重大招商引资项目推进有关事宜。

▲ 省商务厅调研组到绵阳调研对外投资与经济合作工作。

▲ 中国航天系统科学与工程研究院同科创区举行签约仪式，合作建设“中国科技城钱学森科学创新研究院”项目。

26 日　省建设绵阳科技城领导小组会议在成都召开，会议审议《2018 年绵阳科技城建设重点工作安排》《第六届中国（绵阳）科技城国际科技博览会总体方案》。

▲ 绵阳市科技创新大会召开。

5 月

2 日　《关于加快建设西部人才强市的意见》《绵阳市 2018 年“项目年”工作方案》等经市政府第 43 次常务会会议审议通过。

3 日　绵阳科莱电梯股份有限公司等 34 家企业入选省中小企业培育名单。

▲ 中国（绵阳）科技城集中发展区（涪城区范围）投资推介会在绵阳举行。

▲ 四川华丰企业集团有限公司与史密斯英特康在绵阳举行合资企业合作协议签约仪式。

3—6 日　第二届（2018）中国科技城绵阳现代农业及花卉花艺博览会在科技城会展中心举行。

4 日　省政府印发通知，在全省推广第二批 21 项全面创新改革试验成果，其中在全省可复制推广的 11 项改革措施中，绵阳占 5 项。

6 日　2018 年绵阳市“一带一路”倡议跨境电商培训暨川货天下行推介会在绵阳举行。

▲ 市科知局被科技部、人社部表彰为全国科技管理系统先进集体。

8 日　绵阳市协同引才恳谈会在科发酒店召开。

11 日　市委副书记、市长刘超在成都与参加四川—香港投资与贸易合作交流会的华润（集团）有限公司董事长傅育宁一行会谈。

15 日　中国兵器装备集团自动化研究所的转制实施方案获国防科工局、中央编办、财政部、人力资源与社会保障部、国务院国资委、科技部、国家税务总局、国家市场监督管理总局 8 部门联合批复，标志着该研究所成为全国第一家转制为企业的军工科研单位。这是全国军工科研院所分类改革中批复的第一家单位，也是唯一获批单位。

▲ 无锡电仪公司与九洲技师学院签订《深化产教融合战略合作协议》，九洲技师学院“无锡电仪”专班挂牌成立。

▲ 商务部发布 2017 年对全国 219 个国家级经开区和边境经济合作区的综合发展水平考核评价结果，绵阳经开区跻身全国 30 强，综合排名位居全国第 29 位、四川省第 2 位。

18 日　绵阳市第四届职业教育活动周启动仪式举行。

20 日　长虹空调公司电控加工班被授予全国“工人先锋号”。

▲ 科技部、四川省人民政府联合下发通知，批准依托西南科技大学建设省部共建环境友好能源材料国家重点实验室。标志着四川省实现省部共建国家重点实验室零的突破。

31 日　省政府公布《关于 2017 年度四川省科学技术奖励的决定》，长虹 4K 超高清电视显示技术研究及应用、基于变频技术的家电控制系统集成化研究及应用等多个技术项目获四川省科技进步奖。

6 月

1 日　绵阳市创建全国版权示范城市工作推进会召开。

▲ 绵阳市在人民日报社《中国城市报》主办的 2018 中国城市大会暨中国城市品牌评价排名发布（地级市）仪式上，以 368.04 分排名全国地级市第 46 位。

2 日　省政府印发《2018 年绵阳科技城建设重点工作安排》。

▲ 全市首个“非接触”城管执法体系试点区在市城管执法支队直属三大队建立。

3 日　省质监局调研组到绵阳开展产品质量和电商产品质量监督工作调研。

5 日　《绵阳市 2018 年深化供给侧结构性改革重点工作方案》经市政府第 45 次常务会会议审议通过。

▲ 市政府金融办、市发改委、人民银行绵阳中心支行联合举办全市债券融资信用增进培训对接会。

▲ 美菱电器发布关于拟变更公司全称与证券简称的公告，“美菱电器（000521）”更名为“长虹美菱”。

7 日　全国政协调研组到绵阳调研文化创意产业发展、国家级文化和科技融合示范基地建设情况。

▲ 四川长虹公告，收购控股股东四川长虹电子控股集团有限公司全资子公司四川电子军工集团有限公司所持零八一电子集团有限公司 100%股权，总体交易对价约 17.28 亿元。

8 日　四川省两用技术再研发中心在绵阳正式启动。该中心是全省首家两用技术再研发平台，是专业从事两用技术再研发活动的创新服务机构，运行模式属全国首创。

9 日　中国（绵阳）科技城工业技术研究院举行的产品成果发布会上，绵阳工创生物质再生利用科技有限公司与四川艾巴斯环境科技有限公司联合推出厕所除臭杀菌机。

10 日　粤澳工商联会考察团到绵阳考察投资环境。

12 日　科技部复函批复支持四川省建设成德绵国家科技成果转移转化示范区。

▲ 市委副书记、市长刘超主持召开专题会议，研究加快推进绵遂内城际铁路项目推进工作有关事宜。

13 日　市委副书记、市长刘超主持召开专题会议，研究加快推进绵阳综合保税区申建工作有关事宜。

▲ 2018 会展产业发展大会暨改革开放 40 周年颁奖盛典在上海举行，会议揭晓优秀会展城市及品牌展览会评选结果，绵阳市获“改革开放 40 年，40 个优秀会展城市”称号，中国（绵阳）科技城国际科技博览会获“改革开放 40 年，40

个品牌展览会”称号。

15日 市住房公积金中心与工行绵阳分行签订合作协议，在全省率先推出“融e借”子产品“金闪借”，该款公积金个人信用贷最高可贷30万元。

▲ 中国（绵阳）科技城管委会、市科知局、市人社局及工研院主办的第四届中国科技城大学生毕业设计大赛决赛在绵阳举行。

16日 《绵阳市事业单位失信被执行人相互通报及联合惩戒规定（试行）》出台。

20日 市委副书记、市长、科技城集中发展区建设领导小组组长刘超到科技城集中发展区，督导基础设施建设攻坚行动项目推进情况。

▲ 市政府与汇桔网召开工作座谈会，协商投资有关事宜。

▲ 绵阳市青年企业家联合会成立。

21日 绵阳市移动支付便民示范工程建设推进会召开，全面开启便民支付新通道，提升数字普惠金融服务民生水平，助力打造全国一流的“科技之城·智慧之城”。

25日 《中国（绵阳）科技城临港经济发展区建设实施方案》经市政府第46次常务会会议审议通过。

▲ 投资130亿元的绵阳市游仙区新能源产业集群项目签约仪式举行。

7月

1日 反映“两弹一星”精神形成过程和当代价值观的“绵阳造”话剧《国魂》，在绵州大剧院首演。

8日 长虹中东地区首家自营店——长虹迪拜旗舰店开业剪彩。

9日 总投资128亿元、年产110亿颗FBAR（薄膜腔声谐振）滤波器芯片的诺思（绵阳）微系统基地项目正式落户绵阳。

10日 市政府组织召开绵阳市国家科研人员激励计划试点工作推进会议。

10—12日 第三届绵阳市职业技能大赛在四川九洲技师学院举行。

18日 国家发改委在绵阳市组织召开全国科研人员增收试点工作推进现场会。

▲ 人民银行绵阳中心支行统计，截至6月末，绵阳市金融机构本外币各项贷款余额达2025亿元，比年初增加158亿元。贷款总量继GDP之后，在全省地级市中率先突破2000亿元大关。

▲ 投资18亿元的梓潼县速酶硅谷产业中心项目举行签约仪式。

▲ 宝马集团授权绵阳新晨动力机械有限公司生产的王子发动机第10000台正式下线。

21日 第三届中国（绵阳）科技城法治微电影大赛颁奖盛典在市委党校举行，《重生无门》《方圆之间》等影片获奖。

22日 市商务局发布：1—6月，全市实现电商网络交易额1385.92亿元，同比增长17.56%，在全省排名第二。其中实现网络零售额63.69亿元，同比增长41.29%。

23日 市政府新闻办举行2018年上半年经济社会运行情况新闻发布会。全市地区生产总值实现1061.54亿元，同比增长8.9%，增速比全省平均水平高0.7个百分点，居全省第6位。

▲ 第六届科博会筹备工作会议在绵阳举行。

▲ 四川省首个“省部共建环境友好能源材料国家重点实验室”建设启动会召开。

24日 科技部火炬中心、省科技厅、绵阳市人民政府共同举办的第六届科博会首场赛事活动——第七届中国创新创业大赛军转民大赛正式启动。

▲ 长虹软件与服务中心主办的首届“长虹Arch论坛——互联网+助力企业数字化转型”在成都召开。

25日 绵阳市举行重大招商引资项目集中签约仪式，签约项目39个、总投资940.24亿元，其中5亿元以上项目20个、投资额902亿元。

▲ 全市经济运行调度会召开。

▲ 全市2018年投资促进工作会议召开。

31日　第六届中国（绵阳）科技城国际科技博览会动员大会召开。

▲ 长虹华意“家用电器高效变频压缩机智能制造试点示范项目”入选工信部智能制造试点示范项目。

▲ “2018年中国电子信息百强企业发布会”在长春举办，四川长虹电子控股集团有限公司排名第6位，四川九洲电器集团有限责任公司排名第41位。

8月

2日　绵阳市被四川省中医药管理局、省财政厅列为四川省中医药产业示范市创建单位，平武县、三台县、梓潼县被列为四川省中医药产业示范县创建单位。

4日　《绵阳市开展质量提升行动实施方案》由绵阳市委、市政府印发。

8日　绵阳市公务用车实现“北斗”定位监控技术全覆盖。

9日　《关于加快建设西部先进制造强市的实施意见》《绵阳市大力支持先进制造业发展的若干措施》《绵阳市先进制造业发展专项资金管理办法》经市政府第50次常务会议审议通过。

16日　中国空气动力学会、中国空气动力研究与发展中心、绵阳市人民政府联合举办的首届中国空气动力学大会在绵阳举行。

20日　科技部火炬高技术开发中心、四川省科技厅、绵阳市人民政府共同举办的第七届中国创新创业大赛军转民大赛初赛在北京举行。

21日　省政府在绵阳召开第六届科博会动员大会，听取科博会筹备工作情况汇报，对科博会进行再部署和再动员。

23日　四川省委召开科技城建设专题会议。

▲ 绵阳市开通引进外国高端人才绿色通道。

▲ 《2018年“科技城人才计划”项目申报公告》发布，对项目定位、申报范围、条件、支持政策、时间等作具体规定。

▲ 工商银行绵阳分行与四川中油九洲北斗科技能源有限公司推出普惠金融产品“油e贷”。

24日　市委召开常委（扩大）会议，传达学习省委研究中国科技城建设专题会议精神，专题研究全市贯彻落实意见。

25日　国务院第五次大督查二十三督查组创新驱动组到绵阳，重点围绕激发科研人员创新活力、推进科技成果转化、打造双创升级版3个方面开展实地督查。

▲ 第6届科博会展区搭建工作全面启动。

27日　《绵阳市人大常委会关于加快建设中国科技城和西部现代化强市的决定》由市人大常委会第14次会议审议通过。

▲ 绵阳市工商部门与工商银行绵阳分行、农行绵阳分行、中行绵阳分行、建行绵阳分行达成合作协议，在全市60个银行网点开展导办企业登记注册服务。

▲ 全市启动“迎科博、庆国庆、美绵阳”主题志愿服务活动。

28日　四川省移动支付便民工作推进会在绵阳召开。

▲ 市经信委、中国科技城软件产业园、软服之家联合主办的中国科技城软件供需对接会在绵阳举行。

29日　世界品牌实验室和世界经纪人集团共同编制和发布的2018年亚洲品牌500强排行榜揭晓，长虹蝉联亚洲品牌50强。

▲ 位于绵阳的国家电器安全质量监督检验中心（四川）通过国家认证认可监督管理委员会专家组的检验检测机构资质（CMA）认定现场评审。

30日　第七届中国创新创业大赛军转民大赛决赛在科技城创新中心二期举行。

31日　第六届科博会筹备工作推进会召开。

▲ 第六届科博会安保动员部署会召开。会议决定全市抽调3000余名公安民警、消防官兵和10余台消防车参与第六届科博会安保工作。

▲ 科技部火炬中心、绵阳市人民政府共同举办的第七届中国创新创业大赛军转民大赛颁奖仪式在科技城创新中心二期举行。

▲ 市政府与中国农业银行四川省分行签署《银政全面战略合作协议》。根据协议，农行四川省分行拟向绵阳市提供600亿元的信贷资金支持，用于基础设施建设、产业发展、科技创新、乡村振兴、脱贫攻坚等领域重点项目。

▲ 第六届科博会志愿者誓师大会暨培训会在绵阳师范学院举行。

9月

3日　绵阳科发集团与北京思源政通科技集团有限公司联合打造的“科博通—1.0V”APP，在手机应用商店正式上线。该APP不仅能为游客实现“掌上观展”新体验，还可为第六届科博会提供展会期间的各类会务服务，在会议结束之后，可实现线上365天的群组交流、项目洽谈、企业展示推介等服务。

4日　第六届科博会场馆搭建工作全部完成。

▲ 绵阳市与中国电子科技网络信息安全有限公司就移动互联网安全、物联网安全、人工智能、大数据安全、工业控制安全和云计算安全等方面合作并签署《战略合作协议》。

5日　“两弹城”王淦昌旧居开馆仪式在中国“两弹城”举行，全国政协副主席、九三学社中央常务副主席邵鸿出席开馆仪式，并为王淦昌铜像揭幕。

▲ 省政府副秘书长牛晓峰、省政府外事侨务办公室副主任张涛、绵阳市人民政府副市长赵迎春在绵阳共同会见参加第六届科博会的新西兰驻成都总领事馆总领事孔思达、捷克驻成都总领事馆总领事卡雷尔·史诺、澳大利亚驻成都总领事馆总领事林明皓、美国驻成都总领事副领事简天龙。

▲ 市委副书记、代市长、科技城管委会主任元方在绵阳会见参加第六届科博会的英国剑桥市前市长、市议员乔治·皮帕斯率领的英国企业代表团一行。

▲ 副市长罗宗志会见参加第六届科博会的德国创新型中小企业代表团Os. karG. Loewe一行。

▲ 第六届科博会媒体见面会举行。

▲ 以“深化北斗应用　促进产业发展”为主题的中国卫星导航与位置服务第七届年会暨中国北斗应用大会开幕大会在九洲体育馆举行。

▲ 省旅发委、省科技厅、市政府主办，以“新技术、新动能、新旅游”为主题的第二届四川省旅游业新技术应用大会在绵阳召开。

▲ 绵阳科技馆、北川维斯特示范区等被第二届四川省旅游业新技术应用大会认定为四川省科技旅游示范基地。

▲ 第六届中国（绵阳）科技城国际科技博览会侨智精英科博行圆桌会议在绵阳举行。

▲ 第六届科博会交通安保工作誓师大会举行。

▲ 中国科技城（游仙）人才俱乐部启动仪式举行。

▲ 长虹推出全球首款打通第一、三产业的智慧厨房系统。该系统通过数据打通农场种养、净菜加工、冷链配送、智能烹饪到手机点餐、食材溯源等全流程。

6日　第六届中国（绵阳）科技城国际科技博览会在绵阳开幕。捷克共和国总统米洛什·泽曼发来贺信。全国政协副主席、九三学社中央常务副主席邵鸿出席开幕式。省委书记彭清华，科技部党组成员、科技日报社社长李平，中央军委科技委副主任辛毅分别致辞。省委副书记、省长尹力主持开幕式。省政协主席柯尊平，省委副书记邓小刚，市委书记刘超，市委副书记、代市长元方，市人大常委会主任马华，市政协主席张锦明等出席。出席开幕式的还有国家部委、军方单位、专家学者、四川省有关领导以及有关省市、国家自主创新示范区、高等院校、科研院所、军工集团、国际组织、国内外知名企业等单位的嘉宾代表，新西兰、捷克、泰国、以色列、韩国、美国驻成都总领事馆代表，俄罗斯奥布宁斯克市、黑山尼克希奇市代表等。

▲ 市委副书记、代市长元方分别会见参加科博会的俄罗斯奥布宁斯克市和黑山共和国尼克希奇市友好代表团。

▲ 第六届科博会英国企业馆开馆。

▲ 第六届科博会中英科技创新产业峰会在绵阳举行。

▲ 中国航空学会、商务部投资促进事务局、绵阳市人民政府、四川省航空宇航学会、航空产业国际合作联盟等 9 家单位联合主办的中国航空产业创新峰会在绵阳举行。

▲ 第六届科博会中国电科第九研究所主题日活动举行，发布该所最新创新成果，并举行重点项目签约仪式。

6—7 日　市委副书记、代市长元方分别与全国政协常委、中国核学会理事长王寿君，国家创新发展战略研究会副会长郝叶力，360 公司创始人、奇安信企业安全集团董事长齐向东，威马汽车集团董事长沈晖等参加第六届科博会的重要客商嘉宾会谈。

7 日　第六届科博会投资推介暨采供对接大会在绵阳举行，共签约项目 121 个，投资金额 904.23 亿元。其中绵阳签约市（境）外项目 57 个，投资金额 760.84 亿元。

▲ 市委书记刘超分别与 360 公司创始人、奇安信企业安全集团董事长齐向东，史密斯集团中国区政府事务和业务发展副总裁梅报春，蓝城集团执行总裁傅林江，英中贸易协会成都代表处首席代表韦咏梅等出席第六届科博会投资推介暨采供对接大会的嘉宾会谈。

▲ 市委副书记、代市长元方分别与毅德控股集团创始主席王再兴、中国航天建设集团有限公司福建公司总经理李小龙、北京升华电梯集团董事长罗海闽等出席第六届科博会投资推介暨采供对接大会的部分嘉宾会谈。

▲ 第六届科博会核医学论坛在绵阳举行。

▲ 中国航空学会、商务部投资促进事务局、绵阳市政府等联合举办的第三届中国航空创新创业大赛创新组复赛在科技城会展中心 A 馆绵阳厅举行。

▲ 高新区与民营商业航天企业——北京星途探索科技有限公司就在高新区打造商业运载火箭生产制造基地签署合作协议。

8 日　第六届科博会成果发布会暨闭幕式举行。第六届科博会共开展主要活动 31 项，参展单位 650 余家、展品 10319 件，重要参会嘉宾达 7500 余人。共签约招商引资项目 121 个、投资额 904.23 亿元，其中绵阳签约市外项目 57 个、投资额 760.84 亿元。

9 日　第六届科博会公众开放日举行。据科发会展公司统计，截至 16 时闭馆，第六届科博会观展人员总数达 52.1 万人次，其中专业观众 11.2 万人。

▲ 2018 中国（绵阳）集成电路产业发展暨物联网技术高峰论坛在绵阳举行。

▲ 首届“北斗之星”创新创业大赛总决赛在绵阳科技城会展中心举行。

▲ 中国通信学会、省经济信息化委员会、省科学技术协会、绵阳市政府主办的 2018 中德智能制造高峰论坛在绵阳举行。

▲ 汇桔网正式落户绵阳，并举行绵阳知商谷开园仪式。

10—12 日　为期 3 天的国家重大人才专项专家走进中国（绵阳）科技城、创业导师走进绵阳留学人员创业园、海外赤子走进绵阳师范学院等活动在绵阳正式启动。

11 日　市委书记刘超在浙江省杭州市考察

蚂蚁金服集团，并与阿里巴巴合伙人、蚂蚁金服集团董事长兼 CEO 井贤栋座谈，就深化双方战略合作进行沟通交流。

▲ 深圳加推科技有限公司开发研制的微信小程序“AI 人工智能名片”上线，同时绵阳分公司正式落户科创园区蜂创加速工场。

12 日　中央党校国资委分校“两弹一星”精神党性教育培训班在“两弹一星”干部学院开班。

12—13 日　绵阳市第四届创业明星和创业能手选拔活动在五一广场五一大厦 51C+创客中心举行，并评出十大创业明星。

▲ 盐亭县 3 个项目获省科技厅立项支持，获省级财政科技专项资金 156 万元。其中四川金和新型建材有限公司申报的《自保温—承重一体化绿色墙体材料开发及生产示范》成果转化项目获科技成果转化专项资金 86 万元；四川天水缘生态农业开发有限公司申报的《优质沃柑标准化栽培技术集成与示范》科技扶贫项目获科技扶贫专项资金 40 万元；绵阳市春鹏种畜养殖有限责任公司申报的《优质生猪生态繁育及养殖关键技术集成与示范（创新能力培育）》重点研发计划项目获科技重点研发计划专项资金 30 万元。

▲ 2018 年中国（四川）非公有制经济发展论坛嘉宾走进绵阳投资推介会举行。

▲ 全市审议科技城大道二期涪江大桥初步方案专家咨询会召开。

13 日　省人大常委会副主任叶壮，省高级人民法院院长王树江，民进四川省委会副主委、成都市委会主委、成都市政协副主席杨建德等驻川（成德绵）全国人大代表组成的调研组到绵阳，就创新产业发展等情况开展专题调研。

▲ 市政协召开重点提案办理协商座谈会，对市政协七届三次会议重点提案《关于加强我市人才软环境建设，促进创新驱动发展的建议》进行督办。

▲ 2018“创客中国”四川省创新创业大赛暨首届“创客天府”创新创业大赛绵阳区域赛在创新中心二期举行。

▲ 省道 416 线绵（阳）中（江）路改造工程主体完工。

17 日　京东方绵阳项目推进工作座谈会召开。市委书记刘超、京东方科技集团股份有限公司首席执行官陈炎顺出席座谈会并讲话。

▲ 市委副书记、代市长、科技城管委会主任元方赴上海电气集团考察，并与董事长郑建华会谈，就推动双方务实合作进行沟通交流。

▲ 绵阳市 2018 年国家网络安全宣传周启动仪式暨涪城区网络安全进基层集中宣传活动举行。

▲ 2018 年“金融知识普及月金融知识进万家”活动进校园在绵阳职业技术学院开展。

18 日　市政协召开重点提案办理协商座谈会，对市政协七届三次会议重点提案《关于加快发展中职教育，为西部经济强市提供产业工人队伍的建议》进行督办。

▲ 全市金融支持绵阳科技城超常发展暨深化小微企业金融服务融资对接会召开。

▲《关于做好降低一般工商业电价和清理规范转供电环节收费等有关工作的通知》由市发改委印发，要求各地结合摸底调查情况分类施策，确保降低一般工商业电价 10%的优惠政策在 9 月底前落实到终端用户。

▲ 中国工程院机械与运载工程学部、中国航空发动机集团科技委联合绵阳市人民政府主办的航空发动机试验与测试工程技术论坛在绵阳举行。

▲ 中国工商银行绵阳分行与中国农业发展银行绵阳分行签署《全面战略合作协议》。

▲ 绵阳市 2018 年“邮政杯”网络安全和信息化知识竞赛举行决赛。

19 日　中国联合网络通信集团有限公司与市政府共建中国科技城战略合作签约仪式在成都举行。双方签署《共建中国科技城战略合作协议》，并为“下一代互联网宽带业务应用国家工程实验室绵阳分实验室”揭牌。

▲ 市质量强市工作领导小组办公室、四川九洲电器集团有限责任公司联合主办的2018质量进校园活动在九洲技师学院举行。

20日　长虹集团提交的《四川电子信息产业聚集区工业互联网平台试验测试项目》被列入工业和信息化部2018年工业互联网创新发展工程项目。

▲ 绵阳市选手李平安取得“中国技能大赛·2018年农业行业农机驾驶操作员四川选拔赛”总成绩第一名，并获得代表四川省参加全国总决赛的资格。

20—24日　第十七届中国西部国际博览会在成都举行，绵阳市以“科技创新·绿色发展”为主题，在西部国际博览城3号馆设置1325平方米绵阳馆，长虹集团、九洲集团在内的68家绵阳科技型企业（单位）参展，展示全市电子信息、装备制造、节能环保等优势产业。据统计，西博会期间全市共签约17个项目，签约金额122.31亿元。

21日　市委书记刘超在成都与参加第十七届中国西部国际博览会暨第九届中国西部国际合作论坛的俄中“一带一路”倡议发展研究会主席、俄中商务园总裁、俄罗斯联邦自然科学院院士陈志刚就加深合作等事宜会谈。

▲ 市委副书记、代市长元方在经开区中国久远高新技术装备公司激光产业基地项目现场调研。

▲ 2018“一带一路”华商峰会侨商代表走进中国（绵阳）科技城推介会在绵阳举行。

25日　《关于加快建设西部先进制造强市的实施意见》《关于建立市级领导推进重大产业项目工作机制的办法》经市委常委会会议审议通过。

▲ 全市1—8月经济形势分析专题会议召开。

▲ 全市质量提升行动推进会召开，会议发布2017年度绵阳市质量现状评估报告，并为第二届绵阳市政府质量奖获奖单位颁奖。

▲ “长虹号”高铁在杭州站正式启动，列车始发杭州，终点成都。“让想象发生号”成都—北京、成绵乐等冠名列车也同期发车。

26日　全市国防科技工业工作座谈会召开。

27日　各民主党派省委助推中国科技城超常发展建言献策座谈会在绵阳召开，省委常委、统战部部长、省总工会主席田向利率领30余位各民主党派省委负责人和专家学者出席。

28日　加快推动成绵一体化发展座谈会在成都举行，绵阳市政府与成都市政府签署《加快推动成绵一体化发展合作协议》。

▲ 全省食品药品监管系统政务服务优化行动工作座谈会在绵阳召开。

▲ 绵阳市创业促进会成立10周年暨纪念改革开放40周年企业家高峰论坛在创新中心二期举行。

29日　科技城集中发展区项目建设“两保两抢一加强”暨“百日攻坚”动员大会召开，安排部署集中发展区项目建设“两保两抢一加强”和综合管廊等重点项目“百日攻坚”行动。

30日　2018中国（绵阳）第二届小陶戏·国际儿童戏剧展暨童博会在绵阳会展中心开幕。

▲ 全国城市信用状况监测平台发布，在2018年9月的最新全国城市信用状况监测中，绵阳得分82.23分，在全国262个地级市城市中总体排名第48位，在四川省地级城市中总体排名第2位。

10月

1日　以“青春活力正能量满满”为主题的2018中国（绵阳）科技城动漫游戏嘉年华在绵阳举行。

9日　绵阳市召开推进区域协同发展领导小组第一次会议，贯彻省委十一届三次全会和省委省政府实施“一干多支”发展战略、推进成都平原经济区协同发展工作会议精神，落实市委七届五次全会决策部署，安排推进区域协同发展工作。会议审议《关于构建“一核两翼　三区协同”区域发展新格局的指导意见》《〈绵阳市区域协同发展规划（2018—2025）〉编制工作方案》等文件。

9—10日　绵阳市部分园区和企业组团参加在成都举行的四川省首届创业博览会。

9—15日　以“高水平双创、高质量发展”为主题的2018年全国“双创”活动周绵阳分会场活动举行。

10日　科创区建成全市首条智慧路灯示范路——科技路科园路，全长1.72千米，安装有54组智慧灯杆，路灯采用LED光源、太阳能供电及市政供电的双供电模式、物流网单灯控制器，管理员使用手机APP即可控制灯光明暗、开关，调节摄像头角度等。

11日　四川省政协副主席、省工商联主席陈放率省政协视察组到绵阳视察系统推进全面创新改革试验情况。

▲绵阳市代表团访问俄罗斯新西伯利亚市，并签订两市建立正式友好城市关系协议书。

▲“政银合作”营业执照首发仪式在建设银行科创园区支行举行。绵阳新堂正餐饮管理有限公司获颁全市首张“政银合作”工商营业执照。

▲长虹美菱与法国达索举行战略签约，正式启动数字化工艺项目，联手构建数字化工厂。

12日　以“加快科技成果转化，推进先进制造业发展”为主题的2018年绵阳市“双创”主题活动周活动在经开区创新创业服务中心举行。

▲科技城综合管廊项目取得实质性突破——全国在建最大的分片预制装配式地下综合管廊预制构件启动吊装工作。

14日　“2018年第26批物流企业授牌大会”由中国物流与采购联合会在长春举行，四川长虹民生物流股份有限公司被评为国家5A级物流企业。

15日　长虹空调入围2018—2019年中央国家机关政府集中采购项目。

▲绵阳市开通社会保障卡掌上（手机）就医功能。

▲市工商局开展工商登记“136工程”试点工作，实行营业执照小时办结制，压缩企业注册登记时限，38个相关事项分别可在1小时、3小时、6小时内完成办结。

▲中国（绵阳）科技城集中发展区投资恳谈会在深圳举行。

18日　中国（绵阳）科技城集中发展区投资恳谈会在杭州举行。

▲生态环境部发布2018年9月全国空气质量状况。绵阳市环境空气质量达标天数为100%，在全国169个地级及以上城市空气质量排名中位居第12位。

▲《绵阳市机动车和非道路移动机械排气污染防治管理办法（试行）》施行。

19日　第六届大中城市联合招聘高校毕业生（秋季）绵阳现场招聘会在市人力资源市场（科技大楼2楼）举行。

20日　全国中医药高等职业教育传承与创新高峰论坛暨纪念四川中医药高等专科学校建校60周年大会在绵阳举行。

21日　绵阳市驻华南地区劳务基地联络处在深圳成立，联络处下设广州、珠海等7个工作站。

▲绵阳市互联网行业团工委成立。

▲首届李白文化创意产品设计大赛评审活动在绵阳举行。

22日　2018年中国技能大赛——第八届全国数控技能大赛决赛在北京举行。绵阳市5名选手获得全国一等奖，4名选手获得全国二等奖。

▲全市淘汰燃煤锅炉现场会在江油召开。

23日　市委书记刘超在科技城创新中心学术报告厅为绵阳高校师生代表作主题为“新时代

绵阳建设发展的新征程”的形势报告。

▲ 绵阳市四川永贵科技有限公司工业设计中心、四川新金鑫照明科技有限公司工业设计中心和四川科瑞软件有限责任公司工业设计中心被省经信委认定为2018年省级工业设计中心。

▲ 市政府新闻办召开2018年度全市三季度经济社会运行情况新闻发布会。前三季度，全市地区生产总值（GDP）累计实现1686.51亿元，同比增长9.0%，总量居全省第二位。

▲ 四川长虹电器股份有限公司的IPP智慧家庭项目入选2018国家新型信息消费试点示范项目。

23—24日　全市建设服务型政府和优化营商环境专题培训班举行。

24日　科技型企业“设备仪器贷”产品发布会暨签约仪式在绵阳举行。该产品属全国首创。

▲ 绵阳造“黑科技”——甚低频生物感应探测技术被运用于港珠澳大桥海关周界安防。

▲ 2018年李白文化高端论坛启动仪式在江油举行。

24—26日　2018四川国际文化旅游节暨江油“一带一路”李白文化节在江油青莲李白诗歌小镇举行。

25日　2018四川国际文化旅游节暨江油“一带一路”李白文化节集中签约仪式在江油举行，共签约5个重大文旅项目，投资总额达243亿元。

26日　2018四川国际文化旅游节暨江油“一带一路”李白文化节成果发布会在江油举行。

27日　长虹建业60周年战略转型暨产品发布会在绵阳举行。会上，长虹提出“到2025年实现销售规模2000亿元”的战略目标。

28日　总投资50亿元的长虹智能制造产业园在科技城集中发展区举行开工仪式。

▲ 长虹建业60周年“开放共享·同创未来”恳谈会在绵阳举行。

▲ 绵阳市与京东方科技集团工作座谈会在绵阳召开。

▲ 绵阳市重大招商项目之一、总投资240亿元的绵阳惠科光电科技有限公司第8.6代薄膜晶体管液晶显示器件项目在涪城区临港经济发展区开工建设。

29日　全市网络安全和信息化工作会议召开。

▲ 绵阳市统计部门公布，前三季度，全市实现社会消费品零售总额达814.18亿元，同比增长12.3%。

30日　绵阳市重大产业项目建设领导小组第一次会议召开。

▲ 诺贝尔经济学奖获得者、著名美国经济学家罗伯特·莫顿（Robert Cox Merton）做客西南科技大学并受聘为西南科技大学荣誉教授。

▲ 省政府原则同意京昆高速公路绵阳至成都段扩容项目、绵阳至苍溪高速公路项目采取BOT方式建设。

▲ 四川省两用技术再研发中心声波应用系统研究所研制的“Long Range Acoustic Deivce of Oil Tanker”获得科威特31.8万吨巨型油轮订单。

11月

1日　2018中国国际远程教育大会在北京举行。西南科技大学成人网络教育学院提交的“西南科技大学网上校园文化建设之‘专家讲坛’”入选《2018中国高校继续教育优秀成果及特色案例集》，获得2018中国高校继续教育优秀成果及特色案例奖。

5日　《绵阳市市级单位“最多跑一次”“全程网办”“马上办”“就近办”政务服务事项目录清单》（第一批）公布。

▲ 工业和信息化部信息化和软件服务业司公示2018年大数据产业发展试点示范项目评选结果。长虹大数据产业供应链决策分析平台入选产业创新大数据应用方向的示范项目。

▲ 市税务局在经开区试点开展D级纳税人“减负增信助推升级”活动。

▲ 绵阳市组织长虹、九洲等 119 家企业参加首届中国国际进口博览会。

▲ 2018 年成德绵攀西（第四届）高技能人才交流赛在德阳举行，绵阳市派出 15 名选手参赛，涉及数控车工、电焊工、工业机器人操作与编程 3 个工种。

7 日　计划投资 300 亿元、规划总面积约 200 公顷的绵阳高新区产业新城项目签约仪式在香港举行。

7—11 日　第八届绵阳国际汽车展在绵阳国际会展中心举行。

8 日　中国（绵阳）科技城现代服务业投资恳谈会在香港举行。

▲ 四川长虹电子控股集团有限公司与中国邮政集团公司达成战略合作，在产品、渠道、金融、物流等多领域推进深层合作。

9 日　四川省市（州）财政电子票据管理改革的第 1 张财政电子票据、绵阳市首张市财政教育收费电子票据在四川省幼儿师范高等专科学校产生。

10 日　中国（绵阳）科技城现代服务业投资恳谈会在澳门举行。

11 日　“长虹智慧厨房系统”获得 UXPA 中国（User EXperience Profe-ssional Association）主办的第二届好体验奖——最佳体验探索奖。

▲ 绵阳市依托“建筑工地扬尘联网管控系统”，对城区所有在建工地实行 PM10 在线监控联网管控。

▲ 江油木匠彭朝云用“木材天然效果弯曲和接头隐形加工工艺”做成的水曲柳木圈获得第十届国际发明展览会暨第三届世界发明创新论坛“国际发明奖”。

▲ 市电子商务中心发布，2018 年“双 11”当天绵阳市网络销售交易额达 23.04 亿元，同比增长 85.5%。四川省电子商务大数据中心监测分析数据显示：“双 11”当天绵阳市实现网络零售额 8.5 亿元，居全省第二位。

▲ 四川省经济和信息化厅公布 2018 年四川省第 23 批省企业技术中心认定名单，四川中物材料、四川利尔作物、四川九洲北斗导航、四川瑞可达、绵阳惠利电子、绵阳海立电器、四川同舟化工、四川鑫鼎新材料共 8 家绵阳企业进入该名单。至此，全市企业技术中心通过省级认定总数达到 75 家，位居全省第二位。

▲ 金融科技中心授牌仪式暨高新区与支付宝合作发布会在高新区举行。

14 日　绵阳市民营企业家座谈会召开。

▲ 中华版权代理总公司绵阳工作站成立，并在绵阳科技城双创人才服务中心、绵阳科技城科技服务有限公司、成都长虹科技大厦设立服务窗口。

▲《绵阳市支持先进制造业发展的若干措施的通知》由市政府印发，在支持先进制造产业体系构建等 9 个方面制定 20 条政策措施，推动全市制造业高质量发展，加快建设西部制造强市。

▲ 长虹 CHiQ 电视第六代人工智能新品 Q6K 系列亮相成都国际时尚周，该系列产品以 AI+IoT 技术为核心，能通过语音指令操控长虹及其他智能家居设备。

▲ 四川省工商业联合会、四川省知识产权服务促进中心联合主办，绵阳市工商联承办的“知识产权助推民营企业创新发展专题轮训”绵阳站举行开班仪式。

▲ 绵阳市人民政府牵头，绵阳市经济和信息化委员会、人民银行绵阳市中心支行等部门共同建设的“绵荟融通”融资对接平台（绵阳市中小企业融资服务网）正式上线运行。

▲ 列入财政部 PPP 项目库、估算投资 7.3 亿元的创业大道南延线及三汇立交至绵吴路口 PPP 项目落地。

15—16 日　作为成德绵国家科技成果转移转化示范区建设推进会的分会场之一的 2018 年度第二期四川省技术经纪人培训会在绵阳科技城

创新中心召开。

16 日　国家两用技术交易中心成果展示基地被四川省科学技术厅认定为“第十批省级科普基地”，该基地是全市唯一入选的科普基地。

▲ 绵阳全息能源科学研究院“人造龙卷风发电技术实验场”项目建设在高新区松林山村启动。

▲ 九洲集团“辉煌 60 年·奋进新时代”创新发展大会在绵阳九洲体育馆举行。会上，九洲与华为签订“智慧城市和公共安全”战略合作协议，九洲与西安爱生技术集团公司签订战略合作协议。

▲ 九洲集团在科技城创新中心举行“智汇识别·融创未来”高峰论坛。

▲ 长虹旗下美菱冰箱获得第十二届中国（合肥）国际家用电器暨消费电子博览会 2018 年度品牌金奖。

17 日　长虹智慧教室、云智能交互方案、智慧厨房系统和教务管理平台、智慧班牌、云交互一体机等教育信息化产品体系在南昌举行的第 75 届中国教育装备展示会上亮相。

▲ 绵阳市仙海水利风景区被授牌为四川省首批河湖公园试点单位。

▲ 绵阳市首次采用智能化方式组织实施 2018 年下半年全国职业技能鉴定统一考试。

19 日　《绵阳市先进制造业发展专项资金管理办法的通知》由市政府印发，市级财政预算安排先进制造业发展专项资金 1.2 亿元。

▲ 绵阳威马汽车自动驾驶示范园暨试验试制中心项目开工仪式在安州区工业园区举行。

▲ 三台引进的最大单体产业项目、投资总额达 166 亿元的四川新敏雅 150 亿瓦时汽车用动力电池项目在三台县梓州产城新区举行开工仪式。

▲ 省科技厅、成都市、绵阳市、德阳市正式签署《共建成德绵国家科技成果转移转化示范区战略合作协议》。

▲ 游仙区公安出入境管理大队引进第三代技术临时身份证立等可取制证机，可实现 1 分钟完成制证，是四川省投入使用的唯一一部第三代技术临时身份证立等可取制证机。

20 日　四川省民营经济健康发展大会发布四川省 100 名优秀民营企业家和 100 户优秀民营企业榜单，绵阳市企业家朱群馨（四川安和精密电子电器有限公司总经理）、帅兰（四川兰兰食品有限公司董事长）、夏雯（四川新华康生物科技有限公司总经理）、任奎元（四川雪宝乳业集团有限公司董事长）入选四川省 100 名优秀民营企业家榜单，绵阳双汇食品有限责任公司、四川奇石缘科技股份有限公司入选四川省 100 户优秀民营企业榜单。

▲ 绵阳市第三人民医院实施川西北地区首例 3D 打印全髋关节翻修术。

22 日　西南科技大学制造学院工业设计系教师王军锋指导，研究生卢迪主导设计的作品“Soap scrapers”获得德国 iF 设计新秀大奖（iF TALENT AWARD 2018）。

▲ 绵阳市与中国通用技术（集团）控股有限公司座谈会在北京举行。

▲ 绵阳市人民政府与深圳证券交易所战略合作框架协议签约仪式在绵阳举行。

▲ 四川全面深化改革典型案例新闻发布会在成都召开，发布《改革试点典型案例集》。绵阳市搭建大型科研仪器共享平台、应收账款融资服务的“绵阳模式”、北川开展“互联网+精准扶贫代理记账”试点让扶贫资金在阳光下运行、长虹全面改革创新实现转型发展“华丽转身”、绵阳市率先开启自然资源资产审计“新模式”五大案例入选。

▲ 中国工程物理研究院院部机关旧址“两弹城”入选工业和信息化部发布的第二批国家工业遗产项目名单。

23 日　市委书记刘超在北京考察文思海辉技术有限公司，并与公司高级副总裁林怀谦、中国信息技术服务产业联盟秘书长高琪等座谈。

▲ 总投资约 30 亿元、建筑面积约 54 万平

方米，从事智能创新型业务的国家双创示范基地——安州·长虹双创工业园项目开工仪式在安州区举行。

▲ 绵阳科技城集中发展区核心区综合管廊及市政道路建设工程 PPP 项目完成投资 15.7 亿元，形成开工点位 15 个，全线完成土石方开挖约 50 万立方米。

▲ 成都市质监局与绵阳市质监局在绵阳签署《成都市质量技术监督局　绵阳市质量技术监督局关于深入实施“一干多支”发展战略共同推进成都平原经济区融合协同发展合作备忘录》。

▲ 加快推动绵德一体化发展座谈会在德阳举行，绵阳市与德阳市签署《关于加快推动绵德一体化发展合作协议》。

▲ 《2018 年“科技城人才计划”拟资助项目》等事项由市委常委会会议审议通过。

▲ 市商务局发布信息，首届中国国际进口博览会展会期间，绵阳市 121 家采购商参会，共完成 562 单商品采购。

▲ 《绵阳市工业互联网发展实施方案》(以下简称《方案》) 由市政府印发。《方案》提出，到 2020 年，“两化”（工业化、信息化）融合发展水平显著提升，制造业重点领域基本实现数字化，基于“网络、平台、安全、应用、生态”五大体系的工业互联网平台实现广泛覆盖，企业智能化水平、融合应用水平、核心竞争力显著提升，工业互联网产业生态基本形成，多层次、多平台的工业互联网服务体系逐步完善。

26—28 日　绵阳代表队在第二届“四川工匠杯”职业技能大赛中获得金奖 2 个、银奖 2 个、铜奖 3 个，金奖和奖牌总数均排名全省第二。同时，绵阳市被组委会授予“四川省技能人才培育突出贡献奖”。

27 日　成都市绵阳市“深化区域合作推动一体化发展”座谈会暨协同发展重大项目签约仪式在绵阳举行。

28 日　市政府与中国银行四川省分行签署《建设中国科技城和西部现代化强市政银战略合作协议》。根据协议，中行四川分行 5 年内为绵阳市基础设施建设、高新技术产业、民营经济与小微企业等领域重点项目，提供不低于 500 亿元的意向性融资支持；中行绵阳分行无偿提供 1200 万元资金，支持绵阳市脱贫攻坚、精准扶贫、乡村振兴等社会民生事业发展。

▲ 2018 年度第二期四川省技术经纪人培训会在绵阳科技城创新中心二期召开。

▲ 经开区积家工业园入选工信部 2018 年度国家小型微型企业创业创新示范基地名单。

29 日　四川杰邦科技与以色列多诺特能源公司就四川杰邦科技隧道反光瓷砖产品在以色列隧道建设项目中的应用及其在欧美市场的推广销售签订合作协议，标志着“绵阳造”隧道反光瓷砖进入国际市场。

28—29 日　市委副书记、代市长元方率队赴上海、杭州开展投资促进活动。

29 日至 12 月 1 日　市委书记刘超率团赴南非共和国约翰内斯堡等地考察访问。访问期间，绵阳市与南非鹏摇控股有限公司签署《合作备忘录》，推动绵阳企业投资南非，南非企业、华人华侨投资绵阳。

30 日　科创区召开“科创贷”产品发布会暨签约仪式，推出由科创区管委会与建设银行、太平财险政银保三方合作，以科技型企业知识产权（专利）质押为基础的科技型企业信贷业务——“科创贷”产品。

▲ 绵阳经开投资控股集团和四川长虹包装印务有限公司举行共建经开区包装印务产业园项目合作签约仪式。

▲ 绵阳市首届创新创业知识竞赛决赛在绵阳职业技术学院举行。

▲ 省企业联合会发布《四川企业发展报告(2018)》，长虹等 6 家绵阳市企业进入四川企业 100 强，铜鑫铜业有限公司等 14 家绵阳企业进入制造业企业 100 强，富临实业进入服务业企业

50强。其中四川长虹电子控股集团有限公司蝉联四川企业100强和制造业企业100强榜首。

▲ 绵阳市人民政府主办、绵阳市地方志办公室编纂的首部《中国（绵阳）科技城年鉴》——《中国（绵阳）科技城年鉴（2017）》公开出版发行。

12月

3日　绵阳市与全省同步举行2018年第四季度重大项目集中开工仪式。仪式上，187个重大项目集中开工，总投资约828.75亿元，其中有产业发展、基础设施、社会民生类重大项目124个，污染防治“三大战役”重大项目63个。

▲ 西部地区首家“多县一行”制村镇银行——广元市贵商村镇银行盐亭支行正式开业。

4日　省低空空域运行管理服务平台——四川省低空空域协同管理运行中心挂牌成立，运行中心系统及配套设施由绵阳市九洲集团旗下四川九洲空管公司设计搭建。

5日　省委副书记、省长尹力主持召开省政府第18次常务会会议，研究部署中国（绵阳）科技城等重点工作。

▲ 第十三届全球孔子学院大会之“孔子学院合作伙伴签约仪式”在成都举行。会上，长虹与孔子学院总部在成都签署《合作备忘录》并向第十三届全球孔子学院大会赠送孔子学院全球首间智慧教室。

▲ 反映“两弹一星”精神形成过程和当代价值观的话剧《国魂》在成都锦城艺术宫上演。

▲ 游仙福天下节能科技公司生产的电暖气获首届“匠心典范质赢未来”中国质量品牌先锋论坛活动匠心品牌金奖。

▲ 绵阳科技城工业技术研究院入围工信部2018年度国家中小企业公共服务示范平台名单，是绵阳市唯一通过该项认定的服务机构。

5—7日　市委书记刘超率绵阳代表团赴匈牙利共和国布达佩斯等地考察访问，深度对接“一带一路”倡议与匈牙利“向东开放”战略，促进科技创新和贸易投资全面合作，为深化中匈互利共赢的全面战略伙伴关系注入绵阳动能。

7日　“智能输液监控管理系统”成果发布会由中国（绵阳）科技城工业研究院等联合主办，该系统可对患者静脉输液过程可能存在的静脉导管堵塞、漏针、鼓包、回血等输液异常情况及时报警，对输液过程中出现的“液体将完”“液体停滞”“导管拉扯”以及患者在输液期间离开病床等情况实现实时监测和提醒。

▲ 科技部指导，科技部火炬高技术开发中心、省科技厅主办，高新区管委会承办的第三届中国创新挑战赛（绵阳）科技专题赛在绵阳市高新区落幕。

▲ 省工商联发布“四川民营企业100强”榜单和“改革开放40年四川百名杰出民营企业家”名单，四川富临实业集团有限公司等7家绵阳企业入围民营企业100强榜单，四川富临实业集团有限公司董事长安治富等7位绵阳企业家入选百名杰出民营企业家名单。

8日　“嫦娥四号”发射成功，四川长虹为该发射任务提供测量雷达、触点开关及圆形连接器、矩形连接器、射频同轴连接器等各类产品。

9日　市政府主办，科创园区、汇桔网承办，市经信委、市科知局协办的2018年“创客中国”国际创新创业大赛半决赛暨全球知商（绵阳）科创项目对接大会在绵阳举行。

▲ 全国供销合作职业教育教学指导委员会主办，绵阳旅游学校、绵阳高级技工学校承办的全国就业及创新创业教育研讨会暨就业及创新创业教育专门委员会年会在绵阳举行。

▲ 中国科普研究所“中国科学小说发展研究”项目结题会在绵阳召开。

10日　中国（绵阳）科技城集中发展区科技之心片区产城融合招商项目推介会在绵阳举行。

11日 省政府同意命名梓潼县中国“两弹城”等20个单位为第四批省级国防教育基地。

12日 长虹空调智能制造产业园在经开区正式投产。

14日 绵阳市第九届职工职业技能大赛举行。

▲ 城区生活垃圾分类试点首个智慧居家馆在沈家坝北街社区文化广场启动。

15日 市科协、市教体局、共青团绵阳市委主办的第三届绵阳市青少年机器人创客大赛暨第三十四届绵阳市青少年科技创新大赛终评活动在绵阳东辰学校举行。

16日 生态环境部、广西壮族自治区人民政府指导，中国生态文明研究与促进会主办的中国生态文明论坛上，绵阳市荣获中国2018年“美丽山水城市”称号，成为四川省唯一获得该荣誉的城市。

17日 中国电子商会、中国电子技术标准化研究院联合主办的“2018中国平板电视行业大会”在北京举行。长虹CHiQ电视Q6K获得“2018—2019年十大精品电视”称号。

18日 在庆祝改革开放40周年大会上，中共中央、国务院表彰100名改革开放杰出贡献人员，授予改革先锋称号，并颁授改革先锋奖章。其中有长期工作在绵阳的中国工程物理研究院原副院长、研究员于敏（国防科技事业改革发展的重要推动者），四川长虹电子集团有限公司原党委书记、董事局主席倪润峰（企业“军转民”实践的创新者）。

▲ 虹魔方公司正式在绵阳成立并发布人工智能+整合营销的开放平台虹领金4.0。

▲ 长虹旗下加西贝拉举行成立30周年发展论坛。

19日 全国总工会权益保障部巡视员栾樾带领调研组到绵阳，调研职工创新创业工作。

▲ 《中共绵阳市委 绵阳市人民政府关于促进民营经济健康发展的意见》《中国（绵阳）科技城超常发展三年行动方案（2018—2020年）》由市委常委会会议审议通过。

▲ 市政府印发《绵阳市推进企业上市挂牌“三年行动计划”》，目的为充分发挥资本市场服务实体经济功能，全面推进优质企业挂牌上市，有效提高直接融资比重，加快建设中国科技城和西部现代化强市。

▲ 市政府与上海电气集团股份有限公司签署《全面战略合作框架协议》。

▲ 世界品牌实验室编制的“2018世界品牌500强”排行榜在香港揭晓，长虹蝉联世界品牌500强，位居榜单第286位。

20日 全市民营经济健康发展大会召开。会上，市委、市政府授予雷文勇等50名企业家“绵阳市优秀民营企业家”称号，授予四川富临实业集团有限公司等50家企业“绵阳市优秀民营企业”称号，对涪城区等6个县（市、区）、园区，市纪委监委机关等15个市直部门（单位），绵阳市企业家协会等10个商（协）会授予促进民营经济发展先进单位称号。

24日 省科技厅2018年四川省技术转移示范机构名单出炉，绵阳市生产力促进中心、中国（绵阳）科技城工业技术研究院、绵阳科技城中科创新育成中心3家机构成为省级技术转移示范机构。

▲ 全市工业企业技术改造工作会议召开。

28日 国家发改委、工信部北斗产业园创新发展重大专项之一的九洲“北斗+物联网”城市危险源安云平台在成都揭牌并开通运行。

▲ 首届中国科技城法治创新大赛在游仙区正式启动。

29日 四川东材科技集团股份有限公司董事长于少波、四川富临实业集团有限公司总会计师兼财务总监王志红、四川梓州实业集团有限公司董事长任志斌、四川文化艺术学院校长兼董事长龚珍旭、四川家福来实业集团有限公司董事长熊光兴共5名绵阳企业人士获得第三届四川省优秀中国特色社会主义事业建设者表彰大会暨省工商联十一届三次执委会议授予的“第三届四川省优秀中国特色社会主义事业建设者”称号。

▲ 绵西高速公路建成试通车。

▲ 梓潼“两弹城”三线建设工业遗址园入选 2018 年四川省工业旅游示范基地名单。

▲ 绵阳市危险化学品应急救援队成立暨授牌仪式在美丰科技公司举行。

（张永兴　李维怡）

绵阳市情

【位置面积】 绵阳市位于四川盆地西北部，涪江中上游地带。东邻广元市青川县、剑阁县和南充市南部县、西充县；南接遂宁市射洪县；西接德阳市罗江县、中江县、绵竹市；西北与阿坝藏族羌族自治州和甘肃省文县接壤。地理坐标为北纬30°42′~33°03′、东经103°45′~105°43′。全市呈北西南东条带状展布，东西宽约144千米，南北长约296千米，辖区面积20248.48平方千米。按地貌主要类型分，山区占61.0%，丘陵区占20.4%，平坝区占18.6%。

【地形地貌】 绵阳市地势为西北部高，东南部低，地形起伏很大。西北部面对四川盆地的首列山脉，为北东南西向的龙门山脉，海拔1000~3000余米；其西面的岷山山脉和北面的摩天岭山脉，海拔多在3000米以上。最高点为平武县与松潘县接壤的岷山山脉第二峰（雪宝顶的东南侧峰，当地俗称雪包顶），海拔为5440米。东南部属四川盆地盆中丘陵，一般海拔400~600米，最低点位于三台县郪江镇郪江河谷短沟口，海拔307.2米。最高点与最低点高差达5132.8米。全市地貌明显受控于地质构造。西北部因分别受龙门山北东向褶皱断裂与岷山南北向构造、摩天岭东西向构造的影响，山脉走向呈北东南西向与南北向和东西向；山地的形态亦与地质构造和岩性有关。东南部处在扬子准地台川北台陷、川西台陷和川中台拱的接合部位，由于地台基底坚硬，地质历史时期地壳以升降运动为主，地层受各时期水平运动的影响较轻，有一些舒缓宽阔的褶皱，地层一般倾角不大，形成岗岭起伏的丘陵、台地、方山地貌。

【山脉·名山】 绵阳境内主要有岷山山脉、摩天岭山脉、龙门山脉3大山脉。岷山山脉南北走向，长200余千米，北接川甘两省边境的西倾山，南至茂县城北与龙门山脉相关，是岷山山脉北段。摩天岭山脉东西走向，为四川和甘肃两省界山。龙门山脉属四川盆地西北部的盆周山地，南北走向，在绵阳境内又分后龙门山、龙门山、茶坪山（详见《绵阳市志》）。绵阳境内主要有九龙山、千佛山、观雾山、云罗山、窦圌山、七曲山、西山、富乐山、牛头山、凤凰山、三台山、天台山、高山等名山，城区最高山为边堆山，边堆山也是绵阳和四川境内重要古文化遗址。

【河流水系】 绵阳境内有涪江水系、白龙江水系、西河水系。有涪江、虎牙河、夺补河、平通河、通口河、芙蓉溪、安昌河、凯江、梓江、魏城河、弥江、青江、西河等大小河流、溪沟3000余条，河网密度每平方千米1.48千米。涪江为绵阳母亲河，发源于四川省松潘县境内岷山雪宝顶北麓。涪江从西北向东南由川西北高山区进入盆地丘陵区，流经平武、江油、绵阳、三台、射洪、遂宁、潼南至重庆市合川区钓鱼城下汇入嘉陵江，全长697千米。

【市徽·市树·市花】 1989年7月15日，绵阳市第一届人民代表大会常务委员会第27次会议，听取市政府秘书长高显齐受市政府委托所作的《关于绵阳市徽图案征集情况的汇报》《市政府初步确定的一号市徽图案的说明》。经过审议，决定用"绵阳"二字拼音字头"MY"，环抱原子核的二条电子运转轨迹、象征科技兴绵所组成的红底、黄字、金边圆形图案为绵阳市徽图案。1989年11月19日，绵阳市第一届人大常委会第29次会议审议通过市政府《关于市树为香樟树、市花为月季花的建议》。即日起，绵阳市市树为香樟树，市花为月季花。

【人口】 2018年，全市总人口为5361977人，比2017年减少6177人，减少率为1.15‰；总户数2061836户，平均每户2.6人。其中男性人口2747736人，占总人口的51.24%；女性人口2614241人，占总人口的48.76%。男女性别比为105：100。总人口中城镇人口1872675人，比2017年增加82603人，城镇人口占总人口数的34.92%；乡村人口3489302人，比2017年减少88780人，乡村人口占总人口数的65.08%。全市出生人口52259人，比2017年减少10050人，其中男性26756人，占总出生人口的51.20%；女性25503人，占总出生人口的48.80%。出生男女性

图1　天蓝水清涪江畔

别比为105∶100；出生率为9.75‰。死亡注销户籍人口40083人，其中男性22610人、女性17473人，死亡注销率为7.47‰。出生与死亡相抵，自然增加12176人，自然增加率为2.27‰。迁入人口32859人，其中省内迁入25937人、省外迁入6922人；迁出人口51212人，其中迁往省内37486人，迁往省外13726人。迁入与迁出相抵，机械减少18353人，机械减少率为3.42‰。

【民族】 2018年，绵阳市有47个少数民族，少数民族总人口17.8万人（城市少数民族人口2万余人），占全市总人口的3.3%。全市民族地区面积9082平方千米，占全市面积的45.4%。47个民族是汉族、蒙古族、回族、藏族、维吾尔族、苗族、彝族、壮族、布依族、朝鲜族、满族、侗族、瑶族、白族、土家族、哈尼族、哈萨克族、傣族、黎族、傈僳族、佤族、畲族、高山族、拉祜族、水族、东乡族、纳西族、景颇族、土族、达斡尔族、仫佬族、羌族、布朗族、撒拉族、毛南族、仡佬族、锡伯族、阿昌族、普米族、怒族、乌孜别克族、俄罗斯族、鄂温克族、德昂族、裕固族、京族、赫哲族。北川是全国唯一的羌族自治县，平武享受少数民族县待遇。全市有15个少数民族自治乡，其中藏族乡9个，羌族乡5个，回族乡1个。分布在平武县、北川羌族自治县、盐亭县。平武有水田羌族自治乡、旧堡羌族自治乡、锁江羌族自治乡、平南羌族自治乡、徐塘羌族自治乡、黄羊羌族自治乡、虎牙藏族自治乡、土城藏族自治乡、木皮藏族自治乡、木座藏族自治乡、泗耳藏族自治乡、白马藏族自治乡、阔达藏族自治乡13个民族乡，北川有桃龙藏族自治乡，盐亭有大兴回族自治乡。全市有“9+3”（即在9年义务教育的基础上，对藏区孩子再提供3年的免费中职教育）学校6所（绵阳财经学校、绵阳农业学校、绵阳水利电力学校、四川幼儿师范高等专科学校、绵阳职业技术学院、盐亭职业技术学校）；民族中学2所（绵阳紫荆民族中学、北川羌族自治县民族中学），普明中学开设富民安康工程甘孜班。2017年，绵阳市被国家民委命名为第三批“少数民族流动人口服务管理示范城市”。

【方言】 绵阳境内分为两种方言：无入声方言，以绵阳城区方言为代表，包括涪城区（绵阳高新技术产业开发区、绵阳经济技术开发区、绵阳科教创业园区）、游仙区、安州区、科学城、江油市、平武县、北川羌族自治县、梓潼县、三台县等地的城关话，有20个声母、36个韵母、阴阳上去4个调类、1033个音节，与四川方言的代表语音成都话基本相同。入声方言，以盐亭县城关话为代表，包括盐亭各乡镇，及三台县的石安、富顺、塔山等乡镇的方言，有20个声母、38个韵母、阴阳上去入5个调类。

【著名人物】 除大禹、嫘祖等传说中的人物外，市境自汉高祖六年（前201）置广汉郡以来，孕育、滋养出众多著名人物。按时间先后顺序，分别有：汉代的李业（今梓潼李业汉阙的主人）、文齐、哀章、景毅等，蜀汉三国时期的尹默、李福等，唐代的赵蕤（李白之师）、李白、李义府、严震等，宋代的欧阳修、苏易简、文同、杨天惠、邓文原、金献民等，明代的王玺、张翀等，清代的李调元、孙桐生、谭行义、李岷琛、刘绳初等，近现代的王右木、陈宛溪、袁诗荛、谭德政、邹风平、邓禹平、海灯等，其中革命先驱人物有王右木、袁诗荛、谭德政、邹风平、张天汉等，著名医生萧龙友、蒲辅周，著名学术大家蒙文通、蒙思明等，四川省著名教育家、绵阳地方党组织创始人张秀熟，文学家沙汀等。此外，还有诸多客籍著名人物或在市境留下过足迹，或在市境有过重要活动，分别有：汉代的司马相如、杨雄、涪翁等，蜀汉三国时期的庞统、刘备、诸葛亮、蒋琬、姜维等，唐代的李贞、杜甫、李商隐、于兴宗等，宋代的欧阳观（欧阳修之父）、陆游等，明代的王行俭等，近现代有宋哲元、李宗吾、董宋珩、等。中华人民共和国成立后“两弹一星功勋奖章”获得者邓稼先、王淦昌，“两弹一星功勋奖章”及“改革先锋”称号获得者于敏、小麦育种专家冯达仕等曾长期生活和工作在市境。

【行政区划】 2018年，绵阳市全市辖5县3区1市。五县为三台县、盐亭县、梓潼县、平武县、北川羌族自治县，三区为涪城区、游仙区、安州区，一市为江油市。2018年年底，全市共有269个乡镇（177个镇、92个乡），24个街道办事处。

涪城区：13个镇、1个乡、12个街道办事处；

游仙区：20个镇、3个乡、6个街道办事处；

安州区：15个镇、3个乡；

江油市：29个镇、10个乡、3个街道办事处；

三台县：49个镇、13个乡、1个街道办事处；

盐亭县：14个镇、19个乡（含1个民族乡）、2个街道办事处；

梓潼县：18个镇、14个乡；

平武县：9个镇、16个乡（含13个民族乡）；

北川羌族自治县：10个镇、13个乡（含1个民族乡）。

2018年，四川省人民政府批复梓潼县文兴乡、演武乡、仙峰乡、马鸣乡、大新乡撤乡设镇；绵阳市人民政府批复将普明街道办事处所辖安昌河以南区域析出，设置石桥街道办事处。

【历史沿革】 绵阳建城有2219年的历史，是四川省历史文化名城。绵阳市境历史上最早的县以上政权建置为汉高祖六年（前201）建置的广汉郡。广汉郡领有13县，郡治乘乡，乘乡在今梓潼县境。广汉郡在今市境内建置涪县（后改为巴中县、巴西县、绵州本州、绵阳县、涪城区、游仙区）、梓潼县、郪县（今三台县）、刚氐道（今平武县）。汉安帝元初二年（115），为镇压少数民族反抗，益州刺史部和广汉郡均迁至涪县（今市区），3年后州、郡皆迁出市境。东汉末年，刘备据蜀，建安二十二年（217）分广汉郡北部地区设梓潼郡（治梓潼县），建兴三年（225）分广汉郡东部地区设东广汉郡（治雒县，今三台县境）。自此后，市境相沿各代均有州、郡、府等县以上政区建置。两晋和南北朝300余年间，由于战争频繁，政区建置变化较大，市境内先后设置过潼州、新州、龙州3州；梓潼、巴西、巴西梓潼、潼川（又称潼州、东川）、北阴平、阴平、新巴、江油、新城（后改为昌城）、始平（先名始平僚，后改为涪城、安城）、西宕渠、北宕渠（后改为盐亭）、高渠13个郡，以及40余个县。从隋代后，政区建置逐渐稳定，形成市境中部以今市区为治地的绵州，东南部以三台县城为治地的梓州——潼川府，西北部以江油、平武两县为中心的龙州——龙安府等3个政权建置中心。

1913年，市境因城市地处绵山之南（一说为绵水之北），按“山南水北”为“阳”的古义，得名绵阳。1935年，川政统一，市境内只有今市区成为四川省第十三行政督察区治地。1949年12月25日，绵阳解放。

中华人民共和国成立后，1950年1月20日，绵阳行政督察专员公署成立，辖绵阳、安县、绵竹、德阳、梓潼、罗江、广汉、什邡、金堂、彰明10个县。1953年3月10日，撤广元专区，划入广元、昭化、剑阁、青川、平武、北川、江油、旺苍8个县，辖18个县；1953年7月4日，广汉、什邡、金堂3个县划出，专区辖15个县；1958年10月18日，并入原遂宁专区遂宁、蓬溪、潼南、中江、三台、射洪、盐亭7个县，辖21个县（此前江油、彰明2个县于1958年9月5日合并）；1959年3月22日，昭化、罗江2个县被撤销，分别并入广元县和德阳县，专区辖19个县；1968年7月8日，改专区设地区；1976年2月4日，因分绵阳县筹建绵阳县级市，地区辖19个县、1个市；1977年9月24日，潼南县划出，地区辖18个县、1个市；1978年4月25日，绵阳县并入绵阳市，地区辖17个县、1个市；1983年8月18日，分绵阳地区建德阳市，德阳、绵竹、中江3个县划出，绵阳地区辖14个县、1个市；1985年2月8日，绵阳地区撤销，分别建立绵阳、广元、遂宁3个市。绵阳市辖7个县、1个区（原县级绵阳市改置为市中区）；1988年2月24日，江油市建立，绵阳市辖6县1市1区；1992年10月，撤销绵阳市市中区，分设涪城、游仙2个区。2002年，绵阳市辖涪城、游仙2个区，三台、安县、梓潼、盐亭、北川、平武6个县，代管江油市；2003年7月，撤销北川县，成立北川羌族自治县。2016年5月20日，安县撤县改区，绵阳辖涪城、游仙、安州3个区，三台、梓潼、盐亭、北川、平武5个县，代管江油市和省政府科学城办事处，直辖绵阳高新技术产业开发区、科教创业园区、经济技术开发区（现代农业科技示范区）、仙海水利风景区。

【国土资源】 2018年，绵阳市面积20248.48平方千米，占全省的4.2%。全市耕地444481.37公顷，园地36822.69公顷，林地1178359.98公顷，草地33586.43公顷，城镇村及工矿用地118468.70公顷，交通运输用地26213.73公顷，水域及水利设施用地71528.76公顷，其他土地116226.20公顷。

【矿产资源】 绵阳已发现矿种有铁、锰、铅锌、钨、金、银、磷、硫、水晶、方解石、石灰石、白云石、膨润土、玻璃用石英砂岩、天然气等56种，矿产地400余处，其中黑色金属73处，有色金属25处，贵金属70处，非金属矿产200余处。已探明储量的有26个矿种，具工业矿床规模的74处。2018年年末，全市有32个矿种得到开发利用。矿产储量在全省占有重要地位的矿种有：平武的锰矿，三台和盐亭的膨润土，江油的铸型用砂与水泥配料用页岩储量居全省第一，江油的玻璃用石英砂岩、冶金用白云岩，全市的天然气总量居第三。以县市区区分，平武的矿产资源以金属矿产为主，主要有金、铁、锰、铅锌矿；其他县市区以非金属矿为主：如江油市的石灰石、硫铁矿，安州区的石灰石、磷块岩，北川的石灰石、硅石、饰面用板岩，三台、盐亭的膨润土，涪城、游仙的砖瓦用页岩、砂石等。天然气在全市有分布广泛，除平武、北川、安州外，均有产出。

2018年，全市探矿权数达63个，勘查矿种13种；采矿权276个，其中大型矿山18个、中型矿山24个、小型矿山234个，开发利用矿产22种，矿山总数近340个。水泥用灰岩、玻璃用砂岩、砖用页岩和饰面石材等主要矿产的原矿总产量约1200万吨，原矿产值约10亿元。全年延续变更登记36宗，收取采矿权延续（延续变更）价款302万元；市级注销登记32宗。

【水资源】 绵阳位于四川盆地西北边缘，全市水资源相对丰富，境内有大小河流52条，连同溪、沟共计3000余条，均属嘉陵江水系。2018年，全市平均降水量为1351.9毫米，降水总量为273.7亿立方米，与常年平均值219亿立方米相比增加25%，与2017年相比增加32.5%。实测最大年降水量发生在安州区平桥站，为2510.5毫米（2017年实测最大年降水量发生在安州区千佛站，为1614毫米）；实测最小年降水量发生在平武县王坝楚站，为746毫米（2017年实测最小年降水量发生在梓潼县梓潼站，为578毫米）；降水量等值线变化在500毫米至2500毫米。全市降水量年内分配及地区分布仍不均匀，但总体较常年增加。盐亭县较常年减少6.6%，安州区较常年增加37.9%，江油市较常年增加35.9%。全市地表水资源量为151.2亿立方米，折合径流深为747毫米，比2017年增加71.6%，比常年增加24.1%；全市地下水资源量34.63亿立方米，其中平原区评价面积152平方千米，降水入渗补给及地表水入渗补给共计0.79亿立方米；山丘区评价面积20092平方千米，重复计算量34.47亿立方米，水资源总量151.4亿立方米，（常年为122.9亿立方米，2017年为88.3亿立方米），比常年增加23.2%，比2017年增加71.5%；全市每平方千米产水量74.8万立方米，人均水资源量为3117立方米。全市已建（含电站）大型水库3座，中型水库14座，年末蓄水总量10.8686亿立方米，比年初增加0.4186亿立方米。全市总供水量为18.54亿立方米，其中地表水占95.6%。总耗水量为9.8亿立方米，总耗水率为52.9%。全市人均用水量381.72立方米，万元地区生产总值（GDP）用水量为80.4立方米，农业亩均用水量469.84立方米，万元工业增加值用水量为31.42立方米。绵阳市主要河流，评价河长483千米评价结果：全年期Ⅱ类水域368千米，占评价河长76.2%，Ⅲ类水域115千米，占评价河长23.8%；枯水期Ⅱ类水域394千米，占评价河长81.6%，Ⅲ类水域89千米，占评价河长18.4%；丰水期Ⅱ类水域388千米，占评价河长80.3%，Ⅲ类水域95千米，占评价河长19.7%。

【野生动植物资源】 2018年，根据调查统计，全市已知脊椎动物有5纲32目109科791种，无脊椎动物有2门6纲33目241科1258种。绵阳是长江上游重要生态屏障区，是全球34个生物多样性热点地区之一、全国野外大熊猫主要栖息地之一，大熊猫及其栖息地保护管理在四川占有重要地位，是大熊猫“野外种群数量最多、遗传多样性最丰富、密度最大、栖息地质量最优且相对集中和完整”的岷山大熊猫核心分布区。分布有大熊猫、川金丝猴等国家一级重点保护野生动物18种，小熊猫、亚洲黑熊等国家二级重点保护野生动物60种。截至年底，全市有野生大熊猫418只，位居全国第一，占岷山片区的62.8%，平武县是大熊猫分布最多的县，约占全国野生大熊猫的1/5，有天下大熊猫第一县之称。全市已知的低等植物有菌类植物亚门和地衣植物亚门的真菌纲、子囊菌纲中的13目、60科、149属、497种，高等植物有苔藓植物门、蕨类植物门、裸子植物门和被子植物门4门中的9纲、66目、260科、1366属、3972种。按照国务院1999年8月4日批准《国家重点保护野生植物名录》（第一批），市内有国家一级重点保护野生植物珙桐、红豆杉等11种，有国家二级重点保护野生植物水蕨、四川红杉等38种。

【农业资源】 2018年，绵阳市乡村户数1348997户，乡村人口数4047637人，其中男2103552人、女1944085人；乡村劳动力资源数2599303人，其中男1381447人、女1217856人；乡村从业人员2378417人，其中男1281736人、女1096681人。年末全市耕地面积达40.25万公顷，园地面积4.71万公顷，林地面积118.83万公顷，设施农业用地面积0.82万公顷。从2011年开始高标准农田建设，到2018年年底高标准农田面积达20.33万公顷（2018年建设高标准农田2.01万公顷）。全市农村用电量120184千瓦时；农用化肥施用量（折纯）206392吨。其中氮肥95544吨、磷肥51661吨、钾肥10999吨、复合肥48188吨、农用塑料薄膜使用量8447吨。其中地膜使用量5412吨、地膜覆盖面积60309公顷；农用柴油使用量30351吨；农药使用量4680吨。全市秸秆产生量为352.71万吨（其中可收集量275.23万吨），年综合利用秸秆266万吨，利用率96.33%（按可收集量计算）。其中肥料化利用190.11万吨，利用比例60.07%；饲料化利用47.16万吨，利用比例17.14%；基料化利用9.19万吨，利用比例3.34%；能源化利用17.73万吨，利用比例6.44%；原料化利用1.8万吨，利用比例0.65%。

【气候条件】 2018年，全市气候总体偏差，年内光热充足、干旱总体偏轻，但盛夏暴雨洪涝灾害特重，年内遭遇1961年以后最严重暴雨洪涝灾害。同时，极端高温、大风、冰雹、强降水等天气对供电、旅游、建筑、交通等行业造成一定的不利影响。全市平均气温16.7℃，较常年（下同）偏高0.5℃。全市平均降水量1353.3毫米，偏多41%。全市平均日照时数1315.1小时，偏多18%。

【环境质量】 2018年，绵阳市城区环境空气有效监测352天，达标天数比例为79.3%，全市城区环境空气质量PM2.5平均浓度值为45.0微克/立方米，同比下降5.9%，为近3年来同比最大降幅；国、省控断面地表水水质优良比例100%，城市集中式饮用水水源水质达到或优于Ⅲ类比例100%。土壤环境质量总体稳定，辐射环境质量保持良好，危险废弃物环境安全总体可控，城区区域环境、道路交通噪声质量整体较好。全市空气质量优良天数279天，达标率79.3%；水环境质量总体保持稳定，主要河流水环境质量达到相应功能区标准，出境断面和城市饮用水水源地水质达标率100%；生态环境质量稳中趋好，城区功能区噪声质量整体稳定。绵阳市环境空气的监测采用24小时自动监测的形式，城区共设4个国控环境空气自动监测站点，分别位于富乐山、市人大、高新区和三水厂，城区日均浓度为4个测点平均值，监测项目为二氧化硫（SO_2）、二氧化氮（NO_2）、可吸入颗粒物（PM10）、细颗粒物（PM2.5）、一氧化碳（CO）、臭氧（O_3）。全年绵阳市环境空气中SO_2平均浓度为6微克/立方米，NO_2平均浓度32微克/立方米，CO日均值的第95百分位数为1.1毫克/立方米，O_3日最大8小时滑动平均值的第90百分位数为152微克/立方米，PM10平均浓度72微克/立方米，PM2.5平均浓度45微克/立方米。参照《环境空气质量标准》（GB3095-2012），绵阳城区2018年环境空气有效监测352天，达标天数为279天，达标比例为79.3%，较2017年下降2.4个百分点。全市市区降水pH均值为6.24，酸雨发生的频率为2.4%，属于非酸雨区。市境内涪江及其支流水质总体较好，国、省、市控断面Ⅰ—Ⅲ类水质占总体水质比例为100%，较2017年持平。涪江、梓江、凯江、安昌江、通口河、芙蓉溪年均水质均能达到或优于划定的水域类别要求。绵阳市城区2处市级集中式饮用水水源地水质状况良好，符合《地表水环境质量标准》（GB3838—2002）相关要求，达标率100%。全年除4A类交通干线两侧夜间声环境质量超标以外，其他各类功能区的昼间、夜间均能达到相应标准要求。全年城区区域噪声监测昼间平均等效声级为56.8分贝，质量状况等级为三级（一般），与2017年相比质量等级保持不变。夜间平均等效声级为47.7分贝，质量状况等级为三级（一般），与2013年相比质量等级下降一级。全年道路交通噪声昼间平均等效声级为70.3分贝，质量状况等级为三级（一般），与2017年相比质量等级下降一级。夜间等效声级为61.5分贝（A），质量状况等级为三级（一般），与2013年相比质量等级下降二级。绵阳市国控点、省控点辐射环境质量监测以及辐射环境自动监测站运行维护管理工作获得全省双优。

表1 2018年绵阳市功能区声环境质量达标情况

功能区类别	1类		2类		3类		4类	
	昼	夜	昼	夜	昼	夜	昼	夜
达标点次	4	4	20	20	8	8	8	0
监测点次	4	4	20	20	8	8	8	8
达标率（%）	100	100	100	100	100	100	100	0

注：1. 声环境质量评价采用《声环境质量标准》（GB3096—2008）及《环境噪声监测技术规范/城市声环境常规监测》（HJ640—2012）

2. 城市声环境功能区分为4类。1类区：指以居民住宅、医疗卫生、文化教育、科研设计、行政办公为主要功能，需要保持安静的区域。2类区：指以商业金融、集市贸易为主要功能，或者居住、商业、工业混杂，需要维护住宅安静的区域。3类区：指以工业生产、仓储物流为主要功能，需要防止工业噪声对周围环境产生严重影响的区域。4类区：指交通干线两侧一定距离之内，需要防止交通噪声对周围环境产生严重影响的区域

2018 年绵阳市城区环境空气质量监测结果

表 2　　单位：微克/立方米，CO 单位为毫克/立方米

点位	SO_2（年均值）	NO_2（年均值）	PM10（年均值）	CO（日均值第 95 百分位数）	O_3（日最大 8 小时值的第 90 百分位数）	PM2.5（年均值）	环境空气质量综合指数	有效监测天数	达标天数	达标率（%）
富乐山	4	19	61	1.2	159	40	3.86	345	277	80.3
市人大常委会	6	39	73	1.2	141	47	4.63	343	274	89.9
高新区	9	35	74	1.0	150	45	4.56	331	244	73.7
三水厂	7	33	81	1.1	157	48	4.72	337	245	72.7
城区 *	6	32	72	1.1	152	45	4.43	352	279	79.3

注：1. 城市环境空气评价执行《环境空气质量标准》（GB3095—2012）

2. 环境空气质量综合指数是描述城市环境空气质量综合状况的无量纲指数，综合考虑 6 项污染物的污染程度。环境空气质量综合指数越大，表明综合污染程度越重

【经济环境概况】 2018年，全市围绕“686”现代产业体系打造，加快释放内需潜力，培育发展新动能，全市经济保持健康发展。实现地区生产总值2303.82亿元，总量居全省第2位，同比增长9.0%，分别高于全国、全省2.4、1个百分点。三次产业结构优化调整为13.1∶40.3∶46.6。地方一般公共预算收入124.54亿元，同比增长12.6%。城镇居民人均可支配收入34411元，同比增长8.1%，总量居全省第3位。农村居民人均可支配收入16101元，同比增长9.1%，总量居全省第5位。就业形势稳定，城镇新增就业5.82万人，城镇失业登记率2.59%。

2018年，全市实现第一产业增加值301.27亿元，同比增长3.7%。粮食生产总体平稳，非洲猪瘟疫情得到有效控制。农业六大重点产业、十大主导产品加快发展，新建改建现代经济作物产业标准化基地7866.67公顷，农业产业化水平提升。新型农业经营主体达1.79万个，带动农户面66%以上。

2018年，全市规模以上工业增加值同比增长10.8%，居全省第5位。六大重点产业产值同比增长14.1%，其中节能环保、汽车、新材料、食品、高端装备制造、电子信息及新一代信息技术产业分别同比增长31.1%、14.7%、14.6%、13.0%、11.3%、10.4%。“两新”产业产值占规模以上工业总产值比重分别达55.1%、38.2%。15家企业入围全省制造业企业100强。17家企业新入选省高成长型中小企业培育名单、入选数量连续两年居全省第1位。

2018年，全市实现服务业增加值1073.15亿元，同比增长10.1%。电子商务等重点产业突破发展，实现网络交易额2902.9亿元，同比增长11.36%。金融支持实体经济发展，金融机构本外币贷款余额达2258.87亿元，同比增长17.27%，小微企业贷款余额502.39亿元，同比增长13.2%。旅游业加快发展，罗浮山景区创建为国家AAAA级旅游景区，全市接待国内游客6383.4万人次，实现旅游总收入647.66亿元，同比增长21.46%。

2018年，全市完成全社会固定资产投资1316.07亿元，由全省第7位上升至第6位，同比增长15.8%，高于全省5.6个百分点，居全省第1位。307个省市重点项目完成投资686.95亿元，投资完成率106.78%。全年共举行4次集中开工，开工312个重大项目，总投资1842.29亿元。重大项目投资支撑作用显著，5000万元及以上项目完成投资819.26亿元，同比增长17.9%，占全社会

固定资产投资62.2%。民间投资持续活跃，完成767.93亿元，同比增长28.2%。

2018年，城市商业综合体消费聚集效应增强，CBD万达广场等2万平方米以上的大型商业综合体培育20余家，带动社会消费品零售总额实现1149.48亿元，同比增长12%。“互联网+”助推新零售持续增长，限额以上企业实现零售额375.88亿元，同比增长15.4%，其中通过互联网实现的商品零售额增长32.7%。城乡市场保持繁荣，城镇零售额738.39亿元，同比增长11.9%；乡村零售额411.08亿元，同比增长12.2%。

2018年，绵阳市推进“万企出国门”相关活动，加强对外经贸合作，新增外贸备案企业113家，累计达1152家，企业“走出去、请进来”成效显著。实现进出口总额259.9亿元，同比增长126.1%。外资引进实现新跨越，全市到位外资2.89亿美元，同比增长197.52%。外商投资覆盖全市所有县市区、园区。对外投资跃上新台阶，全市对外投资涉及欧美、非洲、东南亚等20余个国家及地区，新增对外投资项目3个，累计投资总额达14亿美元，对外投资总量居全省第2位。

2018年，全市落实“民营经济33条”和优化营商环境工作方案等政策措施，改善营商环境，市场主体增加。全市新登记市场主体5.09万户、总数达31.91万户。新增规模以上工业146家，总数历史性突破1000家，新增限额以上商贸企业104家，新增规模以上服务业企业72家。

2018年，全市就业渠道拓展有力，减税降费提振信心，共享经济等新兴业态充满活力。全市城乡居民人均可支配收入继续保持双增长态势，城镇居民人均可支配收入34411元，同比增长8.1%，总量居全省第3位。农村居民人均可支配收入16101元，同比增长9.1%，总量居全省第5位。就业形势稳定，城镇新增就业5.82万人，城镇失业登记率2.59%。消费市场价格稳定，居民消费价格指数温和上涨2.2%。

【工业概况】 2018年，全市以先进制造业为方向，抓好电子信息、汽车产业发展，支持新材料、节能环保、高端装备制造等优势产业提升能级，全市规模以上工业增加值增长10.8%，较2017年提高0.3个百分点，高于全省平均水平2.5个百分点。工业投资、技改投资均同比增长30.8%，增速分别居全省第一、第二位，在全省7个重点工业城市中均居第一。规模以上工业企业突破1000家。高新技术产业和战略性新兴产业产值占规模以上工业总产值比重分别达55.1%、38.2%。截至年底，签约上海威马汽车150亿瓦时固态共享电池项目、上海远成集团川北智慧物流城项目、中南高科擎动未来产业园等5亿元以上项目84个，签约投资额达3062.92亿元。全市规模以上工业综合能源消费量达293.26万吨标准煤，同比增长6.32%，单位工业增加值能耗下降4.04%。

2018年，市委七届五次、六次全会将优先发展先进制造业作为工作的重中之重，印发《关于加快建设西部先进制造强市的实施意见》等政策文件，并在省内率先制定出台先进制造业评价体系。同时，制定推进制造业智能化、绿色化、服务化发展和创新能力提升等7个制造业核心竞争力提升行动计划（2018—2020年），编制实施《绵阳市工业重点产业2018年度工作计划》，明晰推动全市制造业规模壮大、竞争力提升、重点产业向价值链高端攀升等工作路径，形成涵盖长期、中期、近期的工业发展规划体系和政策体系。

2018年，全市对标全省提出构建“5+1”现代产业体系，按照绵阳“686”现代产业体系，梳理明确“6+4”现代工业产业体系，即重点发展电子信息、汽车、新材料、节能环保、高端装备制造、食品饮料六大重点产业，以及新一代信息技术、新能源、核技术应用、生物医药四大新兴产业。建立全市先进制造业发展目标体系、产业框架体系，明确各产业重点发展领域、方向、目标等，加快构建先进制造产业体系。六大重点产业产值全年同比增长14.1%，占全市工业比重达67.5%，其中节能环保产业产值同比增长31.1%，汽车产业产值同比增长14.7%，新材料产业产值同比增长15.6%，高端装备制造产业产值同比增长11.3%，电子信息及新一代信息技术产业产值同比增长10.4%。四大新兴产业产值全年同比增长12.7%，其中生物医药产业增长42.7%；新能源、核技术应用产业增长均超过20%。支持推动传统产业加大技术改造，加速向价值链高端攀升，实施技改项目540个，计划总投资3124.5亿元。

2018年，科技城各园区专业化、特色化、高端化发展加快推进。安州工业园区获批为第四批省新型工业化产业示范基地；江油工业园区、游仙经开区获批为省级高新技术产业园区。绵阳汽车产业园、生物医药产业园、健康食品产业园、高端纺织服装产业园4个重点特色产业园集聚企业133家，引进（在建）威马汽车、东旭新能源、鸿星尔克等项目78个，完成投资22.76亿元；争取省上园区项目建设以及工业产业扶贫资金1670万元；全市产业园区聚集规模工业企业803家，规模工业总产值增长16.2%，园区产业集中度达到83%。

2018年，全市坚持"围着企业转、盯住项目干"和服务企业"无事不扰、有求必应"的工作理念，落实《绵阳市重点企业"服务绿卡"管理办法》《改进服务工业企业九条措施》，执行问题清单、责任清单、结果清单"三个清单"等常态化服务企业办法措施。将企业的困难和问题分别发给各县市区、园区和市级相关部门（单位），并跟踪督促问题有效解决，解决企业问题22个。实施产融合作试点，创新开展应收账款融资、应急转贷、中小企业担保等融资工作，帮助企业降低融资成本近亿元。支持62家电力用户参与电力市场化交易，节约电费1.13亿元。为全市47家企业争取富余电量优惠政策，节约电费4100余万元。帮助聚合新材料、海格恒通等5家企业向省上争取国家鼓励类产业政策。推进"互联网+政务服务"，加快建设全市政务信息资源共享平台，推动省、市、县政务信息系统互联互通。全市行政权力事项全部纳入电子监察范围，在线处理实现率达99%；在西部率先建成政务云，集成40多个部门的100多个业务系统，建设投资和年度运行成本降低30%以上。

2018年，全市组织企业参加"万企出国门"活动、广交会、南博会、美国CES展等各类展会，帮助52家绵阳企业首次实现出国参展，扩大对外交流合作。利用第六届科博会、第十七届西博会、首届中国国际进口博览会等契机，展示科技城先进制造业成果；其中第六届科博会组织长虹、九洲、京东方等34家企业约300件产品参展；第十七届西博会组织64家企业参展；首届中国国际进口博览会组织长虹、富临精工、东材科技等119家企业参会。支持长虹集团在"一带一路"沿线国家和地区布局、发展，促成长虹集团在家电产品、电子元件、机电产品、智能终端方面向相关国家输出产品和技术，形成欧洲捷克和东南亚印度尼西亚海外双基地布局。江油东超安装有限公司布局非洲市场，中标埃塞俄比亚绿色水泥生产线设备安装工程。坚持技术引进，通过引进一批国际、国内先进技术项目，实施技术合作、资本合作，促进全市产业升级。其中新晨动力是宝马在中国的N20发动机、王子系列发动机授权生产商，生产过程中与德国艾维尔合作，由艾维尔负责宝马项目国产化过程的工业化、采购及质量控制等全方位技术支持。东材集团在引进德国双向拉伸设备及制造技术的基础上，根据公司技术和市场需求，通过改造该技术，生产BOPP薄膜。

【交通概况】 2018年，绵阳市持续推进交通建设攻坚大会战，以项目建设为龙头，实行清单管理，挂图作战，做好项目前期工作，推动重大项目按期开工，推进项目建设。绵（阳）西（充）高速公路按期建成试通车；九（寨沟）绵（阳）高速公路全面加快建设。截至年底，全市公路通车里程20146千米，其中高速公路413千米、一级公路445千米、二级公路889千米、三级公路1097千米、四级公路14406千米、等外级公路2896千米；客运站3247个，其中一级站5个、二级站8个、三级站1个、四级及以下站3233个（含五级简易站、招呼站）。营运汽车22582辆，其中客车2812辆、货车19770辆。公路客运量3594.217万人次，周转量228547.103万人千米；公路货运量7520.737万吨，周转量842132.846万吨千米。

2018年，全市实施高速公路项目6个，完工1个、在建2个、开展前期工作3个。全市高速公路通车里程413千米，建成和在建总里程620千米。全年实施新改建干线公路项目19个、总里程502千米，其中完工项目4个、里程88千米，在建项目9个、里程247千米，开展前期工作6个项目。全年实施国省干线大中修工程项目11个、里程132千米，其中完工项目7个、里程70千米，在建项目2个、里程34千米，开展前期工作2个。全年实施农村公路项目74个，其中完工项目56个、在建7个、开展前期工作11个。

2018年，绵阳市境内有宝成铁路、西成客专（成绵乐城际铁路），通车里程达264千米。在建铁路有成（都）兰（州）铁路（安州段）。规划建设绵（阳）遂（宁）内（江）铁路、重庆经遂宁至绵阳高铁、成都—金堂—三台城际铁路。拟规划成都经金堂经德阳至绵阳城际二线、绵阳—巴中铁路等。全年发送旅客7844711人，比2017年6593429人增加1251282人，增长19%。直通人数1066643人，比2017年851012人增加215631人，增长25.3%。管内人数6778068人，比2017年5742417人增加1035651人，增长18%。

2018年，全年共实现航班起降30242架次，同比增长4.4%；运输旅客3938882人次，同比增长11.2%，完成年度目标任务（360万人次）的109.4%；运输货邮行23829.2吨，同比增长7%；年平均客座率79.56%，同比提升2.7%。累计新开并恢复航线11条，新增通航城市9个，加密航线点13个，有通航城市38个、航线57条，航线里程10万千米，执飞航空公司21家。全年机场集团收入2.06亿元，净增长1800万元，净利润1124万元；至12月31日，机场辅业收入8566万元，占集团总收入的37.7%，其中子公司及参股公司共计实现净利润305万元，较2017年增长11.30%。绵阳机场（集团）有限公司在民航四川地区维修系统作风建设评比活动中荣获“机场航站”组第二名和“优秀奖”；机场消防支队获第三届民航西南地区专职消防队技术技能竞赛“精神文明奖”。

【教育与人才概况】 2018年，全市有各级各类学校1464所（其中高等教育学校14所、普通高中36所、普通初中183所、小学409所、幼儿园792所、特殊教育学校7所、中等职业学校23所），有在校学生862713人（其中高等教育152986人、普通高中105140人、普通初中136437人、小学280470人、幼儿园144589人、特殊教育学校897人、中等职业学校42194人），有教职工64000余人（高等教育10287人），教师44008人（普通高中10012人、普通初中11102人、小学13613人、幼儿园7422人、特殊教育学校143人、中等职业学校1716人）。

2018年，绵阳市出台《关于加快建设西部人才强市的意见》《引进高层次创新创业人才工作管理办法》等，形成“5+1”人才新政。全年共引进高校毕业生2.7万余人，其中海外人才188人，博士434人，硕士2509人。全市人才总量达76.8万人。全市有“两院”院士27名，各类专业技术人才23万人，是全国唯一入选“科研人员激励计划试点”的地级市。

【商贸概况】 2018年，全市实现社会消费品零售总额1149.48亿元，稳居全省第2位，是全省唯一总量突破千亿元的地级市，增速12%，分别高出全省平均增速、GDP增速0.9、3个百分点。其中限额以上企业实现社会消费品零售总额375.88亿元，同比增长15.4%。

从消费所在地看，2018年城镇市场实现消费品零售总额738.39亿元，同比增长11.9%，占全市社会消费品零售总额64.2%，在消费品市场占主导地位；乡村市场实现消费品零售额411.08亿元，同比增长12.2%，高于城镇0.3个百分点，乡村消费在全市占比逐步提升。

从消费形态看，全市“批零住餐”行业实现商品零售额946.8亿元，占社会消费品零售总额82.37%，同比增长11.5%（其中通过互联网实现的商品零售额占32.7%），商品消费依然占据消费市场主导地位。实现餐饮收入202.67亿元，占社会消费品零售总额的17.63%，同比增长14%，餐饮消费占比提升，大众餐饮迅速发展。

从热点商品看，16类商品销售均呈正增长趋势。其中粮油、食品、饮料、烟酒等吃类商品实现销售额43.9亿元，同比增长17.9%；服装、鞋帽、针纺织品等穿类商品实现零售额15.10亿元，同比增长12%；化妆品、金银珠宝、日用品、体育娱乐用品、书本杂志、中西药品、文化办公用品、通信器材及其他等用类商品分别同比增长17.8%、10.4%、13.9%、5.6%、13.4%、25.5%、14.2%、8.1%、23.9%；家用电器和音响器材、家具、建筑及装潢材料等居住类商品分别同比增长23.7%、17.6%、12.9%；石油及制品、汽车等行类实现零售额150.28亿元，分别同比增长16.1%、7.4%。

2018年，全市推动零售、餐饮等商贸服务在线化，线下体验、线上购物、送货上门成为本土零售企业新的增长点，新社区连锁餐饮、节庆餐饮、乡村餐饮等餐饮消费新模式发展迅速。推进连锁经营，全市连锁经营企业达188家，同比增长17家；门店4989个，同比增加140个，连锁率达31.5%。发展城市商业综合体，培育万达广场、富临大都会、海悦银河城等商业面积2万平方米的大型商业综合体超过20家，建成马家巷、1958等特色商业街区12条。

2018年，全市对外贸易连续12个月正增长，全年实现外贸进出口总额259.9亿元，居全省第2位，是全省首个总量突破200亿元大关的地级市，同比增长126.1%，分别高于全国、全省平均增速116.4、96.9个百分点，增幅、总额均创历史新高。通过鼓励重点企业转型升级，加大科技研发投入，开拓新兴市场，出口贸易维持稳定增长，全年实现出口总额65.46亿元，同比增长6.7%，居全省第4位。全市主要出口市场136个国家和地区，进出口产品涵盖电子信息、精细化工、新材料、机械制造和服装纺织等20个大类，1400多个品种。建立起全市小微企业短期出口信用保险统保平台，推动全市对非洲等新兴市场出口增长29.3%。全年新增对外投资项目3个，投资总额555万美元；对外投资企业总数达56家，累计投资总额14亿美元，居全省第2位。

2018年，全市指导九洲电器、新晨动力等企业申报进口贴息资金200余万元。全市实现进口总额194.44亿元，同比增长262.8%，居全省第2位。进出口产品涉及亚洲、北美洲、欧洲、拉丁美洲、非洲等54个国家和地区，其中韩国、日本居前两位。进口产品涉及化工、塑料制品、毛皮、服装纺织和矿产品、饮料等15大类，近500个品种。通过引进京东方、惠科等重大投资项目，制定鼓励扩大进口等政策，组织参加首届中国国际进口博览会等促进进口贸易的展会活动，全市进口产品结构持续优化。全市外贸企业在机电、高新技术产品等产品进口快速扩张，全年实现机电产品进口186.8亿元，同比增长307.1%；高新技术产品进口180亿元，同比增长313.4%。

（徐江山）

科技城概览

【概况】　2018年2月，习近平总书记来川视察时专门就绵阳科技城建设作出重要指示。4月26日，省建设绵阳科技城领导小组会议召开，审议通过《2018年绵阳科技城建设重点工作安排》。6月，四川省委十一届三次全会举行，就科技城加快发展作出安排部署。7月18—19日，中共绵阳市委七届五次全体会议召开，审议通过《中共绵阳市委关于深入学习贯彻习近平新时代中国特色社会主义思想和习近平总书记对四川工作系列重要指示精神加快建设中国科技城和西部现代化强市的决定》《中共绵阳市委关于全面推动高质量发展的决定》，提出建设中国科技城和西部现代化强市的奋斗目标，以及实现目标的四个时间节点、六个基本原则、五个主攻方向，着力推进中国科技城建设实现新突破。8月23日，省委召开研究科技城建设工作专题会议，是自2007年以来省委专题研究科技城建设规格最高、力度最大、针对性最强的一次会议。全年科技城按照科技城建设部际协调小组第13次会议、省委十一届三次、四次全会以及省委支持绵阳科技城建设专题会、市委七届五次全会的精神，落实《2018年绵阳科技城建设重点工作安排》，全面完成各项年度工作任务，推动中国（绵阳）科技城建设取得新进展。全年国家推广的第二批23项全创经验中，绵阳贡献4条；四川省推广的第二批21项经验中，绵阳贡献7条，参与5条。科技城地区生产总值达1658.31亿元，同比增长9.7%；规模以上工业增加值增长10.8%。全社会固定资产投资总额达1038.83亿元，同比增长14.7%。高新技术产业化指数达80.12%，科技对经济增长贡献率达58%。全省首个省部共建环境友好能源材料国家重点实验室获批在绵阳建设并正式运行。长虹国家“双创”示范基地——安州长虹双创工业园开工建设。高新区获批建设国家双创升级示范园区。全市建成各类孵化器60家，孵化器总面积达115万平方米，入驻孵化企业和服务机构近4000家。科技城推进集中发展区建设攻坚行动，完成百亿目标，完成112平方千米土地规划调整，核心区骨架路网初具形态。第六届中国科技城国际科技博览会在绵阳举行，签约项目121个，金额达904.23亿元。中德（绵阳）创新产业平台推进建设。新晨动力万台“宝马”王子发动机下线并实现量产。区域合作取得实效，与“一带一路”倡议沿线国家实现进出口总额28亿元，占全市外贸总额的21%。融入环成都经济圈，与成都、德阳签署一体化发展合作协议，并初步实现成绵间城际列车公交化运营。

【科技城设置历史背景】　1949年10月以前，绵阳是一个以农业为主的欠发达地区，工业技术相对落后。1949年10月以后，尤其国家“一五”计划和“三线”建设时期，中国工程物理研究院（以下简称中物院）、西南自动化研究所、中国空气动力研究与发展中心（以下简称中国气动研发中心）、中国航发四川燃气涡轮研究院（以下简称中国航发涡研院）等国防科研院所和国营长虹机器厂（长虹集团前身）、国营涪江机器厂（九洲集团前身）等军工骨干企业相继迁建或落户绵阳，西南科技大学、绵阳师范学院等高校先后成立，奠定绵阳发展的坚实基础。改革开放初期，绵阳响应国家发展方针，依托“三线”资源，实施“军转民科技兴市”战略，长虹、九洲等军转民领军企业迅速崛起，绵阳工业水平、经济实力显著提升，经济建设快速发展，成为国家重要的国防军工与科研生产基地以及电子信息产业基地。

20世纪90年代，中央和国家多位领导人先后到绵阳考察，认为绵阳具备加快发展的巨大潜力，可以在西部地区实现率先发展并发挥示范和引领作用。2000年9月，党中央、国务院作出建设绵阳科技城的重大决定。中共中央政治局常委、国务院副总理李岚清到绵阳视察，亲自联系科技城建设工作，促成国务院批准成立由科技部牵头，国家发改委等11个国家部委组成的绵阳科技城建设部际协调小组（截至2018年，成员单位增至19个）。2001年7月，国务院印发《关于建设绵阳科技城有关问题的批复》，正式批复《绵阳科技城发展纲要》，指出："建设好绵阳科技城，把绵阳市丰富的科技资源转化为巨大的生产力，促进我国西部地区的经济发展，是邓小平同志关于'科学技术是第一生产力'重要论断的具体实践，对实施西部大开发战略和科教兴国战略具有重要意义。"至此，由党中央和国务院命名的全国唯一一个科技城在绵阳诞生。多年来，绵阳秉持"发展高科技、实现产业化"的指导思想，肩负起为国家实施创新驱动、协同发展、对外开放等重大战略探索路径，探索出经验成果向全国和全省推广。

【全面创新改革试验】 2018年，科技城89项全面创新改革试验年度工作计划有序推进，17项国家授权先行先试改革举措完成15项。建立改革经验储备清单，总结提炼67项经验成果。国务院推广的两批36条全创经验中，绵阳贡献6条，占全国经验总量1/6。四川省推广的第二批21项经验中，绵阳贡献7条，参与5条。全省征集推广第三批全创经验，绵阳上报15条。国家科研人员激励计划试点经验在全国推广。中国兵装集团西南自动化研究所作为全国第一家军工科研院所分类改革和混合所有制改革试点单位基本完成转制。总结提炼10大典型经验案例，其中《发挥国防科技资源优势实现国防科研生产基地新发展（四川省绵阳市）》被中央有关部门作为第三批典型案例向全国推广，大型科学仪器共享平台案例被中央有关部门简报刊登，有关金融支持确保高质量发展案例被《解放军报》专版刊发。

【"双创"工作】 2018年，科技城有国省级重点实验室27家、国省级工程技术研究中心24家、国省级企业技术中心83家。全省首个省部共建环境友好能源材料国家重点实验室获批在绵阳建设并正式运行。科技城创新中心三期加快建设。长虹国家"双创"示范基地——安州长虹双创工业园开工建设。高新区获批建设国家双创升级示范园区。全市建成各类孵化器60家，孵化器总面积达115万平方米，入驻孵化企业和服务机构近4000家。全市推进国家知识产权示范城市建设，培育国家级知识产权试点示范6个，与汇桔集团共建"绵阳知商谷"。全年新增专利授权量6651件，同比增长40.1%，每万人发明专利拥有量10件。九洲、旭虹光电、铁骑力士牵头或参与完成的3个项目获得2018年度国家科学技术进步二等奖，获奖数量在全国地级市名列前茅。社会研发支出占比6.54%，企业研发支出占比达到34%。

【科技城集中发展区建设】 2018年，科技城推进集中发展区建设攻坚行动，集中发展区建设完成百亿目标，集中发展区土地规划调整完成112平方千米。推进地下综合管廊、市政道路建设以及草溪河综合整治等74个基础设施项目建设，完成投资115.54亿元，核心区骨架路网粗具形态。"科技之心"中央公园、市民中心、绵阳市文化艺术中心等项目前期工作全面展开。59个产业项目完成投资197.31亿元。新培育升规企业30家。京东方项目生产区整体建设基本完成，东旭新能源汽车等项目前期工作平稳推进。集中发展区5平方千米启动区基本建成，30平方千米核心区主体框架初具雏形。

【"三区"和"多园"建设】 2018年，绵阳高新区在168个国家级高新区中排位上升至56位，绵阳经开区在219个国家级经开区中排位上升至29

位。江油工业园区、游仙经开区获批为省级高新区，安州工业园区获批为第四批省新型工业化产业示范基地。全市制定出台《绵阳市推进园区循环化改造三年推进计划（2018—2020年）》，推进园区循环化改造。科技城持续推动园区特色化、高端化、专业化发展，全市产业园区聚集规模以上企业770家，规模以上工业总产值同比增长18%，园区产业集中度达83%。实施园区“千百亿工程”（即力争打造1个500亿级园区、1个1000亿级园区、4个500亿级园区，科创区等园区跨上百亿台阶），列入省“51025”重点园区培育计划（通过5年努力，力争形成5个营业收入超2000亿元的产业园区、10个营业收入超过1000亿元的产业园区、25个营业收入超过500亿元的产业园区）的5个园区实现产值1721.9亿元，同比增长15.51%。

【“两新”产业】 2018年，科技城的电子信息、汽车产业等六大重点产业产值同比增长14.1%，新一代信息技术、新能源、核技术应用等四大新兴产业产值同比增长12.7%，高新技术产业和战略性新兴产业产值占规模以上工业总产值比重分别达55.1%、38.2%，继续保持全省领跑优势。实施7个制造业核心竞争力提升行动计划，工业投资、技改投资均增长30.8%。长虹智能制造产业园等134个项目开工建设，京东方第6代AMOLED（柔性）生产线等93个重点项目加快推进。旭虹光电等109个项目竣工投产。

【产业项目建设】 2018年，科技城加快发展先进制造业态，台沃科技等4家企业分别获得省级服务型制造示范企业、示范项目和示范平台称号。攀长钢、永贵科技等30家企业获得国省级两化融合管理体系贯标试点企业。长虹大数据产业供应链决策分析平台入选国家2018年大数据产业发展试点示范项目。物联网模组市场占有率跃居全国第1位。奇安信集团网络空间安全产业园启动运营。引进汇桔网、喀斯玛（西南）商城运营中心等电商项目，实现电商交易额2902.9亿元，同比增长11.36%，居全省第2位。

【企业培育】 2018年，科技城实施大企业大集团培育“领航计划”，新增规模以上工业企业146家，总数量历史性突破1000家。规模以上工业企业主营业务收入2617.3亿元，同比增长13.4%。15家企业入围全市制造业企业100强，6家企业进入全省大企业大集团培育百强名单。65家企业入选四川省“专精特新”企业；17家企业入选全省高成长型中小企业培育名单，总数达51家，入选数量连续两年居全省第一。实施科技型中小企业提质增效工程，科技型中小企业认证总数稳定在1万家以上，新增上升规模纳入统计企业60家。高新技术企业新增33家，超过德阳、宜宾、南充三市的新增总和，总数达272家。

【交流合作】 2018年，第六届中国科技城国际科技博览会（以下简称科博会）在绵阳举行。科博会期间，举办中国北斗应用大会、空气动力学大会、航空产业峰会、核医学等高规格、高层次论坛活动37场次。参展参会国家、地区及国内各类创新示范区达37个，参展单位650余家，展品10319件。参会嘉宾7500余人，观众52.1万人次。签约各类项目121个，金额达904.23亿元。

2018年，全市推进开放合作载体建设，全面完成出口加工区整改，加快推进综合保税区选址方案调整。推进中德（绵阳）创新产业平台建设；新晨动力万台“宝马”王子发动机下线并实现量产。国家级外贸转型升级基地获批。推进跨境电商产业健康发展，跨境电商综合服务平台建成投用，跨境电商产业园累计入驻企业211家，实现电商零售额59亿元。参与“万企出国门”活动，新增外贸备案企业113家，进出口总额达259.9亿元，首次突破200亿元大关，同比增长126.1%，总量上升至全省第2位。新增外商投资企业27家，总投资达4.49亿美元。新增对外投资项目3个，累计投资总额达14亿美元，对外投资总量居全省第2位。到位外资2.9亿美元，同比增长197.52%。

2018年，区域合作取得实效，与“一带一路”倡议沿线国家实现进出口总额28亿元，占全市外贸总额的21%。融入环成都经济圈，与成都、德阳签署一体化发展合作协议，成绵间城际动车增发3对/日，初步实现成绵间城际列车公交化运营。加快构建对外通道，绵（阳）西（充）高速建成通车；九（寨沟）绵（阳）高速、广（元）平（武）高速项目，成兰铁路安州段、皂角铺铁路物流基地、绵遂内铁路前期工作平稳推进；中（江）遂（宁）高速、G5成绵高速扩容、绵苍高速招商等项目完成。南郊机场运输旅客超393.9万人次，通航城市达38个，航线57条。北川通用机场场址审查获中央军委批复同意，成为四川第三家获得中央军委批复的通用机场。

2018年，科技城坚持“梯度推进、滚动签约、批次履约”，新签约5亿元以上重大项目84个，引进100亿元以上重大项目10个。国内省外到位资金760.24亿元，继续保持全省第2位。总投资240亿元的惠科项目、总投资202亿元的威马自动驾驶示范园、总投资166亿元的新敏雅汽车用动力电池等重大产业项目先后签约并开工建设。

【科技金融服务】 2018年，科技城推进国家科技与金融结合试点，累计推出科技信贷产品50余种，科技贷款余额307.36亿元；科技企业1592家，专利权质押4.48亿元。出台《绵阳银行业服务实体经济发展普惠金融十条措施》《绵阳市绿色金融发展意见》等指导性文件。应收账款融资服务在全国率先实现全流程在线融资，实现融资额79.5亿元，同比增长55.7%。市政府牵头，经信委、人民银行等部门共建的“绵荟融通”（绵阳市中小企业融资服务网）正式开通运行。加快培育多层次资本市场，建设上市企业后备库和上市服务中介及投资咨询顾问机构资源库，首批入库企业111家。15家中小企业进入全省新三板挂牌重点后备企业库，7家企业进入全省拟上市企业推进名单。“住房公积金信用贷”政策放宽，截至年底，累计向70家民营企业发放住房公积金信用贷款6500万元。

【营商环境优化】 2018年，科技城持续深化“放管服”改革，公布《绵阳市市级单位“最多跑一次”“全程网办”“马上办”“就近办”政务服务事项目录清单》，全面推进“互联网+政务服务”，开展“最多跑一次”改革，构建“一窗受理”综合服务模式。全年减税降费71.64亿元，办理企业应急转贷资金4.15亿元，降低融资成本超2000万元。全社会用电成本降低4.79亿元，用气成本降低4899万元。社会信用体系建设持续完善，城市综合信用指数监测排位由全省第8位上升至第2位。（曾卫民）

科技城发展规划

【概况】 2017年4月，国务院正式批复同意《绵阳科技城“十三五”发展规划》，明确2016—2020年科技城建设发展坚持科技引领、技术融合、市场导向、改革创新的原则；科技城的发展目标是到2020年，绵阳科技城在技术融合、科技创新、产业发展、开放合作、城市建设、体制机制等方面取得新突破，主要发展指标实现翻番；科技城的空间布局要按照集约集聚、产城融合发展理念，优化功能分区，科学开发建设，构建“一核三区多园”空间发展格局。2018年2月，习近平总书记来川视察时，专门就绵阳科技城建设作出重要指示。2月22日，市委先后召开市委常委会会议和全市领导干部大会，专题传达学习习近平总书记来川视察时的重要指示精神，就全市上下贯彻落实习近平总书记来川视察时的重要讲话精神作布署，要求要结合绵阳实际抓好落实，真正把讲话精神转化为推动绵阳发展的具体行动，转化为各项事业再上新台阶的实际成效。4月26日，省建设绵阳科技城领导小组会议召开，审议通过《2018年绵阳科技城建设重点工作安排》。6月，四川省委十一届三次全会举行，就科技城加快发展作出安排部署。7月18—19日，中共绵阳市委七届五次全体会议审议通过《中共绵阳市委关于深入学习贯彻习近平新时代中国特色社会主义思想和习近平总书记对四川工作系列重要指示精神加快建设中国科技城和西部现代化强市的决定》《中共绵阳市委关于全面推动高质量发展的决定》，提出建设中国科技城和西部现代化强市的奋斗目标及实现目标的时间节点安排、原则、主攻方向等，着力推进科技城建设实现新突破。8月23日省委召开研究科技城建设专题会议后，8月24日，市委、市政府分别召开市委常委会（扩大）会议、市政府第51次常务会议，传达学习省委研究中国科技城建设专题会议精神，要求科技城建设在深入实施创新驱动、培育创新主体、营造创新生态、激发创新活力、壮大创新产业、扩大开放合作、优化发展环境等方面下功夫，加快把科技城打造成为创新驱动发展的试验田、技术融合创新的排头兵和西部地区发展的增长极。

【“一核三区多园”空间发展格局】　2017年4月，国务院正式批复同意《绵阳科技城“十三五”发展规划》，明确科技城的空间布局要按照集约集聚、产城融合发展理念，优化功能分区，科学开发建设，构建“一核三区多园”空间发展格局。“一核”即绵阳科技城集中发展区，包括涪城区、游仙区、安州区等部分连片区域，重点承载高新技术产业、战略性新兴产业发展以及科技创新、创业孵化、城市服务等功能，集中布局重大产业化项目、重大科技创新设施，建成创新驱动发展核心载体。“三区”即绵阳国家高新技术产业开发区、绵阳经济技术开发区、科教创业园区，重点承载高新技术产业、战略性新兴产业发展、创新创业服务等功能，发展先进制造业、新兴服务业，建成绵阳科技城产业发展的重要平台。“多园”即科学新城、空气动力新城、航空新城，重点承载国家重大科技专项落地，建成高精尖两用技术创新基地。金家林总部经济试验区、游仙经开区、江油工业园、安州工业园、三台工业园、北川经开区、梓潼经开区、盐亭经开区等特色产业园区重点承载传统产业改造提升功能，带动区域经济发展。

【省建设绵阳科技城领导小组会议】　2018年4月26日，省委副书记、省长尹力在成都主持召开省建设绵阳科技城领导小组会议，传达学习习近平总书记来川视察重要讲话精神，会议听取绵阳科技城建设工作情况汇报，审议《2018年绵阳科技城建设重点工作安排》和《第六届中国（绵阳）科技城国际科技博览会总体方案》。会议强调，领导小组各成员单位要牢记绵阳科技城建设的使命和要求，以习近平总书记重要讲话精神为根本遵循，清醒认识发展的有利条件和工作短板，强化规划引领，立足特色优势，聚焦主攻方向，完善思路、目标和任务，真抓实干，紧抓快干，努力推动科技城建设取得新突破，实现高质量发展。在重大科技创新、打造高端产业集群、推进大众创业万众创新等方面实现新突破。会议要求，绵阳市和省级相关部门要进一步创新完善省市联动机制、协同创新机制和争取对接机制，强化责任落实，凝聚发展合力，确保科技城建设各项工作扎实高效推进。省委副书记邓小刚等出席会议。

【市委七届五次全会对科技城作出战略部署】　2018年7月18—19日，中共绵阳市委七届五次全体会议召开。全会听取和讨论市委书记刘超代表市委常委会作的工作报告，审议通过《中共绵阳市委关于深入学习贯彻习近平新时代中国特色社会主义思想和习近平总书记对四川工作系列重要指示精神加快建设中国科技城和西部现代化强市的决定》和《中共绵阳市委关于全面推动高质量发展的决定》（以下简称两个《决定》）。全会由市委常委会主持。刘超就两个《决定》若干重大问题向全会作说明。全会指出要深刻理解习近平总书记对四川工作系列重要指示精神的丰富内涵。习近平总书记对建设中国科技城提出的明确要求，指明前进方向，是新时代推进绵阳发展的行动指南和根本遵循。全会提出新时代推进绵阳发展的战略谋划即“一个奋斗目标、四个时间节点、六个基本原则、五个主攻方向”，提出要深入实施创新驱动和融合发展战略，坚持创新引领发展，聚力科技创新、体制机制创新和产业创新，以超常的举措，着力培育创新主体、营造创新生态、激发创新活力、壮大创新产业，努力在创新驱动发展、技术融合发展科技城集中发展区建设和园区发展上实现新突破，强力推进中国科技城实现超常发展，加快把中国科技城建设成为创新驱动发展的试验田、技术融合创新的排头兵和西部地区发展的增长极。

“一个奋斗目标”即加快建设创新活跃、经济繁荣、政治清明、文化兴盛、社会和谐、生态优美的中国科技城和西部现代化强市。“四个时间节点”即结合绵阳实际，将2018年到21世纪中叶按照四个时间节点作出阶段性目标安排。到2020年建市35周年，要高质量全面建成小康社会，推动四川经济副中心和西部经济强市建设取得重大进展、中国科技城超常发展取得重大突破；到2025年建市40周年，要推动中国科技城和西部现代化强市建设取得重大成果，率先建成四川经济副中心；到2035年建市50周年，要基本实现中国科技城建设国家战略目标，基本建成西部现代化强市；到21世纪中叶，要建成具有国际影响力的中国科技城，全面建成西部现代化强市，基本实现全市人民共同富裕。“六个基本原则”即加快建设中国科技城和西部现代化强市，必须牢牢把握坚持和加强党的全面领导、坚持发展第一要务、坚持全面贯彻新发展理念、坚持全面深化改革扩大开放、坚持全面依法治市、坚持以人民为中心的发展思想六个基本原则。“五个主攻方向”即必须始终突出着力推进中国科技城建设实现新突破、着力打造经济高质量发展新体系、

图2　7月18日，中共绵阳市委七届五次全体会议召开

着力构建“一核两翼、三区协同”区域发展新格局、着力建设西部内陆改革开放新高地、着力推进民生福祉得到新改善的五个主攻方向。

全会还对科技城集中发展区建设和园区发展提出要求，指出要在科技城集中发展区建设和园区发展上实现新突破，坚持把集中发展区作为中国科技城超常发展的核心载体，启动编制新一轮发展规划，按照“项目引领、产城并进、全面提速”的要求，加快建设科技新区、产业新区和城市新区。实施基础设施建设攻坚，加快“四横四纵”骨干路网、地下综合管廊等建设，推进安昌河、草溪河综合整治及公园绿地等生态项目建设，统筹推进公共服务设施建设。实施项目招引攻坚，立足绵阳特色优势和未来发展需要，开展精准专业化招商，引进一批具有带动性、引领性的重大产业项目。实施产业发展攻坚，聚力产业高端和高端产业，培育壮大先进制造业和现代服务业，推动产业集中集聚集群发展。要按照“区域集中、产业集群、开发集约”要求，大力实施“园区千百亿工程”，支持园区扩能升级，促进专业化、特色化、高端化发展。按照权责一致、事权匹配原则，理顺市辖区、园区和市直职能部门之间的关系，赋予市辖区、园区更大的经济管理权限。推进园区聘用制改革试点。创新园区开发建设机制，探索公司化、市场化办园模式。完善园区水、电、气、路、网络、污水处理等基础设施配套，着力提高园区承接重大项目能力。改进完善园区要素配置方式，切实提高资源利用效率。

【市委七届六次全会对科技城加快发展作出部署】 2018年12月26日，中共绵阳市第七届委员会第六次全体会议举行。全会由市委常委会主持。市委书记刘超作讲话。全会听取和讨论刘超代表市委常委会作的工作报告，讨论《中共绵阳市委常委会2019年工作要点》。刘超就2019年市委重点工作安排的考虑作讲话。全会指出，要推进中国科技城加快发展，按照培育创新主体、营造创新生态、激发创新活力、壮大创新产业的要求，筹备开好部际协调小组第十四次会议，落实省委、省政府支持科技城加快发展的政策措施，强化企业创新主体地位，大力集聚创新资源要素，加快建设科技城集中发展区，继续实施科技城集中发展区建设攻坚行动，确保2019年科技城建设取得重大进展。要推进深度发展，大力实施“五大行动”，全力服务保障国防建设，促进地方政府和院所、高校彼此需求精准对接，探索政府引导、企业主体、院所高校协作、多元投资、成果分享的政产学研用协同创新模式，重点打造核技术应用、北斗导航、信息安全、空管系统、新一代显示技术等高技术产业集群，加快蹚出一条深度发展的路子。

【市委传达学习省委研究中国科技城建设专题会议精神】 2018年8月24日，市委召开常委会（扩大）会议，传达学习省委研究中国科技城建设专题会议精神，研究绵阳市贯彻落实意见。市委书记刘超主持会议并讲话。会议指出，8月23日省委召开的研究科技城建设工作专题会议，是自2007年以来省委专题研究科技城建设规格最高、力度最大、针对性最强的一次会议，在科技城建设历史上具有重要的里程碑意义。会议强调，各级各部门要认真学习贯彻省委专题会议精神特别是省委书记彭清华、省长尹力的重要讲话精神，切实把思想和行动统一到省委的决策部署上来，增强推进中国科技城发展的责任感、使命感、紧迫感，振奋精神、开拓创新，埋头苦干、真抓实干，推动省委专题会议精神不折不扣落地落实，奋力谱写中国科技城建设新篇章，以科技城发展引领带动全市转型发展、创新发展、跨越发展。会议指出，推进中国科技城发展的总体考虑是：深入学习贯彻习近平总书记关于科技城建设的重要指示精神，认真落实党中央、国务院和省委、省政府各项决策部署，大力实施创新驱动、融合发展战略，以推动科技创新为基础，以融合创新为特色，以体制机制创新和开放合作创新为动力，以实现创新驱动发展转型为目标，统筹推进创新驱动、政府引导与市场主体、科技创新与制度创新、对内改革与对外开放、服务国防与发展经济，着力培育创新主体、营造创新生态、激发创新活力、壮大创新产业，全力推动科技城发展，加快把科技城打造成为创新驱动发展的试验田、技术融合创新的排头兵和西部地区发展的增长极。会议提出科技城要在培育创新主体上实现新突破，要在优化创新生态上实现新突破，要在激发创新活力上实现新突破，要在壮大创新产业上实现新突破，要在扩大开放合作上实现新突破，要在优化发展环境上实现新突破。（曾卫民）

科技城发展优势

【概况】 绵阳科技城建设有着众多优势条件，从组织保障上，上有国家建设绵阳科技城部际协调领导小组、四川省建设绵阳科技城领导小组，绵阳市本级有科技城党工委和管委会专门的领导和管理机构。从政策支持上，国家和省相继出台支持绵阳科技城建设相关政策，绵阳市出台多项政策。从区位优势上，绵阳处于“一带一路”倡议沿线和长江经济带重要支点，位于成都、重庆、西安等城市构建的三大角区域及成渝经济区的腹心地带，是成都平原城市群的重要节点城市，具有以航空、高速公路、高铁、铁路为一体的快捷交通网络。从发展基础上看，有中物院等国家级科研院所18家、西南科技大学等高校14所，聚集“两院”院士27人、重大人才专项专家49人、享受政府特殊津贴专家近1000人、各类专业技术人才23.5万人。研究与试验发展（R&D）经费支出占地区生产总值（GDP）比重达6.54%，居全国城市前列。（李维怡）

【政策优势】 党中央、国务院和四川省委、省政府高度重视绵阳科技城建设。党中央、国务院成立由科技部牵头、共19个国家部委组成的科技城建设部际协调小组，批准科技城执行中关村政策和国家自主创新示范区先行先试政策，批准成为国家自主创新示范区联席会议成员，被确定为“系统推进全面创新改革试验区”，在技术深度融合发展上先行先试。四川省政府赋予科技城19项省级经济管理权，出台《关于加快推进绵阳科技城建设的指导意见》《支持绵阳科技城加快建设政策措施》等支持科技城加快建设的10条政策措施，明确对科技城土地利用实施单列管理，支持规划建设科技城集中发展区，举办中国科技城国际科技博览会。省财政安排科技人才发展专项基金，支持开展股权激励和科技成果转化奖励试点。绵阳市政府制定《关于加快建设科技型中小企业发展的决定》《绵阳科技城“千英百团”聚才计划高层次人才引进实施细则（试行）》等30余项政策文件。2018年，绵阳市又相继出台以《关于加快建设西部人才强市的意见》为统揽，以《关于实施“科技城人才计划”的若干措施》《绵阳市人才发展专项资金管理办法》《绵阳市人才发展专项资金资助项目实施办法》《绵阳市人才专项事业编制管理办法》《绵阳市引进高层次创新创业人才工作管理办法》为配套的“1+5”人才新政；出台《绵阳市2018年“项目年”工作方案》《关于加快建设西部先进制造强市的实施意见》《绵阳市大力支持先进制造业发展的若干措施》《绵阳市先进制造业发展专项资金管理办法》《金融服务人才创新创业若干措施》《绵阳市高层次人才服务卡管理办法》《绵阳市推进企业上市挂牌“三年行动计划”》等文件。构建起国家、省、市三级科技城建设政策体系。2018年2月，习近平总书记来川视察时，就绵阳科技城建设作出重要指示。4月26日，省建设绵阳科技城领导小组会议召开，审议通过《2018年绵阳科技城建设重点工作安排》。6月，省委十一届三次全会举行，就科技城加快发展作出安排部署。7月18—19日，中共绵阳市委七届五次全体会议审议通过《中共绵阳市委关于深入学习贯彻习近平新时代中国特色社会主义思想和习近平总书记对四川工作系列重要指示精神加快建设中国科技城和西部现代化强市的决定》《中共绵阳市委关于全面推动高质量发展的决定》。8月23日省委召开研究科技城建设专题会议后，8月24日，市委、市政府分别召开市委常委会（扩大）会议、市政府第51次常务会议，传达学习省委研究中国科技城建设专题会议精神，要求科技城建设在深入实施创新驱动、培育创新主体、营造创新生态、激发创新活力、壮大创新产业、扩大开放合作、优化发展环境等方面下功夫，加快把科技城打造成为创新驱动发展的试验田、技术融合创新的排头兵和西部地区发展的增长极。

【区位优势】 绵阳是“一带一路”倡议沿线和长江经济带上的重要支点城市，位于成都、重庆、西安等城市构建的三大角区域及成渝经济区的腹心地带，是成都平原城市群的重要节点城市。市区南距成都98千米，东距重庆300余千米，北距离西安700余千米。境内交通网络发达，有宝（鸡）成（都）铁路、西（安）成（都）客运专线、成（都）绵（阳）乐（山）城际铁路纵贯南北；有成（都）绵（阳）高速公路及复线、成（都）绵（阳）广（元）、绵（阳）遂（宁）、成（都）巴（中）、绵（阳）西（充）高速公路穿境而过。绵阳机场开通有直达北京、上海、广州、深圳等38个城市、57条航线，年旅客吞吐量约393万人次，是四川第二大机场和国家中型民用机场。拥有完备的海关、检验检疫机构，建有二类铁路口岸、公共保税仓库、集装箱货栈和出口加工区。

【产业优势】 绵阳是国家数字视听、国家新型工业化产业示范基地，四川省第二大经济体。拥有国家高新技术开发区和国家经济技术开发区2个国家级开发区，8个省级开发区和15个特色专业园区。2018年，全市有“四上”企业2897家、4亿元以上大中型骨干企业114家、上市挂牌企业30家、科技型中小企业11418家。全年全市围绕“686”现代产业体系打造培育和发展新动能，电子信息、汽车产业、新材料、节能环保、高端装备制造和食品饮料等重点产业蓬勃发展，京东方、威马、惠科、诺思等一批百亿级重大产业项目落地建设，高新技术产业和战略性新兴产业产值占工业总产值比重分别达55.1%、38.2%。科技城地区生产总值1658.31亿元，同比增长9.7%；规模以上工业增加值同比增长10.8%；全社会固定资产投资总额1038.83亿元，同比增长14.7%；高新技术产业化指数达80.12%，科技对经济增长贡献率达58%。全市R&D经费支出占GDP比重达6.54%，居全国前列。科技进步综合水平指数、科技进步贡献率分别达70.64%、58%。拥有全国唯一国家两用技术交易中心，科技企业孵化器面积约115万平方米。

知识链接：

“四上”企业：规模以上工业企业、资质等级建筑企业、限额以上批零住餐企业、国家重点服务业企业，共4类规模以上企业的统称。

“686”现代产业体系：第一个数字“6”，指工业重点发展的电子信息、汽车、新材料、节能环保、高端装备制造、食品饮料6大产业；第二个数字“8”，指服务业重点发展的科技服务、现代物流、现代金融、电子商务、会展等生产性服务业和加快发展的旅游、文化创意、健康养老等生活性服务业；第三个数字“6”，指农业重点发展的粮油、畜禽水产、中药材、林果、蔬菜、休闲农业6大产业。

【科研及人才优势】 科技城是国家重要的国防工业和科研生产基地。2018年，科技城拥有西南科技大学等高等院校14所，中国工程物理研究院、中国空气动力研究与发展中心、中国航发四川燃气涡轮研究院等国家级科研院所18家，国省级重点实验室27个，国省级工程技术研究中心24家，国省级企业技术中心83家。聚集“两院”院士27人，重大人才专项专家49人，享受政府特殊津贴专家近1000人，各类专业技术人才23.5万人。投入人才发展专项资金2360万元，资助“科技城人才计划”团队24个，新引进高校毕业生2.7万余人，全市人才总量达76.8万人。建有中国国际人才市场国家科技城分市场，实施“万名专家服务基层行动计划”“海外赤子为国服务行动计划”和“大国工匠走进科技城”活动。7所高校在绵阳设立分支机构，成立全省唯一的特色产业高技术人才培训基地。西南科技大学6个特种专业面向全国招生，绵阳大中专院校开设相关专业186个，年培养特色人才近4万人。人才聚集开发能力强化。用好科技城人才发展专项资金，实施“科技城人才计划”“绵州育才计划”，资助高层次创新创业人才团队24个，资助金额共2360万元。设立驻外高层次人才对接引进联络站13个，新引进高校毕业生2.7万人，其中海外人才188名、博士434名。设立市级人才专项事业编制200个，建立首批人才金融特色机构9个，推出人才金融产品22个。推进12个领域32类人才分类评价改革，“国有企业人才分类评价机制”经验在全省推广。组建中国科技城人才俱乐部。开展特色化人才服务，实施服务绿卡制度。“十一五”以来，累计获得国家科技进步奖58项，居全国地级市第1位。绵阳科技城创新中心三期等创新服务平台加快建设，各类孵化器达到60个，总面积达115万平方米。全年申报省级科技项目落实无偿资金1.32亿元，全市通过高新技术企业认定272家，全年申请专利10486件，专利授权6651件。新增科技型中小企业1215个，科技型中小企业总数达11418个。 （曾为民）

科技城规划建设

【概况】 2018年，全市规划建设围绕市委、市政府加快建设中国科技城和西部现代化强市的奋斗目标，继续按照“建设新城、完善组团、提升老城”的总体思路，统筹推进绵阳城市规划工作。全年共开展规划编制（修编）16个：继续推进《绵阳市城市总体规划2016—2035》修编；完成《安州区河西片区控制性详细规划（含城市设计）》《安州区河东新区控制性详细规划》《绵阳市富乐山风景名胜区详细规划》《罗浮山—白水湖风景名胜区罗浮山游览区详细规划》等12个控制性详细规划编制工作；完成游仙区石马镇、游仙区东林镇、涪城区吴家镇、高新区河边镇总体规划和控制性详细规划编制。指导完成涪城区青义镇、龙门镇总体规划和控制性详细规划并通过市规委会审议；推进高新区、经开区控制性详细规划方案编制。

【绵阳市总体规划修编（2016—2035）】 2016年12月，中国城市规划设计研究院（以下简称中规院）受委托开展绵阳市总体规划实施评估报告和总体规划修编工作，中规院现场踏勘全市域，对各县市区中心、重点功能区进行详细摸底及航拍记录，与市直部门和各区县进行20余场座谈，走访10余个部门，收集资料900余项。2017年6月29日，评估实施报告通过省住建厅技术评审会；同年10月，省住建厅同意绵阳市开展城市总体规划（含市域城镇体系规划）的修编工作。至2018年12月，总体规划初步方案经多次沟通、汇报、修改，完成总规纲要初步方案编制，并向相关市领导及省住建厅领导作初步汇报。为贯彻绵阳市委七届五次全会提出的中心城区按“300平方千米、300万人口”进行规划建设的目标，绵阳市启动大量论证研究工作，并将该事项纳入请求省委、省政府支持中国（绵阳）科技城超常发展支持事项中（为科技城预留空间，力争2035年跨入Ⅰ型大城市行列）。

【科技城集中发展区总体规划】 2013年6月25日，四川省政府批准成立绵阳科技城集中发展区。科技城集中发展区位于绵阳主城区西部，衔接涪城、游仙、安州三区，规划面积281平方千米，建设用地100平方千米。同年8月，中国城市规划设计院开展集中发展区规划及核心区概念性城市设计。规划方案于2014年2月13日通过省建设绵阳科技城领导小组第十四次会议审议，4月11日通过专家评审，8月20日通过2014年第4次市规委会审议，9月26日至10月27日进行规划公示，并上报省政府批复。经省住建厅同意，借鉴天府新区的经验，城市总体规划建设用地范围外的区域按镇乡规划进行报批。2015年1月，《科技城集中发展区启动区控制性详细规划》《科技城集中发展区核心区（安昌河以北区域）控制性详细规划》公布。2017年4月，国务院批复《绵阳科技城“十三五”发展规划》，批复指出努力把绵阳科技城打造成创新驱动发展的试验田、技术融合创新的排头兵和西部地区发展的增长极。科技城集中发展区是科技城创新驱动发展的核心载体，是集聚高端资源、承载产业发展的核心载体战略平台和产业新区，是奠定绵阳现代化大城市格局的城市新区。

【安州区河西片区概念性城市设计及控制性详细规划】 该规划衔接《绵阳市城市总体规划（2016—2035）》（以下简称总规），落实总规所确定的河西片区的目标、定位、功能；对接《绵阳科技城集中发展区核心区（安昌河以北片区）控制性详细规划》，落实《安县城市总体规划（2013—2030）》的主要战略思路；统筹安昌河两岸的功能、用地、空间、交通、景观等方面内容，全面优化总体空间格局。河西片区范围为：东至安昌河，西至货运通道及以西约1千米部分用地，北至横二路及以西北约1千米，南至安州区界，规划范围总用地面积21.72平方千米。其中城市建设用地面积19.82平方千米，规划区居住人口规模约为20万人。设计提出“营造活力河、控制生态廊、打造双组心、构建服务环、布局四组团”的布局结构，重点打造生态休闲、创新智造、城市服务、社区服务四大类功能。“活力河”即沿安昌河两岸打造景观优美，活动多元的活力滨水空间；“生态廊”即包括塔九路城市结构性生态绿廊和东观斗山、西双包山两条山体生态屏障，及若干绿化次廊；“双组心”即南部由综合服务中心和科技之心构成功能互补，跨河联动发展的创新服务新中心；“服务环”即依托辽宁大道、恒源大道、辽安路、河东路、金凤路以及轨道交通和公交干线，形成的城市生活服务环；“四组团”即于安昌河两岸形成的花荄组团、界牌组团、河东组团、科技城核心区四大组团。

【安州区河东新区控制性详细规划】 安州河东新区位于绵阳市中心城区西北部，安昌河东岸，紧邻绵阳科技城集中发展区。2012年2月，安州区（原安县政府）启动该片区控制性详细规划编制工作，规划方案于2017年8月22日通过专家评审，于2017年10月10日通过市规委会2017年第5次会议审议，10月18日至11月28日在市城乡规划局网站、《绵阳日报》面向社会进行公示，并根据反馈意见对局部作优化调整。2018年5月，规划成果经市政府正式批复实施。

规划范围东至规划绵安第二快速通道——辽安路和观斗山山麓，西至安昌河东岸，北至规划北环路，南至规划塔九路，规划总面积为542.78公顷，其中城市建设用地529.44公顷，非建设用地13.34公顷，规划范围人口规模为7.2万人。规划将河东新区发展定位为：以山水生态为特色，以文娱休闲、康体养生为引领，绵安北城镇发展廊道上具有活力、安逸的“宜居新城”。规划形成“一心两轴、两区两带、多点多楔”的空间布局结构：“一心”即文娱休闲中心，滨河路以东、河东路—辽安路—绵安第二快速通道以西、姊妹廊桥以南、调元大道以北的范围；“两轴”即辽安路发展轴、河东路发展轴；“两区”即北部发展片区和南部发展片区；“两带”即安昌河生态景观带、观斗山山林生态景观带；“多点”即先林路节点、文苑路节点和塔九路节点；“多楔”即多条绿带形成的生态绿楔。

【科技城集中发展区核心区（安昌河以北区域）控制性详细规划】 科技城集中发展区核心区（安昌河以北区域）位于绵阳市中心城区西北部。2015年，启动《科技城集中发展区核心区（安昌河以北）控制性详细规划》（以下简称规划）编制工作。2016年，为提升规划编制水平，保证规划质量，规划局同步启动《科技城集中发展区核心区城市设计》（以下简称城市设计）编制工作。规划方案于2015年7月17日通过专家评审；分别于2016年5月30日、2017年3月2日通过市规委2016年第2次市规委会、2017年第1次市规委会审议；2017年4月27日至6月9日在市城乡规划局网站、绵阳日报进行社会公示，并根据反馈意见进行局部优化调整。2018年2月，经市政府批复实施。

规划范围东至二环路，西至安州区一环路，北至裕都大道，南至滨河南路，涉及界牌镇、金家林片区及部分科创园区三个行政主体，规划总用地面积3471.28公顷，其中城市建设用地2036.59公顷，非建设用地1434.69公顷，规划范围人口规模约20万人。规划将科技城集中发展区核心区（安昌河以北区域）定位为绵阳科技城的国际化、现代化的“城市新中心”：以创新转化为主生产力的科研中心、创新合作与互动发展的国际交流中心、总部经济与科研服务的商业商务中心、城市精神与文脉传承的文化体育中心。规划区形成“一核多心、绿网覆盖”的空间结构：“一核”即科技之心，集科研中心、文化体育中心、商业商务中心和国际交流中心为一体的科技城核心；“多心”即科技智谷次中心和各组团中心，科研创新孵化办公及创新转化中心、高铁枢纽商业商务中心、居住组团中心等；“绿网覆盖”即西部绿网，东部天然绿楔。（杨新梅）

基础设施建设

【概况】 2018年，科技城按照“拓展城市空间、优化城市布局、完善城市功能、提升城市品质”总体思路和“全域城建攻坚”总体要求，推进科技城建设发展。全年推进交通建设攻坚大会战，全市实施高速公路项目6个，其中绵（阳）西（充）高速公路按期建成试通车，九（寨沟）绵（阳）高速公路建设全面推进。截至年底，全市公路通车里程20146千米，其中高速公路413千米。公路客运量达3594.217万人次，公路货物量达7520.737万吨。全年推进科技城集中发展区基础设施建设攻坚行动完成投资115.54亿元，城建攻坚行动完成投资117.56亿元；城镇危旧房棚户区改造开工4416套，农村土坯房改造70225户；建筑业总产值达到749亿，同比增长33%；240个老旧小区治理全面开工。

2018年，科技城集中发展区建设作为绵阳城乡规划建设的重中之重，以基础设施建设为引领，做好规划建设、产业培育、招商引资等工作，其奋斗目标为：把“集中发展区”打造成“生态至美、科技至伟、最绵阳的生态科技城”和国际化现代化城市新中心。加快“四纵四横”骨架道路、综合管廊、安昌河、草溪河河道综合整治等项目推进，加速建设“科技之心”公园、文化艺术中心等公共服务设施项目建设，推动集中发展区基础设施建设提速。全年科技城集中发展区攻坚行动基础设施项目共计74个（85个考核子项），总投资391.9亿元，确保完成投资110亿元，力争完成投资123.37亿元。全年实际完成投资115.54亿元，占年度确保完成投资的105.03%。至2018年12月底，有在建项目42个、完工项目7个（B11项目及周边地区供水工程、龙门镇绵江路以西污水主干管工程、安州区东辰中小学、长滩河轻度污染水体整治项目、青义场镇污水管网建设项目、京东方220千伏专用变电站及外线项目、游仙区科学城大道），开展前期工作的36个（含22个储备项目）。重点项目安昌河综合整治项目一期、滨河北路和地下综合管廊、游仙产城融合产业园等项目粗具雏形；科技之心片区产城融合招商项目启动。绵阳京东方第6代AMOLED（柔性）生产项目正式封顶。惠科第8.6代薄膜晶体管液晶显示器件生产线项目签约并开工建设。长虹智能制造产业园开工建设。旭虹光电等109个项目竣工投产。

【科技城集中发展区建设】 科技城集中发展区建设由科技城集中发展区建设领导小组领导，集中发展区2018年工作要点、各组工作计划等重要文件先后于2018年2月27日、3月16日经科技城集中发展区建设领导小组第五次会议、科技城集中发展区建设领导小组专项工作组联席会议审议。全年科技城按照“项目引领、产城并进、全面提速”总体要求，调整和完善集中发展区建设体制机制，形成综合协调、规划建设、产业培育、招商引资、用地保障、资金保障共6个专项工作组，推进基础设施建设。从培育优势特色产业、实施招商引资行动、推进建设用地保障、筹集项目建设资金四方面努力，推进科技城集中发展区建设。

2018年，科技城持续推进重大产业项目建设，计划实施产业培育项目59个，计划完成投资154.5亿元，其中工业项目46个，计划投资138.2亿元；现代服务业项目11个，计划投资15.8亿元；农业项目2个，计划投资0.5亿元。全年共完成投资197.31亿元，占目标任务的128%，其中46个工业项目完成投资180.88亿元，占目标任务的130.88%；11个现代服务业项目完成投资16.11亿元，占目标任务的101%；2个农业项目完成投资0.3亿元，项目投资额调整后占目标任务的100%。全年科技城招商引资取得突破，计划新签约项目72个，国内省外到位资金165亿元。全年共新签约项目91个，占目标任务126.39%，国内省外资金累计到位206.37亿元，完成目标任务的125%。

2018年，科技城项目用地保障到位，完成上报土地利用规划调整项目10个、108.87公顷。全年省上下达市本级和安州区建设用地指标380公顷，全年用于集中区项目报征指标约400公顷，超计划使用省下达年度指标5%。全年74个集中区基础设施项目完成征地项目21个（含子项目），组卷上报征地项目21个（含子项目），征地面积约433.33公顷。59个产业项目完成报批55个。

（曾卫民）

【科技城集中发展区建设领导小组第五次会议】 2018年2月27日，市委副书记、市长、科技城集中发展区建设领导小组组长刘超主持召开科技城集中发展区建设领导小组会议。市领导付康、颜超、元方、经大忠、孙福全、罗宗志、罗蒙，高新区管委会主任董泓，市政府秘书长谭岗参加会议。会议听取各专项工作组工作推进情况汇报，审议科技城集中发展区建设2018年工作要点和基础设施、招商引资、产业培育、用地保障、资金保障5个方面工作计划。会议强调，要深入学习贯彻习近平总书记来川视察重要讲话精神，特别是习近平总书记对绵阳科技城建设的重要指示精神，把科技城集中发展区建设作为绵阳城乡规划建设的重中之重，进一步统一思想、提高认识，用战略眼光和全球视野谋划推动集中发展区未来发展，将2018年作为集中发展区建设的突破年，按照“项目引领、产城并进、全面提速”的总体要求，全力推动集中发展区建设再上新台阶、实现新突破。会议提出，要推动项目建设大提速，加快推进“四纵四横”骨架道路、综合管廊、河道整治等基础设施项目，以及“科技之心”公园、文化艺术中心、市民中心等公共服务设施项目建设；要推动产业培育大提速，把集中发展区作为推动产业发展的主平台，围绕新一代信息技术、高端装备制造等先进制造业，以及电子商务、现代金融、科技服务等现代服务业，推进产业培育，把集中发展区打造成为绵阳新时代发展的强大引擎；要推动招商引资大提速，加强与重点地区、重点国家交流合作，对接省“四项重点工程”，围绕高新技术产业、战略性新兴产业和现代服务业开展精准专业招商，引进落实一批重大科技基础设施和具有带动性、引领性的重大新兴产业项目；要全力抓好要素保障，提高土地开发投资强度和产出效率，优先保障重大项目用地；加强银政企交流合作，引进社会资本，着力破解项目建设资金难题。

【科技城集中发展区建设领导小组专项工作组联席会议】 2018年3月16日，市委常委、科技城党工委副书记、管委会常务副主任、集中发展区建设领导小组综合协调组组长元方主持召开集中发展区建设领导小组专项工作组联席会议，会议对全年工作作出安排部署，审定集中发展区2018年工作要点、各组工作计划等重要文件。集中发展区建设领导小组各专项工作办公室负责人参加会议。

【刘超督导科技城集中发展区基础设施建设攻坚行动项目推进情况】 2018年6月20日，市委副书记、市长、科技城集中发展区建设领导小组组长刘超前往科技城集中发展区，走进草溪河、安昌河综合整治项目，河边镇和八家堰大桥施工段现场、地下综合管廊项目等处，督导基础设施建设攻坚行动项目推进情况。并在高铁大道西段开工点召开项目推进现场会，听取科技城集中发展区基础设施项目推进情况汇报，对相关单位制定作战图、明确时间表，共同推进

图3 6月20日，市委书记刘超督导科技城集中发展区基础设施建设工作

项目建设的做法给予肯定。刘超强调，2018年是科技城集中发展区建设的突破年，要把科技城集中发展区建设作为绵阳城乡规划建设的重中之重，以超常的思维、超常的举措，加快推进基础设施项目建设。要注重统筹协调，严格落实县市区和园区主体责任，充分发挥部门职能作用，各司其职、各负其责，协调联动、密切配合，扎实做好可研、环评、水保、土地报征等前期工作，加大对上争取力度，多渠道筹集建设资金，全力保障项目建设用地和资金需求，努力形成压茬推进、滚动建设的良好局面。要强化督查考核，完善项目考核督导机制，强化督查、跟踪问效，推动责任落实、任务落实、措施落实，确保科技城集中发展区基础设施项目建设取得实效。市领导颜超、元方、罗蒙，市政府秘书长谭岗参加督导。

【科技城集中发展区项目建设“百日攻坚”动员大会】　2018年9月29日，科技城集中发展区项目建设“两保两抢一加强”暨“百日攻坚”动员大会召开，安排部署集中发展区项目建设“两保两抢一加强”和综合管廊等重点项目“百日攻坚”行动。副市长罗蒙出席会议并讲话。会议指出，集中发展区作为科技城建设的主战场、绵阳城市发展的主平台，对于绵阳经济社会持续健康发展意义重大。各级各相关部门要站在战略和全局的高度，深刻认识加快集中发展区建设的重大现实意义和深远历史意义，要加快推进基础设施项目建设，确保年内出形象、见效果。

【科技城集中发展区地下综合管廊项目】　2016年，市委、市政府决定实施科技城集中发展区地下综合管廊项目。该项目是全国最大的分片预制装配式地下综合管廊，也是国内首例采用分片预制装配建造并采用新型防水材料的地下综合管廊，可实现装配式建筑设计标准化、构件生产工厂化、现场施工装配化，达到节约资源能源、减少施工污染、缩短建设工期、提升工程品质的目的。项目总投资约81.27亿元，其中综合管廊投资37亿元，市政道路投资44.27亿元，建设内容为33.65千米的4条地下综合管廊及32.02千米的市政道路工程。项目整体呈“四纵四横”布局，其中绵安快速第二通道地下管廊西起辽安大道，东接普明北路西段；创业大道西延线地下管廊西起辽安大道，东至二环路；永青路地下管廊北起教育园区，南至滨河北路；龙界路地下管廊西起滨河北路，东接裕都大道。绵安第二快速通道西起辽安大道，东接科技城大道；创业大道西延线道路西起塔九路，东至二环路；永青路道路北起九洲大道，南至普明北路；龙界路道路北起裕都大道，南接滨河北路。项目于2017年10月开工建设，合同工期为3年，预计2020年全面建成。

项目由中国科技城管委会作为实施机构，采用政府和社会资本合作模式（即PPP模式）进行建设和管理，纳入第四批国家级PPP示范项目。项目由绵阳科发集团作为政府出资代表，通过公开招标确定中建股份、中建二局、西南勘察设计院和成达工程公司组成的联合体为社会资本方，共同组建SPV公司具体负责项目建设营运。项目资本金24.38亿元，建设期3年，运营期27年。绵阳科发集团下属子公司高新建设公司负责项目工程质量、工程进度、成本控制、工程竣工结算等，并进行全过程监管。至2018年年底，项目开工15个点位，全面展开施工作业，其中示范段管廊预制构件安装部分完成，预制构建配套产业基地建成投产；项目累计完成投资18.92亿元，其中项目拆迁投入6.56亿元，工程建设等投入12.36亿元。

【安昌河综合整治一期项目】　2016年，市委、市政府决定实施安昌河综合整治项目。该项目被纳入四川省级民生工程。项目总投资约7.95亿元，起于安州区界牌镇，止于草溪河交汇处。建设内容为13.4千米的生态堤防、生态湿地景观以及93万平方米的绿化景观。其中景观部分采用“三段、六组团”结构，即科技文化段（科技广场、生活蓝岸）、山水自然段（湿地公园、休闲蓝岸）、建成区改造段（十里长堤、十里长滩）。项目于2018年2月通过规划评审，同年6月开工，合同工期为3年，预计2021年全面建成。绵阳科发集团作为项目建设业主，负责项目的资金筹措和投资建设。

至2018年年底，项目累计完成投资2.79亿元，完成全年任务的139.5%，其中项目拆迁投入2760万元，工程建设等投入2.51亿元。堤防工程完成超过60%，草籽撒播、景观堆坡造型和草皮铺设完成50%，堤外防冲毯铺设完成40%。

【科技城会展中心项目】 该项目于2013年5月启动，总投资21.69亿元，总建筑面积29.96万平方米。其中一期、二期项目建成，总投资15.74亿元（一期6亿元、二期9.74亿元），建筑面积23.47万平方米（展陈面积11.07万平方米，地下面积2.4万平方米）。配套设施约5.4万平方米，其中草溪河商业街2.98万平方米、会展商务酒店2.12万平方米、九洲体育馆4000平方米。绵阳科发会展旅游公司负责会展中心整体运营管理，自一、二期建成以来，承接科博会、电商峰会等重大展会，以及各项文化活动、赛事、演唱会超过100场，平均约10天一场。三期项目于2017年4月开工建设，定位为会议中心，功能涵盖会议、酒店、演出和宴请四大功能。三期项目总投资5.95亿元，建筑面积6.49万平方米，其中展馆主体建筑面积约4.99万平方米。至2018年年底，三期项目主体封顶，启动装饰装修施工，预计2019年全面建成。三期项目建设单位绵阳科技城发展投资（集团）有限公司，施工单位中国五冶集团有限公司，监理单位四川伟业建设监理有限公司，设计单位悉地国际设计顾问（深圳）有限公司，勘察单位中冶成都勘察研究总院有限公司。

【科技城创新中心项目】 该项目于2012年启动，位于九洲大道中段，总占地面积约17.67万平方米，总建筑面积约37.73万平方米。项目主要包含技术转移中心（A1号楼），小型会展中心（A2号楼），服务外包培训中心（A3-1号楼、A3-2号楼），科技成果交易、展览、信息中心（A4号楼），服务外包企业孵化器（A号楼、B1号楼、B2号楼、B4号楼），数据中心大楼（B3号楼），服务性企业大楼（B5号楼）以及配套工程。项目分三期建设，科技城创新中心一期、二期项目完工投用，技术转移中心，小型会展中心，服务外包培训中心，科技成果交易、展览、信息中心，服务性企业大楼等建成。三期项目于2017年4月开工，总建筑面积约23.82万平方米。项目包含数据中心、服务外包企业孵化器、地下车库及配套设施，项目业主单位为科发集团，施工单位为中建十七局，管理单位为天达投资公司。2018年，三期项目完成投资8600万元。

【科教创新区基础设施项目（二环路四期）】 该项目于2016年12月开工建设。项目起于在建石马互通立交止点K35+709.445，止于绵遂高速设置单喇叭互通立交，全线长5.116千米，设计车道为双向6车道，设计时速80千米/小时，路基宽度为32.5米。工程估算总投资约18.91亿元。至2018年12月，完成总工程量约61%。建设单位绵阳市投资控股（集团）有限公司，施工单位四川海峡建设有限公司，监理单位四川元丰建设项目管理有限公司，设计单位信息产业电子第十一设计研究院科技工程股份有限公司绵阳分公司，勘察单位绵阳川交公路规划勘察设计院。

【B11项目及周边地区供水工程建设】 该项目于2017年10月开工建设。项目设计规模为近期水量6.39万立方米/天，远期水量8.78万立方米/天；近期安装1根DN1000的输水干管，管道长度14.5千米；远期适时再安装1根DN800的输水干管，管道长度12.7千米。项目总投资9393.95万元。2018年4月完工。建设单位绵阳市水务（集团）有限公司，施工单位绵阳市水务（集团）有限公司市政工程分公司，监理单位四川鼎立建设项目管理有限公司，设计单位信息产业电子第十一设计研究院科技工程股份有限公司，勘察单位四川正基岩土工程有限公司。（刘 霖）

【草溪河综合整治项目】 2018年2月27日，《绵阳市草溪河综合整治方案》由市规委会2018年第1次会议审议通过。项目位于高新区河边镇、磨家镇、永兴镇、普明街道办事处辖区，西起河边镇晏家堰，东至安昌河与草溪河汇合处，全长18千米，综合整治面积约为213公顷，其中河道两侧绿地面积约为124.4公顷，项目估算总投资约为13亿元。项目采用EPC模式进行建设，以“清溪筑景，乐水融城”为主题，建设内容包含河道防洪、水质治理、景观提升及人居活动服务系统设置等，打造一条水清、河畅、岸绿、景美的生态健康廊道。2月28日，项目开工，分3个标段建设。截至年底，该项目完成1标段（晏家堰至师院2号桥）约4.5千米施工作业面的场平倒青工作；完成项目部办公及生活临舍的搭建和全流域的堤线及红线放线工作；对堤线及红线范围内房屋及附着物进行全面摸底工作，完成土石方挖弃约10万立方米，开挖防洪墙基槽约500米，完成基础砼浇筑约280米。（罗胜建）

组织机构
Organization

国务院科技城建设部际协调小组

【概况】 2000年9月，经中共中央同意，国务院成立以科技部牵头的绵阳科技城建设部际协调小组，成员单位10个。2017年9月，绵阳科技城建设部际协调小组第13次会议在绵阳召开，中共中央政治局委员、国务院副总理刘延东出席会议并讲话。会议由全国政协副主席、科技部部长、中国科协主席万钢主持会议。此次会议上增加军委科技委为成员单位，小组成员增加至19个，分别是科技部、国家发改委、工信部、财政部、教育部、民政部、国土资源部、住建部、商务部、国家卫健委、中国人民银行、国务院国资委、国家海关总署、国家旅游局、中国科学院、中国证监会、国防科工局、军委装备发展部、军委科技委，其中科技部为组长单位。同年，国务院批准《绵阳科技城建设“十三五”发展规划》并开始实施，促进中物院等重要项目落户绵阳，支持在绵阳科研院所进行体制改革和创新，推进重大项目等工作，协调第六届中国（绵阳）科技城国际博览会举行。

【部际协调小组会议及职责】 绵阳科技城建设部际协调小组会议是党中央和国务院研究绵阳科技城建设的重要会议，协调解决科技城建设重大事项，总结近两年科技城建设工作，研究部署科技城建设的工作任务。会议由科技部主持，分管科技城建设的国务院副总理出席并讲话；国务院副秘书长，小组成员单位负责人，中共四川省委、省人民政府和绵阳市委、市人民政府主要领导参加。2000年9月30日，绵阳科技城建设部际协调小组会议在北京召开第1次会议，至2018年年底，共召开会议13次。

部际协调小组主要职责是：协调解决绵阳科技城建设中的重大问题，支持其基础设施建设；营造有利于高新技术产业发展的政策环境；深化教育、科技体制改革；集中力量发展一批两用高技术并实现产业化；督促检查绵阳科技城建设的进展情况；完成国务院领导交办的有关事宜。

（曾卫民）

部际协调小组成员单位支持绵阳科技城建设

【概况】 2018年，绵阳科技城部际协调小组成员单位在人才教育、产业布局、基础建设、政策配套、融资渠道、科技创新、全创改革、产业发展、项目资金、城市建设、对外贸易、企业融资等方面给予支持。部省共建环境友好能源材料国家重点实验室获批成立；国家推广的第二批23项全创经验中，绵阳贡献4条；绵阳市获批成为国家科研人员激励计划试点城市；长虹集团成为国家第二批大众创业万众创新示范基地；高新区“科技资源支撑型”创新创业特色载体项目等获中央财政支持；国家级绿色产品、国家级绿色工厂创建获批。

【科技部支持科技城建设】 2018年5月，部省共建环境友好能源材料国家重点实验室经科技部和四川省人民政府联合批复，成立并落户西南科技大学。该实验室依托西南科技大学运行与管理，建设运行期5年，是全省首个部省共建国家重点实验室。同年，科技部与财政部、工业和信息化部、科技部联合下发《关于支持打造特色载体推动中小企业创新创业升级工作的通知》，绵阳国家高新区根据文件精神，申报绵阳国家高新区“双创”升级示范园区建设，获得中央财政的专项资金5000万元，截至年底，到位资金2500万元。

【国家发改委支持科技城建设】 2018年，科技城全面创新改革试验工作得到肯定和支持。国务院首批推广的13项全创试验经验中，涉及绵阳2条。批复绵阳市为国家科研人员激励计划试点城市；批复四川长虹电器股份有限公司为国家第二批大众创业万众创新示范基地。指导推进绵阳科技城军转民高技术产业链第二批项目建设和验收工作。支持创新能力平台建设。指导并支持绵阳科技城新建1家国家地方联合工程研究中心，指导8家国家企业技术中心通过评价工作。支持基金债券贷款。批准绵阳科技城企业发行债券共50亿元。帮助安州区利用以色列政府2500万美元贷款实施中以生态农业示范园建设项目。同意绵阳经开投资控股集团有限公司发行不超过10亿元公司债券。

【工信部支持科技城建设】 2018年，工信部给予绵阳市专项资金1.597亿元，支持项目11项。其中国家智能制造综合标准化与新模式应用试点示范项目2项，支持资金3400万元；国家绿色制造系统集成项目4个，支持资金6800万元；智能制造专项1个，支持资金1000万元；工业转型升级专项3个，支持资金4774万元；支持绵阳市重点产业知识产权协同运用与科技成果转移转化信息服务平台建设15万元。支持绵阳市创建国家级绿色产品3款（长虹3款空调）、国家级绿色工厂3家（银河化学、国大水泥、雪宝乳业）；支持积家工业园成为第四批国家小型微型企业创业创新示范基地；支持四川省银河化学股份有限公司建立国家技术创新示范企业；与民政部、国家卫生计生委确定四川长虹电器股份有限公司为智慧健康养老示范企业；与民政部、国家卫生计生委将四川长虹电器股份有限公司“移动公卫套装、健康一体机、健康小站、智能听诊器、老年人健康管理及随访服务”“老年人健康管理及随访服务”等产品列入《智慧健康养老产品及服务推广目录（2018年版）》。工信部领导和相关司局人员参加第六届绵阳科技城国际科技博览会，出席开幕式、主论坛和专业论坛活动。下派干部到绵阳挂职，支持科技城建设。

【财政部支持科技城建设】 2018年，财政部会同工信部和科技部，通过国家中小企业发展专项资金，支持一批实体经济开发区发展。绵阳高新区“科技资源支撑型”创新创业特色载体项目获中央财政5000万元支持，首期2500万元到位。

【教育部支持科技城建设】 2018年，教育部以支持西南科技大学建设等方式支持科技城建设。与四川省政府共建西南科技大学，并将该校纳入国家中西部高等教育振兴计划。新增生物学一级学科博士点；支持固体废物处理与资源化教育部重点实验室与制造过程测试技术——省部共建教育部重点实验室建设，并通过验收；支持省部共建环境友好能源材料国家重点实验室建设并获批；省部共建协同创新中心获批。指导并参加第六届绵阳科技城国际科技博览会，帮助协调相关高校参展参会。支持中国工程物理研究院扩大研究生培养规模，与其他重点大学联合培养拔尖创新人才。支持推动某重大装置选址绵阳建设实施。

【自然资源部支持科技城建设】 2018年，自然资源部从城乡建设、农房建设、交通等方面支持科技城建设。支持绵阳开展城乡建设用地增减挂钩试点。支持绵阳农村土坯房改造，在增减挂钩计划规模下达时给予倾斜，全年下达计划430公顷。支持绵阳重大交通和重点国防科研项目用地，对绵阳市G5绵阳至成都段扩容、德阳中江至遂宁高速公路2个项目的用地给予预审批复。

【商务部支持科技城建设】 商务部从支持绵阳综保区建设和加工贸易发展两方面支持科技城建设。2017年12月底，绵阳出口加工区整改工作得到国务院正式批复意见，并再次启动综保区申建工作，明确在绵阳出口加工区原址整合扩区升级的工作思路，选址范围位于绵阳高新区石桥铺，规划面积0.72平方千米。2018年，商务部支持绵阳中央加工贸易专项资金650万元，促进全市绵阳加工贸易实现进出口15.2亿元，同比增长12.1%。

【国务院国资委支持科技城建设】 国务院国资委引导一批央企项目布局绵阳市以支持科技城建设。中石油昆仑燃气有限公司四川分公司投资5亿元，建设民用、工商、工业供气管网及配套设施等项目；中石油北京分公司投资3亿元在绵阳建设轻烃回收利用项目；中国兵器装备集团自动化研究所投资2亿元落户游仙产城融合产业园，围绕智能传感，智能制造等产业进行高端装备制造；广东华润置地有限公司投资300亿元对绵阳高新区3个区域进行整体打造和运营。促成一批央企与绵阳国有企业签订战略合作协议。兵装集团与长虹集团签订合作协议；中国电信四川分公司与长虹控股公司签订战略合作协议；中国航天科技集团有限公司下属中国航天科技国际交流中心与绵阳市教育投资发展（集团）有限公司初步达成合作意向。推动一批央企与绵阳开展多领域实质性合作。中电熊猫、中电彩虹与长虹多媒体公司就面板供应长期开展业务合作；中国建筑股份有限公司以社会资本的方式参与绵阳科技城集中发展区核心区综合管廊及市政道路建设工程PPP项目；中国建筑股份有限公司、中建西部建设股份有限公司与科发集团下属通富弘业有限责任公司出资2亿元成立中建科技绵阳有限公司；中国五冶集团有限公司与科发集团合作开发绵阳会展中心二期项目草溪河综合整治、会展中心三期、八家堰安昌河大桥等项目。支持绵阳市国企改革。批准四川九洲卫星导航投资发展有限公司入选国企改革“双百行动”企业名单。

【中科院支持科技城建设】 在中科院的支持下，中科院成都分院与绵阳市人民政府合作，在绵阳共建中科创新育成中心；中科院相关研究所与绵阳市开展项目合作和平台共建。“686”重点产业方向项目在绵阳实施。中科院系统与在绵阳院所、企业开展科技协同创新和产业合作项目百余项，其中通过中科创新育成中心直接引入签约落地的项目45项。人力支持上，选派优秀科技工作者到绵阳参与科技城建设，加强院地合作、推动项目引进、加强协同创新以及开展育成中心改革建设等方面做出重要成绩。支持第六届绵阳科技城国际科技博览会举办，组织6家单位参展，支持育成中心承办科博会分论坛之一——2018中国（绵阳）集成电路产业发展暨物联网技术高峰论坛。

【证监会支持科技城建设】 证监会为支持科技城建设，帮助绵阳拓宽企业融资渠道。绵阳资本市场累计实现融资111.01亿元。其中上市公司融资（含公司债）19.07亿元，非上市企业公司债券融资90.38亿元，新三板股票融资1.56亿元。支持绵阳科技城企业上市、挂牌。支持证券期货经营机构在绵阳科技城集聚发展。指导和支持科技城建设“十二五”“十三五”发展规划的编制实施。支持第六届绵阳科技城国际科技博览会筹办。

【国防科工局支持科技城建设】 国防科工局支持在绵阳国防军工单位科研能力建设；支持在绵阳国防军工单位国防科技创新研究；支持在绵阳两用技术推广项目11项。批准在绵阳建设国防科技重点实验室；批准建设中国兵装集团西南自动化研究所国防科技工业创新中心、西南科技大学特色重点学科实验室；与西南科技大学共建高校，设立特色学科。（曾卫民）

2018年科技城建设部际协调小组其他成员支持科技城建设事项一览

表3

单位名称	支持重点事项
民政部	2018年，支持科技城探索社区治理新模式。推广“三治协同共创和谐”社区治理模式，促进法治、德治、自治和共治有机融合，提升社区居民自我管理、自我服务意识
住建部	支持国家生态园林城市创建工作，委托省住建厅对绵阳市创建国家生态园林城市工作给予指导，开展国家生态园林城市创建工作。支持绵阳市打造培育国家级特色小镇
海关总署	支持绵阳出口加工区建设、整改及综合保税区申建工作
文化和旅游部	给予绵阳市2018年博物馆、纪念馆逐步免费开放、2018年美术馆公共图书馆文化馆（站）免费开放、2018年国家文物保护等项目补助资金1647万元。给予绵阳市2018年厕所革命补贴资金150万元
国家卫健委	支持绵阳市中医药传承创新工程项目建设。2018年，绵阳市中医医院通过国家三甲中医院周期性评审，被四川省医院协会评为2017-2018年度城市医院管理优秀奖，被省卫健委评为四川省智慧健康医疗服务示范单位、四川省三星数字化医院
中国人民银行	支持绵阳市商业在银行间市场发行二级资本债10亿元。在再贷款、再贴现等方面向绵阳科技城倾斜。2018年末，全市支小再贷款余额18.33亿元，位居全省第一。全年累计向辖内金融机构办理再贴现48.1亿元，位居全省第二

（曾卫民）

四川省建设绵阳科技城领导小组

【概况】 2000年9月，中共中央政治局常委、国务院副总理李岚清到绵阳，代表党中央、国务院宣布建设科技城重大决策。四川省随即成立以省委副书记、省长为组长的四川省建设绵阳科技城领导小组，领导小组办公室设在省科技厅。领导小组原则上每年召开1次专题会议，研究绵阳科技城建设相关工作。截至2018年年底，四川省建设绵阳科技城领导小组成员单位为26个，分别为：省委编办、省发改委、省经信厅、省教育厅、省科技厅、省民政厅、省财政厅、省人社厅、省国土资源厅、省住建厅、省商务厅、省卫计委、省外侨办、省旅游发展委、省国资委、省国防科工办、省知识产权局、省投资促进局、省博览事务局、成都海关、人民银行成都分行、银监会四川监管局、四川证监局、省工商联、中科院成都分院、绵阳市。

【四川省建设科技城领导小组第19次会议】 2018年4月26日，省委副书记、省长、省建设绵阳科技城领导小组组长尹力主持召开省建设绵阳科技城领导小组第19次会议。省委副书记、领导小组副组长邓小刚，省政府秘书长唐利民、副秘书长朱家德和领导小组成员单位负责人参加会议。会议传达学习习近平总书记来川视察时的重要讲话精神和中央有关重要会议精神，听取绵阳科技城建设工作汇报，审议《2018年绵阳科技城建设重点工作安排（送审稿）》《第六届中国（绵阳）科技城国际科技博览会总体方案（送审稿）》，对绵阳科技城下一步建设工作进行安排部署。会议强调，要在重大科技创新上实现新突破，抓好国家重大科技专项布局在科技城实施，支持绵阳国防科研院所和相关单位开展关键核心技术和共性技术攻关，促进产学研结合和科技成果推广转化；要在推动技术融合发展上实现新突破，抓紧实施关键环节重点改革，加快转移转化培育和招引一批技术融合企业，加快建设技术融合特色产业园；要在打造高端产业集群上实现新突破，高标准高品质建好绵阳科技城集中发展区，加快推进重大产业项目，大力发展北斗导航等高新技术产业和战略性新兴产业；要在推进大众创业万众创新上实现新突破，强化创新创业平台建设和人才队伍建设，做好重大项目地方条件保障，加大“放管服”改革力度，营造更加优质的创新创业环境。会议要求，绵阳市和省级相关部门创新完善省市联动机制、协同创新机制和争取对接机制。

【《2018年绵阳科技城建设重点工作安排》出台】 2018年4月26日，四川省建设绵阳科技城领导小组第19次会议审议通过《2018年绵阳科技城建设重点工作安排》。5月16日，省政府办公厅印发《关于印发〈2018年绵阳科技城建设重点工作安排〉的通知》。根据通知要求，2018年绵阳科技城建设主要有着力推动国家重大科技项目建设，全力推动技术融合深度发展，促进大众创业、万众创新上水平，加快科技城集中发展区和园区建设，大力发展高端产业，持续扩大对外开放合作等重点工作。

【省发改委支持科技城建设】 2018年，省发改委研究加快绵阳科技城建设措施。深度参与研究出台省委、省政府关于推进绵阳科技城加快发展的意见，提出支持科技城范围内符合政策条件的省级开发区扩区调位；继续指导推进国家科研人员激励计划试点；加快推进绵遂内等相关城际铁路和高铁的前期工作，争取国家相关项目和资金支持；下放除需要省综合平衡外部条件和国家有明确要求以外的省投资主管部门项目备案、核准、审批和节能审查权限；以及对绵阳大数据、新型电池、电解氢等符合支持方向的产业，在电价政策方面予以优先支持等方面的政策措施，并结合工作实际助推落实。指导绵阳开展全面创新改革试验工作，2018年，国务院办公厅印发第二批23条支持创新相关改革举措，绵阳经验入选4条；以省政府名义印发省第二批21条全面创新改革经验成果，绵阳入选7条。国家发展改革委、科技部发布出版《全面创新改革试验百佳案例》，绵阳案例入选9个。重点推进中国兵器装备集团自动化研究所在全国率先探索开展院所转制改企、混合所有制改革和军工资产证券化“三步并一步”整体改革。支持绵阳开展创新创业。推动气动中心重大项目和基础设施建设。指导绵阳8家国家企业技术中心完成年度评价工作，15家省级工程实验室完成年度总结工作。安排省预算内基本建设资金400万元，支持四川东材科技集团股份有限公司工程研究中心、四川思迈科技有限公司工程实验室项目建设。推进创新人才集聚和激励试点。支持绵阳申报创建国家创新型城市。支持四川长虹电器股份有限公司加快建设国家大众创业万众创新示范基地。推动绵阳培育壮大新兴产业。继续将绵阳纳入《四川省“十三五”战略性新兴产业发展规划》的新一代信息技术、高端装备、节能环保等产业核心发展区。支持绵阳组织实施国家重大工程和重点产业项目。特别是国家发改委单独3次设立专项，安排资金近8亿元，支持绵阳特色产业集聚发展。支持绵阳科技城产业发展基金（有限合伙）做大规模，2018年该产业发展基金募资资金到位43.565亿元（累计募资到位77.675亿元），投资京东方集团绵阳第6代AMOLED项目30亿（累计完成投资64亿元）。争取到国家发改委、住建部联合批准绵阳中科绵投资源循环利用基地为国家级资源循环利用基地。将绵阳经济技术开发区纳入省级园区循环化改造示范试点建设，并安排省预算资金1000万元支持循环化改造项目建设。将绵阳市三台县、盐亭县纳入全省秸秆全域综合利用试点县，并安排省预算资金2410万元支持秸秆收储运体系建设。

【省经信厅支持科技城建设】 2018年，省经济和信息化厅支持绵阳科技城建设重点项目88个，安排财政资金共计2.33亿元。主要包括省级工业发展资金专项中新兴产业及高端成长型产业培育资金、“中国制造2025”四川行动资金等。引导产业聚集发展。指导绵阳园区建设发展，培育电子信息、新材料、节能环保、高端装备制造等主导产业。安排专项资金重点支持产业园区标准厂房、孵化器及公共服务载体建设建设，支持绵阳特色创新检测服务平台项目280万元，游仙经济开发区智慧园区建设项目280万元，北川双创谷及通航、应急孵化器项目400万元，游仙产城融合产业园创新中心（一期）项目340万元，节能环保特色产业园区建设项目280万元。推进重大项目加快建设。做好绵阳科技城重大项目综合协调和跟踪服务工作。绵阳金能移动能源产业项目（一期）总投资66亿元，完成投资26.6亿元；威马新能源汽车项目总投资202亿元，并于11月开工。指导绵阳科技城投资促进工作，绵阳工业投资和技改投资增速分别为30.9%、27.4%，高于全省平均水平。推动电子信息产业壮大发展。打造四川长虹“四川电子信息产业聚集区工业互联网平台”，并获得工信部“2018年工业互联网创新发展工程”支持，成为全国仅有的4个特定区域平台试验测试项目之一。开展两化融合管理体系贯标试点，新增4家国家级两化融合管理体系贯标试点企业、12家省级两化融合管理体系贯标试点企业。推动绵阳九洲北斗、四川长虹电器等项目入围国家新型信息消费示范支持项目。全年电子信息产业91家规模以上企业实现总产值723.3亿元，同比增长10.4%。着力培育企业高质量发展。帮助绵阳科技城企业进行产业结构调整、特色培育、企业创新管理提质增效，长虹集团、九洲集团、新晨动力、绵阳好圣等一批重点企业发展持续向好。全年大企业大集团及中小企业专项资金支持绵阳科技城企业项目19个，支持金额1700万元。推进科技城建立完善产学研用体系，推动建立一批产业创新联盟，推动高校、院所和企业围绕技术、标准、市场三个环节，展开务实合作。突出企业创新主体作用，优先支持绵阳科技城产学研用协同创新与成果转化、产业化，缩短成果转化的步骤、程序，节约时间成本、试验成本。加强长虹智慧制造产业园、中航发航空与燃机产业园、中物院化工新材料产业园等特色产业园建设发展。全年安排省级工业发展专项资金12670万元，支持项目55个；新认定工业云、工业信息安全、机器人及智能装备3家省级制造业创新中心，吸纳绵阳相关企业共建共享制造业创新平台；联合主办第六届中国（绵阳）科技城国际科技博览会2018中德智能制造高峰论坛活动，组织申报2项国家智能制造综合标准与新模式应用项目。推荐2家创新创业示范基地申报第四批国家小型微型企业创业创新示范基地，其中1家基地（积家工业园）列入第四批国家小型微型企业创业创新示范基地。在绵阳市举办“创客天府”绵阳片区赛，绵阳参赛项目被授予“创客天府”大赛优秀组织奖。

【省教育厅支持科技城建设】 2018年，省教育厅推进绵阳高校完善融合发展科技创新基地体系建设。支持西南科技大学新增2个国家级科技创新基地，该校省部共建环境友好能源材料国家重点实验室正式获批，并获批1个全国首批省部共建协同创新中心。推进西南科技大学国家工程技术研究中心（城市污水处理及资源化工程技术研究中心）申报工作。支持西南科技大学“危险废物与先进材料国际科技合作基地”获批省级国际科技合作基地。推进生物质材料教育部工程研究中心通过教育部验收。持续加强省级协同创新中心、高校重点实验室等科技创新基地建设。支持高校承担相关重大项目。支持西南科技大学深化与绵阳科研单位对接合作机制，支持西南科技大学融合发展研究智库及战略研究中心等平台。支持西南科技大学承办2018中国高等教育融合发展高峰论坛。发挥高校优势，加强创新人才培养。支持西南科技大学特色研究院及国防科技学院等建设。以高校为依托，探索专家聘用、平台共享、学科共建、人才联合培养、科技项目合作、大学科技园、双创园建设等方式，开展人才培养、科技创新和成果转化深化体制机制改革。

【省科技厅支持科技城建设】 2018年，省科技厅推动四川省支持绵阳科技城加快发展的政策。会同绵阳市深入调研、认真研究，梳理完善省级层面支持中国（绵阳）科技城加快发展的政策措施，并组织省发改委、经信厅、教育厅、自然资源厅等多个省直部门讨论、起草《关于推进中国（绵阳）科技城加快发展的意见》初稿，组织开展可行性论证、合法性论证和风险评估，经省政府第18次常务会议审议通过，修改完善后上报省委。保障国家重大科技项目建设取得新进展。支持科技城深度发展。推动绵阳市在全省市州率先成立相应组织机构。争取到国家发改委单独设立3批发展专项，安排资金近8亿元，两批专项共21个项目全部建成达效，第三批12个项目全部开工建设。支持绵阳开展全面创新改革试验，国务院推广的两批36条全创经验中，绵阳贡献6条。促进大众创业万众创新呈现新局面。新增国省级重点实验室、国省级工程技术研究中心、国省级企业技术中心13个。高新区获批建设国家双创升级示范园区。培育国家级知识产权试点示范6个。推进国家科技与金融结合试点，高效运营全国首家专业科技支行、保险支公司、担保公司。支持科技城集中发展区和园区建设。支持科技城高端产业发展。支持第六届绵阳科博会。

【省财政厅支持科技城建设】 2018年，省财政厅从助推产业结构优化上支持科技城建设。支持绵阳科技城重大产业项目发展，安排省级工业发展资金3.17亿元。支持中小微企业贷款贴息，安排财政金融互动奖补资金3700万元。支持基础研究、科技研发攻关，安排科技计划项目资金9400万元。促进特色产业发展。下达绵阳科技城专项发展资金3780万元，支持高技术产业化以及特色研究开发平台等公共服务平台建设。会同省国防科工办研究设立100亿元的四川省专项产业发展基金，引导金融机构、民营企业等参与科技城重大项目建设。出台支持科技创新和产业发展的财税政策措施。强化创新载体和平台建设。安排绵阳市重点区域建设补助资金1.2亿元，支持绵阳科技城创新中心、科技城集中发展区基础设施等重点项目建设。下达中小企业发展专项资金2700万元，支持绵阳科技城科技型中小企业开展科技创新项目11个。科技服务业发展等专项资金1850万元，支持绵阳科技城孵化平台、创新创业公共服务机构、创业投资服务载体建设。支持高端人才引进。继续安排绵阳科技城科技人才发展专项资金5000万元，支持绵阳科技城实施人才专项资助计划、高层次人才资助计划等。安排下达补助经费2000万元，协调财政部领导参加科博会等事项，支持举办第六届中国（绵阳）科博会。

制定加快科技城发展新举措，推动科技成果转移转化。支持绵阳开展国家科研人员激励计划试点。支持绵阳高新区、经开区创建国家“双创”示范基地，支持绵阳市符合条件的园区创建省级高新区。支持绵阳市建设院士产业园和技术转化中心。支持在绵阳高校、科研院所开展职务发明知识产权归属和利益分享制度改革试点。支持绵阳市建设四川省专项知识产权服务平台。支持中国（绵阳）科技城建设人力资源服务产业园、两用技术成果转化产业园。加大财政转移支付补助。计划2019年起到2022年，省财政整合绵阳科技城科技博览会经费和绵阳科技城人才发展专项资金，设立转移支付补助资金，每年给予中国（绵阳）科技城转移支付补助。省财政安排的有关产业扶持、科技计划和基础设施专项资金向中国（绵阳）科技城倾斜。加大地方债券发行支持。在国务院核定的政府债务限额内，综合考虑中国（绵阳）科技城范围内市、县政府债务风险状况和公益性基础设施项目融资需求等因素，对中国（绵阳）科技城公益性基础设施项目发行一般债券和项目收益平衡专项债券给予重点支持。加大产业基金支持。省财政支持绵阳市设立区域性综合产业发展基金或参股国家设立的综合性产业发展基金，以支持中国（绵阳）科技城范围内高新技术和战略性新兴产业、技术融合产业发展。督促协调集成电路和信息安全产业投资基金、创新创业投资引导基金、科技成果转化引导基金等，参与中国（绵阳）科技城重点项目的投资，鼓励省级政府引导基金与中国（绵阳）科技城共同发起设立以项目为主体的产业子基金，加大对中国（绵阳）科技城范围内高新技术和战略性新兴产业项目的支持力度。支持申报项目补助资金。优先支持中国（绵阳）科技城符合条件的基础设施、城乡社会事业和生态环境保护建设项目申报中央基建投资等有关补助资金。优先支持中国（绵阳）科技城企业申报国家有关补助资金。支持多渠道融资发展。将特色企业直接融资纳入省级财政奖补范围，对发行技术融合债券的企业进一步加大财政贴息力度，支持中国（绵阳）科技城融资发展。引导金融机构加大信贷投放，支持企业股权融资、债券融资及其他多渠道融资。推动金融资源集聚。支持绵阳开展科技金融结合试点。推动绵阳申建相关金融综合改革创新试验区。支持企业和金融机构在银行间市场发行“双创”债、小微企业债、绿色金融债等创新型债务融资工具。支持深化应收账款质押融资模式，创新开展知识产权质押融资。支持做大做强政策性融资担保机构，加强与保险公司、省信用再担保公司等合作。支持绵阳涉外企业用足用好跨境人民币业务政策。

【省人社厅支持科技城建设】 2018年，省人社厅指导绵阳市用好用活《四川省扩大高等学校科研院所医疗卫生机构人事自主权十条政策》《四川省激励科技人员创新创业十六条政策》等人才新政。配合省委组织部等部门研究制定促进人才深度融合发展9条措施，围绕建立加大人才引进、创新协同育人模式、搭建协同创新平台、支持科技成果转化、完善服务保障等方面提出具体措施。建立多方共同参与的人才工作会商机制，将中物院等在绵阳布局建设的产业基地和重大项目、重点企业纳入“绿色通道”协调保障范围。支持在绵阳相关单位、高校和科研院所采取灵活多样的分配方式引进紧缺或高层次人才。支持在绵阳相关单位、企业与在川高等学校、职业院校开展技术技能人才“订单式”培养。支持绵阳创建技术融合发展人才特区，开展人才创新创业示范基地试点。

下放职称评审权，激发人才创新创造活力。在绵阳市下放电子信息、机械、材料、化工、中小学和中等专业学校教师、基层卫生等专业的高级职称评审权，设立电子信息工程、机械材料化工工程、中小学教师、中等专业学校教师高评委。2018年，绵阳共有253人申报电子信息和机械材料化工4个工程类专业的高级职称，同比增长15.5%。

搭建人才集聚平台，构建完备人才服务体系。支持绵阳市农科院申报设立博士后科研工作站；四川省银河化学股份有限公司等获批省级博士后创新实践基地。支持绵阳科技城建设人力资源服务产业园。指导四川九洲技师学院创建2019年度四川省示范中等职业学校，获得1000万元专项经费支持。支持绵阳创建兰明路（中式烹调师）国家级技能大师工作室、尹朝晖（模具钳工）省级技能大师工作室。指导绵阳深入实施技师培训项目，全年新增高技能人才8057人。在绵阳开展国家重大人才专项专家走进中国（绵阳）科技城和“创业导师走进绵阳留创园”2项国家级专家服务活动，并纳入第六届科博会科技人才交流活动。

【省国土资源厅支持科技城建设】 省国土资源厅（2018年11月6日，省新组建的省自然资源厅挂牌）强化规划管理，提供要素保障。2018年，分析对接《中国（绵阳）科技城发展规划（2016—2020年）》，引导科技城项目在符合土地利用总体规划的区域选址，开展土地利用总体规划局部调整工作，共为绵阳科技城项目局部调整土地利用总体规划2次，涉及规模184公顷；单列安排绵阳科技城200公顷，对列入省级100个重点推进的科技城项目，所需用地计划省上配套70%；其他省重点的科技城项目，指导市、县政府予以重点保障。保障绵阳科技城项目用地。全年共审批绵阳市建设用地66件，总面积1064.6853公顷；建立项目点对点跟踪服务联系制度，提高土地要素保障的针对性和有效性；指导土地估价师协会等经济中介组织发挥服务、协调、沟通、鉴证等职能；对不断涌现的新产业、新业态，将国家鼓励发展的新产业用地纳入重点保障范围；运用多种方式供应新产业用地，鼓励以租赁等多种方式向中小企业供应土地，推行先租后让、租让结合、弹性年期出让供应方式，保证大众创业万众创新的用地需求。利用政策红利，推进改革创新。为贯彻实施科技创新驱动发展战略，制定出台《“项目年”重点项目用地保障措施》《关于保障我省推进全面创新改革试验的意见》等政策文件，从强化规划引领、用好年度计划、推进政策创新、优化供地制度、支持园区建设、科学开发资源、加强科技创新、强化服务意识等多个方面，对包括绵阳科技城在内的重点区域、重点项目给予倾斜。

【省住建厅支持科技城建设】 2018年，省住建厅组织指导七曲山景区的项目及方案设计审查、审批，组织审查并批复《梓潼县剑门蜀道风景名胜区七曲村居民安置点方案设计》《梓潼县凤凰环湖游道项目（环湖路）方案设计》《梓潼县七曲山风景区南、北山门停车场项目方案》《剑门蜀道风景名胜区梓潼县潼江印象—乐龄园建筑设计方案》等建设项目及方案设计，推动绵阳科技城旅游发展。支持中国航发四川燃气涡轮研究院的建设与实施。组织审查并批复《中国航发四川燃气涡轮研究院220千伏电站外线第二供电回路对富乐山风景名胜区（剑门蜀道风景名胜区）影响评估论证》，保障国家国防重点工程建设项目模拟实验可靠进行的必要供电条件。推进基础设施建设。全年绵阳科技城集中发展区攻坚行动基础设施项目实际完成投资115.54亿元，占年度确保完成投资的105.03%。截至2018年12月31日，在建项目45个，完工项目7个，开展前期工作项目33个。地下综合管廊建成220米示范段，监控中心主体完成。

【省商务厅支持科技城建设】 2018年，省商务厅重点宣传外经贸、促进服务贸易创新发展、电子商务及招商引资等各项政策，协调绵阳科技城招商引资工作，强化对外招新引优，促进产业升级。协调绵阳出口加工区整体工作，会同省级相关部门加强与国家相关部门的协调沟通，争取商务部作为协同部门对绵阳综合保税区申建工作的支持。推动电子商务等新业态发展。支持绵阳市创建国家电子商务示范城市；支持绵阳市安州区作为省级电子商务产业发展示范县500万元；支持绵阳市电商创新发展项目50万元。全年绵阳市培育超亿元的电商企业12家，仅次于成都市、位居全省第二位。制订并印发出台《国际产能合作“111”工程方案》，将四川长虹公司捷克项目列为重点项目。支持四川长虹、九洲光电、富临精工等公司在法国等国家和香港等地区设立公司，建立营销网点。支持科技城承接外向型制造产业转移，以及长虹、九洲等重点企业外向型经济发展，向绵阳切块安排800万元加工贸易专项资金。帮助协调绵阳新晨动力机械有限公司、四川九州电子科技股份有限公司等企业获得国家进口贴息资金242万元。指导绵阳京东方光电科技有限公司、绵阳新晨动力机械有限公司等7家企业向国家申报年度进口贴息项目，申报进口总额1.8亿美元，预安排进口贴息资金2000万元。促进绵阳外经贸及内贸流通持续健康发展，分别安排国家和省外经贸专项资金1372万元和内贸流通服务业发展促进资金项目680万元。助推绵阳科技城利用省商务厅与有关国家地区经贸机构、国际组织和世界500强企业经贸合作，开展招商引资工作，全年引进外资6.65亿元。协调绵阳科博会邀请外商工作。以科博会为载体，打造国际性开放合作的平台。

【省旅发委支持科技城建设】 2018年，省旅发委（11月12日，新组建的省文旅厅挂牌）支持绵阳加强旅游品牌培育。指导绵阳七曲山通过申报创建国家AAAAA级旅游景区的景观质量省级评审。指导绵阳罗浮山景区创建为国家AAAA级旅游景区。指导绵阳科技馆和北川维斯特景区创建为首批四川省科技旅游示范基地，药王谷景区创建为省级中医药健康旅游示范基地。推进绵阳旅游项目建设。对绵阳市旅游项目建设给予大力支持，在厕所革命、旅游扶贫、旅游新技术应用等10种类型项目建设投入资金1180万元。支持龙门雪山连片开发项目、嫘祖文化旅游产业项目等6个项目，赴上海参加四川省优选旅游招商项目路演推介会。组织绵阳重大旅游活动。举办第二届四川省旅游业新技术应用大会，指导绵阳市举办2018四川国际文化旅游节暨“一带一路”李白文化节和平武虎牙冰瀑节等节庆活动。强化绵阳旅游人才队伍建设。组织绵阳市乡村旅游带头人赴台湾考察培训。指导平武县“两师一员”（即乡村旅游规划师、工程师和技术员）乡村旅游人才培训工作开展。

【省卫计委支持科技城建设】 2018年，省卫计委（11月9日，新组建的省卫健委挂牌）支持绵阳综合医改工作。指导绵阳完善分级诊疗制度，完善双向转诊机制，强化各级各类医疗机构功能定位、引导病人合理就诊。加强医联体建设，建立起医联体内部医疗服务规章制度一致、技术标准一致、业务培训一致、服务内容一致、质控效果一致“五个一致”质控机制。在4家市级医院、10家县级医院试点探索现代医院管理制度建设路径。联合绵阳市委组织部、市人社局、市财政局等部门印发《绵阳市市属公立医院领导班子绩效考核办法（试行）》等配套文件，创新薪酬总额动态调整机制。持续深化公立医院取消药品加成改革，编制首批医疗服务价格结构性调整方案。指导绵阳规范运行部门权力及公共服务清单325项，公开“双公示”信息147项，行政处罚信息66项。创建法治示范医院12家。助力绵阳提升健康服务质效。落实中央和省级财政投入建设项目资金3240万元，持续优化绵阳医疗资源配置。建成市级质量控制中心54个，组织开展各类质控督导24次。制定实施《绵阳市医疗机构高质量发展方案》，100%的三级医疗机构和80%的二级医疗机构开展临床路径管理，全市总诊疗量3432.12万人次，出院患者随访满意度达90%以上。在国家卫生健康委医疗机构满意度测评中，绵阳市住院患者满意度位居全省第一。启动基层医疗卫生机构转变作风履职尽责专项行动，创建国家级“群众满意的乡镇卫生院”40家、累计达84家。深入推进“放管服”改革，优化社会办医审批流程，全年引进社会资本2.6亿元，新设置社会办医疗机构304个，累计达1887个。新增省级重点专科5个、市级重点学科（专科）19个，申报省级课题48项。推动绵阳公共卫生服务迈上新台阶。支持绵阳完善重大疾病防控措施，建立传染病定期分析研判机制，创建国家级、省级慢性病示范区6个，传染病发病率低于全省平均水平。指导绵阳提升卫生应急救援能力，修订完善各类应急处置预案28项，处置各类突发公共卫生事件10起。指导绵阳创建国家级卫生县城1个、卫生乡镇4个，创建省级卫生乡镇127个，实现省级卫生县城全覆盖。支持绵阳探索制定健康城市建设指标体系，扎实推进健康城市试点工作。

支持绵阳打赢健康扶贫攻坚战。省级投入资金676万元，支持基层卫生服务能力建设，225个计划退出贫困村均有达标村卫生室和合格村医；建档立卡贫困人口参保率达100%，县域内住院费用自付占比为9.33%；实施“三个一批”行动（即大病集中救治一批，慢病签约服务管理一批，重病兜底保障一批），救治入院大病患者和已签约贫困慢病患者3.07万人次；实施免费健康体检6.7万人，免除费用670万元；实施“十免四补助”，免除费用3947.9万元，惠及54.9万人次；支出卫生扶贫救助基金1348.5万元，救助3万余人次。支持科技城核医学中心建设。项目完成中心一期用地征用和勘察设计，规划选址用地约27.73公顷，总投资29.2亿元，总建筑面积27.5万平方米。支持绵阳推进中医药传承创新。涪城区等5个县市区通过全国中医药先进县复审，争创“十百千工程”、基层中医馆信息化建设项目29个。全市3家中医院通过三级甲等中医院现场评审。全市所有乡镇卫生院、社区卫生服务中心均建立中医科和中药房，90%以上的村卫生室可开展中医药服务。支持三台争取麦冬须根四川地方食品标准制定工作，支持安州花城本草创建国家级中医药旅游示范基地，编制盐亭岐伯中医药文化等中医药旅游路线，北川药王谷景区打造全国中医药养生旅游主题景区。支持绵阳深化与俄罗斯、巴西、加拿大等国家合作关系，长期互派专家开展中医医疗服务等业务。

知识链接：

“十免四补助”：即对贫困人口就诊免收一般诊疗费、院内会诊费，免费开展白内障复明手术项目，免费艾滋病抗病毒药物和抗结核一线药物治疗，免费提供基本公共卫生服务、妇幼健康服务、巡回医疗服务，免费药物治疗包虫病患者，免费提供基本医保个人缴费，免费实施贫困孕产妇住院分娩服务。对手术治疗包虫病患者、符合治疗救助条件的晚期血吸虫病人、重症大骨节病贫困患者以及进行手术、康复训练和辅具适配的0−6岁贫困残疾儿童给予对症治疗补助。

【省国资委支持科技城建设】 省国资委明确专门处室负责绵阳项目，引导国有企业参与绵阳科技城建设。自2016年省国资委与绵阳科技城项目对接洽谈会召开以来，对12个现场签约项目进行跟踪督导，截至2018年年底，有7个项目形成阶段性合作成果，涉及金额32.8亿元；持续跟进推进项目5个，涉及金额1120.85亿元。2018年7月，联合绵阳科技城举办特色项目合作推进会，四川核技术应用产业园项目、中广核新能源投资（四川）有限公司（绵阳）风力发电项目等30个项目签署投资合作协议，签约项目投资总额732.86亿元。组织交投集团、川航集团、川商投集团等12家省属企业参加第六届绵阳科技城国际科技博览会。

【省外事侨务办支持科技城建设】 2018年，省外事侨务办为绵阳市争取出访来访外事审批权。通过向上汇报争取，8月经国务院批准，同意授予绵阳市一定的出访来访外事审批权。绵阳成为继成都之后，外交部第二批在四川下放该项权限的城市。争取绵阳作为重大国际交流活动承办地。通过向外交部汇报争取，促成7月11—13日第十七届中日地方交流促进研讨会在绵阳举办。完成第六届科博会外事侨务工作。协助邀请驻蓉渝昆领馆代表团、国际友好城市俄罗斯奥布宁斯克市代表团、黑山尼克希奇代表团、侨智精英代表团等涉外政务团组7批94人次到绵阳参会，并举办驻蓉渝昆领馆代表团活动、“中国绵阳市—俄罗斯奥布宁斯克市项目合作签约仪式”“绵阳市与黑山尼克希奇市建立友好合作关系备忘录签署仪式”“行走以色列”主题摄影展、“2018侨智精英科博行圆桌会议”；为科博会开幕式、中德智能制造应用高峰论坛、中英科技创新产业峰会等重大活动提供礼宾指导和翻译服务。

【省工商联支持科技城建设】 2018年，省工商联协调全国工商联作为第六届中国（绵阳）科技城国际科技博览会支持单位，省工商联作为承办单位；并邀请全国工商联党领导参会；组织全省民营企业参加科博会相关活动。与省知识产权服务促进中心联合在绵阳举办知识产权助推民营企业创新发展专题轮训，对全市150名民营企业家进行知识产权保护、知识产权转化生产力等方面专题培训。

【省投资促进局支持科技城建设】 2018年，在省市联动招商方面，贯彻落实市政府与省投促局签订的《战略合作协议》，省投促局在重大项目信息、重大项目促进、重大活动举办、专业园区建设方面给予绵阳帮助和支持。在重大项目促进方面，省投促局先后在惠科、威马、诺思等重大项目推进过程中给予绵阳大力支持，促成项目签约落地，并协助绵阳为京东方等重大项目建设争取省级要素保障支持。在重大活动举办方面，在第六届科博会投资推介暨采供对接大会筹办中，省投促局在客商邀请、会场会务给予绵阳专业指导和支持。同时，指导帮助绵阳在浙江、深圳、香港、澳门等地先后举办科技城集中发展区、现代服务业等专题投资推广活动。省投促局指导省驻外办事处在重点企业拜访、信息获取、项目促进以及专题活动筹办等方面给予绵阳驻外分局支持。

【省博览事务局支持科技城建设】 2018年，省博览事务局在第六届科博会筹办期间，在活动前期筹办、主宾国邀请、重点嘉宾以及参展企业邀请方面给予绵阳大力支持，并深入指导绵阳科博会展览展示场馆布置、论坛活动筹办等工作。

【省知识产权局支持科技城建设】 2018年，省知识产权局（11月12日，省知识产权服务促进中心挂牌）推进绵阳市知识产权试点示范工作。推动绵阳市国家知识产权示范城市建设，指导绵阳市印发《2018年绵阳市建设国家知识产权示范城市工作方案任务分解表》，支持绵阳市有关县市区深入实施国家知识产权强县工程，推荐绵阳高新区申报国家知识产权示范园区。支持绵阳市省级知识产权试点示范园区开展专利导航产业发展工作，支持建立园区知识产权公共服务平台。推荐四川铁骑力士实业有限公司等25家企业成为申报国家知识产权示范和优势企业。支持指导绵阳新晨动力机械有限公司、利尔化学股份有限公司等35家企业开展四川省知识产权示范、试点和优势培育工作。

支持绵阳市知识产权保护和运用工作。支持绵阳市制定知识产权运营服务体系建设工作方案（2018—2020年），完成知识产权运营试点平台建设方案等研究课题。推进绵阳市知识产权运营服务体系建设，支持绵阳市游仙区创建国防科工知识产权服务和成果转化示范基地。支持绵阳市开展国家知识产权质押融资试点城市工作，帮助引进知识产权评估服务机构5家，在知识产权质押融资风险补偿基金、贴息、贴保、评估、担保等知识产权金融支持上向绵阳市的企业予以适当倾斜。在省级知识产权专项资金支持上向绵阳市的国家级或省级知识产权试点、示范、优势企业和创新型企业予以重点支持，2018年支持649万元。支持指导四川长虹电器股份有限公司开展知识产权运营试点工作。指导绵阳市开展知识产权联合执法检查和专利等专项执法检查，深化“国家级知识产权保护规范化培育市场”建设。支持绵阳市开展科技型中小企业知识产权咨询服务和专题培训2000余人次。

落实第六届中国（绵阳）科技城国际博览会相关筹备工作。支持绵阳开展参展和路演专利项目的组织工作。牵头制定实施科博会知识产权保护工作方案，成立知识产权保护工作站，组织绵阳市、德阳市、广元市、遂宁市知识产权局以及绵阳市工商、版权、法院等相关部门开展跨区域、跨部门联合执法，接待知识产权咨询100余人次，发放宣传资料2000余份。参加科博会开幕式、知识产权金融高峰论坛，实地调研绵阳知识产权工作。

【成都海关支持科技城建设】 2018年，成都海关支持科技城建设重点做好科博会筹备及向上争取工作。根据科博会组委会安排，做好前期会议筹备工作特别是海关参会领导的邀请等工作，9月6日，成都海关关长、党组书记王文喜代表海关总署、成都海关参加科博会。主动对接海关总署相关司局，落实出口加工区升级综合保税区相关工作，向上争取支持。协助推进绵阳综合保税区申建工作。多次组织到绵阳实地调研，对出口加工区整改工作及综合保税区申建工作进行政策宣讲和指导。深入研究分析绵阳市人民政府提供的可行性研究报告，提出修改意见及合理化建议，加强同地方口岸办等部门保持紧密联系。配合绵阳科学合理规划综合保税区用地选址和基础设施建设，完成位于科技城集中发展区的综合保税区拟用地“两规”报批工作，启动科技城集中发展区相关基础设施建设。配合综合保税区拟入区项目引进工作，多次派员参与地方招商引资座谈会，向意向性企业宣传海关政策，介绍相应通关便利及优惠措施。支持科技城重点项目及重点企业的建设和发展。支持绵阳京东方AMOLED柔性显示面板项目和国家重大装置项目等高新技术产业和战略新兴产业发展。截至年底，共审核京东方项目减免税设备659份，货值18.24亿美元，减免“两税”1.08亿元，为企业办理减免税担保630份，货值20亿美元，支持京东方项目进口设备享受分期纳税政策。支持利尔化学等重点化工企业出口。支持长虹等传统骨干企业发展，启动开展长虹高级认证企业重新认证准备工作。支持科技城跨境电商发展，支持在绵阳跨境电商监管平台开展进口直购业务。提升通关效率，推动绵阳外贸大幅增长。大幅优化海关系统作业手续和流程，完成监管证件压缩工作，将原86种证件压缩到48种，其中44种在11月1日前全部实现联网核查。推动“查检合一”、整合申报等业务深度融合措施迅速落地，实现“一次申报、一次查验、一次放行”。推进国际贸易“单一窗口”建设，“单一窗口”标准版业务覆盖率不断提升，绵阳新进出口企业注册通过“单一窗口”系统应用比例和通过“单一窗口”标准版申报覆盖率均达到100%。全力落实“压缩整体通关时间三分之一”，叠加实施“提前申报”“自报自缴”“汇总征税”“关税保证保险”等便利化措施，节省通关时间、降低通关成本。推进以企业为单元加工贸易监管改革，确定绵阳日普公司为试点企业，完成新旧手册过渡结转手续。全年绵阳外贸总值达259.9亿元，同比增长1.3倍。

【人行成都分行支持科技城建设】 2018年，人行成都分行落实稳健中性货币政策，提升金融支持科技城实体经济实效。落实“双支柱”调控政策，指导绵阳引导和推动金融机构准确把握稳健中性货币政策，加强法人机构MPA预调微调管理和政策传导解读，引导金融机构广义信贷向稳健水平逐步回归。截至年底，绵阳市信贷新增306.7亿元，较2017年同期多增110.4亿元。用足用好用优降准政策和再贷款、再贴现资金，5家符合条件的地方法人金融机构使用支小再贷款余额19.63亿元，限额使用率89.2%，支小再贷款运用余额位居全省第一。发挥绵阳市场利率定价自律联席会议的平台作用，组织和鼓励绵阳辖内地方法人金融机构参与合格审慎评估。通过利率定价自律联席会议平台，引导金融机构降低融资成本，支持实体经济发展。11月，绵阳全市小微企业贷款加权平均利率为6.29%，同比下降58个基点，其中法人金融机构发放的小微企业加权平均利率为7.07%，同比下降25个基点。开展“科技和金融结合”试点工作，增强金融支持科技城发展能力。组织召开绵阳市科技金融和特色金融服务深化创新会议，印发《绵阳市2018年科技金融重点工作安排》，牵头会同市级相关部门联合印发《关于进一步推动科技金融专营组织机构创新发展的意见》。推动设立科技金融专营机构13个。深化科技城民营、小微企业金融服务。编写《绵阳市中小微企业融资财金政策汇编》《绵阳市中小微企业融资产品汇编》，帮助企业准确把握政策要求，了解各项金融产品。推动绵阳市政府召开“金融支持绵阳科技城超常发展暨深化小微企业金融服务融资对接会”，纾解小微企业融资困境，绵阳辖内各县（市）区随即开展小微企业专场融资对接和金融宣传推广活动，共向126家企业授信12.4亿元。制定印发《绵阳科技城“支小助微 金融在行动”主题活动方案》，通过为期半年的“小微企业融资培育行动”“小微企业融资服务平台和特色信贷产品宣传行动”等一系列活动，支持全市新动能培育和实体经济持续健康发展。推进应收账款融资服务。持续推动银行、企业注册，全市在中征平台注册资金提供方和企业分别达到171家和280家，构建12条全流程融资服务链条，新增市商业银行与中征平台的直连。深化核心企业供应链融资，推动长虹公司以“融单”工具为重点，由一级供应商向二级供应商扩展，实现一点对全国融资办理。全年绵阳市实现应收账款融资740笔，金额达100.09亿元，成交量位居全省第三。其中中小微企业成交75.08亿元，占比达75.01%。推进金融精准扶贫。制定《绵阳市2018年金融扶贫专项实施方案》，实施“再贷款+”精准扶贫模式，对平武、北川2个贫困县的地方法人金融机构下达扶贫再贷款限额6.7亿元，对其他6个“插花县”下达支农再贷款限额5.75亿元。地方法人金融机构运用扶贫再贷款发放个人精准扶贫贷款、产业带动贷款3.75亿元，惠及建档立卡贫困户15428户。北川羌族自治县通过金融精准扶贫“国检”验收。业务发展与监管并重，稳健推进跨境人民币业务。梳理和挖掘辖内企业的潜在业务需求，动态调整重点辅导企业名单，会同商务部门和金融机构对重点企业开展政策辅导和跟踪服务。稳妥推动个人贸易项下跨境人民币结算业务、跨国企业集团跨境人民币资金集中运营业务和跨境电子商务人民币结算业务，着力提高人民币跨境收支占当地全部跨境收支的比例。全市跨境人民币结算总量40.92亿元，位居全省第二。开展移动支付便民示范城市建设。推动市政府牵头建立示范工程建设联席会议制度，分解部署目标任务，强化组织领导。推动绵阳受理环境改造，全市非接活动终端、双免活动商户、手机闪付活动商户的数量及占比，均位列全省第二。加强示范场景建设和宣传推广，组织相关机构开展多种形式的营销宣传活动。

【省银监局支持科技城建设】 2018年，省银监局出台《四川银监局关于进一步推动银行业科技金融服务的指导意见》等文件，引导绵阳地区银行业机构优化信贷结构，主动对接全面创新改革试验、重点项目建设重点领域金融需求，加大信贷投放，支持绵阳科技城建设。截至年底，各项贷款余额2171亿元，比年初增加304亿元，同比增长16.28%。鼓励绵阳市银行业机构加强外部合作，探索多方参与、风险共担的经营模式。工行与绵阳市政府各出资5000万元设立“绵阳市高新技术中小企业贷款风险补偿基金”，以信用贷款方式为高新技术中小企业提供专项政策扶持。截至年底，通过该基金累计支持企业72家，融资余额达3.96亿元。

【证监会四川监管局支持科技城建设】 2018年，证监会四川监管局深化多方协作的企业培育机制，加强对绵阳后备企业资源的挖掘，支持绵阳科技型企业上市与挂牌。支持科技城上市公司并购重组和再融资。支持绵阳上市公司通过发行定向增发、公司债等多种方式实现融资。截至年底，绵阳企业通过资本市场融资54.92亿元，其中交易所公司债券融资53.52亿元，“新三板”挂牌融资1.4亿元。全年绵阳科技城发展投资（集团）有限公司发行公司债券（非公开）募集资金15亿元。支持龙头上市公司通过供应链金融、建立服务平台等方式支持民营科创企业发展。支持四川长虹推出“应收账款线上融资直联平台”和“税鑫融平台”，为超过160家上下游产业链的民营科技企业融资近23亿元。引导证券期货类经营机构在绵阳设立分支机构。截至年底，绵阳有证券期货分公司及营业部36家。

【中科院成都分院支持科技城建设】 2018年，中科院成都分院着力推动院地项目签约落地科技城。中科院工程热物理研究所与绵阳富临精工机械股份签约合作开发的新能源汽车电池包（PACK）热管理系统开发项目建立实验系统，完成样件设计和实验开发。中科院上海硅酸盐所与游仙区人民政府等合作打造的新能源产业集群项目总投资300亿元，全面建成投产后预计可实现年产值近500亿元，实现年税收48亿元。中科院过程研究所与四川省银河股份有限公司合作的连续吸附提纯铬酸钠清洁化（无钙焙烧铝钒同步分离）技术开发与应用项目于4月签约，年内完成中试。中科院成都有机化学公司与四川九洲电器集团公司合作的新型红外对抗材料研究及应用项目签订联合申报合作协议。中科院沈阳自动化所与长虹网络公司合作的水表读数照片数字识别系统项目于6月交付第一版水表读数照片数字识别系统。中科院工程热物理研究所与绵阳天和机械制造有限公司合作的超大功率LED紧凑式光源设计及样机研制于9月签约。中科院声学所所属的中科新声（苏州）科技有限公司与四川湖山电器有限责任公司与合作的扩声系统环境噪声检测自动增益项目进行样品测试及调试。中科院重庆绿色智能技术研究院、四川九洲电器集团有限公司、北京云汉通航技术有限公司三方合作的智能无人机应用示范项目联合申报四川省科技厅2019年四川省新一代人工智能无人机示范项目重大科技专项，获补助资金350万元。协助引进喀斯玛商城西部中心项目，并在绵阳汇聚600余家供应商，提供数以千万计包括试剂、耗材、电子元器件、计量设备等产品。推进落地产业化项目建设。中科实业集团与绵阳水务集团投资20亿元共建的中科绵投环保循环经济产业园，其中垃圾焚烧发电项目每日超负荷处理超过1200吨，进行二期建设。餐厨、污水项目于2018年年底投入使用。中科绵投循环经济产业园被国家发改委、住建部评选为国家资源循环利用基地。四川鑫达新能源科技有限公司引进中科院兰州化学物理研究所技术联合打造的聚甲氧基二甲醚生产线，于12月实现全流程开车。中科院微电子所与四川豆萁科技有限公司联合开发的128m NOR FLASH结构的闪型存储器研发实现量产。中科院成都生物所和四川绵阳丰谷酒业有限责任公司合作不锈钢勾酒罐电化学腐蚀处理项目，可解决不锈钢勾酒罐电化学腐蚀问题。中科院声学研究所与绵阳市星宇电子技术有限公司与合作开发高频单波束前视声呐系统和高频声波束侧扫声呐系统两款产品。中科院成都生物研究所与四川宇康中药材科技开发有限公司合作建设厚朴资源开发项目，协调汉广集团就汉广平武中药材科技产业平台项目与平武县人民政府正式签约。推进平台建设与交流。协调中科院物联网研究发展中心、中科院上海高等研究院与四川长虹电子系统有限公司在绵阳合

图4　中科绵投循环经济产业园控制间

作共建新型智慧城市研究院。促成绵阳育成中心与绵阳融鑫孵化器管理有限公司签订合作协议，与北京中科普惠科技发展有限公司签订战略合作协议，与四川中科精园科技有限公司合作，在科技咨询、成果转化、项目引进、市场开拓等方面开展服务。支持绵阳第六届中国（绵阳）科技城国际科技博览会相关筹备工作。（曾卫民）

科技城党工委和管委会

【概况】 2007年，为加快科技城建设，把绵阳丰富的科技资源转化为巨大的生产力，在学习借鉴浦东新区、滨海新区、杨陵农科城、张江高科技园、上海临港新城等地经验的基础上，结合科技城实际，创新科技城管理体制，四川省委、省政府出台《关于加快推进中国（绵阳）科技城建设的意见》及配套文件《关于印发〈中国（绵阳）科技城管理机构组建方案〉和〈赋予中国（绵阳）科技城的经济管理权限〉的通知》，明确科技城建设的指导思想、目标任务和工作措施，并批准组建成立科技城管理委员会，赋予科技城部分省级经济管理权限。同年9月24日，中共中国（绵阳）科技城工作委员会、中国（绵阳）科技城管理委员会正式成立，作为市委、市政府派出机构，在省建设绵阳科技城领导小组和市委、市政府领导下，负责科技城建设的统筹协调和经济管理工作。科技城党工委、管委会内设综合办公室、经济发展局等机构，管辖绵阳科技城发展投资（集团）有限公司、中国（绵阳）科技城工业技术研究院及绵阳科技城中科创新育成中心3个单位。

2018年，科技城地区生产总值1658.31亿元，同比增长9.7%；规模以上工业增加值同比增长10.8%。全社会固定资产投资总额1038.83亿元，同比增长14.7%。高新技术产业化指数达80.12%，科技对经济增长贡献率达58%。

【科技城党工委和管委会主要工作职责】 科技城党工委和管委会的主要职责是贯彻落实国家、省、市关于中国（绵阳）科技城建设的方针政策和工作部署，拟定科技城发展规划和产业规划并组织实施；组织开展科技城建设的调查研究工作，拟定科技城建设的有关政策和措施；拟定科技城专业发展规划和相关政策，开展相应对上争取和项目申报工作；按照统一规划设计、统一产业布局、统一支持政策、统一建设规划、同一目标考核的原则，负责统筹协调集中发展区基础设施建设、产业发展等工作；对科技城集中发展区建设工作任务实施目标管理，负责全面履行省政府赋予科技城的省级经济管理权限；承担全面创新改革试验的日常工作，统筹协调全面创新改革各个系统的相关工作；负责与绵阳科技城建设部际协调小组、省建设科技城领导小组相关单位的联系协调工作；完成部际协调小组、省领导小组和市委、市政府交办的其他工作。

【科技城投资项目管理权限】 科技城投资项目管理权限有项目备案管理，科技城管委会享有《四川省企业投资项目备案暂行办法》所划定的除省内跨市（州）行政区域、跨流域需省协调平衡外部建设条件的企业投资项目以外的省投资主管部门的权限。

项目核准管理，除需省综合平衡外部条件和国家有明确要求的项目外，科技城管委会享有《政府核准的投资项目目录（四川省）》所划定的省投资主管部门和省政府核准权限。

项目审批管理，除需省综合平衡外部条件和国家有明确要求的项目外，科技城管委会享有省投资主管部门和省政府的审批权限。

需申请国家和省资金的企业投资项目，科技城管委会可直接向省有关部门报送项目资金申请报告。

投资总额1亿美元以下，符合国家《外商投资产业指导目录》中规定的鼓励类、允许类生产性外商投资项目，由科技城管委会核准，同时抄报省、市投资主管部门。外商投资企业合同、章程的审批，由管委会按相应原则办理。投资总额1亿美元以上的鼓励类、允许类项目由科技城管委会报省直相关部门初审后报国家相关部门核准或审批。

在科技城范围内立项审批（核准、备案），总投资5000万元以上、2亿元以下的建设项目(法律法规明确规定必须由省审批的项目除外)的环境影响评价文件委托科技城管委会审批。

【科技城项目确认和办理权限】 科技城项目确认和办理权限继续按照省赋予科技城权限，在科技城范围内高新技术企业、高新技术成果转化项目、《国家产业结构调整指导目录》中鼓励类项目的认定由省、市主管部门委托管委会统一进行，实行“一站式”受理。管委会将认定结果报省、市有关行政管理部门、机构备案。符合《国家产业结构调整指导目录（2005年）》鼓励类内资项目办理国家鼓励类内资项目进口设备免税确认书，由省、市有关部门委托或授权科技城管委会办理。支持绵阳科技城土地整理项目建设，在绵阳科技城发展用地方面给予有力保障。

【科技城资质认定和发证权限】 科技城管委会受省、市有关部门委托直接核发省、市权限内的各类证照（国家法律法规明确规定由省发放的证照除外)。主要包括发展改革、经委、商务、建设、环保、科技、工商、税务、食品药监、质监、经营性收费等方面的证照。建筑业企业总承包、专业承包三级企业和劳务企业、园林绿化三级企业等机构的设立、变更等审批权，由科技城管委会行使，报省建设厅备案。

【科技城项目计划管理权限】 省直有关部门对科技城建设用地指标、项目支持资金、天然气和电力供应指标等实行计划单列，专户下达。帮助科技城争取在部际协调小组成员单位实行项目计划单列。对国家部委确定单列的项目和需要部际协调小组支持的事项，省直相关部门及时转报，帮助争取。

【科技城税收管理权限】 科技城除国家法律、法规、规章规定由省级税务机关审批或管理的涉税事项外，原则上改为科技城地税部门自行审批、管理，报市地税局备案。科技城地税部门的主要管理权限：纳税人遭遇风、火、水、地震等自然灾害的企业所得税减免，由科技城地税部门直接审批。纳税人技术改造购置国产设备投资抵免企业所得税立项申请，由科技城地税部门审核后报省局审批。纳税人技术改造购置国产设备投资项目申请抵免新增企业所得税，金额在300万元以下的由科技城地税部门审批，金额在300万元（含）以上的由科技城地税部门审核后报省局审批。对纳税人报送的西部大开发所得税优惠申请，第一年由科技城地税部门审核后报省局审核确认；第二年及以后年度报所在市局审核确认后执行。受理纳税人处理财产损失申请时，纳税人当年申请扣除的财产损失在2000万元（含）以上的，由科技城地税部门核报省局审批；2000万元（含）以下的，由科技城地税部门直接审批，报市局备案。营业税、资源税、土地增值税、房产税、城镇土地使用税、车船税等减免税审批事项，科技城地税部门比照所在地市局的税收管理权限办理。耕地占用税的减免属市局审批权限范围的，由科技城地税部门直接审批，报省地税局备案。

【科技城国税管理权限】 科技城范围内符合西部大开发所得税收优惠政策的企业在规定期限内向科技城主管税务部门提出书面申请并附送相关材料，经主管国税局审核后上报，第一年报省国税局审核确认；第二年及以后年度由科技城主管税务部门审核确认后执行。遇风、火、水、震等自然灾害的企业需要减免企业所得税的，由科技城主管税务部门审批。纳税人当年申请扣除的财产损失数在2000万元（含）以上的，由科技城主管税务部门核实后报省国税局审批；2000元以下的，由科技城主管税务部门直接审批。对符合条件企业享受外商投资企业和外国企业所得税优惠政策的，科技城国税部门的主要管理权限：生产性外商投资企业享受企业所得税“两免三减”税收优惠的年度确认，企业提出申请，由科技城主管县（区）国税局审批。外商投资的先进技术所得税延长减免税由科技城主管税务部门审批。外商投资产品出口企业所得税延长减免税由科技城主管税务部门审批。外商投资企业的外国投资者税后利润再投资退税优惠由科技城主管税务部门审批。外商投资企业购买国产设备投资抵免所得税、分阶段投资或追加投资分别享受税收优惠和第二年及以后年度享受西部大开发税收优惠，由科技城主管税务部门审批。

【全面创新改革试验推进】 2018年，全市聚焦国家授权和“九张清单”任务实施，涉及绵阳17项先行先试改革举措完成12项，5项加快实施。全面推动《2018年全面创新改革试验工作计划》89项任务落地实施，完成61项，28项加快推进。在2017年“九张清单”817项具体工作的基础上，滚动更新2018年“九张清单”，编制完成286项具体任务。在重点改革事项和重大项目实施上形成一批可复制推广的具有重大影响力的“绵阳经验”。8月，国家第二批全创经验通过部委和专家审核，绵阳入选5项。10月，国家首批特色发展经验在全国推广，绵阳贡献1条经验。四川省征集推广第三批全创经验，绵阳申报15项。召开市全面创新改革试验领导小组工作会议。

知识链接：

“九张清单”：即综合改革内容清单、融合发展改革试点内容清单、技术攻关清单、成果转化清单、重大项目清单、科技创新平台建设清单、开发区储备清单、金融对接清单、可复制可推广经验清单。

【科技城集中发展区和产业园区建设】 2018年，全年实施科技城集中发展区建设攻坚行动，完成112平方千米的土地规划调整。推进地下综合管廊、市政道路建设以及草溪河综合整治等74个基础设施项目建设，完成投资115.54亿元，核心区骨架路网初具形态。开展“科技之心”中央公园、市民中心、绵阳市文化艺术中心等项目前期工作。59个产业项目完成投资197.31亿元，新培育升规企业30家。京东方项目生产区整体建设基本完成。推进东旭新能源汽车等项目前期工作。集中发展区5平方千米启动区基本建成，30平方千米核心区主体框架具备雏形。推动园区特色化、高端化、专业化发展，全市产业园区聚集规模以上企业770家，园区产业集中度达83%。实施园区“千百亿工程”，列入省“51025”重点园区培育计划的5个园区实现产值1721.9亿元，同比增长15.51%。绵阳高新区在168个国家级高新区排位上升至56位，绵阳经开区在219个国家级经开区中排位上升至29位。江油工业园区、游仙经开区获批为省级高新区，安州工业园区获批为第四批省新型工业化产业示范基地。（曾卫民）

人大代表调研与视察

【概况】 2018年，市七届人大常委会持续将推进国家科技城建设作为监督工作重点，依法履行职权，以视察、调研、会议审议、决定决议等方式强化监督，推动科技城建设。8月27日，市七届人大常委会第十四次会议审议并通过《绵阳市人大常委会关于加快建设中国科技城和西部现代化强市的决定》。

【视察与调研】 2018年，市人大常委会领导和人大代表先后多次深入科技城集中发展区、京东方等重大项目工地和部分绵阳科研院所，就全面创新改革试验和推进科技城集中发展区建设等方面工作进行视察调研。4月17日，市人大常委会副主任李作虎带队到涪城区、安州区调研科技城集中发展区规划建设工作，实地察看了解科技城集中发展区总体布局、空间结构、功能布局、产业规划、基础设施建设、公共服务配套等情况，提出要坚持高起点规划、高标准推进、高效率建设等建议。9月13日，由驻川（成德绵）全国人大代表组成的调研组，前往绵阳国家科技城建设成就展馆、大型科学仪器共享平台、国家两用技术交易中心、九洲集团创新展示中心、科技城集中发展区、绵阳京东方第六代AMOLED（柔性）生产线项目建设现场等地，就创新产业发展等情况开展专题调研，提出破除体制机制障碍、进一步健全法规制度体系、以市场为导向不断提升效率和效益、汇聚特色发展产业优秀人才等建议。11月29日，部分在绵阳的全国人大代表、省人大代表组成视察组，前往绵阳国家科技城建设成就展馆、西园公租房小区、绵安快速第二通道地下综合管廊项目和绵阳京东方第6代AMOLED（柔性）生产线项目现场等地视察，详细了解集中发展区建设情况，并肯定科技城集中发展区建设工作成就。

【会议审议】 2018年，市人大常委会坚持从计划执行、政策落实和规划实施等方面，督促工作落实，支持加快推进中国科技城建设。8月27日，市七届人大常委会第十四次会议听取市人民政府关于绵阳市2017年1—6月国民经济和社会发展计划执行情况的报告、关于绵阳市2017年1—6月预算执行情况的报告、关于2016年市级预算执行和其他财政收支的审计工作报告，提出全面贯彻落实市委七届五次全会精神，衔接落实年度目标任务，奋力推进科技城超常发展；优化政策环境，着力振兴实体经济，深化重点领域和关键环节改革，为科技城超常发展松绑解套；深入推进全面改革创新，以全创试验为契机，争取国家首批科技协同创新平台布局绵阳；落实积极财政政策，大力支持以全面创新改革引领深度发展等审议意见。（杨　泾）

政协委员调研与建议

【概况】 2018年，市政协主要领导先后带队向全国政协、省政协汇报工作，与民主党派中央和全国工商联联系沟通，争取全国政协领导出席第六届科博会，把脉问诊科技城发展。协助省委统战部在绵阳召开各民主党派省委助推中国科技城超常发展建言献策座谈会。召开“完善人才政策、打造西部人才高地”专题协商会，提出的意见建议被市委采纳。主席会议开展科技城集中发展区视察监督，就基础设施建设、生态打底、产业发展等提出意见建议。聚焦全创改革年度任务，引导市政协委员和各级政协组织通过大会发言、提案、反映社情民意信息等持续发力。全年全市各级政协委员参与全创工作达3739人次，牵头全创各类项目93个，吁请加大力度支持绵阳深度发展的社情民意信息得到省发改委回应，全省上报中央第二批由绵阳探索的全创经验中，多项内容源于政协组织推动和委员创新实践。

【助推全面创新改革试验】 2018年，市政协以助推全面创新改革试验工作为抓手，助力国家科技城建设。牵头制定《2018年度助推全面创新改革试验工作要点》，明确工作路线图和时间表。开展“完善人才政策、打造西部人才高地”专题协商，配套出台《绵阳市人才发展专项资金管理办法》《绵阳市国家科研人员激励计划试点工作方案》。编印全市政协系统助推“全创”简报6期，省政协助推全创工作简报6期采用绵阳信息。注重挖掘助推全创先进典型，梳理提炼各级政协组织和政协参加单位助推全创典型材料18篇，政协委员助推全创典型材料72篇，扩大政协助推全创的参与面和影响力。

【全市政协系统助推全面创新改革试验工作会议】 2018年5月29日，全市政协系统助推全面创新改革试验工作会议在江油市召开。省政协全创办专职副主任李浩，绵阳市政协党组副书记、副主席李敦双，副主席胡安虎和江油市政协党组书记、主席李平等出席。省政协助推全创工作办公室相关人员、绵阳市政协助推全创工作领导小组组成人员和各县市区政协分管副主席、全创办主任、科教文卫体委主任以及各民主党派绵阳市委员会相关负责人参加会议。会议总结2017年全市政协系统助推全创工作情况，安排部署2018年助推全创工作任务；对江油市、涪城区、游仙区以及民革绵阳市委、九三学社绵阳市委、致公党绵阳市工委等政协系统2017年度助推全创工作先进单位进行表扬。会议期间，与会人员先后深入汇通能源装备制造有限公司、六合锻造股份有限公司、长祥特殊钢制造有限公司、聚能核技术工程有限公司等企业视察。

【助推重点产业发展】 2018年，市政协系统调研形成的市政协七届三次会议大会发言“大力发展新能源汽车产业，加快构建现代产业体系”得到市委主要领导的肯定性批示，分管副市长召开专题会议研究吸纳。组织召开“发展壮大绵阳电子信息产业”界别协商会议，建言献策。深入京东方、江油三一国际共享农场、四川汽车职业技术学院新校区、一环路南段新建工程等重点项目现场，了解项目推进情况及存在困难和问题，助推项目建设。

【专题协商与界别协商】 2018年3月15日，市政协召开“完善人才政策，打造西部人才高地”专题协商会议。市人才办就加快建设西部人才强市作相关说明，参会委员围绕加快建设西部人才强市建言献策。11月22日，市政协召开“发展壮大绵阳电子信息产业”界别协商会议。参会委员及企业代表围绕发展壮大绵阳电子信息产业建言献策。

【全国政协副主席、九三学社中央常务副主席邵鸿出席科博会】 2018年9月6日，全国政协副主席、九三学社中央常务副主席邵鸿出席“第六届中国（绵阳）科技城国际科技博览会”并宣布开幕。在绵阳期间，邵鸿还出席“中国两弹城”王淦昌旧居开馆仪式，并为王淦昌铜像揭幕。

【九三学社中央专题调研组调研科技城建设】 2018年11月15—16日，全国政协副秘书长、提案委副主任、九三学社中央副主席赖明带领科技部、财政部、国防科工局等部委相关负责人组成的调研组，到绵阳调研科技城建设工作。其间，九三学社中央专题调研组召开科技城建设工作座谈会。赖明出席座谈会并讲话。市委书记刘超主持座谈会并汇报中国科技城建设情况。省政协副秘书长、九三学社四川省委专职副主委沈光明，市委副书记胡滨出席座谈会。科技部、财政部、国防科工局等调研组成员结合各自工作实际，对科技城建设提出意见建议。中国兵器装备集团自动化研究所、电科九所、利尔化学、中科绵投、岷山机电、三阳激光增材、西南科技大学等在绵阳的科研院所、企业及高校负责人先后发言。在绵阳期间，调研组还前往绵阳京东方第6代AMOLED（柔性）生产线项目现场、电科九所等实地调研。

【全国政协调研组开展文创产业国家级文化和科技融合示范基地调研】 2018年6月7—8日，全国政协文化文史和学习委员会副主任王儒林率领全国政协调研组到绵阳开展推动文化创意产业发展、国家级文化与科技融合示范基地调研。在绵阳期间，调研组一行先后前往江油李白文化园、126文化创意园、中环悦影绘、云书屋等地，全方位、多角度了解绵阳市推动文化创意产业发展、国家级文化和科技融合示范基地建设的基本情况、政策举措、经验做法及意见建议等。调研组肯定绵阳市发展文化创意产业以及国家级文化和科技融合示范基地建设的经验做法。

【各民主党派省委助推中国科技城加快发展建言献策座谈会】 2018年9月27日，各民主党派省委助推中国科技城加快发展建言献策座谈会在绵阳举行。省委常委、统战部部长、省总工会主席田向利出席会议并讲话。会上，欧阳泽华、赵振铣、杨兴平、王元勇、赵川荣、夏华祥、沈光明等与会各民主党派省委领导和专家学者对推进中国科技城加快发展提出极具建设性、极富针对性、极有含金量的意见和建议。

【住绵阳省政协委员为“实现成都绵阳间城际动车公交化运营”建言献策】 2018年10月30日，住绵阳省政协委员联络小组举行“实现成都绵阳间城际动车公交化运营”座谈会，住绵阳省政协委员和部分市政协委员围绕“实现成都绵阳间城际动车公交化运营”建言献策。省政协委员、住绵阳省政协委员联络小组组长、市政协主席张锦明主持会议并讲话。省政协委员、市委常委、统战部部长、市总工会主席李亚莲，省政协委员、市政协副主席沈其霖、郭兴林、田荣华出席会议。会上，市发改委、成铁绵阳车务段相关负责人通报相关情况。住绵阳省政协委员和市政协委员建言献策，提出充分挖掘现有资源、围绕市场需要改革票务制度、加快建设绵阳动车检修所等意见建议。

【专项监督视察科技城集中发展区建设】 2018年11月22日，市政协主席张锦明带领部分市政协委员前往科技城集中发展区，通过实地察看、召开专项民主监督座谈会等形式，开展“科技城集

图5　9月27日，各民主党派省委助推中国（绵阳）科技城超常发展建言献策座谈会

中发展区建设情况”专项民主监督视察。实地察看综合管廊项目示范段、八家堰大桥、京东方项目建设现场等地，实地视察科技城集中发展区建设情况。科管委、市城乡规划局、市住建局等单位通报科技城集中发展区建设情况，参与视察委员围绕科技城集中发展区基础设施建设、生态打底、产业发展等，结合前期专题调研结果，提出意见建议。

【视察绵遂内城际铁路前期建设工作】 2018年2月5日，市政协副主席沈其霖带领部分政协委员专题视察绵遂内城际铁路建设工作，就抢抓重大战略机遇、建立协同配合机制、加快项目建设进度、引入多元融资主体、提供有力组织保障等提出有针对性的意见建议。

【视察全市重点项目推进情况】 2018年12月13日，市政协经济委带领部分政协委员专项视察绵阳京东方第6代AMOLED（柔性）生产线、江油三一国际共享农场、绵阳华夏历史文化科技产业园、四川汽车职业技术学院新校区、一环路南段新建工程等部分重点项目，现场了解项目推进情况及存在困难和问题，助推项目建设。

【视察特色产业园区建设】 2018年12月12日，市政协教科体卫委带领部分教科体卫委员和科技界委员专项视察经开区连接器产业园华丰高技术产业链集聚发展项目，游仙区智能制造示范基地工程技术研发和服务平台、先进制造工程技术中心，工研院两用技术再研发中心建设运营等3个项目的全面创新改革试验情况，为特色产业园区建设建言献策。

【调研“互联网+”医疗发展情况】 2018年7—11月，市政协副主席李敦双、尚丽平分别带领部分市政协委员对“互联网+医疗健康”发展情况进行实地调研，并于11月、12月先后两次召开座谈会议，与相关职能部门、医疗机构、基层医务工作者座谈交流，充分听取相关意见和建议，形成《关于推进我市“互联网+医疗健康”发展调研情况的报告》。

【调研电子信息产业发展情况】 2018年8月27日，市政协副主席郭兴林带队赴安州区就电子信息产业发展情况开展调研并召开座谈会。郭兴林一行先后深入四川攀丰、爱联科技、长虹等企业，通过实地察看、现场询问等方式，详细了解各电子信息企业生产、经营情况。在座谈会上，安州区工信商务局汇报电子信息产业发展情况，与会人员作交流发言。郭兴林对安州区电子信息产业发展所取得的成绩给予肯定。

【《关于加强人才软环境建设，促进创新驱动发展的建议》】 2018年，市政协七届三次会议第28号提案，由易发成等3位市政协委员提出。建议：进一步完善政策体系，建立重点科技人才联系制度；充分发挥平台优势，建立并完善科技成果应用推广服务队伍；进一步完善科技成果转化奖励制度；开展专项督查活动；建立适宜绵阳市的“涪城人才绿卡”中心，为科技城高层次人才实行贴心服务；整合绵阳优质教育资源，建立并支持不同层次的专项技能人才培训计划；改革科技创新项目的组织申报方式。

【《关于加快推进绵（阳）遂（宁）内（江）城际铁路建设前期工作的建议》】 2018年，市政协七届三次会议第105号提案，由市政协城环委提出。建议：积极向上争取，完善协同机制，形成工作合力；密切关注成都、重庆重点铁路规划，力争“借船出海”；加快推动项目进度；引入多元主体，拓宽融资渠道；加强组织领导，提供有力保障。

【《关于大力发展新能源汽车产业加快构建现代产业体系的建议》】 2018年，市政协七届三次会议第125号提案，由民盟绵阳市委提出。建议：建立完善的政策体系；加大项目的引进力度；建设技术创新平台和共性技术研发平台；加强行业引导；加大推广应用力度，营造良好市场氛围。

【《关于系统打造绵阳城市文化名片的建议》】 2018年，市政协七届三次会议第255号提案，由市政协文化和文史委提出。建议：提炼特色文化资源，凝聚城市文化共识；搭建系统规划制度，推进文城一体建设；探索多元文化平台，打造城市文化亮点；加强文化旅游创新，塑造经济增长助力；构筑强力工作机制，形成文化发展合力。

【《关于加快发展中职教育为西部经济强市提供产业工人队伍的建议》】 2018年，市政协七届三次会议第305号提案，由市政协教科体卫委提出。建议：严格落实普职招生大体相当的国家政策，保障中职教育生源；切实解决市县两级中职学校招生渠道不畅不平衡问题；推进校企合作、产教融合；促进行业企业参与“双师型”教师队伍培养。

【《关于支持绵阳市装配式建筑发展的建议》】 2018年，由市政协委员郑蓉反映。建议将装配式建筑产业纳入新兴产业范畴，出台支持政策；建设培育示范工程和示范基地。培养专业人才队伍。

（黄国旗）

研发创新平台
Research and Development Innovation Platform

概 述

【概况】 2018年，中国（绵阳）科技城拥有中国工程物理研究院、中国空气动力研究与发展中心等国家级科研院所18家；有国省级企业技术中心83家，其中国家企业技术中心8家，省级企业技术中心75家（新增8家）；有省级工程实验室15个；绵阳市国家地方联合工程研究中心有2家；新增国省重点实验室、工程技术研究中心和企业技术中心13个，国省重点实验室总数达27家，国省工程技术研究中心总数达24家。有国家两用技术交易中心、四川省两用技术再研发中心等科技服务创新平台。西南科技大学省部共建环境友好能源材料国家重点实验室正式运行；长虹智能制造产业园、长虹安州“双创”工业园开工建设。深化高新技术企业质效提升行动，新增高新技术企业33家，总数达到272家。持续实施“涌泉计划”，科技型中小企业稳定在1万家以上，新增上升规模纳入统计企业60家。高新技术产业化指数达80.12%。

【2018年中国（绵阳）科技城科技创新成果发布会】 2018年4月24日，由四川省科学技术厅、绵阳市人民政府指导，绵阳市科知局、西南科技大学产业处主办，国家两用技术交易中心、四川省技术转移中心承办的中国（绵阳）科技城科技创新成果发布会在绵阳科技城创新中心举行。四川省科学技术厅副巡视员李粟璇、绵阳市副市长孙福全出席会议并讲话，西南科技大学、中国（绵阳）科技城工业技术研究院、四川省技术转移中心、绵阳市科知局等单位负责人，绵阳各县市区科技局、国家和省技术转移示范机构、金融机构、绵阳市企业代表等参加会议。会议着力构建以企业需求为导向的科技成果转化新模式，助力协同创新发展。发布会对绵阳市科技成果总体情况、科技成果转化情况等作详细介绍。西南科技大学、绵阳华宝鼎业科技有限公司负责人分别介绍高校及企业在人才培养、协同创新、技术转移、智库建设等方面所做探索和重要举措。项目对接活动中，参会公司先后提出技术、金融需求，得到高校及金融机构专家详细解答。

（颜泽永）

国省级工程技术研究中心与企业技术中心

【概况】 2018年，绵阳市获发改系统批复的应用技术创新平台共计25家，数量居全省前列。其中国家企业技术中心8家，占全省的12.3%；国家地方联合工程研究中心（工程实验室）2家，占全省的28.6%；四川省工程实验室15家，占全省的15.5%。技术创新平台由中物院、西科大、西南自动化研究所等科研院所和长虹、九洲等企业承载，其中涉及电子信息领域11家、新材料领域6家、生物领域3家，节能环保领域2家，装备制造领域1家、现代农业领域1家、精细化工领域1家。25家创新平台全年共申请国内专利2812件，其中发明专利1315件；国内专利授权1807件，其中发明专利234件；参与制定国家标准41项，参与制定行业标准35项；技术开发费用（即研发费用）支出达49.2亿元。全年科技城新增四川中物材料、四川利尔作物、四川九洲北斗导航、四川瑞可达、绵阳惠利电子、绵阳海立电器、四川同舟化工、四川鑫鼎新材料8家省级企业技术中心，全市省级企业技术中心总数达75家，位居全省第二位。 （杨　文）

表 4　2018 年绵阳市国家级工程技术研究中心名录

序号	名称	依托单位	验收（获批）时间
1	国家烟气脱硫工程技术研究中心	四川大学、中国工程物理研究院	2005 年验收
2	国家城市污水处理及资源化工程技术研究中心	中国工程物理研究院	2010 年验收
3	国家核技术工业应用工程技术研究中心	中国工程物理研究院	2009 年验收
4	国家绝缘材料工程技术研究中心	四川东材科技集团股份有限公司	2011 年验收
5	国家空管监视与通信系统工程技术研究中心	四川九洲电器集团有限责任公司	2018 年验收

（秦雯雯）

表 5　2018 年绵阳市省级工程实验室名录

序号	实验室名称
1	中国工程物理研究院计算机应用研究所计算机网络及应用四川省工程实验室
2	四川九洲电器集团有限责任公司四川省基于北斗的多模式位置感知及服务工程实验室
3	四川东材科技集团股份有限公司四川省发电与输变电设备绝缘材料工程实验室
4	四川三阳激光增材制造有限公司四川省激光增材制造工程实验室
5	四川凯路威电子有限公司四川省电子标识芯片技术与应用工程实验室
6	西南科技大学四川省互联网健康服务融合工程实验室
7	四川台沃农业科技股份有限公司四川省农作物专用配方肥工程实验室
8	绵阳锐洋新材料技术开发有限公司四川省废旧轮胎胶粉功能化及应用工程实验室
9	利尔化学股份有限公司四川省杂环农药工程实验室
10	四川湖山电器有限责任公司四川省数字音响应用技术工程实验室
11	四川长虹电器股份有限公司四川省平板电视智能制造工程实验室
12	四川省绵阳西南自动化研究所四川省特种装备数字化制造技术工程实验室
13	西南科技大学四川省水泥基绿色建筑材料工程实验室
14	西南科技大学四川省非金属矿粉体改性与高质化利用技术工程实验室
15	四川思迈科技有限公司四川省光波导分路器集成技术工程实验室

（杨　文）

【四川长虹电子集团有限公司技术中心】 四川长虹电子集团有限公司技术中心（以下简称长虹技术中心）是长虹集团核心研发机构，是国家级企业技术中心。2018年，长虹集团依托长虹技术中心，提升产品生产能力，推进“先进性技术、竞争性技术、技术生态圈”三层技术体系，规划4个灯塔实验室、30个竞争力实验室（覆盖24个技术方向）、41个支撑试验室、8个产业生态实验室，并建立总部和BU矩阵式协同创新模式。产品创新项目“基于物联网的智慧家庭关键技术研究及设备研制”获省科技进步二等奖；“可运营智能感知家电系统开发与产业化”获省科技进步三等奖；“高空长航时无人机用新型化学电源系统研究与应用”获省科技进步三等奖。全年申请2102项件专利，其中发明1115项、授权书1225项，获得中国专利优秀奖2项。公司累计拥有有效专利5228件。截至年底，长虹集团依托技术创新，营业收入达8681485.4万元，利润总额达86364.5万元，研发经费投入约317494万元，营收占比约3.66%。

【四川九洲电器集团有限责任公司技术中心】 四川九洲电器集团有限责任公司技术中心（以下简称九洲技术中心）是四川九洲电器集团有限责任公司核心研发机构，是国家级企业技术中心。2018年，九洲集团加大科研投入，推进创新平台能力建设，聚焦电子和智慧城市两大主营业务。九洲技术中心全年累计承担重点科研项目390余项，开发新产品280余项，实现新产品销售收入近110亿元。全年新增授权专利286件，其中发明专利143件；新增参与国家、行业等标准制定8项。连续17年位列电子信息百强、连续11年位列中国制造业企业500强，位列中国软件和信息技术服务综合竞争力百强企业第77位，四川企业技术创新发展能力100强第5位。截至年底，九洲集团实现营业收入250.7亿元，工业总产值223.42亿元，销售回款281.28亿元，国际化经营业务5.43亿美元，利润总额4.42亿元，上缴税金4.89亿元。

【四川东材科技集团股份有限公司技术中心】 四川东材科技集团股份有限公司技术中心（以下简称东材技术中心）于2002年12月，被国家发改委、财政部、海关总署、国家税务总局联合认定为国家级企业技术中心，是四川东材科技集团股份有限公司核心研发机构，是国内最具影响力的企业绝缘材料专业研发机构。东材技术中心主要制定企业技术创新规划、开展产业技术研发、创造运用知识产权、建立技术标准体系、凝聚培育创新人才、构建协同创新网络、推进技术创新全过程实施。东材技术中心设专家委员会、博士后科研工作站、新材料研发部、技术发展中心、测试中心、东科联合研发中心、东川联合研发中心。2012年，结合公司发展战略，技术开发部下新增设树脂材料部和涂覆材料部2个专业开发部；技术发展部下设知识产权办公室、科技项目管理办公室、信息中心和档案室4个职能室。东材技术中心组建成为国内专业的绝缘材料综合性实验室，并在2015年通过CNAS国家实验室认可，拥有材料电学性能、力学性能、物理性能、热老化、仪器分析、理化分析等各专业实验室，可开展多种绝缘材料、绝缘制品及相关材料的性能（电学、力学、热学、理化分析等）测试。2018年，东材科技依托国家绝缘材料工程技术研究中心、国家级企业技术中心、博士后科研工作站、发电与输变电设备用绝缘材料开发与应用国家地方联合工程研究中心、院士专家工作站五大创新平台加大科研投入，持续推进创新平台能力建设。同时，与国内10余所知名高校和科研院所开展产、学、研联合研发合作，重点发展绝缘膜材料、光学膜材料、阻燃材料等系列产品，主要产品市场占有率居国内行业前列。全年公司被受理发明专利12项，授权专利10项，有效发明专利共113项；通过院士（专家）工作站认证、获得中国电器工业协会第八届理事会优秀会员单位、

2017年度知识产权工作先进单位等。“特高压直流输电换流阀用绝缘结构件关键技术研发”项目获得中国石油和化工联合会科技进步奖二等奖；《变频电机用绝缘材料耐重复脉冲电应力试验方法（JB/T 12421—2015）》获得中国机械工业科学技术奖三等奖；一种磷系无卤阻燃共聚聚酯的制备（ZL200910058655.3）方法获得（2017年度）四川省专利奖三等奖。截至年底，企业实现销售收入15.6亿元，利税总额11228万元，科技活动经费支出总额为7482万元，占主营业务收入的5.02%，新产品销售收入达到7.21亿元，占销售收入的46.22%。

【绵阳新晨动力机械有限公司技术中心】 绵阳新晨动力机械有限公司技术中心（以下简称新晨动力技术中心）于2007年获中国合格评定国家认可委员会认定，是国内轻型汽车发动机企业中首家通过国家认定的实验室。新晨动力技术中心是绵阳新晨动力机械有限公司主要产品研发机构。绵阳新晨动力机械有限公司是中国独立品牌汽车发动机生产商，由华晨汽车集团和五粮液集团联合控股，是四川省首家汽车类上市集团。公司依托技术中心，提升产品研发能力，拥有汽车发动机独立研发能力，有车用柴油机、车用汽油机共40余款产品，产品全部具有完整自主知识产权，其中10余款产品填补国内空白。拥有57项国家认可测试项目，其中发动机检测项目24项，整车检测项目13项，零部件检测项目20项。发动机排量涵盖1.0升至2.7升，功率50千瓦至170千瓦，应用于乘用车及轻型商用车，包括轿车、越野车、多功能车、小型及微型客车、小型及轻型卡车等。2018年，新晨动力技术中心重点完成CE12发动机、CE16发动机、CE18发动机研发工作，并申请CE发动机专利23件，其中发明专利6件。CE发动机融合18项宝马发动机技术于一体，由德国宝马专家团队提供研发、工业化、供应链管理和质量管理及项目管理的全过程支持，满足国六b排放法规和第四阶段油耗要求。2018年，公司申请专利205件，其中实用新型专利142件、发明专利45件、外观设计专利18件。截至年底，公司实现销售收入32.17亿元，利润总额3.6亿元，科技活动研发经费投入总额达1.95亿元，占销售收入的比重6.06%。

【利尔化学股份有限公司技术中心】 利尔化学股份有限公司技术中心（以下简称利尔化学技术中心）于2009年通过国家发改委、科技部等部委联合认定评审，成为国家级企业技术中心，先后投入9000余万元用于技术中心建设。利尔化学技术中心在研究、检测、试验设施和开发条件等方面均处于行业领先。2018年，利尔化学技术中心完成多项重点创新项目，同时新建中试多功能研发平台，公司申请专利140件，其中发明专利109件、实用新型专利4件、外观设计专利27件；拥有有效授权专利34件，其中发明专利32件。承担国家级计划项目4项、四川省重大科技成果转化项目2项、四川省战略新兴产业发展促进资金项目3项、四川省出口产品研究开发项目1项，获绵阳市专利奖三等奖1项。截至年底，公司收入26.47亿元，利润达5.83亿元，研发经费投入占比4%。

【四川铁骑力士实业有限公司技术中心】 四川铁骑力士实业有限公司技术中心（以下简称铁骑力士技术中心）是四川铁骑力士实业有限公司的主要研发技术机构，是国家级企业技术中心，拥有4个试验基地、2个中试车间、1个联合实验室、1个CNAS认可实验室，有仪器设备888台（套），设备原值达6559万元。公司依托技术中心发展为集饲料生产、种畜禽繁育与养殖、屠宰分割和食品精深加工为一体的现代农牧企业，在全国建有80家分（子）公司，为农业产业化国家重点龙头企业。2018年，铁骑力士技术中心搭建新的省级平台，开展多项关键前沿技术研究，取得重大创新和突破。公司与中国农业科学研究院院长唐华俊院士及其团队、四川省畜牧科学研究院合作建立省级院士工作站。企业技术创新投入达24084.9万元，共开展科技项目113项。新申请国家专利11项，其中发明专利9项；获得授权专利4项，其中发明专利1项、实用新型专利3项。获得国家科技进步二等奖1项，四川省科技进步一等奖1项、二等奖1项，市级科技进步奖2项。组织科技下乡活动302场次，开展工艺改进、工具创新活动458场次。公司实现销售收入总额83亿元，利润总额3.8亿元。

【四川好医生药业集团有限公司技术中心】 四川好医生药业集团有限公司技术中心（以下简称好医生药业技术中心）是好医生药业集团有限公司研发机构，国家级企业技术中心。2018年，好医生药业技术中心开展科技项目91项，重点推进中药创新研究、化学药创新研究、工艺质量标准优化研究、服务平台建设等方向的相关研究工作，技术创新和研发投入近1亿元，发挥对企业生产经营和持续发展的支撑作用。全年申请专利42项，其中国内发明专利17项；获得授权专利35项，其中发明专利10项。全年好医生药业集团销售收入14亿元，实现利税近3亿元，技术创新和研发投入近1亿元，研发经费投入占比9%。

【四川省银河化学股份有限公司技术中心】 四川省银河化学股份有限公司技术中心（以下简称银河化学技术中心）是四川省银河化学股份有限公司研发中心，国家级企业技术中心，下设分析测试中心、研发实验、中试车间、联合实验室、CNAS认可实验室、CMA认可检测室等。2018年，银河化学技术中心牵头完成《企业知识产权管理规范》标准化贯彻实施认证；申报专利13件，其中发明专利8项；公司获授权专利8项，其中发明专利3项；参与完成《铬盐副产硫酸钠》《镍铬盐污染场地处理方法》《湿法制备铬盐副产氧化铁粉》《复合铬盐污染场地处理方法》等4个行业标准的制订和实施。牵头并申报成立2018年度博士后创新实践基地。公司获2018年省级技术创新示范企业认定、2018年国家技术创新示范企业认定，实现产值24.09亿元、销售收入23.77亿元，实现利润总额6111.20万元。 （杨　文）

【绵阳惠利电子材料有限公司企业技术中心】 该技术中心于2005年1月成立，2006年12月被绵阳市评为市级企业技术中心，2018年获批成为省级企业技术中心。该技术中心致力于环氧树脂灌封料、包封料、浸渍料，胶粘剂、聚氨酯灌封料，有机硅密封胶，光固化涂料、建材化学品及其他高分子材料的研发。产品主要适用于彩电FBT，汽车摩托车用点火器、点火线圈、汽车车灯的密封，AC/DC电容器，显示器，聚焦电位器、发光二极管、IC封装变压器绝缘浸漆、磁环线圈喷漆，线路板的表面涂覆，LED行业的封装，光伏太阳能等新能源的密封与固定及其他各类电子元器件的封装。有专业技术人才36人，其中具有高工以上技术职称的占23%，具有初级以上技术职称的占53%，该技术团队中有同行业、同领域的资深专家，专业涉及电子化工，高分子材料等各个方面，研究成果项目获得省级市级的高新技术资金奖励支持。与长虹组建战略合作项目推进小组，提供高端产品及解决方案，与四川大学、电子科技大学、北京化工大学、复旦大学、江南大学、中科院化学所等国内知名科研院校进行产学研合作，同时聘请国外同行业专家技术指导，对电子微电子半导体等封装材料的国产化进行研发，主要项目包括：环氧树脂、有机硅、聚氨酯、丙烯酸类高分子材料复合物的增韧改性，聚合物的接枝共聚共混及改性，各种酸酐固化剂改性，氨类固化剂的改性等，并专注于复合材料的低离子、低腐蚀、低膨胀、高纯度、高导热等功能特性研发。

【绵阳海立电器有限公司技术中心】 该技术中心成立于2011年，2012年被认定为绵阳市级企业技术中心，2018年获批成为省级企业技术中心。技术中心作为绵阳海立电器有限公司的独立部门，承担新技术研究、新产品开发的工作，下设产品研发部、工艺部、技术中心办公室、产品试制中心7个部门。技术中心有人员43人，其中博士2人、硕士5人；高级工程师7人，享受国务院特殊津贴1人，均为空调压缩机行业资深专家。技术中心以节能、环保、高效为方向，开展空调压缩机研发工作，累计取得发明专利2项、实用新型专利16项。长期与长虹、格力、海尔等空调厂家保持新技术共同开发合作。

【四川九洲北斗导航企业技术中心】 该技术中心成立于2016年10月，2017年获批成为绵阳市企业技术中心，2018年获批成为省级企业技术中心。技术中心实行主任负责制，下设技术中心办公室、研发科、技术委员会作为技术中心管理层，同时产品研发科内设资料室、平台及系统研发室、终端研发室、测试及工程室作为执行层。聘请行业知名专家作为技术顾问，负责北斗、空间信息等高新技术规划与设计。累计引进3S技术领军人才3人；内部培养中高级人才5人；吸纳武大、电子科大、西南交大等知名大学的3S技术、系统集成等专业应届毕业生7人。2016—2018年，技术中心突破增强数据生成及播发技术、高精度差分GNSS/INS导航定位技术，研发应急指挥、智慧旅游、安全监测、智能交通等运营系统，形成北斗高精度车载终端、北斗智慧旅游终端等10余项新产品，完成多项科技成果转化。获得卫星导航定位优秀工程和产品奖（科技进步奖）、中国高分杯智慧旅游挑战大赛一等奖。

【利尔作物企业技术中心】 该技术中心前身为2006年成立的生物活性测定基地，依托于制剂开发系统。2018年成为省级企业技术中心。该技术中心由生物活性测定中心、剂型开发中心、质量检测分析中心、知识产权管理办公室及实验农场5个部门共同组成。有专职技术人员50余人，其中博士3人、硕士21人；外聘高级专家顾问8人。利尔公司每年为技术中心投入超1200万元，用于技术开发及设备采买等研发日常工作。中心开发项目涉及微囊悬浮剂等新型农药剂型产品及生物源农药、生物源肥料等全新领域和项目的开发。截至年底，该中心累计开发新型农药制剂产品配方技术60余项，获得发明专利授权42项，参与制定行业标准3项，承担省级科技计划2项，获得省级科技进步奖1项。

【四川瑞可达连接系统有限公司企业技术中心】 该技术中心成立于2015年2月，2017年3月获批成为绵阳市企业技术中心，2018年获批成为省级企业技术中心。该技术中心致力于连接系统产品的设计和开发，研发的主要产品包括高频连接器、低频连接器、光连接器等。产品主要应用于数据通信、工业控制、新能源、医疗电子、装备制造业等领域。2018年，该技术中心有专职技术研究人员55人。

【四川同舟化工企业技术中心】 该技术中心成立于2013年，2015年研发的“抗泥保坍型聚羧酸高效减水剂及其复配泵送剂的研制”项目获得绵阳市科技进步三等奖，并被四川省科技厅主持的科技成果鉴定为国内领先。2016年通过绵阳市企业技术中心认定，2018年成为省级企业技术中心。技术中心拥有理化实验室、试拌室、性能检测室等，占地面积3600平方米，配备合成装置系统、混凝土养护系统、紫外分光光度计、火焰光度计、自动电位滴定仪、PH值检测仪、卤素水分测定仪、GPC分析仪、万能试验机、混凝土整套试验与检测设备等科研实验仪器。与西南科技大学联合成立“同舟化工——西南科技大学精细化学联合实验室”，并与西南科技大学签订产学研合作协议。

【四川鑫鼎新材料企业技术中心】 该技术中心成立于2012年1月16日，2015年成为绵阳市优秀企业技术中心，2018年成为省级企业技术中心。技术中心拥有技术人员45人，其中高级职称5人、硕士及以上学历技术人才8人，并聘请行业内知名教授4人作为公司技术指导以及项目决策专家，形成一支专业性强，技术水平高的研发团队。公司技术中心设有专门的研发场地，有专用于产品研发的实验室和场地3000平方米，购置有电子万能试验器、直读光谱仪、各类分析仪器以及小试、中试设备等国内先进仪器设备，设备原值400余万元。先后申请并获得专利授权40余项，其中4项为发明专利授权。先后开发耐磨复合材料、耐蚀复合材料、高硼钢、高硅钢等新材料产品和鸽尾筋、板桩锁扣、闸阀等一系列高端异型型钢，并牵头起草并颁布行业标准1项（YB/T4365—2014）。

【中物材料技术中心】 中物材料技术中心由中国工程物理研究院化工材料研究所和西南科技大学材料科学与工程学院联合组建。2018年成为省级企业技术中心。该技术中心研发理念为推动先进材料创新发展，建立企业核心竞争力。有技术开发人员40人，占公司总人数的40%；其中博士和高级职称人员6人、中级职称人员10人。截至2018年，先后承担国家发改委、四川省及中国工程物理研究院等技术项目约20余项，并开发出不同类型的产品超300个，申请国家发明专利15项，授权6项，受理6项。 （王月利）

【江油市长祥特殊钢制造有限公司技术中心】 江油市长祥特殊钢制造有限公司技术中心（以下简称技术中心）成立于2008年2月。2010年，技术中心被认定为绵阳市级企业技术中心。2014年成为省级企业技术中心。技术中心实行主任负责制，由公司特钢总经理兼任技术中心主任，并配有1名副主任。技术中心下设专家咨询委员会、技术创新委员会、办公室及自建研发机构和共建研发机构2个研发机构。技术中心的职能有：重点做好支撑企业中长期发展需要的研究开发工作，研究开发有市场前景、有竞争力的新产品、新工艺、新技术，做好引进技术的消化、吸收和再创新，形成拥有自主知识产权的主导产品和核心技术；负责技术和市场信息的获取、分析和判断，从技术发展和市场需求相结合的角度，为企业技术创新决策提供依据，并参与企业总体发展战略和承担企业技术创新战略规划的制定和实施；是企业实施产学研合作的主要载体；加强与国内外同行业企业的交流与合作，联合开展战略性研究开发，推动产业技术的升级换代；负责企业知识产权保护和管理工作的能力，对企业的专利、专有技术、商标、科技成果等科技资源进行系统有效的管理；对企业内不同层次的技术开发机构进行系统的指导、咨询、评价。技术中心工作人员共45人，专职从事研发与试验发展人员42人，其中高级技术职称人员3人、中级技术职称人员29人。锻造方面，利用异型阀体锻件二次变形法，使该类锻件合格率达100%；大型模具钢模块的宝塔锻造工艺，能使锻件心部得到充分变形；专用刀砧能使切料效率提高50%；热处理方面，拥有厚度大于500毫米大模块浸透技术，高合金钢多次回火消应力技术，大型模块及锻件的淬回火技术处于国内领先水平，模具钢的热处理产品达到欧洲标准。

【四川六合锻造股份有限公司技术中心】 四川六合锻造股份有限公司技术中心（以下简称技术中心）成立于2009年，2011年成为省级企业技术中心，下设技术部、研发部、检测中心3个部门。有专业得研发、技术和检测人员共42人，其中高级工程师2人、工程师4人、助理工程师9人。检测中心设有化学和物理检测室，主要进行钢铁材料的化学成分和物理性能检测（包括力学性能、金相、低倍、热处理等），具备较为完备的研发检测设备，主要有光谱仪2台、氧氮分析仪1台、碳硫分析仪1台、室温拉伸机1台、高温拉伸机1台、高温持久蠕变试验机8台、冲击试验机2台、热处理炉8台、硬度计3台，具有齐全的钢铁材料常规检验能力。2012年，技术中心通过中国合格评定国家认可委员会（CNAS）的评审，成为国家认可的实验室。研发部、技术部是技术中心的核心部门，主要负责新试产品研发及产品技术质量攻关等工作。累计申报发明专利62项，授权9项。新材料研发方面，主要从事超超临界汽轮机叶片钢材料、高端工模具钢、燃气轮机材料等研发。超超临界汽轮机叶片钢广泛用于东方汽轮机、上海汽轮机、哈尔滨汽轮机等大中型汽轮机企业。超超临界汽轮机叶片用10Cr11Co3W3Ni-MoVNbNB钢于2011年通过四川省科技厅的成果鉴定，获得绵阳市科技进步二等奖；2013年，被认定为国家科技部重点新产品并获得国家专利。2015年，透平叶片用10705MBU钢获四川省科技厅组织的科技成果鉴定，并由绵阳市科技局作成果登记。公司是国际知名能源企业西门子、三菱日立、阿尔斯通等公司的供应商。燃机材料研发方面，技术中心为上海—安塞尔多公司、东方汽轮机等公司研发燃机材料，其中为东方汽轮机等公司研发的10705系列燃机材料每年销售量超1000吨，并使公司在2014年成为四川省燃机产业联盟单位成员。技术中心与钢铁研究总院、国家先进钢铁材料国家工程研究中心、成都理工大学、上海大学等科研院所合作，是成都理工大学硕士、博士工作站和绵阳市院士、专家工作站。技术中心先后承担四川省、绵阳市、江油市三级政府部门下达的各类研发项目30余项。

【攀钢集团江油长城特殊钢有限公司技术中心】

攀钢集团江油长城特殊钢有限公司技术中心（以下简称技术中心）于2017年成为省级企业技术中心。技术中心是集产品研发、新材料研究、工艺研究和特种材料应用研究一体化的研发机构，全面负责企业的产品战略、科技进步和技术创新、产品研发以及推广应用，拥有国内特殊钢行业一流的研发能力，承担国家和行业科研课题，行使全公司科技及研发等专业管理职能。技术中心下属有长城特钢技术中心、集团外技术合作平台、集团内技术协同平台及海洋装备用金属材料及其应用国家重点实验室海工特材研究所（以下简称海工特材所）。技术中心是攀钢集团江油长城特钢公司直属机构，由公司全权管理；集团外技术合作平台以共同承担国家项目和以技术服务合同方式形成合作关系，实现分工合作、科技成果和利益共享；集团内技术协同平台以技术服务合同方式形成合作关系，实现分工合作、科技成果和利益共享；海工特材所是国家海洋装备用金属材料及其应用国家重点实验室的下属机构，以科研项目为纽带，承担相应的研发任务。

【四川清香园调味品股份有限公司技术中心】

四川清香园调味品股份有限公司技术中心（以下简称技术中心）成立于2006年，是绵阳市级企业技术中心、四川省级企业技术中心，四川省唯一的绿色酿造工程技术中心。2014年，投资近500万元建成建筑面积1000余平方米的技术中心大楼，并配套高温高压灭菌锅，进口生物显微镜、10万级的无菌室、大容量恒温摇床等科研设备设施，是西部地区最大的调味品研发基地。技术中心有技术人员39名，其中高级职称5名、外聘专家1名，与四川大学、西南科技大学、绵阳师范学院、四川省食品发酵工业研究设计院等高校及科研机构建立长期稳定的技术成果转化战略合作关系。拥有核心技术13项，申请国家发明专利15项，在国家级刊物上发表各类论文10余篇。

【四川皇龙企业技术中心】 四川皇龙企业技术中心（以下简称技术中心）依托单位为四川皇龙智能破碎技术股份有限公司，其前身为成立于2004年的企业技术开发部；2005年，公司成立企业技术中心；2006年，被认定为绵阳市级技术企业中心；2012年，被认定为省级企业技术中心。技术中心是皇龙公司技术创新体系的核心，下设破碎设备综合测试分析中心、传动技术研究与应用技术工程实验室、锻造技术研发中心、破碎机辅助设备研究室、粗中颗粒破碎研究室、细颗粒破碎研究室，并与四川大学、西南科技大学建立联合研发机构。技术中心有专职技术研究员53人，其中高中级技术人员11人、技术带头人3人。公司每年按销售收入8%的比例提取科研经费，同时，每年均有部分项目获得省、市立项项目扶持资金。

【四川矿山机器（集团）有限责任公司技术中心】 四川矿山机器（集团）有限责任公司技术中心（以下简称技术中心）是省级企业技术中心，下属有集团公司技术中心、成都中智金源科技有限公司（成都技术中心）、电气研究所、四川省架空索道研究所、技术管理部等，组成一套完整、健全、成熟的技术研发体系。技术中心通过制定支撑企业发展需要的战备技术、产业发展前沿技术的研发、设计、制造和引进技术的消化工作，强化创新能力。技术中心由集团公司董事长任总指挥，集团公司总工程师负责具体事务工作，各项目负责人带领团队成员开展工作。为激发广大科技人员的创新热情，公司实施重大创新项目专项奖励，奖项设置5个档次，每个项目资金5万元至20万元。先后与重庆大学、中国矿业大学（北京）建立战备合作伙伴关系，通过互派人员，共同参与研发项目，聘请专家学者到公司授课等形式，建立工程硕士、博士、博士后联合培养机制。与重庆大学、西华大学长年开展产学研合作，在重庆大学设立联合研发中心。先后与南京、天津、成都水泥工业设计院合作，自主开发或引进开发更大规格、更高产能、更清洁环保的主打产品。有各类中国注册发明专利、实用新型专利、外观专利共108项，其中受权87项。

（谢小东）

2018年绵阳市省级企业技术中心一览

表6

序号	单位名称	序号	单位名称
1	四川华丰企业集团公司企业技术中心	12	四川光友薯业有限公司企业技术中心
2	四川矿山机器集团有限公司企业技术中心	13	绵阳佳联印染有限责任公司企业技术中心
3	禾大西普化学（四川）有限公司企业技术中心	14	绵阳开元磁性材料有限公司企业技术中心
4	四川省绵阳市丰谷酒业有限责任公司企业技术中心	15	绵阳龙华光电薄膜股份有限公司企业技术中心
5	绵阳佳禧印染有限责任公司企业技术中心	16	四川长虹新能源科技有限公司企业技术中心
6	四川金发科技发展有限公司企业技术中心	17	四川三台力达泵业有限公司企业技术中心
7	四川绵阳三力股份有限公司企业技术中心	18	四川九洲光电科技股份有限公司企业技术中心
8	四川丰泰包装股份有限公司企业技术中心	19	四川省三台县固锐实业有限责任公司企业技术中心
9	四川长虹模塑科技有限公司企业技术中心	20	际华三五三六职业装有限公司企业技术中心
10	四川长虹器件科技有限公司企业技术中心	21	绵阳灵通电讯设备有限公司企业技术中心
11	四川科瑞软件有限责任公司企业技术中心	22	四川长虹包装印务有限公司企业技术中心

续表

序号	单位名称	序号	单位名称
23	四川三台剑门泵业有限公司企业技术中心	50	四川清香园调味品股份有限公司企业技术中心
24	鸿凯双泰（四川）零部件有限公司企业技术中心	51	江油市长祥特殊钢制造有限公司企业技术中心
25	四川六合锻造股份有限公司企业技术中心	52	四川永贵科技有限公司企业技术中心
26	四川九州电子科技股份有限公司企业技术中心	53	绵阳华晨瑞安汽车零部件有限公司企业技术中心
27	绵阳华瑞汽车有限公司企业技术中心	54	绵阳市维博电子有限责任公司企业技术中心
28	绵阳高新区三阳塑胶有限责任公司企业技术中心	55	四川绵阳好圣汽车零部件制造有限公司企业技术中心
29	绵阳富临精工机械股份有限公司企业技术中心	56	太极集团四川绵阳制药有限公司企业技术中心
30	四川兴事发门窗有限责任公司企业技术中心	57	四川九州光电子技术有限公司企业技术中心
31	四川台沃农业科技股份有限公司企业技术中心	58	四川旭虹光电科技有限公司企业技术中心
32	雅化集团绵阳实业有限公司企业技术中心	59	绵阳高新区天力机械有限责任公司企业技术中心
33	四川湖山电器有限责任公司企业技术中心	60	绵阳高新区经纬达科技有限公司企业技术中心
34	四川九洲线缆有限责任公司企业技术中心	61	四川长虹电源有限责任公司企业技术中心
35	三台县启明星磷酸盐有限公司企业技术中心	62	绵阳铜鑫铜业有限公司企业技术中心
36	四川圣迪乐村生态食品股份有限公司企业技术中心	63	攀钢集团江油长城特殊钢有限公司企业技术中心
37	四川皇龙智能破碎技术股份有限公司企业技术中心	64	四川安和精密电子电器有限公司企业技术中心
38	四川九洲空管科技有限责任公司企业技术中心	65	中九建工集团有限公司企业技术中心
39	四川金和新型建材有限公司企业技术中心	66	四川绵阳德鑫机械有限公司企业技术中心
40	四川中物环保科技有限公司企业技术中心	67	四川隆盛科发实业有限公司企业技术中心
41	绵阳西磁磁电有限公司企业技术中心	68	绵阳惠利电子材料有限公司企业技术中心
42	四川科莱电梯股份有限公司企业技术中心	69	四川中物材料有限公司企业技术中心
43	新希望六和股份有限公司企业技术中心	70	绵阳海立电器有限公司企业技术中心
44	四川雪宝乳业集团有限公司企业技术中心	71	四川鑫鼎新材料有限公司企业技术中心
45	四川海瑞尔包装集团有限公司企业技术中心	72	四川同舟化工科技有限公司企业技术中心
46	绵阳高新区恒奥电子科技有限公司企业技术中心	73	四川瑞可达连接系统有限公司企业技术中心
47	四川长虹技佳精工有限公司企业技术中心	74	四川九洲北斗导航与位置服务有限公司企业技术中心
48	中国核工业二四建设有限公司企业技术中心	75	四川利尔作物科学有限公司企业技术中心
49	四川中油天能科技有限公司企业技术中心		

（王月利）

国家地方联合工程研究中心（实验室）

【概况】 2018年，绵阳市国家地方联合工程研究中心有2家，分别是：四川九洲电器集团有限责任公司“基于北斗的多模式位置感知及服务国家地方联合工程实验室”、四川东材科技集团股份有限公司“发电与输变电设备绝缘材料国家地方联合工程研究中心”。

【多模式位置感知及服务国家地方联合工程实验室】 多模式位置感知及服务国家地方联合工程实验室于2016年获国家发展改革委批复成立，实验室以九洲集团为依托，整合四川省北斗卫星导航产业联盟成员单位优势资源，构建室内外位置服务架构体系，以突破导航与位置服务领域关键核心技术，推进以自主卫星导航系统为基础的导航和位置服务产业化发展，加快北斗终端产品的工程化应用，为民用及大众用户等提供服务，完善位置全覆盖能力，进行室内外定位融合的工程化研究，创新位置服务。同时，培养一支专业技术水平过硬、工程化研发能力突出的中青年骨干科研队伍，为加快北斗产业发展提供人才保障。2018年，实验室在技术、产品、平台研发打造上取得较大突破，实验室某重大项目通过设计鉴定；重点突破NB-IOT/Lora无线通信应用技术，掌握超低功耗处理器及外围低功耗应用电路、野外无人值守太阳能充放电控制电路、FreeRTOS嵌入式操作系统、MQTT物联网通信协议、BOOTSTRAP软件前台框架等关键应用技术，基本完成安全监测产品布局和关键技术积累。持续打造提升北斗高精度时空平台能力，研制开发绵阳市综合应急安全监测预警系统、四川省公务车管理系统等重要业务系统。实验室承担国家发改委主管的“北斗三号高端应用装备研发及产业化”专项，由国家发改委、工信部联合主管的“北斗+物联网城市危险源安云平台研制及产业化应用”专项，由省科技厅主管的“高精度时间频率同步系统”专项等10余项重大项目。获得2018年地理信息科技进步奖二等奖、2018年卫星导航定位科学技术奖创新应用奖（卫星导航定位创新应用奖）铜奖、四川省科学技术进步奖三等奖、重庆市科学进步奖一等奖等4项科技进步奖。新申报知识产权17项，其中发明专利5项、实用新型专利6项、软件著作权6项；获得授权15项，其中发明专利1项、实用新型专利9项、软件著作权5项；发表论文5篇，获得中国卫星导航定位协会优秀论文奖1项。为支撑技术创新和产品创新，实验室结合北斗产业发展和九洲集团自身发展的需求，制定《基于北斗的多模式智能信息技术研究与应用国家地方联合工程实验室能力提升建设方案》，方案涉及时空信息感知技术研究、智能信息服务技术研究、协同创新3个平台的打造完善，投资总额达4831.5万元。同年10月30日，该方案通过专家组评审。

【发电与输变电设备绝缘材料开发与应用国家地方联合工程研究中心】 发电与输变电设备绝缘材料开发与应用国家地方联合工程研究中心于2017年12月22日由国家发展改革委正式批复成立。该研究中心依托单位为四川东材科技集团股份有限公司（以下简称东材科技）。该研究中心是在四川省发电与输变电设备绝缘材料工程实验室基础上对依托单位研发及辅助设施进行适应性改造，搭建绝缘材料技术创新平台，有技术开发研究部和综合管理部两大部门，其中技术开发研究部下属有薄膜材料实验研究室、复合材料研究室、电机绝缘材料研究室和功能材料研究室、中试车间和测试试验室。该研究中心主要致力于研究具有远距离、大容量、低损耗输电能力的特高压输电系统设备绝缘材料、特高压输变电、柔性输变电设备绝缘材料及清洁能源发电设备绝缘材料的研发；加强基础研究和产业化研发之间的有机衔接，从产业技术源头上强化技术创新体系布局，提高持续创新能力；培养工程技术创新人才；开展绝缘技术研发的国际交流与合作，实现绝缘技术的自主创新，提升绝缘技术创新能力的支撑平台，成为中国绝缘技术研发和推广中心和凝聚、培养绝缘材料工程技术创新人才的重要基地。研究中心总建筑面积约3500平方米，计划总投资2000万元，并获得省预算内再给予专项资金300万元；有工作人员69人（博士研究生9人、硕士研究生19人），其中技术支撑服务及管理人员11人、技术开发团队58人。截至2018年年底，研究中心实际投入2266.1万元，完成对东材科技公司原研发大楼3500平方米适应性改造，新增设备64台（套），建成100L固相增粘转鼓中试线、100吨/年层压制品中试线、2000L系列电子级特种树脂中试合成线、500吨/年无卤阻燃树脂中试线及涂布中试生产线。研究中心依托单位东材科技实现销售收入17.32亿元，科技活动经费R&D支出比例为5%，完成税收7600万元。公司申请国家专利174项，授权113项。公司科研成果名列行业前茅，在行业内参与多项产品标准和技术标准的制定与编写，是综合性绝缘材料行业的排头兵。研发中心申请发明专利3项，获得授权发明专利6项；主持（参与）编制国家标准3项；发表学术论文3篇；获得中国机械工业科学技术奖三等奖2项、中国石油和化学工业联合会科技进步奖二等奖1项。（杨　文）

省级工程实验室（研究中心）

【概况】　截至2018年年底，全市省级工程实验室共有15家。分别是：计算机应用研究所计算机网络及应用四川省工程实验室（依托单位：中国工程物理研究院）、四川省基于北斗的多模式位置感知及服务工程实验室（依托单位：四川九洲电器集团有限责任公司）、四川省发电与输变电设备绝缘材料工程实验室（依托单位：四川东材科技集团股份有限公司）、四川省激光增材制造工程实验室（依托单位：四川三阳激光增材制造有限公司）、四川省电子标识芯片技术与应用工程实验室（依托单位：四川凯路威电子有限公司）、四川省互联网健康服务融合工程实验室（依托单位：西南科技大学）、四川省农作物专用配方肥工程实验室（依托单位：四川台沃农业科技股份有限公司）、四川省废旧轮胎胶粉功能化及应用工程实验室（依托单位：绵阳锐洋新材料技术开发有限公司）、四川省杂环农药工程实验室（依托单位：利尔化学股份有限公司）、四川省数字音响应用技术工程实验室（依托单位：四川湖山电器有限责任公司）、四川省平板电视智能制造工程实验室（依托单位：四川长虹电器股份有限公司）、四川省特种装备数字化制造技术工程实验室（依托单位：西南自动化研究所）、四川省水泥基绿色建筑材料工程实验室（依托单位：西南科技大学）、四川省非金属矿粉体改性与高质化利用技术工程实验室（依托单位：西南科技大学）、四川省光波导分路器集成技术工程实验室（依托单位：四川思迈科技有限公司）。2018年，15家省级工程实验室拥有国内专利102件，其中发明专利67件；国内专利授权94件，其中发明专利36件；参与制定国家标准2项，参与制定行业标准5项；研发费用支出达1.6亿元。

【四川省平板电视智能制造工程实验室】　该实验室依托单位为四川长虹电器股份有限公司。2018年，该实验室申请发明专利3项、实用新型专利4项；作为主要参与单位，参与制定国家标准（草案）2项、团体标准4项；申请软件著作权2项。开展国内外技术交流活动3次；智能制造相关培训约100人次，通过人才结构优化、人才培训，引进、输出高层次人才等方式，培养智能制造相关技术人才18人。

【四川省农作物专用配方肥工程实验室】 该实验室依托单位为台沃科技集团股份有限公司（以下简称台沃科技）。2018年，该实验室获发明专利11项、实用新型专利18项，获省市科技进步奖5项、专利奖1项。通过生态环保产品和无公害农产品认证各1项。研发和优化定型新产品15个，多个产品填补国内空白。截至年底，该实验室依托单位台沃科技实现年产值4.14亿元，上缴税金2604.05万元，利润4405万元，助农增收12亿元，其中新产品产量6400吨，新增销售收入2890万元，新增税收418万元，助农增收近亿元。

【四川省水泥基绿色建筑材料工程实验室】 该实验室依托单位为西南科技大学。2018年，该实验室利用多种废物生产改性胶粉掺杂保温墙体砌块项目获得四川省科技进步二等奖，模拟锕系核素固化材料的设计、固溶机制及稳定性研究获得国际先进鉴定，可调色碳酸钙基稀土荧光粉的制备及其防伪应用研究获得绵阳市科技进步三等奖。全年开发道路沥青改性剂、水泥基多孔滤芯、废渣基复合掺合料、轻骨料泡沫混凝土等新产品4项，道路沥青改性剂制备及应用技术、尾矿制备天然水硬性石灰技术、废渣基水硬性胶凝材料制备技术、固废骨料制备高性能混凝土技术、固废骨料制备高性能轻骨料混凝土技术、固废制备铝酸盐水泥技术、高铁硫铝酸盐水泥制备技术、轻骨料泡沫混凝土性能调控技术等新技术8项。超轻质（干密度≤200 公斤/立方米）泡沫水泥基保温材料快速制备技术、多孔水泥基吸附过滤材料制备技术、无机矿物造孔剂应用技术等取得突破。全年发表论文(SCI、EI收录）14篇。

【四川省非金属矿粉体改性与高质化利用技术工程实验室】 该实验室依托单位为西南科技大学。2018年，发表核心期刊学术论文45篇，其中SCI、EI收录15篇，CSCD收录30篇；获得国家自然科学基金面上项目、国家自然科学基金青年基金项目等多个国家级、省级基金项目；申请发明专利25项，授权发明专利5项。与四川龙蟒大地农业有限公司开展关于绵竹、什邡、广汉3地磷石膏资源开展技术合作及成果转化，形成年产能350万吨的以黄腐酸为主体的功能型复合肥和水溶肥系列产品生产能力。开展磷石膏资源高效利用关键技术开发，拟建成20万吨/年的磷石膏资源生产线。

【四川省互联网健康服务融合工程实验室】 该实验室依托单位为西南科技大学。该实验室围绕健康服务与互联网融合，研究先进有效、安全便捷的互联网健康服务融合关键共性技术。研究方向为促进互联网、电子信息、大数据、信息安全等多领域技术融合。2018年，该实验室发表多篇核心期刊学术论文，并申请基于心跳特征匹配的智能生命雷达探测方法、一种基于STDF特征的人体行为识别方法发明专利2项，授权2项。

（杨 文）

2018 年绵阳市省级工程技术研究中心名录

表 7

序号	名称	依托单位	验收（获批）时间
1	四川省核技术应用工程技术研究中心	中国工程物理研究院	2009 年以前获批
2	四川省磁性材料工程技术研究中心	西南应用磁学研究所	2009 年以前获批
3	四川省新型绝缘材料工程技术研究中心	四川东材科技集团股份有限公司	2009 年以前获批
4	四川省马铃薯工程技术研究中心	四川光友薯业有限公司	2009 年以前获批
5	四川省机床数控工程技术研究中心	西南自动化研究所	2009 年以前获批

续表

序号	名称	依托单位	验收（获批）时间
6	四川省风能工程技术研究中心	中国空气动力研究与发展中心	2009 年以前获批
7	四川省生物质资源利用与改性工程技术研究中心	西南科技大学	2009 年以前获批
8	四川省空中交通管制系统工程技术研究中心	四川九洲电器集团有限责任公司	2009 年以前获批
9	四川省水处理及资源化工程技术研究中心	西南科技大学、中国工程物理研究院	2009 年以前获批
10	四川省功能杂环化合物工程技术研究中心	利尔化学股份有限公司	2010 年获批
11	四川省家电产品绿色制造工程技术研究中心	四川长虹电器股份有限公司	2011 年获批
12	四川省氢同位素工程技术研究中心	中国工程物理研究院	2011 年获批
13	四川省数字内容保护工程技术研究中心	四川长虹电器股份有限公司	2011 年获批
14	四川省杂交水稻商业化制种工程技术研究中心	四川西科种业股份有限公司	2012 年获批
15	四川省燃气轮机燃烧工程技术研究中心	中国燃气涡轮研究院	2016 年获批
16	四川省精密超精密加工工程技术研究中心	中国工程物理研究院	2016 年获批
17	四川省特种工装印染工程技术研究中心	绵阳佳联印染有限责任公司	2018 年获批
18	四川省新能源汽车驱动系统工程技术研究中心	绵阳富临精工机械股份有限公司	2018 年获批
19	四川省特种门窗工程技术研究中心	四川兴事发门窗有限责任公司	2018 年获批

（秦雯雯）

国家级和省级重点实验室

【概况】 2018年，全市新增国省级重点实验室、国省级工程技术研究中心、国省级企业技术中心13个，国省重点实验室总数达27家，国省工程技术研究中心总数达24家，国省级企业技术中心总数达83家。

【空气动力学国家重点实验室】 空气动力学国家重点实验室依托单位为中国空气动力研究与发展中心。2008年，实验室经科技部批准，进入建设期；2011年，实验室通过科技部组织的建设期验收。实验室研究方向为：空气动力学等研究方向，先后承担国家自然科学基金等各类基础研究和应用基础研究项目100余项。在计算方法研究、软件开发等专项上的应用取得创新成果。在地面交通和风能利用等关键技术研究工作基础上，建立先进的实验研究平台，参与国内高速列车的气动性能评估工作。

【省部共建环境友好能源材料国家重点实验室】 省部共建环境友好能源材料国家重点实验室依托单位为西南科技大学。2018年5月15日，实验室正式获批建设。实验室在四川省非金属复合与功能材料重点实验室——省部共建国家重点实验室培育基地、先进建筑材料四川省重点实验室的基础上建设。实验室聚焦以材料促进能源与环境协同发展，开展前沿基础研究、应用基础研究和技术攻关。以能源材料的研发和应用促进能源资源安全、高效利用。通过机制创新、资源整合，加强材料、环境和核科学与技术等的学科交叉和集成。聚焦以材料促进能源与环境协同发展，开展关键材料、核废物处理处置与辐射安全材料、能量的存储和转换机制、高效节能材料等方面研究。实验室与中物院开展院校合作，共建合作平台；与中国空气动力研究与发展中心共建热科学研究中心，开展特殊材料研究。全年实验室获批国家级科研项目21项、省部级项目17项、地市级科研项目6项、企事业单位委托科研项目41项；发表SCI论文184篇；参与出版学术专著1部；授权专利35项，其中1项为美国发明专利；完成科研成果转化4项，实用新型专利转让2项，转化合同金额共计136余万元。实验室获四川省科技进步奖二等奖2项、四川省和国防科工局科技进步奖三等奖3项。先后主办、承办或协办第一届材料科学与小角散射技术国际研讨会、材料与化学国际高端论坛等5个学术会议；发挥实验室学术委员会的指导作用，邀请相关专家学者28人次到实验室进行学术交流。

【生态安全与保护四川省重点实验室】 生态安全与保护四川省重点实验室依托单位为绵阳师范学院。2011年6月，实验室经四川省科技厅批准成立。实验室前身是成立于2006年的“生态安全四川省高校重点实验室”。实验室围绕山地平原交错带的生态安全和生态保护，以盆周山地，尤其是龙门山断裂带为重点研究区域，开展创新研究，为山地平原交错带的生态安全和保护提供理论支撑、技术支持和人才培养平台。重点实验室研究方向为：生态安全风险评价、受损生态系统恢复重建、野生动植物保护与资源可持续利用。2018年，实验室在生态安全风险评价、受损生态系统恢复重建、野生动植物保护与资源可持续利用3个研究方向取得一定成果；开展纵向项目20项，其中国家级项目5项、省部级项目8项、市厅级和校级项目7项。举办2018年第一期岷山生态论坛，邀请华东师范大学教授张健，作题为“大数据时代的生物多样性科学与宏生态学”的报告。与唐家河国家级自然保护区、雪宝顶国家级自然保护区、小寨子沟国家级自然保护区、王朗国家级自然保护区等保护区及世界自然科学基金会（WWF）、世界自然保护联盟（IUCN）等机构研究合作，合作培养研究生。重点实验室共有9个研究团队、固定人员41人，其中国家杰出青年科学基金获得者1人、国家重点人才工程人选1人、享受国务院特殊津贴专家1人、四川省第十批学术和技术带头人后备人选3人、四川省青年科技基金获得者1人。有博士生导师1人、硕士生导师16人；教授9人、副教授（副研究员）27人、讲师11人，其中具有博士学位的研究人员26人。拥有科研用房2500平方米；野外研究基地2个，占地面积4.8万平方米；拥有各类仪器设备825台（套），总价值达1198万元。截至年底，累计承担国家科技支撑计划、国家星火计划、国家自然科学基金项目、四川省科技厅项目、四川省教育厅项目等150余项，总经费达2000余万元。主编、参编专著与教材20余部；在国内外发表学术论文300余篇，其中SCI、EI收录论文70余篇，CSCD收录论文200余篇；申请发明专利10余项。

【特殊环境机器人技术四川省重点实验室】 特殊环境机器人技术四川省重点实验室依托单位为西南科技大学。2012年12月，实验室正式挂牌成立。支撑单位有中国科学院成都分院、中国科学院沈阳自动化研究所、中国科学院光电技术研究所等，产学研合作单位有中物院、西南自动化研究所、东方电气集团、涡研院、中国空气动力研究与发展中心、长虹、九洲、绵阳福德等。实验室研究方向为：特殊环境综合监测技术、特殊环境下的信息传输与智能决策、特种机器人作业技术，以共性基础技术研究为重点，突出实验室在特殊环境机器人应用研究中的基础作用，与企业联合加速推进科研成果的产业化。2016年，实验室与清华四川能源互联网研究院联合共建的“清洁能源发展与系统安全技术中心”启动。2018年，与绵阳经开区共建融创孵化中心，与遂宁科技局共建遂宁市产业技术研究院。

【工程材料与结构冲击振动四川省重点实验室】 工程材料与结构冲击振动四川省重点实验室依托单位为西南科技大学、中物院总体工程研究所。实验室以重大工程、高端成长型产业和战略性新兴产业中的冲击及振动力学和结构健康监测问题为研究重点，以工程材料的动态本构关系、动态损伤规律及机理等为研究基础，创新研究试验方法，主要开展工程材料与结构冲击振动技术领域的应用基础问题研究。2018年，实验室围绕"工程材料和结构的动态损伤和破坏行为""工程结构减振机理及控制"及"先进工程结构体系设计方法"3个研究方向，在工程结构性能评估、轻钢结构与围护墙材等方面开展科学研究及技术研发；在耐冲击材料及工程结构防爆等方面推进产学研合作；利用专利转让、技术许可、科技成果转化、科技咨询服务、政府委托等手段，深化产学研用一体化体系，在大型高铁站房健康监测系统研发、灾区工程治理与资源环境承载力评价核心关键问题、工程结构的损伤演化特征和结构损伤识别与安全评定核心关键问题等方面取得社会效益和经济效益。全年签订技术服务合同25项，到账经费125万余元；与北京世纪千府国际工程设计有限公司成都分公司合作课题到账经费160万元；技术开发和技术转让项目各2个，到账经费27.6万元；培养技术人才185人次，管理人才55人次，解决技术难题组织125人次，项目数10个。与省勘察设计注册工程师管委会合作开展省第8期注册结构工程师继续教育。各类课题咨询服务、人才培养、技术开发等产生直接及间接经济效益达3000余万元。

2018年，实验室科研人员获得国家自然科学基金面上项目2项、青年基金资助项目2项、科技厅应用基础项目6项，与其他高校联合获得国家自然科学基金面上项目2项；累计科研经费600余万元。出版学术专著1部，授权发明专利2项。发表学术论文60余篇，其中SCI检索10余篇，EI检索9篇，在SCI二区上发表文章7篇。参与行业标准制定10项，完成行业标准制定1项，合作省部级鉴定和获奖各1项。

2018年，实验室新进博士4人、硕士4人，送培博士3人，取得博士学位4人；1人获批国家留学基金委（CSC）"青骨项目"；引进兼职教师4名（海外1名）；新增四川省学术带头人及后备人选5人；新增四川省突出贡献优秀专家1人。3人获得优秀教师称号，1人获得优秀教育工作者称号，2人获得校级教学名师称号，1人获得青年教学之星称号。新增正高1人、副高2人。承办"灾后十年绵阳城乡建设理论与实践"第二届龙山论坛，协办第一届全国动力多灾害结构防护学术研讨会并获得下一届会议承办权；协办中国核学会核工程力学分会、全国第三届公共安全与应急防控论坛会议；举办第三届研究生学术论坛和大学生暑期夏令营。邀请国内外专家到绵阳学术交流30余人次，派出教师、研究生参加国（境）内外学术交流近300人次。4名学生赴海外学习交流，新进留学研究生3人。继续推进学科内涵建设；制定一流学科建设方案；开展土木工程一级学科博士点的建设；完成土木工程等4个硕士学位授权点合格评估材料上报工作。自筹经费100万元组织开放基金申报，并对15项科研项目进行资助，其中校内6项、校外9项。先后投入经费300余万元，主要用于科研仪器设备购置费用，重点实验室运行费用和科研团队建设费用。

（秦雯雯　杨进平）

中科创新育成中心

【概况】 绵阳科技城中科创新育成中心（以下简称育成中心）由中国科学院成都分院与绵阳市人民政府共建，于2013年12月26日正式成立，性质为民办非企业单位，主管单位为绵阳科技城管理委员会。育成中心发展定位为：发挥中科院多学科、多领域的综合集成优势，结合绵阳区位、产业、科教和政策等优势资源，通过院地共建成果孵化平台，共同实施科技成果项目，联合开展人才培养等方面的合作，支撑服务区域性创新驱动发展战略，推动和促进地方产业结构升级，培育和发展战略性新兴产业，提升绵阳科技城自主创新能力。建设目标为：建设院地“两新”产业（高新技术产业和战略性新兴产业）示范区、科技协同创新区、创新人才集聚区。通过3—5年的努力，力争建设成为西部乃至全国具有特色和影响力的技术转移机构。2018年，召开第二届理事会；获得省级技术转移示范机构称号。

【组织架构及职责职能】 育成中心实行理事会领导下的中心主任负责制。下设综合办公室、协同创新部、项目发展部，分别承担综合管理、科技应用创新及新兴产业发展等职能。理事会由中科院成都分院、绵阳市政府领导及相关部门领导共同组成，设理事长2名、理事若干名、秘书长2名，理事长分别由中科院成都分院、绵阳市领导担任。理事会拥有人事任免权、财物终决权、重大事项审议决策权，育成中心领导实行理事会招聘制。

【重大项目建设引进】 2018年，育成中心发挥院地合作桥梁纽带作用，实施技术转移和成果转化，推动区域产业结构升级、促进高新技术和战略性新兴产业发展。引进中国科学院中科绵投环保循环经济产业园、聚甲氧基二甲醚、新能源产业集群项目、天津力神西南动力电池生产基地等重大产业化项目在绵阳落地实施；推动喀斯玛西南中心、基于大数据共建共享的智慧城乡、中国科学院3个STS高效生态农业项目等在绵阳落地。截至年底，由育成中心直接引进签约落地绵阳的项目共45项，总投资50多亿元。同时，与60多家科技型企业建立科技项目合作关系，培育和推动中小微企业发展。

【技术平台搭建】 2018年，先后邀请中科院微电子所、电子学所、半导体所、成都有机所、成都生物所、中科院物联网研究中心等50余家科学院系统单位、300余名专家和科技人员到绵阳开展对接与座谈，促进院企交流与合作。作为承办单位之一，先后组织绵阳市车联网·芯片·传感器论坛、中国科学院与绵阳市科技成果对接会、中科院六院所与绵阳新能源车企专题对接会、2018中国（绵阳）集成电路产业发展暨物联网技术高峰论坛、西南生态环境应用中心上线仪式暨项目发布会等活动。连续5年协助中国科学院成都分院邀请并组织中国科学院嘉宾到绵阳参加中国科技城科技博览会。

【年产5万吨聚甲氧基二甲醚项目投产】 2018年9月24日，由绵阳育成中心引进的聚甲氧基二甲醚项目投产运营。该项目于2013年12月28日签订合同，2018年通过国家竣工验收、消防验收、综合验收及安全联合验收，项目宣告建成。项目承载单位为四川鑫达新能源科技有限公司。“年产5万吨聚甲氧基二甲醚产业化项目”由中国科学院兰州化学物理研究所通过20年攻关研发而成，该项目以甲醇为原料，采用甲缩醛与三聚甲醛缩醛化反应制备聚甲氧基二甲醚的工艺过程和离子液体催化合成聚甲氧基二甲醚的工艺过程。工艺前沿、装置先导、产品环保，整套装置设计科学合理，产品具有应用领域宽广，附加值高的显著特点。该项目同时也是四川省、绵阳市和江油市重点建设项目。

【130亿元新能源产业集群项目落户游仙区】 2018年6月25日，育成中心引进的新能源产业集群项目签约落户绵阳市游仙区。项目总投资130亿元，主要包含发电和储存2种具有国内领先优势的新能源技术。项目技术来源于中国科学院上海硅酸盐研究所，其中染料敏化太阳能电池技术是一种

具有优异的弱光发电性能的太阳能电池技术，钛酸锂储能电池技术是一种具有优异的安全性能的储能电池技术。项目方是全球唯一能够量产“固态钛酸锂电池”的厂商。该项目分两期建设。一期投资9.4亿元，建设钛酸锂电池和染料敏化电池2个项目；二期投资120.6亿元，建设新能源集群项目，包括不限于新能源锂电池材料、新能源知名电池机械生产设备、新能源储能电池生产以及新能源电动物流车运营企业等。

【喀斯玛西南商城在绵阳挂牌成立】 2018年4月17日上午，由育成中心、绵阳科技城科教创业园区和喀斯玛（北京）科技有限公司等单位共同承办的科研电商实践研讨会在绵阳科创园区举行，会上中科院科研电商——喀斯玛西南商城暨四川喀斯玛融通科技有限公司在绵阳科创园区挂牌成立，标志着中科院科研电商平台助力科技城融合发展迈出重要一步。喀斯玛商城西部中心面向相关科研、教育单位乃至整个四川及西南地区相关机构的需求，打造“方便、便宜、透明”的第三方平台，致力于解决科研中存在的采购难、监管难的问题，提升科研转化效力，促进融合发展。中国检验检测创新联合体（中检联）主席张晓刚，中国科学院党组成员、秘书长邓麦村，中国科学院控股有限公司董事长吴乐斌，喀斯玛控股有限公司董事长张平，绵阳市人民政府副市长孙福全，绵阳市科教创业园区党工委副书记、管委会主任李哲，绵阳市科教创业园区党工委委员、管委会副主任李炜出席会议并共同为喀斯玛揭牌。喀斯玛控股有限公司董事长张平，绵阳市人民政府副秘书长、绵阳科技城中科创新育成中心主任侯瑞兵分别主持开幕式和签约揭牌仪式。会议期间，绵阳市人民政府副市长孙福全出席会议并致辞。喀斯玛控股有限公司副总裁李红林作题为“中科院科研电商服务国家大科研”的主题报告，喀斯玛（北京）科技有限公司与绵阳科技城科教创业园区、绵阳富临精工机械股份有限公司与中科院工程热物理研究所、四川九洲电器集团有限责任公司与中科院成都有机化学有限公司等共5个合作项目签约。2018年，喀斯玛在绵阳汇聚600余家供应商，提供各类试剂、耗材、电子元器件、计量设备等产品。

【“2018高级专家走进绵阳科技城”学术交流活动举行】 2018年3月26日，“2018高级专家走进绵阳科技城”学术交流活动在绵阳西南科技大学举行。本次学术交流活动由育成中心、西南科技大学联合举办，旨在充分发挥院校优势，实现资源共享。绵阳市政府副秘书长、育成中心主任侯瑞兵出席活动并致辞，西南科技大学材料科学与工程学院院长李玉香主持。绵阳市工业技术研究院负责人，西科大科技处、国防学院、理学院、信息工程学院及材料学院相关负责人出席活动。学术交流活动邀请清华大学化学系系主任、教授王训，中科院上海高等研究院院长助理、研究员、博士生导师魏伟，中科院福建物质结构研究所研究员、博士生导师张健，中科院苏州纳米技术与仿生研究所所长助理、研究员王强斌，中科院微电子研究所高频高压中心副主任、研究员王大海做主题演讲。受邀专家分别就各自研究领域、发展方向以及相关研究成果进行详细介绍，并现场答疑，与参会人员进行深入交流。

（曾卫民　李维怡）

中国（绵阳）科技城工业技术研究院

【概况】 中国（绵阳）科技城工业技术研究（以下简称工研院）于2012年11月成立，是隶属于中国（绵阳）科技城管理委员会管理的事业单位，是政府引导、产学研结合、面向市场的集应用技术开发、技术成果转化、公共技术服务、新兴企业孵化、创新人才集聚功能“五位一体”的新型研究机构，是国家中小企业公共服务示范平台、四川省技术转移示范机构、四川省科技成果

图6 中国（绵阳）科技城工业技术研究院

评价服务联盟副理事长单位。工研院秉持“链接创新资源、创造知识价值”核心理念，坚持专业化、市场化发展方向，立足技术支撑、产业孵化服务，聚焦国家科技城建设，先后承担中央引导资金专业性技术创新平台建设、软科学计划等20余个项目，搭建国家两用技术交易中心、四川省两用技术再研发中心等十大平台，成为区域内最具影响力的技术转移转化示范机构之一。工研院立足绵阳，面向全国，以院士（专家）工作站、专家资源库为依托，为政府、企业、科研院所提供重点产业的技术咨询、环保咨询、检验检测、发展规划、创新体系建设、成果评审评价等服务。以四川省两用技术再研发中心为依托，开展共性技术、关键技术以及前瞻性技术的应用研发，为中小企业提供技术研发服务。以国家两用技术交易中心为依托，从事先进技术成果挖掘、知识产权保护、成果价值评估、成果交易撮合、成果落地服务。以国家级融合创客空间、省级融合孵化器为承载，为创业团队提供政府对接、工商税务、项目争取、通用研发设施支持等服务；以发展专项资金为基础，为中小企业提供投融渠道。以定期成果发布平台为依托，联合新华社、四川电视台、绵阳电视台等国省市媒体，为企业提供产品推荐、企业推广服务。2018年，深化研究院与高校、企业合作平台建设，与绵阳师范学院就深化科技成果转化及推广合作举行签约仪式；入选国家中小企业公共服务示范平台。有博士1人、硕士研究生8人、高级工程师5人、工程师6人、四川省科技进步奖评审专家1人、四川省创业导师2人，持有孵化器从业人员证书6人。控股工创科技、工创华融2家公司。设有4000万元的发展专项资金。

【第三方检验检测认证服务能力新增百余项】
2018年4月，工研院与长虹可靠性与检测技术中心、成都厚朴检测技术有限公司就第三方检验检测认证服务达成合作协议，在计量校准、产品测试实验及认证等方面开展合作，为企业提供方便、高效的服务。长虹可靠性与检测技术中心是专业的电子产品检测和计量测试的综合技术机构，2008年商务部授牌“国家科技兴贸创新基地——电器产品检测中心”，拥有R/S、

HP、TEKTRONIX等仪器设备近200台（套），固定资产5000万元。中心先后获得CNAS国家实验室认可、国防计量认可、并获取UL、FCC、ITS、CB等多家权威认证机构的现场实验室认可证书，考核通过6类计量专业的国防和国家计量标准。成都厚朴检测技术有限公司由中国质量认证中心投资控股创建，依托CQC认证行业优势与技术支撑，先后建立电磁兼容、安规、环境可靠性、能效及性能、RoHs及理化分析、软件测评、计量校准等多个检测实验室，拥有先进仪表设备200余套，设有认证预测部、性能测试部、计量测试部、可靠性技术部、可靠性测试部、软件测试部、综合管理部和市场营销部8个部门，拥有40多人的检测、校准、认证专家队伍，能够提供检测、校准、认证代理、系统数据维护等各项服务，是一家综合性检测认证技术服务机构。该合作协议使工研院可充分依托厚朴公司及长虹可靠性与检测技术中心技术资源，完善技术服务体系，为中小型科技企业降低经营成本，并提供更可靠的检验检测服务。

【工研院成为教育部“卓越计划”联合培养基地】 2018年5月21日，西南科技大学环境工程专业教育部“卓越计划”联合培养基地授牌仪式在工研院举行，工研院成为教育部“卓越计划”联合培养基地。西南科技大学环境与资源学院及工研院负责人及相关部门负责人出席授牌仪式。会议对西南科技大学环境学科发展历程及“卓越计划”实施情况进行介绍；双方就基地合作事宜进行交流。教育部“卓越计划”全称为“卓越工程师教育培养计划”，以社会需求为导向，以实际工程为背景，以工程技术为主线，在尊重学生个性发展的基础上，通过“卓越计划”的培养，激发学生学习实践潜能与兴趣，增强工程意识，提升工程素养，提高工程实践能力、工程设计能力、工程管理能力和创新能力。培养模式采用全程产学结合“3+1”校企合作联合培养模式，即校内累计学习3年，企业累计学习1年。

【创新创业服务机构座谈会】 2018年9月18日，工研院召集科技城孵化器、创业服务中心等创新创业服务机构召开座谈会，涪城、游仙、高新、经开、科创、安州、北川等区县孵化器，创业服务中心等单位参会。座谈会上，参会单位围绕“以平台促合作”的主题，就科技企业孵化、创新团队指导、服务水平提升以及构建孵化器间交流合作机制等问题展开讨论，提出由工研院牵头搭建孵化器、创业服务中心等创新创业服务机构的交流平台，形成对上对外通道，充分释放工研院集聚的专家资源。与会单位还建议要提升工研院产品成果发布会平台功能，在产品成果宣传的同时，组织技术成果“回头看”，寻找典型案例，做实做深服务。

【甚低频生物感应探测技术助力港珠澳大桥】 2018年10月24日，工研院（四川省两用技术再研发中心）扶持转化的绵阳造“黑科技”——甚低频生物感应探测技术，被应用于港珠澳大桥珠海口岸人工岛海关围网生物感应周界报警系统，同港珠澳大桥一道交付使用。甚低频生物感应探测技术由四川华安物联网科技有限公司自主开发，是工研院和四川省两用技术再研发中心持续扶持推进的技术转化课题。2017年，《甚低频感应入侵探测器技术》由公司和工研院联合申报并被公安部立项，发布为行业标准。该技术可在360度空间范围形成虚拟屏障，人体接近警戒区域非接触报警。为适应人工岛特殊的海洋环境，公司团队经过多次设计，最终确定生物感应语音预警声光报警围栏式周界报警系统设计方案，该系统由双线感应体、生物感应探测器、语音声光控制器、视频联动报警系统组成。该系统生物感应能达到100%响应，物理特性稳定可靠，能有效排除非生物、小动物、风雨、植物等自然因素干扰，误报率极低。控制中心可通过电子地图和视频监控的方式显示报警防区，实时抓拍现场并存储信息，方便安保人员及时发现紧急情况并处理。

【2018能源创新技术应用研究（绵阳）学术研讨会】 2018年10月30日，由工研院与绵阳全息能源科学研究院联合举办的2018能源创新技术应用研究（绵阳）学术研讨会在高新区创业服务中心会议厅召开。能源及相关领域的专家、学者和企业代表40余人参加会议。研讨会旨在加强能源创新科研项目、技术、人才信息的交流、共享和能源创新学术研讨，帮助能源技术企业解决应用研究问题，推动能源创新科技成果转化。研讨会上，“龙卷风能源利用系统”“锌空气燃料电池系统”“高效热解——一种有机类能源开采利用新技术”等项目科研成果先后亮相，“蒸汽磨超细超微粉碎技术”“手动和自动无极动力变速箱”“新型节能环保技术研究”项目被选作研讨主题。

【“Long Range Acoustic Device of Oil Tanker”系统运用于中东油轮】 2018年10月，四川省两用技术再研发中心声波应用系统研究所研制的“Long Range Acoustic Device of Oil Tanker”系统获得科威特31.8万吨巨型油轮订单。该系统由声波系统研究所、渤海船舶重工有限公司、陆海科技（香港）有限公司等单位合作开发，与行业领先的美国LRAD和韩国JD产品同台竞争并最终获得订单，其中声波系统研究所的“PHONIC NOVA”产品获得中东客户认可，签署合作协议。声波应用系统研究所是工研院与绵阳市星宇电子技术有限公司共建的研究所，与西南自动化研究所等单位建有合作关系。

（曾卫民　李维怡）

概 述

【概况】 2018年，全市以先进制造业为方向，抓好电子信息、汽车产业发展，支持新材料、节能环保、高端装备制造等优势产业提升能级，全市规模以上工业增加值同比增长10.8%，较2017年提高0.3个百分点，高于全省平均水平2.5个百分点。工业投资、技改投资均同比增长30.8%，增速分别居全省第一、第二位，在全省7个重点工业城市中均居第一。规模以上工业企业突破1000家。高新技术产业和战略性新兴产业产值占规模以上工业总产值比重分别达55.1%、38.2%。截至年底，签约上海威马汽车150亿瓦时固态共享电池项目、上海远成集团川北智慧物流城项目、中南高科·擎动未来产业园等5亿元以上项目84个，签约投资额达3062.92亿元。全市规模以上工业综合能源消费量达293.26万吨标准煤，同比增长6.32%，单位工业增加值能耗下降4.04%。

【先进制造业发展政策体系构建】 2018年，市委七届五次、六次全会将优先发展先进制造业作为工作的重中之重，印发《关于加快建设西部先进制造强市的实施意见》等政策文件，并在省内率先制定出台先进制造业评价体系。同时，编制《绵阳市制造业智能化发展行动计划》《绵阳市制造业绿色化发展行动计划》《绵阳市制造业服务化发展行动计划》《绵阳市制造业本地配套率提升行动计划》《绵阳市制造业质量品牌培育行动计划》《绵阳市制造业单项冠军企业培育“登峰计划”》《绵阳市制造业创新能力提升行动计划》7个制造业核心竞争力提升行动计划（2018—2020年），编制实施《绵阳市工业重点产业2018年度工作计划》，明晰推动全市制造业规模壮大、竞争力提升、重点产业向价值链高端攀升等工作路径，形成涵盖长期、中期、近期的工业发展规划体系和政策体系。

【重点产业发展】 2018年，全市对标四川省提出构建“5+1”现代产业体系，按照绵阳“686”现代产业体系，梳理明确“6+4”现代工业产业体系，即重点发展电子信息、汽车、新材料、节能环保、高端装备制造、食品饮料六大重点产业，以及新一代信息技术、新能源、核技术应用、生物医药四大新兴产业。建立全市先进制造业发展目标体系、产业框架体系，明确各产业重点发展领域、方向、目标等，加快构建先进制造产业体系。六大重点产业产值全年同比增长14.1%，占全市工业比重达67.5%，其中节能环保产业产值同比增长31.1%，汽车产业产值同比增长14.7%，新材料产业产值同比增长15.6%，高端装备制造产业产值同比增长11.3%，电子信息及新一代信息技术产业产值同比增长10.4%。四大新兴产业产值全年同比增长12.7%，其中生物医药产业增长42.7%；新能源、核技术应用产业增长均超过20%。支持推动传统产业加大技术改造，加速向价值链高端攀升，全年实施技改项目540个，计划总投资3124.5亿元。

【产业园区发展】 2018年，科技城各园区专业化、特色化、高端化发展加快推进。安州工业园区获批为第四批省新型工业化产业示范基地。江油工业园区、游仙经开区获批为省级高新技术产业园区。绵阳汽车产业园、生物医药产业园、健康食品产业园、高端纺织服装产业园4个重点特色产业园集聚企业133家，引进（在建）威马汽车、东旭新能源、鸿星尔克等项目78个，完成投资22.76亿元。争取省上园区项目建设以及工业产业扶贫资金1670万元；全市产业园区聚集规模工业企业803家，规模工业总产值同比增长16.2%，园区产业集中度达到83%。

【企业经营环境改善】 2018年，全市坚持“围着企业转、盯住项目干”和服务企业“无事不扰、有求必应”的工作理念，落实《绵阳市重点企业“服务绿卡”管理办法》《改进服务工业企业九条措施》，执行问题清单、责任清单、结果清单“三个清单”等常态化服务企业办法措施。全年各县市区、园区和市级相关部门（单位）跟踪督促问题有效解决，解决企业问题22个。实施产融合作试点，创新开展应收账款融资、应急转贷、中小企业担保等融资工作，帮助企业降低融资成本近亿元。支持62家电力用户参与电力市场化交易，节约电费1.13亿元。为全市47家企业争取富余电量优惠政策，节约电费4100余万元。帮助聚合新材料、海格恒通等5家企业向省上争取国家鼓励类产业政策。推进“互联网+政务服务”，加快建设全市政务信息资源共享平台，推动省、市、县政务信息系统互联互通。全市行政权力事项全部纳入电子监察范围，在线处理实现率达99%。在西部率先建成政务云，集成40多个部门的100多个业务系统，建设投资和年度运行成本降低30%以上。

【企业开放合作深化】 2018年，全市组织企业参加“万企出国门”活动、广交会、南博会、美国CES展等各类展会，帮助52家绵阳企业首次出国参展，扩大对外交流合作。利用第六届科博会、第十七届西博会、首届中国国际进口博览会等契机，展示科技城先进制造业成果。其中第六届科博会组织长虹、九洲、京东方等34家企业、约300件产品参展，第十七届西博会组织64家企业参展，首届中国国际进口博览会组织长虹、富临精工、东材科技等119家企业参会。支持长虹集团在“一带一路”沿线国家和地区布局、发展，促成长虹集团在家电产品、电子元件、机电产品、智能终端方面向相关国家输出产品和技术，形成欧洲捷克和东南亚印度尼西亚海外双基地布局。7月，长虹在迪拜设立中东地区首家品牌自营旗舰店。江油东超安装有限公司布局非洲市场，中标埃塞俄比亚绿色水泥生产线设备安装工程。坚持技术引进，通过引进一批国际、国内先进技术项目，实施技术合作、资本合作，促进全市产业升级。其中新晨动力是宝马在中国的N20发动机、王子系列发动机授权生产商，生产过程中与德国艾维尔合作，由艾维尔负责宝马项目国产化过程的工业化、采购及质量控制等全方位技术支持。东材集团在引进德国双向拉伸设备及制造技术的基础上，根据公司技术和市场需求，通过改造该技术，生产BOPP薄膜。

【《关于加强建设西部先进制造强市的实施意见》印发】 2018年10月29日，《关于加强建设西部先进制造业强市的实施意见》由市委市政府印发。该实施意见明确绵阳市建设西部先进制造业强市把握的总要求和目标，提出构建先进制造体系、培育新兴产业、提升产业自主创新力、培育先进制造群体、加快发展先进制造业态、建设先进制造业集聚区、夯实先进制造业人才支撑、优化先进制造业发展环境等方面的实施意见，并提出西部先进制造强市建设目标体系、先进制造业评价体系、先进制造业发展框架体系等。

【《绵阳市支持先进制造业发展若干措施》印发】 2018年11月2日，《绵阳市支持先进制造业发展若干措施》经市政府第50次常务会议审议后印发。该措施涉及绵阳市在支持先进制造产业体系构建、支持产业自主创新能力建设、支持先进制造企业群体培育、支持制造业中高端发展、支持重点产业集群发展、支持制造业人才引进培育、支持要素保障能力建设、支持制造业发展环境建设等方面约20条措施。

【《绵阳市先进制造业发展专项资金管理办法》印发】 2018年11月2日，《绵阳市先进制造业发展专项资金管理办法》经市政府第50次常务会议审议通过后印发。该办法明确绵阳市先进制造业发展专项资金支持的范围，管理和使用原则，专项资金设立与管理方式，支持对象、重点及方式、资金申报流程、项目评审、项目资金管理等内容。

图7　12月24日，全市工业企业技术改造工作会议召开

【软件和大数据专家咨询委员会专家委员交流座谈会召开】 2018年1月12日，绵阳市软件和大数据专家咨询委员会专家委员及部分企业代表市由市经信委组织举行座谈交流会议。市经信委副主任勾承宽及相关业务科室人员参加交流会议。与会人员围绕贯彻习近平总书记在2017年12月8日中共中央政治局第二次集体学习时提出的“审时度势、精心谋划、超前布局、力争主动，实施国家大数据战略，加快建设数字中国”精神，就加快绵阳大数据产业发展，绵阳大数据产业发展的战略定位、重点领域、重要举措等方面作讨论交流，并对推动大数据技术产业创新发展、构建以数据为关键要素的数字经济、运用大数据提升城市治理现代化水平、运用大数据促进保障和改善民生、切实保障数据安全等五项具体工作提出意见建议。

【2017“太阳神鸟杯”天府·宝岛工业设计大赛绵阳分赛颁奖典礼暨发展服务型制造培训会】 2018年1月18日，2017“太阳神鸟杯”天府·宝岛工业设计大赛绵阳分赛颁奖典礼暨发展服务型制造培训会议在绵阳举行。省经信委生产性服务业处处长王增斌、绵阳市人民政府副秘书长龙佳林出席活动并讲话。各县市区、园区工信（经发）局负责人，市经信委有关科室负责人，重点企业负责人等150余人参加会议。2017“太阳神鸟杯”天府·宝岛工业设计大赛绵阳分赛以“创新·实体·融合”为主题，设置“自动化与交通”“商用与工业产品”“数字设计”等13个作品类别。分赛收到来自全市企业、高校等单位的88件设计作品，经过工业设计业内专家评审，最终评选出一等奖3个、二等奖5个、三等奖8个、优秀奖10个。四川长虹电器股份有限公司的长虹Wallpaper系列电视、美菱宅·酷单门冰箱、四川嘉泰工业产品设计有限责任公司的微型投影电脑获得一等奖。会议还对四川科瑞软件有限责任公司工业设计中心、四川豪意木制品制造有限公司工业设计中心、兴事发门窗有限责任公司工业设计中心3家绵阳市首批市级工业设计中心进行授牌。与会专家就服务型制造发展作专题讲座。

【绵阳院所、企业参加四川省先进制造业软件产品供需对接暨展示交流活动】 2018年1月23日，为推动全市制造业智能化转型升级，中国兵器装备集团自动化研究所、中国工程物理研究院机械制造工艺研究所、四川长虹智能制造技术有限公司等汽车制造、电子信息技术、装备制造行业的20家院所、企业由市经信局组织到成都参加以“携手工业互联网、助推先进制造业数字化转型”为主题的四川省先进制造业软件产品供需对接暨展示交流活动。活动中，作为工信部智能制造系统解决方案供应商推荐企业名录的中国兵器装备集团自动化研究所分享制造企业的数字化工厂、智能制造解决方案方面的经验，获得参会企业广泛关注，并与3家大数据和物联网公司实现对接。

【四川省2018年重大工业项目集中开工绵阳市分会场活动】 2018年4月25日，四川省举行2018年重大工业项目集中开工。省政府在成都市青白江区设立主会场，各市（州）设立分会场，其中绵阳市分会场设在游仙区浙江五洲新春集团股份有限公司高端轴承制造项目建设现场。市政府副市长孙福全出席活动并宣布项目开工。市政府市长助理文剑主持开工式。市经信委副主任王欣介绍开工项目情况，开工项目企业代表浙江五洲新春集团股份有限公司副总裁宇汝文、游仙区区长陈华斌分别代表企业及县市区（园区）发言。绵阳市级相关部门负责人，各县市区政府、园区管委会分管领导，经信部门主要负责人，企业代表、参建单位代表约200人参加开工。此次集中开工的工业项目共34个，计划总投资88.83亿元，2018年计划投资32.03亿元。其中投资亿元以上项目20个，5亿元以上项目6个，10亿元以上项目2个。项目涵盖电子信息、汽车及零部件、新材料、高端装备制造、节能环保和生物医药等产业。

【《中华人民共和国中小企业促进法》宣贯暨“企业上云”培训会在绵阳举行】 2018年5月18日，中国中小企业四川网与绵阳市经信委共同举办《中华人民共和国中小企业促进法》宣贯暨“企业上云”培训会。培训会由市经信委副主任勾承宽主持，省经信委创业促进与服务体系处副处长高薇对新修订《中华人民共和国中小企业促进法》进行宣贯，阿里云副总裁李树翀作题为“工业互联网——制造业的下一站”的授课。市经信委相关科室负责人、各县市区工业经济主管部门工作人员以及140余家中小企业代表参加会议。

【全市新增4家国家级两化融合管理体系贯标试点企业】 2018年7月24日，工信部公布2018年两化融合管理体系贯标试点企业名单，绵阳市有四川兴事发门窗有限责任公司、四川长虹电子控股集团有限公司、四川长虹技佳精工有限公司、四川长虹空调有限公司4家企业入选该名单。至此，全市共有11家国家级两化融合管理体系贯标试点企业，总数位居全省第二。企业两化（信息化和工业化）融合管理体系是企业系统地建立、实施、保持和改进两化融合过程管理机制的通用方法，覆盖企业全局，可帮助企业依据实现自身战略目标所提出的要求，规范两化融合相关过程，并使其持续受控，以形成获取可持续竞争优势所要求的信息化环境下的新型能力。

【2018中国科技城软件供需对接会召开】 2018年8月28日，由省经信委指导，市经信委、中国科技城软件产业园、软服之家联合主办的中国科技城软件供需对接会在绵阳举行。省经信委、市经信委、各县市区（园区）工业经济主管部门、科研机构、软件企业、制造企业等共计400人参加对接会。本次活动以“软件赋能·智造引领·产业升级”为主题，旨在为软件企业与制造企业搭建探讨交流、精准对接、合作共赢的平台。活动现场，汽车及轨道交通、电子信息技术、装备制造等行业的数百家企业代表与工业互联网、智能制造和数字化研发等领域的软件厂商进行面对面沟通交流。四川东材科技集团股份有限公司、四川虹信软件股份有限公司在内的10组企业成功配对并举行现场签约，签约金额达2000余万元。四川虹微技术有限公司总经理刘东、中国科技城大数据产业研究院院长邢镔、达索系统大中华区高级咨询顾问刘阳等8位业内专家围绕智能制造、数字化工厂、大数据、数字化设计等方面的前沿技术和解决方案，向与会人员作主旨演讲。

【绵阳市新增3家省级工业设计中心】 2018年8月，根据《四川省省级工业设计中心认定管理办法》的规定，省经信委按程序对各市（州）推荐申报的2018年省级工业设计中心完成专家评审工作，14个省级工业设计中心（企业）通过评审。绵阳市四川永贵科技有限公司工业设计中心、四川新金鑫照明科技有限公司工业设计中心、四川科瑞软件有限责任公司工业设计中心3家工业设计中心获得认定。至此，全市共有国家级工业设计中心1家、省级工业设计中心（企业）10家。

（王月利）

【经开区包装印务产业园签约】 2018年11月30日，绵阳经开投资控股集团和四川长虹包装印务有限公司共建经开区包装印务产业园项目举行合作签约仪式。长虹控股集团董事长赵勇、经开区党工委书记毛一兵出席仪式并致辞，长虹股份公司副总经理、长虹包装印务公司董事长郑光清和经开投控集团董事长李正代表双方签订合作协议。根据协议，经开区包装印务产业园总用地7公顷，计划总投资约5亿元，拟建设标准化厂房5

图8　12月19日，绵阳海立新增150万台变频压缩机建成投产仪式暨一号机下线

万平方米，引进德国BHS公司2.5M高速大门幅智能纸板生产线、德国KBA公司大幅面彩色胶印机、国内知名品牌高速纸箱水印模切联动生产线、数字式柔性印刷机以及配套的车间地面自动物流系统，并全面实施信息化建设，引进应用ERP（企业资源管理）、MES（生产制造）、基于RFID的智能仓储管理等信息系统，实现生产经营管理智能高效。通过项目实施，全面提高包装印刷产品的设计、工艺、装备水平，提升服务水平，促进包装环保发展，将其打造为成绵地区设计、工艺、制造、服务专业一体化的综合性包装印刷基地。项目计划建设工期12个月，建成后将形成规模产值6亿元，税利3000万元。

【海立电器新增150万台变频压缩机项目建成投产】　2018年12月19日，绵阳海立电器有限公司举行新增150万台变频压缩机项目建成投产暨一号机下线仪式。市委副书记、代市长元方出席并宣布项目建成。上海电气集团党委书记、董事长郑建华，副市长廖雪梅，市政府秘书长谭岗，经开区党工委书记毛一兵等共同启动一号机下线按钮。绵阳海立电器有限公司于2014年由上海海立电器有限公司携手四川长虹电器股份有限公司、绵阳市宏发机械制造有限责任公司重组原长虹东元后成立。绵阳海立固定资产投资累计超1.5亿元，引进具有世界领先水平的环保新冷媒高效变频压缩机产品，建成四川省级企业技术中心，累计生产压缩机645万台，客户群体由长虹空调1家，逐步拓展至国内各大空调厂家并出口到日本。该150万台变频压缩机项目，总投资人民币1.2285亿元，产品规格范围覆盖1—3匹，形成产能300万台/年，可实现营业收入近10亿元。

（马敬明）

【绵阳市第一批智能制造系统解决方案供应商推荐目录公布】　2018年11月28日，市经信委公布全市第一批智能制造系统解决方案供应商推荐目录。该目录旨在加快培育全市智能制造系统解决方案供应商，经企业申报、专家评审、网上公示。最终确定四川长虹智能制造技术有限公司、四川绵阳鼎鑫智能装备有限公司、四川高达科技有限公司、新松机器人联合研究院（江油）有限公司4家企业入选绵阳市第一批智能制造系统解决方案供应商推荐目录。

（王月利）

“两新”产业

【概况】 2018年，全市实施“十三五”科技创新规划，完善创新激励机制，加大科技投入，鼓励企业依靠创新驱动发展，着力培育科技型中小企业，引进培育高新技术企业。实施高新技术企业倍增计划，组织企业参加高新技术企业认定，引导和支持科技型企业按照高新技术企业标准推进企业建设。搭建有利于高新技术产业发展的创新平台，推进产学研协同创新，推动构建以企业为主体、市场为导向、产学研相结合的科技创新平台建设，为高新技术产业发展提供各类创新研发平台。年内省部共建环境友好能源材料国家重点实验室经科技部、四川省人民政府正式批准在西科大成立；四川九洲电器集团有限责任公司组建的“国家空管监视与通信系统工程技术研究中心”通过国家验收；游仙经济开发区、江油工业园区先后经省政府批准建设四川省高新技术产业园区。截至年底，全市拥有国家级高新区1个，省级高新技术产业园区2个；新增高新技术企业33家，总数达到272家；高新技术产业化指数达到80.12%，高新技术产业主营业务收入达到1714亿元。

2018年，市委七届五次全会提出优先发展先进制造业。出台《关于加快建设西部先进制造强市的实施意见》《绵阳市支持先进制造业发展的若干措施》和推进制造业智能化、绿色化、服务化发展和创新能力提升等系列制造业核心竞争力提升行动计划等政策措施，支持战略性新兴产业加速发展。新兴产业主要涉及新一代信息技术、新能源汽车、新材料、节能环保、高端装备制造、新能源、生物医药等7个领域，产业领域与国家、省鼓励发展的新兴产业门类相对应。全年全市推进六合锻造公司航空燃机叶片用钢产业化、龙华光电薄膜公司偏光膜产业化等211个战略性新兴产业重点项目加快建设，总投资2237.5亿元，完成投资390亿元；竣工项目60个，总投资119.9亿元。全市纳入统计的战略性新兴产业企业总数达到292家，战略性新兴产业产值占全市工业比重达到38.2%。 （秦雯雯　王月利）

知识链接：

“两新”产业指高新技术和战略性新兴产业。高新技术产业主要包括信息技术、生物技术、新材料技术三大领域；战略性新兴产业在现阶段主要包括节能环保、高端装备制造、新一代信息技术、生物、新材料、新能源、新能源汽车等产业。

2018年绵阳市销售收入上亿元的高新技术企业名单

表8

序号	企业名称	序号	企业名称
1	四川长虹空调有限公司	7	四川长虹技佳精工有限公司
2	四川九洲电器集团有限责任公司	8	四川九州电子科技股份有限公司
3	绵阳新晨动力机械有限公司	9	绵阳华瑞汽车有限公司
4	四川长虹模塑科技有限公司	10	四川长虹新能源科技股份有限公司
5	四川金发科技发展有限公司	11	四川绵阳三力股份有限公司
6	四川长虹网络科技有限责任公司	12	四川九州光电子技术有限公司

续表

序号	企业名称	序号	企业名称
13	四川九洲线缆有限责任公司	43	四川六合锻造股份有限公司
14	绵阳高新区恒奥电子科技有限公司	44	四川东材科技集团股份有限公司
15	四川安和精密电子电器有限公司	45	四川旭虹光电科技有限公司
16	四川九洲空管科技有限责任公司	46	四川华丰企业集团有限公司
17	绵阳高新区经纬达科技有限公司	47	四川长虹教育科技有限公司
18	绵阳美能材料科技有限公司	48	四川湖山电器有限责任公司
19	际华三五三六实业有限公司	49	四川保和新世纪线缆有限公司
20	绵阳市建诚电子有限公司	50	绵阳佳禧印染有限责任公司
21	四川龙华光电薄膜股份有限公司	51	四川省绵阳西南自动化研究所
22	四川九洲光电科技股份有限公司	52	四川利尔作物科学有限公司
23	中国重汽集团绵阳专用汽车有限公司	53	四川佳运油气技术服务有限公司
24	四川光友薯业有限公司	54	江油市长祥特殊钢制造有限公司
25	四川久远智能监控有限责任公司	55	绵阳华晨瑞安汽车零部件有限公司
26	四川虹信软件股份有限公司	56	四川科莱电梯股份有限公司
27	绵阳高新区鸿强科技有限公司	57	四川好医生药业集团有限公司
28	绵阳西磁磁电有限公司	58	四川佰联机械制造有限公司
29	四川长虹智能制造技术有限公司	59	四川同舟化工科技有限公司
30	四川九洲视讯科技有限责任公司	60	四川瑞可达连接系统有限公司
31	四川灵通电讯有限公司	61	绵阳市新为创扶科技有限公司
32	四川长虹电子系统有限公司	62	绵阳开元磁性材料有限公司
33	攀钢集团江油长城特殊钢有限公司	63	绵阳市盛宇新材料有限公司
34	利尔化学股份有限公司	64	绵阳宁瑞电子有限公司
35	雅化集团绵阳实业有限公司	65	绵阳朗迪新材料有限公司
36	绵阳铜鑫铜业有限公司	66	江油三丰汽轮机材料有限公司
37	四川省银河化学股份有限公司	67	绵阳捷智科技股份有限公司
38	绵阳富临精工机械股份有限公司	68	绵阳市维博电子有限责任公司
39	四川东方绝缘材料股份有限公司	69	四川中物材料股份有限公司
40	四川长虹电源有限责任公司	70	四川超声印制板有限公司
41	绵阳佳联印染有限责任公司	71	四川江虹线缆制造有限公司
42	四川永贵科技有限公司		

（秦雯雯）

【创新型企业培育】 2018年，全市持续实施“涌泉计划”和工业企业“领航计划”，立足科技型中小企业生命周期管理，根据企业发展的不同规模和不同阶段需求，给予差异化的政策扶持和重点培育。实施提质增效工程，全市科技型中小企业发展呈现裂变式增长态势，总量保持在1万家以上，新增上升规模纳入统计企业75家。科技型中小企业培育平台按照“专业化、市场化、国际化”的发展理念，围绕“众创空间（星创天地）+专业孵化器+特色孵化器+特色园区”链条，结合各地发展特色和主要产业推进创新创业平台建设。全年全市有各类孵化平台60家，孵化总面积达115万平方米，入驻孵化企业和服务机构4000余家。

【企业创新载体建设】 2018年，九洲集团牵头组建的“国家空管监视与通信系统工程技术研究中心”通过验收正式获批；由西南科技大学牵头组建的四川省首个省部共建国家重点实验室——省部共建环境友好能源材料国家重点实验室及绵阳佳联印染有限责任公司组建的四川省特种工装及防红外迷彩隐身面料工程技术研究中心、绵阳富临精工机械股份有限公司组建的四川省新能源汽车动力系统及电子部件工程技术研究中心、四川兴事发门窗有限责任公司组建的四川省特种门窗工程技术研究中心获批建设。全市各类国省级重点实验室达27家，国省级工程技术研究中心达24家，国省级国际科技合作基地共5个。

【人才与金融服务保障】 2018年，全市实施人才新政，强化人才服务，出台《关于加快建设西部人才强市的意见》等系列文件，以“人才+项目”方式支持创新创业团队。对连续入选的团队实行持续资助，全年全市资助项目24个，资金达2360万元，带动新引进高校毕业生2.7万余人，其中海外人才188人、博士434人、硕士2509人，分别同比增长93%、38%、17%。全市人才总量达76.8万人。创新财政金融服务方式。推广绵阳“绵科云”服务模式，加快形成多元化、多层次、多渠道的科技投融资体系。工行绵阳特色金融服务中心创新开展“投贷联动”融资服务，推出省内首笔“债权+股权”的融资。开展科技金融信贷产品创新。用好信贷融资风险补偿和共担机制，科技信贷专营机构累计创新推出“设备仪器贷”“税鑫融”等50多个科技信贷产品。截至年底，全市科技型企业贷款余额319.4亿元，较年初增加62.2亿元，贷款企业1465家，专利权质押贷款累计4.58亿元。

【新一代信息技术产业】 2018年，科技城新一代信息技术产业在基础电子、集成电路、智能硬件和应用电子、高端软件和新型信息技术服务等行业，具备较强的人才、技术优势和坚实的产业基础。有长虹、九洲等重点企业，其中长虹位居2018年中国电子信息百强企业第6位，九洲位列2018年中国电子信息百强企业第41位。

【新材料产业】 2018年，科技城新材料产业拥有国家绝缘材料工程技术研究中心、国家磁性产品质量监督检验中心和中物院、电科九所等国内一流的新材料领域研发机构，聚集攀长钢、东材科技、开元磁材等一批重点企业。在高端金属结构材料、先进高分子材料、特种金属功能材料、新型无机非金属材料、高性能复合材料等领域的研发和生产方面都具备研发和产业基础。

【节能环保产业】 2018年，科技城节能环保产业主要拥有保和富山、中科成环保等重点企业。在节能领域，高效节能设备制造、电光源制造、新型建筑材料制造等形成产能；在环保领域，城市污水处理和水净化、大（空）气净化、工业固废及生活垃圾处理技术和装备等达到国内领先水平；在资源循环利用领域，构建再生铜、废旧轮胎再制造循环型产业链；在节能服务产业领域，建成3个与节能环保产业紧密相关的国家级工程技术研究中心。

【高端装备制造产业】　2018年，科技城高端装备制造产业主要集中在航空装备、卫星及应用、轨道交通装备、智能制造装备领域。在航空装备产业方面具有较深厚的技术沉淀和较强的研发能力。拥有九洲空管、永贵科技等一批代表性企业，并形成具有一定规模和技术水平的产业体系。

【生物产业】　2018年，科技城生物产业有好医生、利尔作物、禾大西普等一批重点企业，形成生物药品制造、生物农业用品制造和功能性食品制造等三大子产业。生物药品制造包括中药饮片加工、生物制剂、兽药制造和成药制造等，生物农业用品制造包括配方肥和育种等，功能性食品制造主要是魔芋提取物生产。

【新能源汽车产业】　2018年，科技城新能源汽车产业有野马汽车绵阳公司、长虹电源、豪特集团等新能源汽车整车、零部件及配套设施企业，组建新能源汽车产业联盟以及新能源汽车智慧服务创新产业联盟，成立科技城新能源汽车重点实验室、新能源汽车工业技术研究院、锂电工业技术研究中心，在纯电动整车制造、动力电池及材料、驱动电机、电源管理、电机控制、电动转向、车载电子等领域有较强的研发力量。

（王月利）

图9　攀长钢锻造车间

2018 年科技城范围内产值亿元以上战略性新兴产业企业名录

表 9

序号	企业名称	行业领域
1	四川长虹电子控股集团有限公司	新一代信息技术
2	四川九洲电器集团有限责任公司	新一代信息技术
3	好医生药业集团有限公司	生物
4	绵阳金循环金属材料有限公司	节能环保
5	攀钢集团四川长城特殊钢有限责任公司	新材料
6	四川六合锻造股份有限公司	新材料
7	中科成环保集团股份有限公司	节能环保
8	四川东材科技集团股份有限公司	新材料
9	维谛技术（绵阳）有限公司	新一代信息技术
10	四川九州电子科技股份有限公司	新一代信息技术
11	绵阳铜鑫铜业有限公司	节能环保
12	四川科莱电梯股份有限公司	高端装备制造
13	四川野马汽车绵阳制造有限公司	新能源汽车
14	四川永贵科技有限公司	高端装备制造
15	四川龙华光电薄膜股份有限公司	新材料
16	江油市鸿翔特殊钢有限公司	新材料
17	四川九州光电子技术有限公司	新一代信息技术
18	四川爱联科技有限公司	新一代信息技术
19	绵阳开元磁性材料有限公司	新材料
20	四川兴事发能源科技有限公司	新能源
21	绵阳市中邦节能玻璃有限公司	节能环保
22	四川欣达复合材料有限公司	新材料
23	四川长虹电子部品有限公司	新一代信息技术
24	四川湖山电器有限责任公司	新一代信息技术
25	绵阳高新区经纬达科技有限公司	新一代信息技术
26	四川旭虹光电科技有限公司	新材料
27	四川虹锐电工有限责任公司	新一代信息技术
2[illegible]	绵阳海立电器有限公司	节能环保
29	四川海格恒通专网科技有限公司	新一代信息技术
30	四川兴事发门窗有限责任公司	节能环保

续表

序号	企业名称	行业领域
31	四川超声印制板有限公司	新一代信息技术
32	太极集团四川绵阳制药有限公司	生物
33	绵阳中研磨具有限责任公司	新材料
34	四川中油天能科技有限公司	高端装备制造
35	四川新金鑫照明科技有限公司	节能环保
36	绵阳立新科技发展有限公司	节能环保
37	四川艾格瑞特模具科技股份有限公司	高端装备制造
38	台沃科技集团股份有限公司	生物
39	四川安和精密电子电器有限公司	新一代信息技术
40	四川代代为本农业科技有限公司	生物
41	绵阳市振华科技有限公司	节能环保
42	绵阳得润电子有限公司	生物
43	四川保和新世纪线缆有限公司	节能环保
44	绵阳美能材料科技有限公司	节能环保
45	四川迪佳通电子有限公司	新一代信息技术
46	绵阳普思电子有限公司	新一代信息技术
47	四川爱创科技有限公司	新一代信息技术
48	宏源地能热泵科技有限公司	新能源
49	四川利尔作物科学有限公司	生物
50	四川铁鹰机械制造有限公司	节能环保
51	四川华西动物药业有限公司	生物
52	绵阳川钛科技有限公司	新材料
53	四川三台力达泵业有限公司	节能环保
54	四川新为橡塑有限公司	新材料
55	四川云亳堂药业有限公司	生物
56	绵阳高新区鸿强科技有限公司	新一代信息技术
57	四川江油中坝附子科技发展有限公司	生物
58	四川同一热能设备有限公司	节能环保
59	江油市长祥特殊钢制造有限公司	新材料
60	四川威邦科技发展有限公司	新材料

续表

序号	企业名称	行业领域
61	江油星联电子科技有限公司	新一代信息技术
62	太极集团四川天诚制药有限公司	生物
63	四川天雄药业有限公司	生物
64	绵阳市维博电子有限责任公司	高端装备制造
65	禾大西普化学（四川）有限公司	生物
66	四川华拓光通信股份有限公司	新一代信息技术
67	江油市重鑫特种金属材料有限公司	新材料
68	绵阳捷智科技股份有限公司	新一代信息技术
69	绵阳神农药业有限公司	生物
70	四川思迈科技有限公司	新一代信息技术
71	四川维德通信技术有限公司	新一代信息技术
72	四川翠微新型建材有限公司	节能环保
73	四川鑫元瑞科技有限公司	节能环保
74	四川昊宇龙星科技有限公司	节能环保
75	四川开元创亿生物科技有限责任公司	新材料
76	绵阳四联电子科技有限公司	新一代信息技术
77	四川惠泉生物科技有限公司	生物
78	四川鑫鼎新材料有限公司	新材料
79	四川沃姆斯能源技术有限公司	节能环保
80	四川农大高科农业有限责任公司	生物
81	四川恒泰环境技术有限责任公司	节能环保
82	四川矿山机器（集团）有限责任公司	节能环保
83	绵阳西磁磁电有限公司	新材料
84	绵阳宁瑞电子有限公司	新一代信息技术
85	绵阳锐达精密电子有限公司	新一代信息技术
86	四川普兰特电源制造有限公司	新一代信息技术
87	绵阳高新区三阳塑胶有限责任公司	新材料
88	绵阳朗迪新材料有限公司	新材料
89	四川清贝科技技术开发有限公司	高端装备制造
90	四川天丰节能板材有限公司	节能环保

续表

序号	企业名称	行业领域
91	四川瑞可达连接系统有限公司	新能源汽车
92	绵阳市聚合新材料有限公司	新材料
93	四川金发科技发展有限公司	新材料
94	四川同舟化工科技有限公司	节能环保
95	绵阳市胜源耐磨合金厂	新材料
96	四川东卓昌和新材料科技有限公司	新材料
97	四川沃姆斯科技有限公司	节能环保
98	绵阳龙兴科技有限公司	高端装备制造
99	绵阳流能粉体设备有限公司	高端装备制造
100	绵阳科勤环保科技有限公司	节能环保
101	江油市瑞隆精密材料有限公司	新材料
102	四川自胜机电设备有限责任公司	新材料
103	绵阳绵欣数码科技有限公司	新一代信息技术
104	绵阳市登丰科技有限公司	新一代信息技术
105	四川惠百民石化机械制造有限公司	高端装备制造
106	绵阳瑞邦新能源有限公司	新一代信息技术
107	绵阳市盛宇新材料有限公司	新材料
108	绵阳虹润电子有限公司	新一代信息技术
109	江油骰田电子科技有限公司	新一代信息技术
110	四川兴盛源药业有限公司	生物
111	绵阳正能新能源技术有限公司	新能源汽车
112	绵阳灵通电讯设备有限公司	新一代信息技术
113	北川天讯新材料有限公司	新材料
114	四川金辉生物工程有限公司	生物
115	绵阳天明新能源科技有限公司	新能源汽车
116	绵阳华通磁件技术有限公司	新材料
117	四川奇石缘科技股份有限公司	高端装备制造
118	四川特锐祥科技股份有限公司	新一代信息技术
119	绵阳市均益农业科技开发有限公司	生物
120	绵阳同成智能装备股份有限公司	高端装备制造

续表

序号	企业名称	行业领域
121	四川绵阳华元航升环保科技有限公司	节能环保
122	四川国豪种业股份有限公司	生物
123	绵阳蓝奥重型机械制造有限公司	节能环保
124	江油三丰汽轮机材料有限公司	新材料
125	绵阳市久华机电科技有限公司	高端装备制造
126	四川天利科技有限责任公司	高端装备制造
127	四川聚能核技术工程有限公司	高端装备制造
128	四川绵阳海天电子科技有限公司	节能环保
129	绵阳市攀丰智能制造有限公司	新一代信息技术
130	四川中物材料股份有限公司	新材料
131	四川国沃生物科技有限公司	生物
132	四川高达科技有限公司	高端装备制造
133	四川英志新能源股份有限公司	新能源汽车
134	江油市光巨新材料科技有限公司	新材料

（王怀平）

电子信息产业

【概况】　绵阳是中国西南地区军工科研和制造的重要基地，也是国家“三线”建设重点地区。“一五”和“三线”建设时期，国家在绵阳布点建设一批重要的电子军工企业，奠定电子信息产业发展的基础。电子信息产业是绵阳工业第一支柱产业，主要产品门类有家用电器、军事电子产品、通信设备及器件、卫星导航、电子基础元器件、新型显示器件等，在数字视听设备、军事电子产品、高性能电连接元件等领域具有较强的竞争力。先后获批国家数字家庭应用示范产业基地、首批国家信息消费试点市、国家信息惠民试点市、宽带中国示范城市、国家智慧城市试点市，组建以本地企业为主导的省级协同创新产业联盟4个、市级产业联盟3个。数字家庭、北斗卫星、信息安全、电子元器件、软件等优势产业蓬勃发展。

2018年，绵阳电子信息产业迈入千亿级产业集群，全市电子信息产业有规模以上企业93家，实现总产值723.3亿元，同比增长10.4%，占全市工业总产值的30%。长虹、九洲两家龙头骨干企业在中国电子信息百强企业排名分别为第6位和第41位。绵阳开元磁材、安和精密、九洲线缆、华丰4家企业入选2018年中国电子元件百强，其中安和精密在百强中盈利能力位居第三。

【重点领域发展】　2018年，全市电子信息产业按照“壮大产业规模，突出重点领域，延伸产业链条”的发展路径，产业结构日趋优化，“产品+应用+服务”融合发展水平提升。重点发展智能家电、新型显示、物联网、信息安全、通信设备、集成电路等领域。智能家电。依托国家数字家庭应用示范产业（绵阳）基地建设，以项目为牵引，从应用示范、产业发展、支撑体系等方面着手，形成“云+关+端+控”的整体化解决方案和对应产品，拥有智能电视、空调、冰箱等终端产品，全年智能家电产业拥有相关企业50余家，规模达220.6亿元。新型显示产业。主要涉及LCD、OLED和激光显示三大块及相关配套，拥有京东方、惠科、长虹等相关企业20余家，规模达20亿元。物联网产业。坚持以应用带动产业，形成从关键控制芯片设计、研发，到传感器和终端设备制造，再到物联网系统集成、应用及相关运营服务的物联网产业链雏形，拥有相关企业30余家，规模达42.7亿元。其中爱联物联网无线通信模组市场占有率位居全国第一。信息安全产业。全年绵阳市在信息安全产品研发、生产、集成和服务等方面和信息系统安全应用方面初具规模。拥有奇安信、中物院、长虹、九洲、西科大等多家网络信息安全领域的研发和生产单位，全市信息安全产业规模达13.1亿元。网络通信产业。全市依托绵阳“宽带中国”示范城市建设，在光器件、通信网络能源、一体化基站、数字集群系统、智慧铁塔等方面优势突出。拥有长虹、九洲、艾默生、灵通、华拓等20余家相关企业，并建立四川省光波分路器集成技术工程实验室。全年全市网络通信产业产值达105.5亿元。集成电路产业。研发设计多媒体SOC、数字电视SOC、智能语音控制芯片、高安全性X-RFID芯片、闪存芯片、数码电子雷管芯片等一批特色优势产品。拥有中物院电子工程研究所、长虹、豆萁、凯路威、诺思、久安芯等集成电路设计企业和科研机构10余家。诺思（绵阳）微系统基地项目落户绵阳。全年全市集成电路设计收入达1.36亿元。

【四川长虹电子控股集团有限公司】 四川长虹电子控股集团有限公司（以下简称长虹）创始于1958年，前身国营长虹机器厂是国家“一五”期间的156项重点工程之一，是当时国内唯一的机载火控雷达生产基地。从军工立业、彩电兴业，到信息电子的多元拓展，是集军工、消费电子、核心器件研发与制造为一体的综合型跨国企业集团，发展目标为具有全球竞争力的信息家电内容与服务提供商。在智能战略牵引下，长虹重点围绕物联网、人工智能、大数据等新一代信息技术，加快服务制造业转型，强化技术产品创新，全球率先发布首款声纹识别人工智能电视、搭载水分子激活保鲜技术的M鲜生系列冰箱、图像识别人工智能语音空调等行业引领性产品。产品及业务遍布160多个国家和地区，拥有超2亿用户。

2018年，长虹品牌价值达到1459.65亿元，位列中国500最具价值品牌第21位；销售（营业）收入1170.21亿元，位居四川企业100强和制造业100强榜首，蝉联中国电子信息百强企业第6位；长虹智能制造产业园在高新区集中发展区开工；国家“双创”示范基地——长虹“双创”工业园在安州开工；长虹空调智能制造产业园在经开区投产；长虹在中东地区开设首家自营形象店——长虹迪拜旗舰店，开拓中东市场；长虹华意的家用电器高效变频压缩机智能制造试点示范项目入选工信部智能制造试点示范项目；《四川电子信息产业聚集区工业互联网平台试验测试》项目列入工信部2018年工业互联网创新发展工程项目；4K超高清电视显示技术研究及应用、基于变频技术的家电控制系统集成化研究及应用等多个技术项目获四川省科技进步奖；新型智能电视关键技术研发及应用、变频MCU控制芯片开发与应用获2018年度绵阳市科技进步奖；长虹推出全球首款打通一、三产业的智慧厨房系统，并在中国农业大学等处使用。旗下拥有四川长虹、长虹美菱、长虹华意、长虹佳华4家上市公司，新增长虹民生、长虹能源、中科美菱以及格兰博4家“新三板”挂牌公司。

图10　长虹智能制造产业园效果图

【四川九洲电器集团有限公司】　四川九洲电器集团有限公司（以下简称九洲集团）始建于1958年，是国家“一五”期间156项重点工程之一。1995年，改制为有限责任公司；1999年，规范为国有独资公司，为绵阳市属国有独资企业。公司是国家重点国有企业，四川省高新科技产业型企业和综合成长型企业，四川省高新技术产业龙头重点企业，是以军事电子和智慧城市为核心业务的典型代表企业。主要产业方向涉及空管产业、民航通航产品、卫星导航、三网融合、LED、光电线缆、物联网、软件及电子商务等。2018年，九洲集团年营业收入达37.94亿元；入围四川省企业专利创新百强榜第8位；九洲集团中央研究院发明专利“一种感知视频编码方法”在安防监控、交通监控等视频分析处理中应用广泛，获四川省专利奖二等奖；入围2018（第三届）中国软件和信息技术服务综合竞争力百强企业第77位；获2018年四川企业技术创新发展能力100强榜第5位；通过知识产权管理体系重新认证现场审核。旗下分公司九洲北斗导航与位置服务有限公司等在应用北斗导航系统大众创业万众创新活动中获得“玉衡星新锐龙头奖”，凭借区域综合安全监测预警体系，在第九届中国卫星导航学术年会上获“北斗卫星导航应用推进奖——应用贡献奖”。

（王月利）

【诺思（绵阳）微系统基地项目签约】　2018年7月9日，绵阳市人民政府与诺思（天津）微系统有限公司在成都签署战略合作协议，总投资128亿元、年产110亿颗FBAR（薄膜腔声谐振）滤波器芯片的诺思（绵阳）微系统基地项目正式落户绵阳游仙区。签约仪式上，天津大学党委书记李家俊，省政府副秘书长朱家德，市委书记、市长刘超，省政府相关部门领导出席。市委副书记、科技城党工委副书记、管委会常务副主任元方主持签约。副市长罗宗志，诺思（天津）微系统有限公司董事长、天津大学教授庞慰代表双方签署战略合作协议。游仙区政府与诺思（天津）微系统有限公司签署项目投资合作协议。签约仪式后，省委书记彭清华会见天津大学党委书记李家俊一行，围绕进一步加强重大科技攻关、人才培养引进、战略决策咨询等方面合作，推动诺思（绵阳）微系统基地项目建设等交换意见。诺思（天津）微系统有限公司由天津大学于2011年创办，是中国首家薄膜腔声谐振滤波器生产企业，拥有亚洲首座具有完全知识产权的FBAR晶圆厂。

【惠科第8.6代薄膜晶体管液晶显示器件生产线项目签约】 2018年4月18日，绵阳市人民政府与惠科股份有限公司在成都举行投资框架协议签约仪式，引入惠科第8.6代薄膜晶体管液晶显示器件生产线项目。该项目是绵阳市重大招商项目之一，位于绵阳市涪城区临港经济发展区，总投资240亿元，占地面积约66.67公顷，厂房建筑面积约72万平方米，建设周期18个月。项目达产后，预计实现年产值150亿元、年税收10亿元，可直接带动就业3500人。项目主要生产IPS液晶面板，采用A-Si TFT IPS技术，设计产能为120千片/月，玻璃基板尺寸为2250毫米×2600毫米，产品既适用于手机、智能穿戴、车载等小尺寸市场，也适用于曲面无边框液晶电视等大尺寸市场。项目计划于2019年第三季度正式投产。同年10月28日，项目启动打桩，正式开工建设。（周文婷）

【奇安信集团网络空间安全产业园启动】 2018年3月29日，奇安信集团网络空间安全产业园——奇安信集团三大战略中心在金家林总部经济试验区举行启动仪式。此次在绵阳落地的奇安信集团三大战略中心分别是奇安信集团安全运营服务总部、奇安信集团网络安全人才培养绵阳基地、网络空间安全创新中心绵阳分中心。奇安信集团网络空间安全产业园项目占地24公顷，建设办公楼、大数据实验室、科研教学楼、员工公寓、学员宿舍、食堂及配套用房、360家园等。5—10月，奇安信绵阳培训基地网络安全人才培训培养289名信息安全专业人才，其中127人完成培训并实现上岗。（洪　源）

【四川诚帆科技发展有限公司模材生产项目签约】 2018年7月25日，在绵阳市重大招商引资项目集中签约仪式上，四川诚帆科技发展有限公司模材生产项目签约落户绵阳市高新区。根据协议，该项目为京东方配套项目，项目投资方为四川诚帆科技发展有限公司，项目投资10亿元，从事模材生产项目。项目分4期建设，产品包含SCF、棱镜膜、OCA、UV减黏膜产品、PET及TAPE产品。

【四川欣富瑞科技京东方配套项目签约】 该项目于2018年7月签约，根据协议，该项目为京东方配套企业项目，项目投资方为四川欣富瑞科技发展有限公司，项目投资5亿元，主要从事OCA、UV减黏膜产品、PET及TAPE等产品的研发、生产及销售。

【广西合浦川中（绵阳）智能物联网控制系统及终端产品研发生产项目签约】 该项目于2018年3月签约落户江油工业园区。根据协议，项目投资方为四川优创环球科技有限公司，项目投资16亿元，建设智能物联网控制系统及终端产品研发生产项目，主要产品包括智能一体化物联网控制系统，一体化智能差压流量计、智能电子安全截断系统及周边衍生工业级项目。

【东莞平波电子大、中尺寸智能终端一体机项目签约】 该项目于2018年7月签约落户经开区。根据协议，项目投资方为东莞平波电子有限公司，项目投资5亿元，租用厂房约2000平方米，建设周期6个月，在经开区从事大、中尺寸智能终端一体机项目。

【四川移柯物联网智慧产业园项目签约】 该项目于2018年6月签约落户绵阳市游仙经济开发区五里梁，同年12月启动建设。根据协议，项目投资方为四川移柯国润科技发展有限公司，项目计划总投资30.5亿元，总占地11公顷，一期拟征土地约5.87公顷，新建厂房、研发中心及相关配套设施总计建筑面积约4万平方米，启动5条西门子高速智能SMT生产线建设，3条自主研发LYNQ品牌智能模组生产线建设，3条IoT智能模组生产线建设及其配套设施建设项目。二期拟征土地约5.13公顷，新建厂房、研发中心及相关配套设施总计建筑面积约6万平方米，建设6条WCDMA/LTE无线模组自动生产线，4条NB-IoT模组生产线，5条GPS/GNSS无线模组产品生产线及园区配套设施。

【中兴·江油西南物联网产业园项目签约】 该项目于2018年9月第六届科博会期间签约落户江油。根据协议，项目由中兴通讯全资子公司中兴克拉与CLAA联盟联合供应链合作企业四川云享智慧信息工程有限公司投资19亿元，分两期实施，一期建设包括物联网终端产品生产线、共享研发中心、应用展示中心及产业运营中心在内的物联网产业链；二期项目包括物联网研发投入、物联网产业园区二期建设。项目建成后，可实现年税收6000万元以上，创造就业岗位1000个以上。

（周文婷）

2018年科技城产值超亿元电子信息产业企业一览

表10

序号	企业名称	序号	企业名称
1	四川安和精密电子电器有限公司	18	四川湖山电器有限责任公司
2	四川维德通信技术有限公司	19	绵阳捷智科技股份有限公司
3	四川思迈科技有限公司	20	绵阳普思电子有限公司
4	绵阳高新区科光宏盛线缆有限责任公司	21	四川省三台勇奇电子科技有限公司
5	江油星联电子科技有限公司	22	绵阳市攀极科技有限公司
6	绵阳虹润电子有限公司	23	绵阳德虹电器有限责任公司
7	绵阳绵欣数码科技有限公司	24	四川普兰特电源制造有限公司
8	绵阳高新区恒奥电子科技有限公司	25	四川迅吉科技有限责任公司
9	四川特锐祥科技股份有限公司	26	绵阳市登丰科技有限公司
10	绵阳高新区鸿强科技有限公司	27	四川华拓光通信股份有限公司
11	江油殷田电子科技有限公司	28	绵阳瑞邦新能源有限公司
12	四川长新制冷部件有限公司	29	四川绵阳海天电子科技有限公司
13	四川九洲电器集团有限责任公司	30	四川龙美电器设备有限公司
14	绵阳奋飞电子科技有限公司	31	绵阳锐达精密电子有限公司
15	绵阳四联电子科技有限公司	32	四川爱联科技有限公司
16	绵阳灵通电讯设备有限公司	33	绵阳华正电子科技有限公司
17	四川海格恒通专网科技有限公司	34	四川省乐川科技有限公司

续表

序号	企业名称	序号	企业名称
35	四川长虹电子部品有限公司	45	维谛技术（绵阳）有限公司
36	绵阳市建诚电子有限公司	46	绵阳高新区经纬达科技有限公司
37	高新区资江电子元件有限公司	47	四川超声印制板有限公司
38	四川长虹电子控股集团有限公司	48	绵阳雅晶科技有限公司
39	四川省川西电缆有限责任公司	49	四川江虹线缆制造有限公司
40	四川九州电子科技股份有限公司	50	四川朗迪塑胶电器有限公司
41	四川虹锐电工有限责任公司	51	江油市华盛电力线缆制造有限公司
42	四川迪佳通电子有限公司	52	绵阳江海电容器有限公司
43	绵阳得润电子有限公司	53	四川久远环通电源有限责任公司
44	四川九州光电子技术有限公司	54	绵阳新洋电子科技有限公司

（黄稚慧）

汽车产业

【概况】 2018年，绵阳市依据国家《汽车产业中长期发展规划》《四川省“十三五”汽车产业发展指导意见》《绵阳市“十三五”工业总体规划》，结合《四川绵阳汽车产业园发展战略规划（2017—2025年）》、各县市区（园区）发展汽车产业意见，以及汽车产业专家咨询委员会专家意见的基础上，制定《绵阳市汽车产业2018年度工作计划》，明确发展目标、重点任务和工作措施。完成2017年第四批省级工业资金和2018年第一批省级工业资金项目申报工作，为新晨动力、富临精工、长虹电源、长虹佳华、帝威新能源等5家企业争取到2737万元项目支持资金。截至年底，全市汽车产业实现规模工业产值206.3亿元，同比增长14.7%；整车产量2.3万辆，位居全省第2位。

【新能源汽车产业】 2018年，全市汽车产业呈现向电动化、智能化方向转型发展趋势。全年生产新能源汽车整车2111辆，实现产值3.4亿元，同比增长64.7%。依托新能源汽车产业联盟和新能源汽车智慧服务创新产业联盟，通过以商招商、补链招商等方式举办10余场次专项推介活动，集聚川汽野马、天津力神、泰坦豪特20余家新能源汽车整车及其零部件生产企业，加快推进威马汽车自动驾驶示范园、新敏雅新能源150亿瓦时汽车用动力电池等总投资近500亿元的7个重点项目，其中威马汽车自动驾驶示范园暨试验试制中心正式开工。与中国汽车研究中心、清华大学、西华大学等建立合作关系，联合组建四川新能源汽车产业研究院研发中心、工业技术研究院等研究机构，开展动力总成控制器、谐振软开关、DSP控制等整车、零部件和充电设施的技术攻关，依托强度测试、复合式防尘等重点试验室，开展力学性能测试分析研究等各类试验，综合评定汽车整体结构、抗电磁干扰等方面能力，推动新能源汽车新技术加速成熟应用。完善全域充（换）电配套设施，全年布局集中式充电站10余座、充电桩2400个、换电站3座。鼓励社会资本进入新能源汽车充（换）电基础设施、整车租赁、电池租赁与回收等领域，提升新能源汽车配套服务能力。参考国内多地发展汽车产业支持政策，听取重点汽车企业发展构想和支持需求的基础上，草拟《绵阳市新能源汽车产业发展若干支持措施》，完成征求市级相关部门和各县市区（园区）意见。

（任 为）

【绵阳汽车产业园】 2015年12月，经市政府批复，依托四川绵阳安州工业园区，成立四川绵阳汽车产业园，与安州工业园区实行两块牌子、一套人马。园区科学选择发展方向，与成都、重庆差异化发展，委托中国汽车技术研究中心编制完成《四川绵阳汽车产业园发展战略规划》，以“乘、智、新、专”为产业发展方向，并打破行政区域布局限制，编制规划范围50平方千米的空间布局。园区规划2020年前建成面积30平方千米，形成年产50万辆整车、50万套零部件能力；2025年前建成50平方千米，重点发展汽车整车、关键零部件、汽车后市场、汽车文化创意等产业，最终构建起集整车制造、零部件配套、汽车后市场为一体的专业化汽车产业园区。加快工业园基础设施建设，打造汽车整车生产集中区、零部件生产集中区、汽车商贸等特色板块，形成空间和产品双集聚的合理布局。近期规划面积15平方千米，完成开发约10平方千米。园区内有华瑞、野马、中国重汽在内的规模以上汽车及零部件企业65家，其中有中国重汽绵阳公司、华晨汽车南方基地（华瑞汽车、华祥机械）等汽车整车企业，成为全省重要的重卡、轻卡、皮卡、SUV、微型面包车等整车生产基地。2018年，园区威马新能源汽车自动驾驶产业园项目、威马汽车自动驾驶示范园暨试验试制中心重大项目、东旭新能源客车项目、华晨汽车南方基地项目、中南高科·擎动未来汽车产业园项目等汽车产业项目加快推进。威马新能源汽车自动驾驶产业园项目注册成立威马汽车科技（四川）有限公司，完成A、B地块土地摘牌44.93公顷等工作。威马汽车自动驾驶示范园暨试验试制中心举行项目开工仪式，完成项目临时施工用水、用电工程。东旭新能源客车项目注册成立四川申龙汽车制造有限公司，项目完成备案。朝阳专汽资质转移获工信部批准，项目环评取得批复。华晨汽车南方基地项目完成商用车生产资质迁址园区项目的生产准入审查和公示工作、轿车生产资质迁址园区项目的备案工作、华晨雷诺金杯汽车有限公司绵阳分公司的重组更名及生产准入审查工作；搬迁项目完成备案、环评、能评、总图规划等前期手续的办理，项目设计施工总承包（EPC）招标完成。中南高科·擎动未来汽车产业园项目完成注册、备案、地勘和网上环评登记等手续。

【随州市纵横专用车10万辆专用汽车生产基地和1万台智能机床生产线项目签约】 2018年7月25日，随州市纵横专用车10万辆专用汽车生产基地和1万台智能机床生产线项目在绵阳市重大招商引资项目集中签约仪式现场签订。根据协议，湖北随州市纵横专用汽车公司在江油市分2期投资建设包括研发、焊接、涂装、总装、底盘、模具及相关配套等在内的10万辆专用汽车生产基地和1万台智能机床生产线项目，项目总投资215亿元、拟用地120公顷，主要生产车型有环保、消防、物流、房车、救援救护、重型工程等专用汽车。其中项目一期投资127亿元，在江油工业园区占地约71公顷，建设5万辆专用汽车生产线和1万台智能机床生产线，建设周期24个月；二期项目全部建成投产后，可实现年销售总收入超300亿元，年税收超10亿元。

【四川诺道鑫瑞第三代防爆自修复轮胎项目】 2018年7月25日，该项目在绵阳市重大招商引资项目集中签约仪式现场上由江油市政府与四川诺道鑫瑞汽车科技有限公司签订。根据协议，项目投资20亿元，分4期建设，5年内全部建成投产后，年产约600万条第3代特种防爆自修复轮胎，

图11　绵阳高新区汽车主题公园

年产值约48亿元，年税收约1.94亿元。

【山西立航汽车发动机核心零部件二期项目】 2018年7月25日，该项目在绵阳市重大招商引资项目集中签约仪式现场上由江油市政府与江油立航金属材料有限公司签订。根据协议，项目投资1亿元建设汽车发动机核心零部件二期项目。项目用地面积约3.33公顷，建设汽车发动机核心零部件生产线，建成3年后全面达产，可实现年销售收入2亿元，年税收700万元。

【新敏雅新能源150亿瓦时汽车用动力电池项目】 2018年11月19日，四川新敏雅150亿瓦时汽车用动力电池项目在三台县梓州产城新区举行开工仪式。市委书记刘超宣布项目开工，市委副书记、代市长元方，市政协主席张锦明，省经济合作局副局长易旸出席开工仪式。新敏雅150亿瓦时汽车用动力电池项目是三台引进的最大单体产业项目，投资方主体为威马汽车科技集团有限公司。根据协议，项目投资总额达166亿元，涵盖大型办公研发中心、先进测试中心，及总规模15GWh（亿瓦时）的高能量密度车用动力电池生产线，计划2020年开始投产，2022年全面达产，产品可满足30万辆纯电动汽车的配套需求。

【中南高科·擎动未来产业园项目】 该项目于2018年9月签约落地绵阳市安州区，同年12月29日土地摘牌。根据协议，项目投资方为中南控股集团有限公司，总投资30亿元，分3期开发，一期占地面积约16.27公顷，规划总建筑面积12万平方米。一期建成后立即启动二期建设，之后分期推进。项目结合区域主导产业特点，发挥安州区域资源优势，吸引相关汽车产业，形成上下游高端产业集群，致力于打造四川第一大新能源汽车产业基地、第二大汽车产业基地。

【中国科技城（绵阳）新能源汽车产业联盟2018年工作大会召开】 2018年12月12日上午，中国科技城（绵阳）新能源汽车产业联盟2018年工作大会在绵阳长虹酒店召开。市经信委、市发改委、市科技局、市政协经贸委、有关县市区经发局、全市30余家汽车整车及汽车零部件配套企业负责人参加会议。会议总结绵阳新能源汽车产业5年发展状况，明确下一个5年的发展思路、发展目标、新能源汽车产业园区建设方向、新能源汽车产业合作方向、人才培养与引进等，并为新加入产业联盟的华大半导体（成都）有限公司、四川自胜机电设备有限公司颁发联盟成员单位牌。华大半导体（成都）有限公司、四川自胜机电设备有限公司、绵阳金能移动能源有限公司、绵阳擎动未来汽车产业园负责人先后介绍公司情况，并对其主打产品作推荐。

（周文婷）

【绵阳富临精工机械股份有限公司】 绵阳富临精工机械股份有限公司（以下简称富临精工）前身绵阳富临精工机械有限公司，成立于1997年11月，2010年8月整体变更设立股份有限公司。2015年3月上市，注册资本5.1亿元。占地面积约10万平方米，建筑面积7万平方米，有员工1800余人，拥有各型生产检测设备1600余台（套）。富临精工为专业从事汽车发动机精密零部件的研发、生产和销售的高新技术企业，在发动机零部件领域形成以液压挺柱、机械挺柱、液压张紧器、摇臂、喷嘴、发动机可变气门系统（VVT、VVL）、缸内直喷系统用高压油泵挺柱和泵壳、自动变速器及燃油喷射器精密零部件等产品系列，产销量位居国内市场前列，具有较高的市场知名度。公司产品系列核心技术国内领先，部分技术达到国际同行业先进水平，实现替代进口、填补国内空白。公司产品及相关技术符合《当前优先发展的高技术产业化重点领域指南（2011年度）》《中国内燃机工业“十三五”发展规划》《产业结构调整指导目录（2011年本）（2013年修正）》等相关产业政策。成为国内具有较高影响力和知名度的汽车发动机精密零部件供应商之一。2018年，富临精工产值16.57亿元，同比增长6.39%。

【绵阳好圣汽车零部件制造有限公司】 绵阳好圣汽车零部件制造有限公司（以下简称绵阳好圣）成立于2004年6月，是波鸿集团有限公司下属制造子公司。公司主要生产涵盖灰口铸铁、球墨铸铁、高合金铸铁等材质的复杂铸件及加工。产品主要为汽车核心系统——发动机系统（含发动机缸体类、缸盖类、排气类）、底盘系统（含传动类、转向类、制动类）零部件。公司有员工600余人，其中高级工程师23人、副高级工程师37人、工程师69人，大学本科以上学历人员216人。公司通过ISO/TS 16949：2008国际质量管理体系认证、ISO 14001：2004国际环境管理体系认证，被绵阳市认定为市级企业技术中心。公司设有2个分厂，建有4条铸造生产线、4条机加生产线。公司铸造一分厂于2010年12月点火投产，投资9.2亿元，占地面积19.6公顷；公司铸造二分厂于2014年12月点火投产，投资16.58亿元，占地面积32.7公顷；公司加分厂投资1.5亿元，引进韩国现代起亚立式加工中心、友嘉立式加工中心、台湾东台立式加工中心和卧式数控车床，专门用于发动机系统、底盘系统类零部件产品的机械加工。绵阳好圣与美国天合、瑞典瀚德、日本曙光、德国舍弗勒、美国艾尔比、英国纳铁福等签订产品供货协议，产品配套应用于奔驰、宝马、大众、奥迪、雪佛兰、别克、福特、现代、本田、菲亚特、马自达、吉利、长城等国际国内高中级汽车品牌。2018年，绵阳好圣产值8.43亿元，同比增长23.09%。

【绵阳新晨动力机械有限公司】 绵阳新晨动力机械有限公司（以下简称新晨动力）是全省首家

汽车类香港上市公司，由华晨汽车集团和五粮液集团对等控股，是国内领先的独立品牌汽车发动机和发动机零部件制造商，拥有铸造、机加、装配完整产业链，拥有国家级企业技术中心。承担和参与国家“863”计划项目，拥有5项国家重点新产品、139项国家专利和134项技术创新成果。2012年12月12日，宝马集团授权新晨动力生产宝马N20发动机，此为宝马集团第一次授权体系外企业生产宝马发动机。2014年6月26日，N20发动机正式投产。2015年6月10日，宝马集团授权新晨动力生产宝马王子系列发动机；2017年10月27日，1.6L王子发动机正式投产。新晨动力与宝马集团先后共同组建工业化、采购、财务、销售、研发、质量等专业化团队，宝马15人的支持团队常驻绵阳，无偿为项目提供全过程支持。2018年，新晨动力主营产品为轻型汽油机和轻型柴油机共5大系列30余个品种，市场保有量约310万台；新晨动力产值33.06亿元，同比增长22.1%。截至年底，新晨动力共生产宝马发动机18万台，实现产值45亿元；建成宝马发动机机加线、总装线各2条，规划年产能25万台；在建总装线1条，建成后新晨动力宝马发动机规划年产能达到35万台。

【中国重汽集团济南卡车股份有限公司绵阳分公司】 中国重汽集团济南卡车股份有限公司绵阳分公司（以下简称中国重汽集团卡车绵阳分公司）成立于2010年10月18日，是中国重汽集团济南卡车股份有限公司在绵阳设立的全资分公司，项目设计产能为单班年产重型卡车2万辆。厂区一期工程有物流大棚及装配车间25971平方米、检测间及调试大棚5520平方米、精整车间379平方米。其中总装配线共分为车架预装线、总装配线2部分，拥有螺栓定值拧紧机、油料真空定量加注机、驾驶室自动吊装线、发动机吊装线、轮胎定值拧紧机等多套精密设备。主营产品有HOWO、HOWO-T5G、HOWO-T7H系列自卸车、牵引车、载货车等卡车公司全系列车型。公司可以实现混线生产，市场范围覆盖国内大西南及东南亚出口市场。2018年，公司实现产值22.31亿元，同比增长28.0%。截至年底，累计生产重型卡车近3万辆，累计缴纳税收1.17亿元。 （任　为）

2018年科技城产值超亿元汽车及零部件企业名录

表11

序号	企业名称	序号	企业名称
1	绵阳新华内燃机股份有限公司	12	绵阳市游仙区宏盛金属配件厂
2	中国重汽集团济南卡车股份有限公司绵阳分公司	13	绵阳市游仙区鑫辉机械厂
3	绵阳富临精工机械股份有限公司	14	绵阳市万欣汽车配件有限公司
4	四川野马汽车绵阳制造有限公司	15	绵阳市阳晨汽车零部件有限公司
5	四川绵阳好圣汽车零部件制造有限公司	16	绵阳市万欣测控技术有限公司
6	四川绵阳三力股份有限公司	17	绵阳市燊达机械加工有限公司
7	四川江油中恒特钢有限公司	18	绵阳华晨瑞安汽车零部件有限公司
8	绵阳秦川恒远汽车电器有限公司	19	中国重汽集团绵阳专用汽车有限公司
9	绵阳华瑞汽车有限公司	20	绵阳华祥机械制造有限公司
10	绵阳市宏发机械制造有限责任公司	21	四川鑫元瑞科技有限公司
11	绵阳市川金机械制造有限公司	22	绵阳市鑫盛机械制造有限公司

续表

序号	企业名称	序号	企业名称
23	绵阳市联重科技有限公司	31	绵阳市新兴机械有限责任公司
24	四川威斯卡特工业有限公司	32	鸿凯双泰（四川）零部件有限公司
25	四川瑞可达连接系统有限公司	33	富卓华祥汽车零部件（绵阳）有限公司
26	绵阳市启林实业有限公司	34	四川天利科技有限责任公司
27	四川自胜机电设备有限责任公司	35	绵阳市鑫祥环保科技有限责任公司
28	绵阳野马动力总成有限公司	36	四川英志新能源股份有限公司
29	绵阳正能新能源技术有限公司	37	绵阳市恒义机械制造有限公司
30	绵阳天明新能源科技有限公司		

（任　为）

新材料产业

【概况】　2018年，绵阳市拥有国家绝缘材料工程技术研究中心、国家磁性产品质量监督检验中心和中国工程物理研究院、中国电子科技集团公司第九研究所、西南科技大学等国内一流的新材料领域研发机构，聚集攀钢集团四川长城特殊钢有限责任公司、四川东材科技集团股份有限公司、绵阳开元磁性材料有限公司等一批在国内领航新材料产业发展的创新型企业，在电工绝缘材料、功能高分子材料、改性塑料、聚碳酸酯（PC）薄膜、高性能烧结钕铁硼永磁材料、高性能铁氧体材料、功能材料、新型性材料、高品质不锈钢、高温合金、高合金工模具钢、取向硅钢、双（多）金属复合材料等领域处于国内同行业领先地位。全年先后制定《绵阳市新材料产业2018年度工作计划》《绵阳市光学光电子规划》《新材料产业链招商指南》《新材料产业发展框架体系》等系列指导性文件。全年培育新材料产业企业创建各级企业技术中心，惠利电子、中物材料、鑫鼎新材料3家企业中心获批成为为省级技术中心；承办“绵阳市新材料产业技术人员知识产权培训会”“新材料与磁流体创新技术研讨会”，参与“全国石墨烯创新中心暨应用高峰论坛”等活动。全年组织天塬增材等企业申报“2018年‘中国制造2025’四川行动新材料产业创新发展资金专项”，其中天塬增材“3D打印粉末材料产业化”、自胜机电“玄武岩纤维汽车零部件研发”、富骅新能源“新能源汽车锂电材料研发”等项目获得2018年“中国制造2025”四川行动新材料产业创新发展专项资金1646万元。全年全市新材料产业产值达227亿元，同比增长15.6%；全市新材料产业规模以上企业有74家，其中新增规模企业16家。

【新材料产业核心技术攻坚】　2018年，绵阳市聚焦激光打印材料、稀土永磁材料、高性能复合材料等优势领域，帮助企业突破一批瓶颈技术，推动科技成果产业化。其中自胜机电突破玄武岩纤维汽车零部件制品研发技术，并实现与重庆汽车生产企业的对接；富骅新能源完成用于新能源汽车的新型电容器的高能量密度锂电材料的研究与开发，并实现量产；开元磁材高性能KP96软磁电子材料技术、天塬增材高品质钛合金激光3D打印粉末材料技术、龙华薄膜偏光片基膜产业化技术、麦思威尔水性纳米及石墨烯高端特种涂料、神光石英高品质熔石英玻璃等一批关键技术均实现产业化。

【企业市场开拓】 2018年，全市组织开元磁材、龙华薄膜、麦斯威尔等龙头企业参加第五届中国国际新材料产业博览会；组织六合锻造、长祥特钢等一批高端金属结构材料企业与艾瑞特网络科技有限公司共同搭建万吨模具产业工业园，实现模具钢—模具的网络化衔接；参与成都—绵阳协同发展，力争实现绵阳市新材料产业与成都市相关领域融合发展，共建全国一流的新材料产业发展基地。 （王月利）

【四川鑫达新能源科技有限公司新材料产业化项目一期（5万吨/年聚甲氧基二甲醚生产线）项目】 该项目于2017年1月开工建设，项目总投资58850万元，是2018年全省重点工业及技术改造项目。引进中科院兰州化物所研发的国际领先技术“离子液体催化合成聚甲氧基二甲醚技术”并实施产业化。占地约7公顷，新建厂房面积约4.64万平方米，购置和安装容器、反应器、换热器、机泵等设备共251台套，配套建设安全、节能环保设施，形成年产5万吨/年聚甲氧基二甲醚生产能力，其中新增5万吨，项目技术水平达到国际领先。2018年，项目启动试生产。

【四川六合锻造股份有限公司航空与燃机合金及高端模具钢工程项目】 该项目于2016年4月开工建设，总投资87759万元，是2018年全省重点工业及技术改造项目，占地14公顷，购置精锻机、快锻机、真空自耗炉、电渣炉等设备62台（套），采用核心专有技术，建设航空与燃机合金及高端模具钢生产线，建成后产能达42500吨/年，技术水平达到国内先进水平，部分产品替代进口。2018年，项目基本完工，启动设备安装与调试，进入试生产阶段。

图12 六合锻造生产车间

【四川泰潽贯迩高端特钢产品加工项目】 2018年7月25日，该项目在绵阳市重大招商引资项目集中签约仪式现场由江油市政府与四川泰潽贯迩管业有限公司签约。根据协议，四川泰潽贯迩公司在江油工业园区投资建设高端无缝钢管生产线，高速复合钢轧辊生产线，无磁钻杆、液力端生产线和工业母机及国家级金属与非金属检测中心等项目，项目总投资153亿元，用地约61.33公顷，建设周期18—48个月。项目投产后，可实现年销售收入216亿元、年税收17亿元，解决就业2800人。 （谢小东）

【利尔化学年产5万吨生物及新材料中间体项目签约】 2018年7月13日，利尔化学与绵阳经开区签署《项目投资合作协议》，协议内容为新建年产5万吨生物及新材料中间体生产线和配套设施建设项目，项目计划总投资约15亿元，建设周期36个月。项目选址于四川省绵阳市经济技术开发区，总面积约10.67公顷。签约仪式上，市委副书记、代市长元方出席，区党工委副书记、管委会主任赵明君与利尔化学公司总经理来红刚代表双方在投资合作协议上签字。 （马敬明）

【苏州宏捷天光（绵阳）有机光电池产业园项目签约】 2018年1月30日，该项目在绵阳（游仙）重点产业集群式招商引智大联盟成立暨招商项目签约仪式现场签约。根据协议，项目投资方为苏州宏捷天光新能源科技有限公司，项目总投资22亿元，总用地约20公顷，建成年产有机柔性薄膜900万平方米生产线。项目一期征地约6.67公顷，投资9亿元，新建厂房3万平方米，新建零能耗办公大楼9600平方米（8层），购置卷对卷印刷机、纳米平面印刷机、层压（黏合）机、镭雕机、检测设备、封装设备、超纯水制备设备、精密冲压机、清洗机、除尘机、干燥机等设备及其他配套设备。项目一期建成后可年产有机柔性薄膜300万平方米/年。二期征土地约13.33公顷，投资13亿元，新建厂房8万平方米，项目二期建成后可年产有机柔性薄膜600万平方米/年。

【合力创科新材料四川生产基地项目签约】 2018年3月28日，合力创科新材料四川生产基地签约仪式在绵阳举行。市委常委、绵阳科技城党工委副书记元方，副市长罗宗志等领导，合力公司董事长翟文、深圳富海兴国投资有限公司董事长徐斌武等企业负责人出席签约仪式。根据协议，项目投资方为安阳合力创科冶金新技术股份有限公司、深圳富海兴国投资发展有限公司，项目总投资17亿元，建设320万吨/年高延性冷轧带肋钢筋生产线。主要建设内容包括32条生产线，建设厂房和办公用房及配套生产库房10万平方米，建设产品研发实验室1个，并完成厂区绿化美化。

【四川龙华光电薄膜（绵阳）凤凰膜都项目】 2018年5月，该项目签约。根据协议，投资方为四川龙华光电薄膜股份有限公司，投资28亿元，在涪城区建设13条生产线，其中同步光轴斜向拉伸生产线3条、D-BEF光学贴合增亮膜生产线1条、偏光片生产线2条、胆固醇液晶涂覆增亮膜生产线1条、偏光片精密涂布生产线6条。

（周文婷）

【江油市香水镇新材料工业集中区】 该集中区位于江油市西南部香水镇元坪村，建成于2014年，占地面积111公顷，距江油市中心20余千米，距绵阳42千米，面积32.04平方千米。2018年，储中区有中小企业10家，其中规模工业企业5家，完成工业总产值5.4976亿元、工业投资4800万元、技改投资3800万元、固定资产投资9700万元。建成35千伏变电站1座，实现“五通（水、电、天然气、网络、道路）一平”，各项生产要素得到保障，能满足企业的建设和生产。集中区发挥资源优势，以金时达石材、南方矿业等矿山企业为资源依托，以丰宇建材、华川矿业生产的碳酸钙为原材料依托，引进高新、环保新材料加工企业进入集中区，建成集天然大理石板材、碳酸钙深加工及碳酸钙下游产业链项目为一体的工业集中区，并带动相关配套产业如物流业、装饰装修业等产业发展，打造川西北地区非金属新材料生产、加工和交易基地。集中区有三类工业用地100公顷，已批复可使用的土地指标6.73公顷，可为入驻项目提供土地保障。辖区内有神华巴蜀通口河电站1座，可为入驻企业提供电力保障。

【攀钢集团江油长城特殊钢有限公司】 攀钢集团江油长城特殊钢有限公司始建于1965年，是国家重点特殊钢科研、生产基地，国家重点军工配套企业和四川省大型骨干企业，经过50年的建设发展，具备年产特殊钢70万吨、销售收入50亿元的经营规模。公司可按照国标、国际标准及用户技术条件，提供碳结钢、合结钢、齿轮钢、轴承钢、弹簧钢、工模具钢、不锈钢、高温合金、耐蚀合金、精密合金等400多个牌号的特殊钢、特种合金材料。产品广泛用于航空、航天、海装、核电、交通、机械、石化等领域，其中工模具钢、特种不锈钢、耐蚀合金等产品在国内占有重要地位，市场占有率位居行业前列。公司拥有精密无缝钢管生产线、棒线材连轧生产线、锻造生产线等。拥有真空感应炉、真空自耗炉、电渣炉等特种冶炼设备和配套齐全的40吨LF炉、VOD炉等炉外精炼设备。拥有18MN精锻机、45MN快锻机等国内外先进的生产设备。拥有国内特钢行业唯一的3150吨热挤压机组、中西部地区唯一的Φ825初轧机、1000吨立式穿孔机等加工设备。公司累计承担国家高新工程配套及民用领域科研课题400余项，其中120余项科研成果获得国家、省部级科技进步奖。多项产品填补国内空白，研发能力在同行业中处于领先水平。公司形成独具特色的品牌优势，通过ISO 9001质量管理体系认证、汽车行业质量体系认证、CNAS实验室认可、测量管理体系认证、环境管理体系认证和职业健康安全体系认证等多项管理体系认证，船用产品通过ABS、LR、DNV·GL、BV、CCS等全球9大船级社认证，不锈钢、冷作模具、汽轮机叶片用钢和齿轮钢等多项产品获冶金产品实物质量“金杯奖”，得到国内外市场的高度认可。长城特钢以“中国高端金属材料领军者”为目标，启动实施12吨真空感应炉、12吨真空自耗炉、4500吨挤压机等冶金设备技术改造，瞄准高端领域，打造精品特钢。集中优势资源，倾力发展特种合金、工模具钢、不锈钢等特色产品，形成具有行业特色的独特竞争优势。（谢小东）

【四川东材科技集团股份有限公司】 四川东材科技集团股份有限公司（以下简称东材科技）是一家专业从事新材料研发、制造、销售的科技型上市公司，长期致力于为社会提供安全、环保的新材料解决方案。东材科技旗下拥有8家子公司。是国家级高新技术企业、国家技术创新示范企业及全国企事业知识产权试点单位，拥有国家级企业技术中心、博士后科研工作站、国家绝缘材料工程技术研究中心、发电与输变电设备绝缘材料开发与应用国家地方联合工程研究中心、四川省院士（专家）工作站、四川省国际合作基地等创新平台，依靠一支主要由博士、硕士组成的高素质的研发团队，重点发展绝缘膜材料、光学膜材料、新型绝缘材料和制品、环保阻燃材料、精细化工材料等系列产品，服务于发电设备、特高压输变电、新能源、智能电网、轨道交通、消费电子、平板显示、电工电器、5G通信等诸多领域。公司产品以其优异的性能和良好的声誉远销50多个国家和地区，与众多国内外知名企业建立长期稳定的合作关系。先后主持（参与）制定国家标准、行业标准64项，其中公司主持起草国家标准9项、行业标准2项，参与制定国家标准24项，参与制定行业标准29项。参与制定的行业标准JB/T12421-2015《变频电机用绝缘材料耐重复脉冲电应力试验方法》获中国机械工业科学技术奖三等奖。电机用绝缘柔软复合材料获得IATF 16949：2016汽车质量管理体系认证证书。东材科技被中国电器工业协会授予绝缘材料行业唯一的“标准化良好行为示范企业”、四川省技术创新发展能力百强第1位、中国石油和化工行业技术创新示范企业，被四川省质量技术监督局确认为四川省首批、绵阳市唯一的“标准化良好行为AAAA企业”。2018年，东材科技党委书记、董事长于少波获得“第三届四川省优秀中国特色社会主义事业建设者”“改革开放40年四川百名杰出民营企业家”“绵阳市优秀民营企业家”等荣誉称号。东材科技的国家发明专利《一种磷系无卤阻燃共聚聚酯的制备方法》获四川省专利奖三等奖。全年申请国家专利155项，授权98项，获国家级重点新产品5项，省部级科技进步奖18项，市级科技进步奖9项。

【绵阳市盛宇新材料有限公司】 绵阳市盛宇新材料有限公司（以下简称盛宇新材料）成立于2012年3月，占地约2公顷，厂房面积4000平方米，注册资金1200万元。盛宇新材料致力于研发、生产和销售改性尼龙、改性聚碳酸酯、改性聚酯、改性聚烯烃、改性聚苯醚、特种工程塑料、热塑性弹性体七大系列产品，广泛应用于汽车、电器、电子、通讯、机械、航空等领域，能为客户提供从通用塑料、工程塑料到特种塑料的全面解决方案，是高起点、高成长的民营高科技企业。有高扭矩先进双螺杆挤出机生产线6条、注塑机10余台，改性工程塑料年产能2万吨，塑料制件年产能5万只。能为用户提供阻燃、增强、增韧、吸水率低、环保系列改性尼龙（PA6、PA66）产品，聚烯烃改性及合金系列产品，聚苯硫醚（PPS）改性及合金系列产品，聚碳酸酯（PC）改性及合金系列产品，聚苯醚（PPE、PPO）改性及合金系列产品等。盛宇新材料是一汽大众、北汽、东风、长虹、百力通、科勒、宗申、富士电机等国内外知名企业的供应商；与四川大学、西南科技大学建立联合实验室，主要跟踪国内外高性能工程塑料领域的研发动态和研发成果，重点开展高性能工程塑料领域的基础应用研究。盛宇新材料技术中心为绵阳市级企业技术中心，主要从事高性能工程塑料的工程化、产业化的应用与开发。至2018年年底，有员工36人；取得发明专利4个，实用新型专利13个；通过质量管理体系ISO 9001：2008，TS16949认证，拥有专业检测设备和仪器20余台。（王月利）

2018年科技城产值超亿元新材料企业名录

表12

序号	企业名称	序号	企业名称
1	攀钢集团四川长城特殊钢有限责任公司	9	四川旭虹光电科技有限公司
2	四川六合锻造股份有限公司	10	绵阳中研磨具有限责任公司
3	四川东材科技集团股份有限公司	11	绵阳美能材料科技有限公司
4	四川龙华光电薄膜股份有限公司	12	四川新为橡塑有限公司
5	江油市鸿翔特殊钢有限公司	13	江油市长祥特殊钢制造有限公司
6	绵阳开元磁性材料有限公司	14	四川威邦科技发展有限公司
7	四川欣达复合材料有限公司	15	江油市重鑫特种金属材料有限公司
8	江油中化炉窑工程有限公司	16	四川开元创亿生物科技有限责任公司

续表

序号	企业名称	序号	企业名称
17	四川鑫鼎新材料有限公司	26	江油市瑞隆精密材料有限公司
18	绵阳西磁磁电有限公司	27	绵阳市盛宇新材料有限公司
19	绵阳高新区三阳塑胶有限责任公司	28	北川天讯新材料有限公司
20	绵阳朗迪新材料有限公司	29	绵阳华通磁件技术有限公司
21	四川清贝科技技术开发有限公司	30	绵阳市东兴绝缘制品有限责任公司
22	绵阳市聚合新材料有限公司	31	江油三丰汽轮机材料有限公司
23	四川金发科技发展有限公司	32	四川中物材料股份有限公司
24	绵阳市胜源耐磨合金厂	33	江油市光巨新材料科技有限公司
25	四川东卓昌和新材料科技有限公司		

（杨丽丽）

节能环保产业

【概况】 2018年，绵阳市围绕建设西部先进制造强市总目标，按照加快建立先进制造业体系、实现高质量发展的总要求，以资源循环利用、高效节能、先进环保等为主攻方向，加大研发投入和创新应用，推动制造与服务协同发展，着力将绵阳建成西部节能装备制造及循环经济发展基地。截至年底，全市节能环保产业新增规模以上企业8家，规模以上企业总数达57家，实现工业总产值152.3亿元，同比增长31.1%。其中产值亿元以下33家，产值1亿元至4亿元15家，产值4亿元至10亿元6家，产值10亿元以上2家，产值30亿元以上1家。全市初步形成游仙区、江油市、经开区等节能环保产业集聚发展区，拥有中金公司、中科成环保等一批具有较强实力和较高知名度的骨干企业，逐步构建跨领域、跨行业、多种经济形式并存的产业发展格局。

【高效节能领域】 2018年，全市高效节能领域发展方向为：持续培育和发展节能矿山装备集群；依托兴事发“中国驰名商标”影响，大力扶持节能门窗做大做强；支持皇龙智能破碎有限公司运用互联网技术和控制方法实现对核心装备产品的定制、远程诊断和维护，实现工业化与信息化的深度融合。龙头企业有：兴事发门窗、川矿(集团)、海立电器、皇龙智能破碎等。产业布局为：江油工业园重点布局节能矿山装备制造；游仙区重点发展节能建筑门窗制造产业。其中江油市集聚川矿（集团）、皇龙破碎、新川矿机等一批中小型节能采矿设备制造企业，呈现集群式发展格局；四川兴事发门窗有限责任公司拥有年产量达150万樘门窗生产能力，年产值达20亿元，名列全国门窗行业前8强，产品向智能化节能方向发展。截至年底，全市高效节能产业有规模以上企业22家，实现工业产值47.2亿元，同比增长24.8%。

【先进环保领域】 2018年，绵阳市先进环保领域发展方向为：以游仙区“互联网+金融服务+仓储物流+标准加工”全国首家金属再生资源循环经济产业综合服务平台建设为重点，加快发展再生金属电子交易结算规模，实现线上回收线下物流的融合，发展“互联网+回收”的再生资源经营模式等节能环保产业新兴业态。危险废弃物处置产业重点围绕核心技术研发，重点发展危险固体废物、废酸废碱、废矿物油综合利用设备和技术研发，实现危险废物的减量化、无害化和资源化，不断壮大产业规模，扩大市场占有率。生活垃圾处理方面，通过工艺整合，以生活垃圾焚烧发电厂为龙头，实现餐厨垃圾、市政污泥和医疗废弃物一体化处置，同时加快余热利用等上下游企业招商，加速推进“中科绵投循环经济产业园”建设。龙头企业有：铜鑫铜业、金循环、中科绵投、锐洋新材料。产业布局为：游仙区重点发展废铜加工、废旧橡胶轮胎综合利用产业；涪城区重点发展生活垃圾一体化处置产业；经开区重点发展危险废弃物综合利用产业。其中游仙区以全省唯一获批的“城市矿产”示范基地为基础，建成以废旧铜加工、废轮胎综合综合利用产业为主的2条较为完整的循环型产业链，形成年产再生铜15万吨、改性胶粉3万吨的生产能力；经开区依托鑫科源、雄晖化工、九洲环保，率先在全省建成具备满足本地、辐射周边的危险废弃物处置能力；中科绵投生活垃圾焚烧发电项目竣工，具备日处理1000吨生活垃圾能力。截至年底，全市先进环保产业有规模以上企业17家，实现工业产值42.4亿元，同比增长27%。

【资源循环利用领域】 2018年，绵阳市依托中物院、中国空气动力研究与发展中心、西南科技大学、绵阳师范学院等科研院所，先后建成“国家烟气脱硫工程技术研究中心”“国家城市污水处理及资源化工程技术研究中心”等，在水处理、大（空）气净化、工业固废处理方面的技术和装备达到国内领先水平。绵阳市资源循环利用领域主攻方向为：重点发展环保技术、设备和产品；水处理技术与装备发展第三代反渗透膜技术和中空纤维膜技术及设备，连续膜过滤中水回用技术与成套设备、一体化膜生物反应器污水处理技术；发展高浓度难降解、高毒性工业有机废水处理、污水污泥深度脱水与综合利用技术及成套设备；大气污染控制技术与装备发展烟气除尘脱硫脱硝脱碳成套设备，机动车尾气治理技术，开发烟气尘重金属污染协同防控、恶臭气体控制等关键技术装备；环保材料与药剂发展中空纤维微滤、超滤、纳滤与反渗透等膜材料，膜组件等产品；发展噪音治理技术、降噪材料、装置等；发展脱硝催化剂、新型复合絮凝剂、消耗臭氧层物质替代产品、生物除臭剂等；环境监测仪器和设备发展各种气体、液体分析仪器，温度、压力及电敏、热敏传感技术和设备，便携式污染分析监测仪器；发展区域环境、生态实时在线监控技术与设备；发展环境质量在线监测与遥感遥测技术和测控系统等智能化、网络化仪器设备；发展生活垃圾无害化处理技术。龙头企业有：北控中科成、振华科技、恒泰科技。产业布局为：游仙区重点发展城市污水处理设备及工程服务；科创区重点布局烟气除尘脱硫脱硝、中空纤维膜及组件、新风净化系统、环境监测仪器仪表等产业。其中游仙区以城镇污水处理工程及服务为主营业务的北控中科成环保集团有限公司年产值达20亿元。科创区依托恒泰环境、美能科技、天佑归谷、久环仪器等企业，在烟气除尘脱硫脱硝、中空纤维膜及组件、新风净化系统、环境监测仪器仪表等方面，具备技术优势。截至年底，全市先进环保产业有规模以上企业18家，实现工业产值62.8亿元，同比增长39.5%。（王月利）

【深圳鑫永丰先进动力电池生产线项目】 该项目于2018年7月签约落户游仙区，根据协议，项目投资方为深圳市鑫永丰科技有限公司，总投资达92亿元，建设日生产能力单班为450万安时动力锂电池单体生产线和电池系统组装线及配套实验室，进行不同规格软包动力锂离子池和电池组（系统）的研发、设计和制造，为电动汽车等应用领域提供绿色环保、高安全、低成本、长寿命、重量轻、体积小的移动储能装置。

【深圳市凯豪达氢能源综合开发应用项目】 项目于2018年7月25日签约落户梓潼县，根据协议，项目投资方为深圳市凯豪达氢能源有限公司，总投资15.5亿元，总用地约22公顷，分3期进行，是该公司四川省首家制氢加氢示范站。一期建设电解水制氢加氢站和城市绿色货运配送工程，二期建设电解水制氢总站项目，三期建设电解水制氢系列设备和氢能源电池制造生产项目。

【重庆新中天（绵阳）循环经济及工业废弃物集中处置项目】 该项目于2018年3月签约落户盐亭县，根据协议，项目投资方为新中天环保股份有限公司，项目总投资10亿元，占地23.33公顷，分3期建设。

【北京国开银信新能源产业集群项目】 该项目于2018年6月签约落户游仙区，根据协议，项目投资方为北京国开银信基金管理有限公司和西藏星宜科晖新能源有限公司，项目总投资130亿元，建设钛酸锂储能电池及染料敏化太阳能电池生产线。

【超节能电暖器项目】 该项目于2018年11月签约落户游仙区，根据协议，项目投资方为四川福天下节能科技有限公司，项目投资16.8亿元，建设3条生产线，年产量达3万台，厂房建筑面积6万平方米，办公楼建设面积6000平方米，年投资收益30亿元。

【安州区清洁化智慧综合能源项目】 该项目于2018年12月签约落户安州区，根据协议，项目投资方为四川新奥能源发展有限公司，项目总投资5.2亿元，分2期建设。

【梓潼北控循环经济产业园项目】 该项目于2018年12月签约落户梓潼县，根据协议，项目投资方为北控城市环保资源投资（中国）有限公司，项目总投资11亿元，建设贵金属污泥及废液资源化中心、无害化处置中心、综合利用中心、安全填埋中心等公用废物资源化利用中心。

（周文婷）

【北控中科成环保集团有限公司】 北控中科成环保集团有限公司成立于2001年，是一家以中国工程物理研究院的创新科技成果为依托，以污水处理投资、技术设计、建设、运营管理、关键设备生产及成套等业务为主业的中外合资专业化水处理集团企业。拥有建设部、国家发改委、国家环保总局等部委颁发的工程设计、咨询和运营管理甲级资质证书，是全国环境保护产业骨干企业和国家高新技术企业、全国十佳优秀污水处理单位。公司先后在四川、山东、广东、湖南、浙江、贵州等地取得16个污水处理项目（其中日处理规模20万吨以上项目4个），总规模近300万吨/天，建成近100万吨/天的污水处理能力，为四川、广东、重庆、甘肃等30余个污水处理厂提供设计等技术服务，资产总额近13亿元。是全国环境保护产业骨干企业和国家高新技术企业、全国十佳优秀污水处理单位；在投资、建设、运营管理污水处理方面形成从业资质、核心工艺、技术研发、专业团队、战略联盟、项目管理及融资等多重优势，是国内污水处理领域具有核心竞争力和一定影响力的专业水处理企业之一。2018年，实现工业产值24.8亿元，同比增长20.4%。

【绵阳铜鑫铜业有限公司】 绵阳铜鑫铜业有限公司是香港上市的中国金属资源利用有限公司下属全资公司，是中金资源集团在绵阳实施再生铜产业集群发展中的重要骨干企业，公司总投资4亿元，总占地10.4公顷，拥有生产厂房4万平方米、科技研发场所1万平方米；拥有拉法特熔炼竖炉1台、平板式节能精炼炉3台、再生铜杆生产线2条、铜拉丝生产线10条，可年产再生铜杆10万吨，产品广泛用于电线电缆、通信线缆行业。公司利用废旧电机、报废汽车、废电线电缆拆解的废杂铜为原料，通过分选、预处理、打包、熔融、连铸连轧、拉丝等工艺，采用智能控制熔融技术、节能燃烧控制技术、余热回收等国内领先技术，产品经四川省冶金产品质量检测检验站资源综合利用专项检验和四川省产品质量检测检验研究院质量鉴定，达到国家GB/T3952—2008《电工用铜线坯》标准，再生铜线坯含铜量≥99.8%，优于国标。2018年，实现工业产值13.2亿元，同比增长264.8%。

【四川矿山机器（集团）有限责任公司】 四川矿山机器（集团）有限责任公司（以下简称川矿集团）是中国装备制造业大型骨干企业之一，企业综合实力连续多年位居中国机械500强以及中国专用设备制造业100强企业、中国建材机械制造20强企业，是中国重型机械工业协会常务理事及破碎粉磨设备专业委员会理事长单位。中国煤炭工业劳动保护科学技术学会副主任委员，被誉为中国西部冶金矿山设备和水泥建材设备领军企业、中国空中索道的摇篮和制造基地。川矿集团始创于1958年，位于江油市，新旧厂区总占地面积近70.66公顷，拥有铸钢、铸铁、木型、锻压、下料、集成等门类齐全的13个车间，拥有各类机械加工设备近2000台（套），集合市场营销、研发、设计、工艺、制造、质量管控、采购、外包、运输、安装调试、EP、EPC工程总承包、维护保养、售后服务等全部机械装备制造业业务流程。2018年，实现工业产值2.2亿元，同比下降5.6%。

【四川兴事发门窗有限责任公司】 四川兴事发门窗有限责任公司是国内大型的门窗生产企业。公司有员工2000余人，资产总额达15亿元。公司主要生产经营防盗安全门、防火门、钢质门、保温门、室内门、自动车库门、楼寓对讲系统、防护窗、防火卷帘门、卷闸门窗等十大系列100余个产品，年产量达150万樘，年产值达11亿元。公司拥有成熟的销售市场和完善的营销、售后服务网络，产品畅销全国20多个省、市、自治区，并远销俄罗斯和中东等20余个国家和地区，与万科、万达、保利、恒大、首创、华润、龙湖等知名房地产企业建立起长期稳定的战略合作伙伴关系。获得50余项专利技术，通过ISO 9001国际质量管理体系认证、ISO 14001环境管理体系认证。“兴事发”商标被国家工商总局认定为“中国驰名商标”，公司技术中心被认定为四川省级企业技术中心。2018年，实现工业产值5.2亿元，同比下降5.8%。 （唐孝吉）

2018年科技城产值超亿元节能环保企业名录

表13

序号	企业名称	序号	企业名称
1	绵阳金循环金属材料有限公司	9	绵阳市振华科技有限公司
2	中科成环保集团股份有限公司	10	四川保和新世纪线缆有限公司
3	绵阳铜鑫铜业有限公司	11	四川铁鹰机械制造有限公司
4	绵阳市中邦节能玻璃有限公司	12	四川三台力达泵业有限公司
5	绵阳海立电器有限公司	13	四川同一热能设备有限公司
6	四川兴事发门窗有限责任公司	14	四川翠微新型建材有限公司
7	四川新金鑫照明科技有限公司	15	四川昊宇龙星科技有限公司
8	绵阳立新科技发展有限公司	16	四川沃姆斯能源技术有限公司

续表

序号	企业名称	序号	企业名称
17	四川恒泰环境技术有限责任公司	21	四川沃姆斯科技有限公司
18	四川矿山机器（集团）有限责任公司	22	绵阳科勤环保科技有限公司
19	四川天丰节能板材有限公司	23	四川绵阳华元航升环保科技有限公司
20	四川同舟化工科技有限公司	24	绵阳蓝奥重型机械制造有限公司

（唐孝吉）

高端装备制造产业

【概况】 2018年，绵阳市制定《2018年高端装备产业重点工作》，明确全市高端装备产业全年任务目标、重点工作及工作措施；制定《高端装备产业年度工作计划》及《绵阳市制造业智能化发展计划》，提出“十三五”产业发展目标及分年度发展目标，明确工作重点，制定工作推进措施，为产业发展奠定基础。对高端装备重点产业（卫星应用及航空装备）发展方向进行梳理，提出产业发展的思路、方向及目标，明确产业发展重点方向。组织召开全市数控机床座谈会，全面分析全市数控机床研制、应用及相关需求情况，并就促进数控机床发展提出建议。组织开展市级系统集成供应商认定申报工作。全年绵阳市高端装备企业主要集中在航空装备、卫星应用、轨道交通装备、智能制造装备领域，实现总产值50.5亿元，同比增长11.3%，产业发展呈现持续健康的发展态势。

【对上争取】 2018年，绵阳市紧盯国家和省“智能制造专项”“四川行动与创新驱动专项”等产业扶持政策动向，加强对上争取力度。向省经信厅汇报项目申报工作，并在全市召开项目申报工作培训会，提升企业项目申报水平。协助指导长虹技佳、四川华丰、绵阳经纬达等20余家企业开展省“四川行动与创新驱动专项”专项资金申报工作。帮助指导四川华丰、旭虹光电等6家企业申报国家智能制造新模式专项。全年共获得省级财政专项5339万元支持，获得工信部智能制造新模式专项3400万元。

【产业调研】 2018年，绵阳市多次对列入统计的四川永贵科技、科莱电梯等27家高端装备规模以上企业及培育升规企业开展调研工作，了解企业经营发展情况和存在不足，宣传产业发展政策，帮助企业协调解决发展中遇到的问题。全年共计48次到高端装备制造企业开展实地调研，梳理企业生产经营问题困难28个，通过单位内部及部门协调，有效解决困难问题15个。

【科莱电梯股份有限公司】 科莱电梯股份有限公司（以下简称科莱电梯）成立于1988年，是一家集电梯开发、设计、制造、销售、安装、改造、维修、售后服务于一体的大型整梯企业。科莱电梯拥有四川科莱立泊停车设备有限公司、四川科莱信息技术有限公司、四川科成机电设备有限公司以及河北科莱电梯有限公司4家全资子公司。其中科莱立泊停车设备有限公司与瑞士、意大利、日本等世界一流的停车设备企业进行全面的技术合作，致力于国际先进的智能立体停车设备的研发、制造、销售和安装维保服务；科莱信息基于物联网概念独立研发信息管理系统，可轻松实现电梯实时监控、故障管理和维保管理，该系统可用于所有品牌的电梯，监控管理规模达万台，客户遍布全国27个省、200余个市；科成机电主营机电产品加工生产，拥有大型、精密的现代化数控设备，可制造高端产品零部件、高端机械零部件等；河北科莱总投资超3亿元，是集研发、生产乘客电梯、观光电梯、医用电梯、载货电梯、商用扶梯、立体车库等为一体的现代化电梯工业园，产品辐射整个华北、华东、华中地区。科莱电梯是国家高新技术企业，拥有国家最高级别电梯制造、安装、改造、维修A级资质，连续四届被四川省人民政府授予“四川名牌”称号；是四川首批电梯安装、改造、维修“A级五星”企业；省级守合同重信用企业；四川省电梯产业知名品牌创建示范区“标杆企业”；四川省著名商标；四川省知识产权试点企业。曾获首届绵阳市人民政府质量奖，是多所高校的教学实践基地及四川省质量技术监督培训中心的“电梯安装维修技师实训基地”。公司拥有国际先进水平的高速电梯制造技术、网络化智能型串行通讯电梯控制技术、永磁同步无齿轮曳引小机房和无机房电梯制造技术等各类电梯研发核心技术。科莱电梯技术中心是四川省企业技术中心，拥有国家专利200余项，其中发明专利30余项；制定高于国家标准的企业标准200余项，参与制定地方性行业法规及标准10余项。公司产品涵盖乘客电梯、观光电梯、自动扶梯、自动人行道等18个系列、191种型号。2018年，产值10.49亿元，同比增长25%。（孟凡东）

【绵阳伦奇机器人有限公司】 绵阳伦奇机器人有限公司（以下简称伦奇机器人）成立于2015年10月，注册资金1000万元。公司注重研发，获得发明专利、实用新型专利、软件著作权共19项。公司是一家科技型中小企业、高新技术企业；是清华大学机械系、西南科技大学实践基地、绵阳中学机器人实训基地；格力、富士康合作伙伴，四川钒钛研究院战略合作伙伴；曾获四川省大学生创新创业大赛第一名、工信部中国互联网+创新创业大赛总决赛第三名、四川省科技金融板优秀企业选拔赛“天府之星”、清华校友会双创比赛“优秀企业”、中国绵阳“科创杯”创新创业大赛总决赛三等奖等荣誉。公司主营业务为选择性自主开发三维拖链、快换装置、PM2.5降尘喷雾装置等部分智能型零部件；差异化开展焊接机器人数据抓取追踪分析系统、超细微物料卸饼机器人、钒钛废料环保机器人等机器人应用研发；与格力智能装备达成战略合作，解决格力四川业务承接困难问题。（刘　刚）

【四川永贵科技有限公司】 四川永贵科技有限公司成立于2008年3月，隶属于浙江永贵电器股份有限公司的全资子公司，是一家专业生产电连接器的高新技术企业。主要研发制造中高档电连接器系列产品，是国内轨道交通用连接器行业龙头，唯一一家为和谐号动车组提供216芯连接器的内资生产企业，占据新能源电动汽车连接器市场份额国内前三。2018年，永贵科技实现工业总产值8.13亿元，同比增长24.9%。（孟凡东）

【骨科手术机器人应用中心绵阳分中心挂牌】 2018年3月15日，骨科手术机器人应用中心绵阳分中心在绵阳骨科医院挂牌。四川省经济和信息化委员会医药产业处处长张忠辉，省医院院长蔡力，市经信委副主任陈曦，绵阳市卫计委、涪城区工信局等单位负责人参加挂牌仪式。2017年11月，由省医院骨科牵头申请的“国家骨科手术机器人应用中心创建项目”得到工信部、国家卫计委正式批准立项。该项目的核心设备为最新一代骨科手术机器人产品——天玑TM。天玑TM骨科手术机器人是国际领先，能够开展脊柱全节段、骨盆及四肢骨折手术的机器人系统。骨科手术机器人应用中心绵阳分中心在绵阳骨科医院挂牌使该项目得以在绵阳应用与推广。

【山西东杰智能西南基地项目】 该项目于2018年7月签约落户游仙区。根据协议，项目投资方为太原东杰车库运营有限公司，总投资30亿元，建设东杰智能西南区（绵阳）运营、生产、研发基地。

【沈阳新松机器人（绵阳）产业园项目】 该项目于2018年7月签约落户江油。根据协议，项目投资方为新松机器人投资有限公司，总投资20亿元，建设“一平台四基地”，即智能制造产业创新服务平台、机器人产业研发创新基地、机器人装备及零部件生产基地、工业4.0产业基地和机器人健康产业基地。（周文婷）

2018年科技城产值超亿元高端装备制造企业名录

表14

序号	企业名称	序号	企业名称
1	四川科莱电梯股份有限公司	8	绵阳流能粉体设备有限公司
2	四川永贵科技有限公司	9	四川惠百民石化机械制造有限公司
3	四川中油天能科技有限公司	10	四川奇石缘科技股份有限公司
4	四川艾格瑞特模具科技股份有限公司	11	绵阳同成智能装备股份有限公司
5	绵阳环阳科技有限公司	12	绵阳市久华机电科技有限公司
6	绵阳市维博电子有限责任公司	13	四川天利科技有限责任公司
7	绵阳龙兴科技有限公司	14	四川高达科技有限公司

（孟凡东）

生物医药产业

【概况】 2018年，全市生物医药产业有规模以上企业25家，拥有四川好医生集团公司、太极集团四川绵阳制药有限公司、太极天诚制药、绵阳一康等一批重点企业。全年生物医药产业实现规模工业产值68.9亿元，同比增长42.6%。全年全市生物医药产业规模占整个生物产业79%以上。一批中小企业发展迅速，四川天雄、附子科技等发展势头强劲。形成以天雄、中坝附子等为代表的中药饮片加工企业；以四川好医生集团公司、太极集团四川绵阳制药有限公司、一康药业等为代表的中成药制造企业；以新华康、美迪康等为代表的植物提取企业；以赛卓药业为代表的化学药制造企业。全市生物医药企业以自主研发为主，与高校科研院所合作为辅进行技术创新，拥有1个国家级企业技术中心（好医生药业技术中心）、1个省级企业技术中心（太极集团四川绵阳制药有限公司技术中心）及4个市级企业技术中心（太极天诚制药技术中心等）。全年持续发展三台涪城麦冬、江油附子、平武天麻等区域特色的中药材品种，其中涪城麦冬种植面积3400公顷，成为全国最大的麦冬生产基地，产量占全国麦冬产量的70%以上；江油附子种植面积353.33公顷；平武天麻266.67公顷。截至年底，全市有规模以上中药材加工企业12家。（王月利）

【中国中药（绵阳）产业园天雄药业生产基地项目】 该项目于2017年8月在安州区工业园区举行项目奠基仪式；2018年10月底，项目厂房、研发楼等主体封顶。根据协议，项目总投资6.68亿元，建设4条中药饮片生产线、10条年提取中药材8000吨的中药配方颗粒提取物的智能化生产线，项目达产后可实现年销售收入30亿元，实现税收1.5亿元。

【香港金鱼（绵阳）智能终端暨生物医疗大数据产业园项目】 该项目于2018年3月签约落户三台县，根据协议，项目投资方为金鱼控股集团有限公司，项目总投资5.2亿元，建设智能终端生产线，并由政府平台公司代建厂房4.68万平方米。

【浙江坤塬环境（绵阳）速酶产业链研发生产项目】 该项目于2018年7月签约落户梓潼经开区。根据协议，项目投资方为浙江坤源环境科技有限公司，总投资12亿元，占地5公顷，投资新建速酶产业链研发生产项目，主要包括速酶系列保健品生产基地、生物酶速酶研究院、博士后流动站、产品展示中心、接待中心、销售中心、电商平台基地及后勤保障基地。

【浙江客商（绵阳）七里花香花卉工艺品、药物制品生产项目】 该项目于2018年3月签约落户盐亭县。根据协议，项目投资方为四川省亿尚农业旅游开发有限公司，项目建设分3期，总投资5亿元。在盐亭县八角镇流转土地100公顷，建设果桑标准种植示范园、花卉工艺品生产基地、花卉观光旅游配套基础设施，建设5000平方米的现代化加工厂房，安装百合冷冻干燥、热烘干燥生产线1条，百合深加工产线3条，配套生产加工设备、化验检测设备、实验研发设备等。种植百合、玫瑰等食赏两用花卉233.33公顷，种植果桑、无花果等保健水果66.67公顷，栽植红枫、红叶石楠等彩叶植物333.33公顷打造休闲观光农业示范园。项目可实现年产值5亿元，年缴税收2000万元，提供就业岗位2000余个。 （周文婷）

【四川好医生药业集团】 四川好医生药业集团（以下简称好医生）成立于1998年，位于绵阳市安州工业园。是集科、工、贸为一体，以药业为核心，致力于“大健康”产业全面发展的大型企业集团。业务集中于医药工业、医药商业、医疗服务、医药研发、中药材种养殖基地、日化工业6个版块，下属有35家全资子公司，产业分布在四川、云南、山西、辽宁。好医生拥有1个国家级企业技术中心、2个省级企业技术中心、1个省级工程技术中心、1个省级重点实验室及2家国家级高新技术企业，是四川省创新型企业；建立三州地区首个省级院士（专家）工作站和国家级博士后科研工作站；与浙江大学、四川大学、澳门大学、澳门科技大学、成都中医药大学、西南民族大学、大理大学、昆明理工大学等国内多所高校科研院所建立产学研合作平台。好医生是工信部“中国医药工业百强企业”“中国中药制药百强”，好医生品牌是“中国驰名商标”。2018年，好医生实现产值38.9亿元，同比增长40.5%。

【太极集团四川绵阳制药有限公司】 太极集团四川绵阳制药有限公司是全国老牌中成药制造企业，是中国企业500强，中国医药工业10强企业，1997年加入太极集团，是太极集团四川地区中成药制剂主要生产基地。公司拥有1个省级企业技术中心、1个市级企业技术中心，拥有3个核心生产基地，占地近53.36公顷，拥有片剂、丸剂、颗粒剂、胶囊剂、酊剂、搽剂、中药饮片等20条现代化的生产线，总投资超过10亿元，年生产能力可达50亿元。获得国家专利120项。太极（TAIJI）商标为中国驰名商标。2018年，实现产值5亿元，同比增长13.7%。

【四川代代为本农业科技有限公司】 四川代代为本农业科技有限公司是川麦冬道地药材产业化省级龙头企业。公司灵活运用“公司+基地+专业合作社+农户”运营模式，以道地药材全产业链数字化管理云平台为工具，率先实现中药农业全程动态追溯，是川麦冬药材及麦冬大健康产品产供销一体化企业。公司拥有1个市级企业技术中心，并成立院士（专家）工作站，与成都中医药大学、华润三九等知名高校和企业联合成立四川省麦冬产业技术研究院，构建川麦冬产学研用平台，发布麦冬须根四川省食品安全地方标准。2018年，实现产值4亿元。 （唐小茜）

食品产业

【概况】 2018年，全市食品产业共有规模以上工业企业156家，其中新增24家；全市食品产业实现规模工业产值360.1亿元，同比增长12.9%，占全市工业总产值的16.2%。全市初步建立农副食品加工业，食品制造业，酒、饮料、精制茶制造和烟草制造业等现代食品工业体系。

全年全市实施《绵阳市食品产业2018年度工作计划》，按照《绵阳市食品产业2018年度工作计划》和《绵阳市工业“十三五”发展规划》等要求，明确食品产业发展重点方向和目标。食品产业在项目建设、重点企业培育、优势行业发展、自主创新能力等方面显著提升。以烟草制造、屠宰及肉类加工、调味品、发酵品制造、酿酒等为重点行业，以梓潼、三台、北川、盐亭和绵阳市城区为重点区域，发展绵阳市食品饮料产业。实施《推进供给侧结构性改革总体方案》《促进全市工业稳增长调结构增效益的若干措施》；强化对食品产业重点布局区域、重点行业、重点企业、重点产品等的监测分析；实施“一业一策”“一企一策”稳增长，对重点企业、困难企业实行“一对一”支持、帮扶。全年做好绵阳新希望六和农牧科技有限公司年产20万吨饲料项目、四川圣菲伦食品有限公司藤椒加工建设项目等重点项目的推进工作。收集储备24个在建、新建食品技改项目，项目总投资6亿元，新增销售收入22亿元。全市建立特色食品在线精品馆，召开食品产业发展工作座谈会，开展以烟草为主的“绵阳特色食品社区行活动”，组织食品企业参加中国农洽会、食博会、茶博会等展会活动，扩大产品知名度。

【四川雪宝乳业集团】 四川雪宝乳业集团有限公司成立于2001年，是一家集奶牛生态养殖、乳与乳制品生产销售为一体的省级农业产业化经营重点龙头企业，其产品研发水平、生产能力、品牌知名度和市场规模在全省乳品企业中位居前列。集团下辖安州区鸿丰奶牛养殖有限公司、四川雪宝矿泉水有限公司、四川雪宝乳业有限公司等7家子公司，总资产达4亿元。产业涵盖乳制品加工、饮料加工、牧业养殖、矿泉水加工、商贸物流、生态农业六大板块。拥有专利70多件，国际先进的乳品生产线29条，年产各类乳制品10余万吨，产品形成“雪宝”牌纸盒装、袋装、联杯装、纸杯装、玻瓶装、碗装、爱克包七大系列60余个奶类细分产品。2018年，集团实现综合产值5.8亿元，同比增长11.2%。

【四川长林肉类食品集团有限公司】 四川长林肉类食品集团有限公司成立于2001年4月，是一家集食品产业、房地产、商业贸易三大产业为一体的集团化企业，拥有10多家全资子公司。食品产业是长林集团主业，有四川、福建、东北三大食品工业园区，形成集生猪养殖、屠宰加工、熟食品深加工、冷链物流为一条龙的食品产业链。是四川省屠宰加工A级企业。公司拥有“长林”“喜福临”“好上好”三大食品品牌。2018年，实现工业产值14.82亿元，同比增长8.7%。

【四川清香园调味品股份有限公司】 四川清香园调味品股份有限公司是四川省最大的酱油生产企业、四川省食品制造企业30强。公司拥有3个调味品专业分厂，采用传统工艺和现代技术生产中坝酱油、食醋、香辣酱、方便调料、复合调料等100余种产品。其中清香园中坝酱油（中坝口蘑酱油）被评为“中国名食”和“中国土特名产”，连续获得“中国调味品著名品牌50强”“四川名牌产品”和“四川著名商标”等荣誉，在全国酱油行业首家获得“中国地理标志保护产品”，并出口北美、东南亚等国家和地区。2018年，实现工业产值5.92亿元，同比增长23.9%。

2018年科技城产值超亿元食品企业一览

表15

序号	企业名称	序号	企业名称
1	绵阳卷烟厂	33	安县志辉油脂工业有限公司
2	绵阳双汇食品有限责任公司	34	江油市睿成粮油制品有限公司
3	四川长林肉类食品集团有限公司	35	四川省绵阳市晞臣食品有限公司
4	绵阳市丰谷酒业有限责任公司	36	四川江油潼江河谷米业有限公司
5	江油市李白故里酒业有限公司	37	四川福欣食品有限公司
6	绵阳仙特米业有限公司	38	四川神龙粮油有限公司
7	绵阳双胞胎饲料有限公司	39	绵阳大北农农牧科技有限公司
8	四川大陈粮油有限公司	40	四川将台酒业有限公司
9	绵阳正大有限公司	41	四川省三台县凯河面粉厂
10	绵阳市游仙粮油购销有限公司	42	四川亿家园生态农业开发有限公司
11	四川铁骑力士实业有限公司	43	四川潮丰粮油有限责任公司
12	绵阳天大饲料有限公司	44	四川新丰酒业有限公司
13	四川金太阳畜牧饲料有限公司	45	四川宏帆粮油有限公司
14	四川大湖粮油有限责任公司（艾尚乐活更名）	46	四川翔风科技有限公司
15	四川国喜饲料科技有限公司	47	梓潼蜀国农业开发有限公司
16	四川清香园调味品股份有限公司	48	四川兰兰食品有限公司
17	四川雪宝乳业有限公司	49	绵阳市亚子调味品有限公司
18	绵阳市永健食品有限公司	50	绵阳紫东食品有限公司
19	绵阳市黎福粮油有限公司（三台黎福加工厂）	51	平武县天源茶业有限责任公司
20	新希望六和股份有限公司	52	四川省冯老汉科技有限公司
21	上海梅林正广和（绵阳）有限公司	53	四川省平武雪宝顶茶业（集团）有限责任公司
22	四川省绿植农业有限责任公司	54	平武县龙泉茶业有限公司
23	绵阳市鸿腾食品有限公司	55	四川绵阳沸泉酒业有限公司
24	绵阳市恒力通企业有限公司	56	绵阳市金麦香食品有限责任公司
25	绵阳市久诚食品有限公司	57	四川冠尚农业开发有限公司
26	安县豪茂魔芋食品有限公司	58	江油市别样红粮油有限责任公司
27	华润雪花啤酒（绵阳）有限责任公司	59	绵阳安福魔芋开发有限公司
28	绵阳市天成肉食品有限公司	60	江油市福田粮油有限公司
29	绵阳市安州区辉达油脂化工有限责任公司	61	绵阳市海晖食品有限公司
30	四川省羌山农牧科技股份有限公司	62	四川富渔达粮油有限公司
31	四川天樱食品有限公司	63	北川维斯特农业发展有限公司
32	江油市彰明金谷植物油有限责任公司		

（张　俊）

化工产业

【概况】 2018年，全市化工产业产值达135亿元，同比增长16.5%；规模以上企业达44家，其中4亿元以上重点企业6家，10亿元以上龙头企业2家。全年持续推进恒胜化工5万吨硫化钠等项目建设，鑫达新能源新材料产业化项目一期等项目竣工达产。实施“领航计划”，支持龙头企业、骨干企业成长壮大，其中利尔化学产值同比增长34.2%。加强小升规企业培育，全年化工产业新增规模以上工企业3家。加强单项冠军企业培育，其中利尔作物、和润电子进入“冲顶行动”培育名单。

2018年，全市化工产业有国家技术中心2个、省级技术中心3个、市级技术中心8个。强化企业技术改造，银河化学“20kt/a电解法制备晶体铬酸酐产业化项目”“10000t/a铬酸钠一步合成水合氧化铬制备氧化铬绿技术升级改造项目”等实现从高能耗向低能耗转型、从控制污染向绿色发展推进、从低附加值向高附加值产品方向发展，增强产品的市场竞争力。

【四川省银河化学股份有限公司】 四川省银河化学股份有限公司是“万吨级碳化法制备红矾钠及铬基新材料”（国家“863”计划）重点项目承担单位。公司是以铬盐化工生产研发为主，集维生素系列精细化工、硫酸系列化工、国际贸易于一体，年产值突破40亿元的企业集团。公司是国家技术创新示范企业，拥有国家级企业技术中心，致力于打造低碳环保、节能高效、循环利用、国际领先的崭新铬盐化工产业。先后承担9个国家产业示范工程，参与15项国家行业标准的制定，拥有40余项自主知识产权。自主研发实施的“碳化法制备红矾钠技术”打破国际封锁与垄断，在铬盐化工生产基础性、关键性领域实现新突破。“高效自循环湿法氧化生产红矾钠技术”具有清洁化、能耗低、效率高、无铬渣产生等突出优势，获得四川省科技进步一等奖和四川省2015年度专利实施与产业化一等奖。公司先后获得“中国质量诚信企业”、全国首批“绿色工厂”“国家技术创新示范企业”“四川企业技术创新发展能力百强”等称号。2018年，实现产值24亿元，同比增长8.8%。

【利尔化学公司】 利尔化学公司主要从事高效、安全类农药的研发、生产和销售，产品包括除草剂、杀虫剂、杀菌剂三大系列共30余个原药、100余个制剂品种以及部分化工中间体。产品出口美国、巴西、阿根廷、澳大利亚等30多个国家和地区，与美国陶氏、德国拜耳等多家国际顶尖农化企业建立长期稳定的战略合作关系。公司是国家高新技术企业、国家火炬计划重点高新技术企业，拥有国家认定企业技术中心、四川省功能杂环化合物工程技术研究中心、四川省杂环农药工程实验室以及四川省院士（专家）工作站，并在国内率先建立农药生物活性检测基地，能同时开展新农药创制、小试、中试、试生产、制剂开发以及生物活性评价等各项农药原药及制剂产品创新研究工作。公司掌握草铵膦合成的关键技术，是国内大型的氯代吡啶类除草剂原药和草铵膦原药生产企业。2018年，实现产值24.5亿元，同比增长34.2%。

【雅化集团绵阳实业有限公司】 雅化集团绵阳实业有限公司（以下简称雅化绵阳公司）始建于1958年，是国家定点专业民爆器材生产企业，是雅化集团的全资子公司。注册资本17710万元，资产总额5亿元，有职工605人，其中各类专业技术人员142人。公司是一家集科研、生产、配送及爆破服务为一体的综合性企业，拥有起爆器材研究所和装备自动化研究所、国家认可实验室，是高新技术企业、专利优势培育企业、省级安全文化示范企业，是ISO 9001、OHSAS 18001、ISO 14001三体系认证企业。公司拥有有效的发明专利35项、实用新型专利35项、省级及以上奖励7项。公司与中国工程物理研究院、南京理工大学、西南科技大学等多家院所、高校建立长期稳定的战略合作关系。主营业务为民用爆破器材生产、销售，主要产品有工业雷管、导爆索、导爆管、电子雷管等五大系列30多个品种，其中“雅化牌”工业雷管、普通导爆索被授予四川省名牌产品称号，“雅化牌”商标被国家工商行政管理总局商标局认定为驰名商标。2018年，实现产值7.3亿元，同比增长16.3%。

2018 年科技城规模以上化工企业一览

表 16

序号	企业名称	序号	企业名称
1	四川晋深新型建材科技有限公司	23	绵阳启明星磷化工有限公司
2	四川美丰梅塞尔气体产品有限公司	24	绵阳天明磷化工有限公司
3	江油市万利化工有限责任公司	25	雅化集团绵阳实业有限公司
4	四川鑫达新能源科技有限公司	26	江油启明星氯碱化工有限责任公司
5	绵阳市综合化工厂	27	四川省绵阳市吉星消防药剂有限公司
6	雅化集团三台化工有限公司	28	绵阳市神龙重科实业有限公司
7	三台县启明星磷酸盐有限公司	29	绵阳市向泰阳化工有限公司
8	四川省银河化学股份有限公司	30	绵阳茂森化工有限责任公司
9	四川利尔作物科学有限公司	31	四川绵阳盛丰磷化工有限责任公司
10	四川江油长特一厂综合服务公司	32	绵阳市安州区路林磷化工有限公司
11	四川美丰化工科技有限责任公司	33	绵阳川钛科技有限公司
12	四川蓝狮科技有限公司	34	四川万稼宜化肥有限公司
13	绵阳市同创化工有限公司	35	绵阳路博润滑油脂有限公司
14	江油宝璐机械有限公司	36	绵阳市联创化工有限公司
15	利尔化学股份有限公司	37	绵阳恒安冶金炉料有限公司
16	绵阳市荣峰化肥有限公司	38	禾大西普化学（四川）有限公司
17	四川省江油市中林化工有限公司	39	安县川磷化工有限公司
18	四川日普精化有限公司	40	绵阳市金鸿饲料有限公司
19	北川泰和新材料有限公司	41	绵阳青山制漆化工有限公司
20	绵阳市建诚化工有限公司	42	四川凯尔油气田技术服务有限公司
21	绵阳市安州区朝阳磷化工有限公司	43	四川久远化工技术有限公司
22	四川同舟化工科技有限公司	44	绵阳澄泓微电子材料有限公司

（唐小茜）

电子商务

【概况】 2018年，绵阳市围绕国家电商示范城市建设，坚持将电子商务和“互联网+”作为现代服务业发展的“一号工程”，坚持新发展新理念，发挥电子商务在培育新业态、创造新需求、拓展新市场等方面的引领作用，推进电子商务与实体经济深度融合，持续推进电子商务规模化、品牌化、品质化发展，加快建设中国西部电商城。全年实现电商网络交易额2902.9亿元，同比增长11.36%，稳居全省第二位；实现网络零售额144.17亿元，同比增长39.86%。

【电商企业培育】 2018年，《绵阳市电子商务产业行动方案（2018年）》等政策性文件编制印发。着重在传统商贸、家居建材、生鲜食品、电子信息等领域培育壮大一批如购食汇、云端363等本土电子商务企业。全年全市重点电商企业总数达205家，其中新增重点电商企业30家。智易家公司在全国238家电商示范企业（2017—2018年度）中位列27名，实现年网络交易额50亿元，成为全市电商行业优秀典范。先后引进汇桔网、喀斯玛（西南）商城运营中心等重大项目，其中汇桔网知商谷于2018年9月正式开园，致力于在绵阳打造汇桔宝企业人工智能大数据产业化云平台、国际知识产权技术转移产业基地等；喀斯玛致力于在绵阳搭建服务科研一体化管理平台、喀斯玛商城西南区域服务平台。

【电商试点示范创建】 2018年，平武县继三台、北川、江油后获批成为国家级电商进农村示范县；安州区创建成为省级电商示范县；科创区电商基地、涪城区千亿电商集聚区、游仙区电商谷获批成为2017—2018年度省级电商示范基地；长虹智易家、普网·药博园获批成为2017—2018国家电子商务示范企业；科瑞等9家企业获批成为2017—2018年度省级电商示范企业。

【电商与其他产业融合发展】 2018年，绵阳市引导农产品生产经营企业、专合组织、种养大户开展农产品网上销售；鼓励工业企业开展个人定制、云制造等新型制造模式，提升营销流通智能化水平。全市2517家服务业企业自建或利用第三方平台，实现电子商务交易额1048.52亿元，网络零售额51.71亿元。全市农业龙头企业电商应用率达100%，实现电子商务交易额39.8亿元，网络零售额16.14亿元。规模以上工业企业电商应用率达92%，实现电子商务交易额1813.77亿元，网络零售额76.32亿元。

【电商公共服务平台建设】 2018年，全市整合电商产业园区、行业协会、电商企业等资源，提升绵阳电子商务公共服务平台水平，发挥9个县级电商运营中心、1620个村级服务网点作用，搭建起信息发布、网点建设、业务拓展培训、孵化等功能于一体的政企对接、产业联合协作公共服务平台。强化电商人才培训，指导举办“2018绵阳企业互联网+社交新零售发展峰会”“电子商务+实体经济融合发展现场会”等活动，全年累计培训6650人次。

【扶贫产品销售平台搭建】 2018年，全市出台《绵阳市创新扶贫产品销售体系促进精准脱贫工作方案》，下发《关于组织扶贫产品流通领域企业申报公益性集体商标标识的通知》，通过开展扶贫产品公益性集体商标申报、扶贫产品市场推介活动、搭建扶贫产品上行物流体系等创新举措，拓宽扶贫产品直通渠道，促进扶贫产品销售。举办“绵阳市扶贫产品展销对接会”，组织市级部门、企业、学校、医院、科研院所等100余家企业单位，42家四川省扶贫产品公益性集体商标企业、48家农特产品专业合作社参加对接会启动仪式，仅启动仪式当天签订扶贫产品采购合同（意向协议）50余个，采购金额达1000余万元。建立绵阳市扶贫产品展销馆，将北川腊肉、香肠，平武香菇、木耳，三台粉条等600余类优质特色扶贫产品进行长期展示展销，构建起便捷、高效、稳定的扶贫产品销售渠道，推动扶贫产品与市场精准对接。组织200余家商场超市、企业，开展各类扶贫产品展销、促销活动近千次，“蜜之源蜂业”“羌山雀舌”“天虹丝绸”等特色扶贫产品知名度提升，销售规模逐步壮大。组织“北川羌妹子”“拓普果业”“台沃生态农业”等50余家扶贫产品生产经营企业参加北京、广州、重庆、南昌站等“川货全国行”活动，成交（协议）金额突破1亿元。

【电商发展模式创新】 2018年，全市发展“双线”贸易、新零售、智能配送等服务，促进交通出行、居住空间、文化娱乐等民生领域数字化发展，促成高水农副产品批发市场、天泰·剑南国际食品城等传统商贸企业加入电商队伍；清香园、丰谷酒业等老字号企业通过在线预订、网订店取（送）等方式为消费者提供个性化产品、服务。经开区领军云仓通过建设“百世店加（邻里）”体系，在全市布局60个社区店，利用百世云仓前置备货功能，结合百世快递、快运行业优势，最快实现同城购物15分钟送达；对接全市100余家企业，基本实现全类目商品覆盖。推进移动支付全覆盖，培育涪城区电子商务示范一条街、马家巷一条街整体商户实现线上移动支付全覆盖。（林　楠）

会展业

【概况】 2018年，全市举办各类展会（含节庆赛事）232场，其中展览57场，展览面积达80.36万平方米；实现会展总收入87亿元，其中会展业直接收入8.7亿元，带动商务、交通、旅游等相关行业收入78.3亿元。中国会展经济研究会发布全国地级市会展指数排名，绵阳市进入全国前50名；科博会组委会办公室秘书处在第十六届中国主办者大会暨会展财富论坛上获得“展览主办机构TOP100”荣誉；绵阳市在2018会展产业发展大会暨改革开放40周年颁奖盛典上获得“改革开放40年，40个优秀会展城市”荣誉，中国（绵阳）科技城国际科技博览会获得“改革开放40年，40个品牌展览会”荣誉；绵阳市在第十七届中国会展会奖产业金手指奖颁奖盛典上获得“最具影响力会展城市”称号，中国（绵阳）科技城国际科技博览会获得“十大政府主导型展览会”称号。

【第六届中国（绵阳）科技城国际科技博览会】 2018年9月6—9日，科技部、四川省人民政府主办，科技部火炬中心、省科技厅、省经信委、省商务局、省投资促进局、省人社厅、省国防科工办、省外侨办、省侨联、省知识产权局、省博览事务局、省贸促会、绵阳市人民政府、中国（绵阳）科技城管委会承办的第六届中国（绵阳）科技城国际科技博览会（以下简称科博会）在中国（绵阳）科技城国际会展中心举行。捷克共和国总统米洛什·泽曼致贺信，对第六届科博会开幕表示祝贺。全国政协副主席、九三学社中央常务副主席邵鸿出席开幕式。四川省委书记彭清华，科技部党组成员、科技日报社社长李平，中央军委科技委副主任辛毅分别致辞。省委副书记、省长尹力主持开幕式。本届科博会展陈总面积达7万平方米，设立4个室内展馆、1个室外大型装备设备展区。四川五大经济区围绕电子信息、新能源新材料、高端装备制造等领域，共推出科技项目400个、展品1300件。首次单独设立7500平方米的北斗技术应用展馆、2100平方米的航空航天展区、2000平方米的核技术应用展区。无人驾驶汽车等一大批中国自主研发的高精尖科技产品和国家重大科技成果集中亮相；科技部组织的国家科学技术奖获奖项目参加巡展；天河二号超级计算机系统等32件重量级展品亮相。国家有关部委、科研院所、高等院校等单位的65位省部级领导和“两院”院士，以及众多业界专家学者和外国政商莅会，参会嘉宾共7500余人。观众达52.1万人次，其中专业观众11.2万人次。科博会共开展主要活动31项；举办中国北斗应用大会、首届空气动力学大会、核医学论坛等高规格、高层次论坛活动37场次，形成各类学术成果70余项；有37个国家、地区参展参会，650余家单位、10319件展品参展。签约各类项目121个，签约金额达904.23亿元。

【第十七届中国西部国际博览会】 2018年9月20—24日，第十七届中国西部国际博览会（以下简称西博会）在西部国际博览城举行。本届西博会设置1325平方米的绵阳馆，来自涪城、游仙、江油等11个县（市、区）、园区的68家企业、近800余件展品参展，涉及电子信息、智能制造、新材料、机械加工、节能环保等多个领域。近千名专业客商先后到展馆现场与参展企业交流沟通、寻求合作，现场意向成交额突破3000万元。西博会期间，全市相关市直部门和企事业单位参加2018“一带一路”华商峰会、第五届西部电子商务发展峰会、第十一届中国西部国际采购商大会、第六届四川农业合作发展大会等38项论坛活动及第十届中国西部投资说明会暨经济合作项目签约仪式等签约活动，共签约合作项目17个，签约金额达122.31亿元。

【第二届中国科技城绵阳现代农业及花卉花艺博览会】 2018年5月3—6日，第二届中国科技城绵阳现代农业及花卉花艺博览会在绵阳会展中心举行。展会由中共绵阳市农工委、市农业局、市林业局、博览事务局主办，由四川城记会展服务有限公司、绵阳科发会展旅游有限公司、四川省双喜文化传播有限公司承办。本届展会展览面积达2万平方米，启用会展中心B馆、C馆及BC馆连廊广场，设置独立展位58个，独立展区12个，汇集参展单位近200家，展品达1000余种。展会期间，共吸引观众4.8万人次（其中专业观众约1.6万人次、普通观众约3.2万人次），现场成交额240余万元，意向成交额960万元，展期举行主题活动15场。县区镇乡组团参展、异地参展、援藏地参展、科研参展、三方机构参展等形式多样参展主体和形式初步呈现。

【2018（第七届）绵阳之春国际车展暨第四届绵德广国际汽车文化节】 2018年4月22日，以“擎奏春之声、律动科技城”为主题的2018（第七届）绵阳之春国际车展暨第四届绵德广国际汽车文化节在绵阳国际会展中心举行。展会由四川尚格莱德会展服务有限公司具体承办，展出面积达10万平方米，展出范围囊括商用车、乘用车房车、新能源汽车等各类车型以及汽车配件等产品，参展品牌80余个，厂家展具50套。展会期间，共吸引约20万人次观展，销售车辆约4800台，累计销售金额7.2亿元。本次展会同期举行“直通俄罗斯世界杯儿童足球”大赛、半价抢车、购车红包墙、第四届拍客节等赏车、玩车、购车主题文化活动，并首次设立驾校观展日。

【2018中国（绵阳）第2届小陶戏·国际儿童戏剧展暨童博会】 2018年9月30—10月4日，2018中国（绵阳）第2届小陶戏·国际儿童戏剧展暨童博会在绵阳会展中心举行。活动期间，共有来自世界各地20多个儿童剧团，进行400多场演出，吸引170多家相关企业的参展，室内外展览面积达4万平方米。开设戏剧教育种子师资培训班、戏剧教育大师班，吸引180余名教师参加培训。40余部原创短剧及原创校园课本剧作汇报展演。举办儿童产业、演艺、艺术教育相关主题论坛3场及各类交流活动10余场次，国内外42位儿童戏剧及艺术教育行业领军人物、专家、学者作论坛主题演讲，吸引200多名亲子产业、儿童戏剧教育、

文化产业行业组织、龙头企业、高等院校和研究机构负责人参会。签署战略合作协议11项，成立全国性儿童剧专委会1个、全国儿童演艺联盟1个、中国国际儿童戏剧节联盟1个。网络在线直播观看人数达56.67万人次。

【城记·第八届绵阳国际汽车展】 2018年11月7—11日，城记·第八届绵阳国际汽车展在绵阳会展中心举行。本届车展启用绵阳国际会展中心4个室内馆及室外北广场，车展展位数量137个，80多个知名汽车品牌携旗下近800款车型参展，实现整车销售4959台，成交额约7.74亿元，近10万人次观展。本届展会汇聚兰博基尼、乔治巴顿、奔驰、宝马、雷克萨斯等高端品牌，大众、通用、福特等国际主流品牌以及上汽、东风、吉利、哈弗等自主品牌，车展现场推出新能源汽车展，同期举办商旅房车展，并设有汽车后市场综合展区、汽车文化体验区、综合区。为增强市民观展体验，组委会首次设立网红打卡墙、观众休息区、互动体验区。同期举办摄影大赛、相亲交友活动以及各类主题发布、互动活动超百场次。 （杨　玲）

物流业

【概况】 2018年，全市物流业营业性货运车辆达19718辆，总吨位达18.16万吨。公路货运量993.66万吨，公路货物周转量110835.75万吨千米。铁路货物到发量5632182吨，同比增长7.46%，其中发送量765850吨，同比增长6.73%，到达量4847769吨，同比增长7.46%。航空货运量22350.5吨，同比增长7.6%。邮政企业和快递企业累计完成业务收入5.52亿元，同比增长12.89%；累计完成业务总量7000.29万件，同比增长6.28%；业务收入累计完成5.54亿元，同比增长16.03%。

【物流通道建设】 2018年，绵西高速建成通车，九绵高速、广平高速及G5成绵高速扩容工程有序推进。G108线绵阳城区过境段改线、S205线绕城改线等18个国省干线新改建项目及S302线等8个国省干线大中修工程加快推进。航空通道发展迅速，通航城市达39个，执飞航空公司21家，实现绵阳到省会城市（除长春外）和经济发达地区主要城市全覆盖，方便客流和物流的互通。

【物流配送体系培育】 2018年，全市推进城乡物流发展，完善县级物流中心、乡镇农村配送站、农村货运网点三级物流体系。其中以江油颐江电子商务产业园为主体的江油市城乡配送体系示范试点项目，完善仓储功能、特色市场及城市配送的功能体系。全年共培育23家省级物流重点联系企业。

【物流信息化平台建设】 2018年，全市推进信息共享，建设绵阳物流核算体系平台，完善与“互联网+”高效物流相适应的政策体系，推动政府部门物流相关信息的开放共享。推进产业融合，依托互联网等信息技术，推进物流业与制造业、商贸业、金融业等融合发展，推动先进信息技术与物流活动深度融合。推进试点示范，结合开展国家“无车承运人”示范工作，推广应用先进信息技术及装备，加快智能化发展步伐。

【重点物流项目建设】 2018年6月，完成2017年现代物流服务体系建设项目考核验收工作。绵阳市2017年现代物流服务体系建设项目申报8个，总投资13136.18万元，完成投资8967.57万元，占总投资68.3%。2017年省级下发补助资金1400万元，按照项目进度划拨到企业资金1280万元，占比91%；市级配套资金到位45万元。申报题为《四川省农产品冷链物流标准化与平台建设研究》的调研课题，通过评审，并被列为省重点物流项目调研课题。10月，确定江油市翔易达网络科技有限公司“江油快递快运城乡生态配送体系建设项目”、绵阳万商红供应链管理有限公司的“毅起送乡镇物流配送体系建设项目”、四川供销兴梓农业科技有限公司的“城乡配送体系建设——农产品仓储加工物流项目”3个项目为2018年绵阳市重点物流项目，给予市重点物流项目扶持资金100万元。（董　洋）

【上海远成集团（绵阳）川北智慧物流城项目】 该项目于2018年3月签约落户三台县。根据协议，项目投资方为远成集团有限公司，项目总投资90亿元，采取“总体规划、分期设计、分步实施”的原则，建设川北物资转运中心、川北城市配送中心、快递快运中心、川北冷链物流中心、医药仓储中心、川北专线物流中心、仓储加工中心、供应链及金融服务中心、车源中心、电商中心、物流信息中心、商贸展示体验中心、物流咨询与培训中心、川北交易结算中心、保税仓库、二类口岸、车辆检测线、物流园区生活配套区等。建设周期为3年，项目全部建成投入运营后，可实现年产值约120亿元，年纳税额约9亿元（含入园企业），带动就业3万人以上。（周文婷）

产业园区
Industrial Park

科技城集中发展区

【概况】 2018年，科技城集中发展区（以下简称集中发展区）建设贯彻落实市委、市政府工作部署和科技城建设“十三五”规划，按照“项目引领、产城并进、全面提速”总体要求，调整和完善集中发展区建设体制机制，形成综合协调、规划建设、产业培育、招商引资、用地保障、资金保障等6个专项工作组，推进基础设施建设，培育优势特色产业，实施招商引资行动，推进建设用地保障，筹集项目建设资金，全面完成各项目标任务。

【《科技城集中发展区建设2018年工作要点》】 2018年，《科技城集中发展区建设2018年工作要点》出台，设立基础设施建设、产业项目建设、招商引资工作、用地和资金保障共四大目标，明确基础设施建设、优势特色产业培育、招商引资行动、用地保障及资金筹措详细任务。基础设施建设目标：实施市政基础设施及公共服务设施项目74个，估算总投资391.90亿元，确保完成投资110亿元。产业项目建设目标：实施产业项目建设59个，估算总投资795.6亿元，确保完成投资154.5亿元，其中工业投资138.2亿元，服务业完成投资15.8亿元。招商引资工作目标：确保新签约项目72个，国内省外到位资金165亿元。用地和资金保障目标：根据基础设施和产业项目建设需要，有效保障集中发展区建设用地和资金需求。

【基础设施建设】 2018年，集中发展区计划实施基础设施项目共计74个（含子项目，共计项目85个），计划完成投资110亿元，实际完成投资115.54亿元，占全年目标任务105%。在建项目42个，开展前期工作（包括准备开展前期工作）的37个；完工项目7个（B11项目及周边地区供水工程、龙门镇绵江路以西污水主干管工程、安州区东辰中小学、长滩河轻度污染水体整治项目、青义场镇污水管网建设项目、京东方220千伏专用变电站及外线项目、游仙区科学城大道），新开工项目1个（东西第二干道安州区段）。

【重大产业项目建设】 2018年，集中发展区计划实施产业培育项目59个，计划完成投资154.5亿元，其中有工业项目46个，计划投资138.2亿元；有现代服务业项目11个，计划投资15.8亿元；有农业项目2个，计划投资0.5亿元。全年完成投资197.31亿元，占目标任务128%，其中46个工业项目完成投资180.88亿元，占目标任务130.88%；11个现代服务业项目完成投资16.11亿元，占目标任务101%；2个农业项目完成投资0.3亿元，项目投资额调整后占目标任务100%。

【招商引资】 2018年，集中发展区计划新签约项目72个，国内省外到位资金165亿元。全年共新签约项目91个，占目标任务126.39%，国内省外资金累计到位206.37亿元，完成目标任务的125%。

【项目用地保障】 2018年，集中发展区完成上报土地利用规划调整项目10个共108.87公顷。四川省下达市本级和安州区建设用地指标共380公顷，全年共用于集中区项目报征指标约400公顷，超计划使用省下达年度指标5%。74个集中区基础设施项目中，有21个项目（含子项目）完成征地，21个项目（含子项目）组卷上报征地，征地面积约433.33公顷。59个产业项目中，完成报批55个。 （曾卫民）

绵阳高新技术产业开发区

【概况】 绵阳高新技术产业开发区（以下简称高新区）是1992年经国务院批准建立的首批国家级高新技术产业开发区之一，下辖永兴、磨家、河边3个建制镇和普明街道办事处，辖区总面积105平方千米，总人口30万人。是国家知识产权试点园区、全国科技服务体系试点园区、全国“十佳电子商务园区”、四川省重点培育的2000亿园区。其发展宗旨为“发展高科技、实现产业化”，推动以高新技术产业、战略性新兴产业为核心的现代化工业和以“互联网+”为龙头的现代服务业发展。全力发展以京东方、长虹、维谛等为代表的电子信息产业，以中国重汽、新晨动力、川汽新能源等为代表的汽车及零部件产业，以金发科技、西磁磁电等为代表的新材料产业等三大主导产业；以大龙网、长虹智易家、光彩国际为代表的电子商务和跨境电商企业，形成完善产业生态链。

2018年，高新区全年实现GDP 342亿元，同

图13 建设中的高新区长虹智能制造产业园

比增长9.9%；企业群体不断壮大，净增“四上”（即规模以上工业企业、资质等级建筑业企业、限额以上批零住餐企业、国家重点服务业企业四类规模以上企业）企业26家，规模以上工业企业、商贸服务业规模以上企业总数双双突破100家，实现历史性突破。投资总额达202.05亿元，同比增长55.9%；消费总额达164.36亿元，同比增长12.5%；进出口总额达184.42亿元，同比增长279%。全社会R&D投入36.6亿元，占GDP比重达10.7%。全区建成重点实验室2家、工程技术中心5家、企业技术中心37家。新增高新技术企业9家、科技型中小企业246家。高新区擦亮叫响“高新服务”品牌，持续开展“最多跑一次，群众最满意”活动，开通业务达90%以上。印发《高新区支持金融业发展实施办法》，兑现企业扶持资金3.6亿元，占财政总收入10%。民营经济持续向好，实现民间投资160.4亿元，同比增长79.5%，占全社会固定资产投资比重达79.3%。高新区加速提升城市能级，城区建成区面积达42.7平方千米，常住人口达12.99万人，城镇化率达到84%。提升城市品质，总投资300亿元的华润产业新城项目签约；永兴棚改项目完成征收512户；草溪河、安昌河整治工程有序推进；城市奥莱、东辰宜家美等城市新商圈升级。招商引资方面，新引进项目99个，其中亿元以上19个、5亿元以上8个、100亿元以上1个。

【园区创新创业】 2018年，高新区依托长虹、九洲、灵通电讯等一批企业群体，有序推进光电产业园、院士产业园等特色园区建设，实现主营业务收入760亿元，同比增长8.5%，占全市比重60%。举办第三届中国创新挑战赛，发布技术需求110项，提供解决方案235个。获批成为国家“双创”升级示范园区。构建“众创空间—孵化器—加速器—产业园”全链条孵化体系，全区孵化面积超27万平方米，民营孵化器占70%以上，在孵企业超1400家。引导区内企业与40多家高校院所开展常态化合作，先后举办“双创”升级发展论坛、重庆大学专家团队技术需求对接会等多场活动，全年实现技术合同成交9101万元。高质量打造金融科技中心，组建4支总规模达62亿元的产业基金，“税鑫融”平台高效运行，用好“园保贷”“应急转贷”“知识产权质押融资”等金融产品，为企业提供全方位金融服务。

【项目服务与建设】 2018年，高新区坚持以项目为中心组织经济工作，实施“项目年”行动，加强重点项目领导联系“直通车”制度、点对点“保姆式”服务等项目服务制度建设。突出重点项目抓投资，抓好总投资539.52亿元的21个省市重点项目，全年完成投资164.02亿元，完成率135.6%。京东方项目于12月8日设备入场并试产，比计划提前2个月；长虹智能制造产业园10月28日开工建设；诚帆科技签约后3个月内竣工投产；草溪河、安昌河综合整治等其他重点项目有序推进。突出重点区域抓投资，推进总投资556.3亿元的24个科技城集中发展区项目，全年完成投资162.85亿元，完成率133%。全年完成固定资产投资202.05亿元，同比增长55.9%，总量保持全市第一。

【高新区招商引资】 2018年，高新区把招商引资作为推动经济高质量发展的“第一抓手”，先后参加德国法兰克福中德（绵阳）创新产业合作平台推介会、英国剑桥企业家投资推介会、中国重汽供应商大会、德国创新型中小企业到绵阳投资交流等推介活动30场次，外出招商16次、协调项目58个。引进总投资300亿元的华润置地产业新城、总投资50亿元的长虹智能制造产业园，以及星途探索、诚帆科技等一大批优质项目，全区累计签约项目99个，全年到位国内省外资金125亿元，同比增长12%，总量保持全市第一。

图14 海立电器生产线

【长虹智能制造产业园开工】 2018年10月28日，长虹智能制造产业园在绵阳高新区集中发展区（河边镇）开工。市委书记刘超出席并宣布开工。苏宁控股、京东方、海思、联发科、极米等长虹上下游企业及友商高层、合作伙伴参加开工仪式。根据长虹规划，产业园是长虹根据绵阳市工业规划布局、重点项目产业规划及自身产业升级需要，按照“技术与产业升级、生产模式创新、制造流程优化、运营能力提升”原则建设的大规模集群型产业园区，总投资约50亿元（一期投资30亿元），总占地面积约86.67公顷。产业园聚焦智能制造智慧显示终端项目，基于现代生态工业园区规划设计理念，运用IE（精益咨询）+IT（信息化）+AT（自动化）技术，以平板电视整机制造为核心，配套相关零部件制造产业，构建智能制造系统，以期建立起国内领先的数字化示范工厂。该产业园建成后，将全面优化长虹产业布局，支持信息家电、产业服务等主营产业发展，提高长虹智能制造技术水平。

【华润集团300亿元产业新城项目签约】 2018年11月7日，高新区产业新城项目签约仪式在香港举行，市委书记刘超、华润集团董事长傅育宁等出席签约仪式。签约仪式上，高新区党工委副书记、管委会主任董泓，华润置地公司高级副总裁兼华西大区总经理吴秉琪代表双方签署《绵阳高新区产业新城（永兴旧城改造）项目投资合作协议书》。协议约定，华润置地公司在高新区永兴镇投资建设产业新城项目，总投资约300亿元，区域规划总面积约166.67公顷，项目建设内容包括历史文化的挖掘及古街的打造、高档精品酒店、商务配套、商业综合体、国际学校等。

（罗盛建）

绵阳经济技术开发区

【概况】 绵阳经济技术开发区（以下简称绵阳经开区）成立于2000年8月，2012年2月与绵阳科技城现代农业科技示范区整合，同年10月升级为国家级经济技术开发区。是绵阳建设中国科技城和西部现代化强市，构建“一核两翼、三区协同”发展格局中“一核”的重要组成部分，为绵阳南主城区。辖塘汛镇、松垭镇和城南街道，实有人口15万人，面积近70平方千米，城市规划面积50平方千米，建成区面积21.5平方千米。是四川省优秀工业园区、四川省新型工业示范基地、四川省“51025”重点产业园区、四川省生态工业园区建设试点园区。2018年，经开区坚持“扩大开放、转型升级”工作主题，抓好稳增长、促改革、调结构、惠民生、防风险各项工作，全力打造“西部先进制造业示范区”。全年辖区实现地区生产总值267.33亿元，同比增长12.3%；工业总产值902.01亿元，同比增长17.86%；“四上”企业主营业收入917.94亿元，同比增长13.76%（以上数据为商务平台数）。全社会固定资产投资73.30亿元，同比增长9.8%；社会消费品零售总额46.95亿元，增速达11.3%；全口径一般公共预算收入131608万元，同比增长25%；地方一般公共预算收入63003万元。帮助旭虹、华丰、豆萁、雪宝等企业争取国家转型升级和“中国制造2025”等专项资金10028万元，从绵商行、农发行等6家机构获得13笔新增贷款，实现融资9.18亿元。新认定科技型中小企业141家，总数达1018家。引进百世快递、万声呼叫中心等项目，战略性新兴产业实现产值46.9亿元。培育规模以上科技型中小企业7家、高新技术企业6家，实现高新技术产业产值52亿元。落户电商企业30余家，电子商务交易规模达7.12亿元。

【项目服务与建设】 2018年，经开区实施“项目攻坚年行动”，持续推进“项目专员”等服务机制，推进项目建设主体责任。全年完成土地整理461公顷，加快推进13个省市重点项目，实现投资27.48亿元，完成全年计划104%，华丰连接器产业园等部分竣工投产，蜀邦环保产业园、九洲环保危废处理等项目建成投产，华丰连接器基地搬迁改造项目加快推进主体建设。全年梳理储备项目67个。做好项目申报和资金争取，帮助企业申请外经贸资金1593万元。加强项目统计入库，年底在库项目93个，新增入库项目49个，总投资80.98亿元。

【招商引资】 2018年，经开区拓展国际合作，在南非、赞比亚、匈牙利等国家和地区开展独立招商活动63次，与日本Billing System株式会社签订绵阳中日合作孵化园战略合作备忘录。探索招商引资服务外包模式，确定向北京市中联加互联网科技发展研究院购买服务。考察走访上海东方龙商务、谷川联行等6家服务外包中介专业机构，促成中国久远激光产业园一期、东旭光电绵阳产业园等项目落地。开展“产业大走访”活动，收集产业链项目信息42条、建议与需求88项。推进招商引资与招智引才协同发展，筹建人力资源市场（人才服务中心），引进4名海外人才、5名博士、70名硕士入区发展，创办科技型中小企业18家。全年新引进项目53个，其中亿元以上项目12个，协议引资83.32亿元。招商引资国内省外到位资金65亿元，完成目标任务的130%。

【基础设施建设】 2018年，经开区建成4个居民点污水管网和木龙河沿线中13、S17截污干管等15.8千米，完成松垭8号路改造工程、三江闸坝路绿地广场项目等一批基础设施建设。完成省道205项目、华丰连接器基地搬迁改造、积家二期等红线范围内项目线路迁改。完成辖区工业污水管网建设，实施松垭镇6号路维修改造、一号路南延段维修改造工程、交通信号灯、标志标线标牌改造等基础设施建设工程。十一中运动场改造项目完工并投入使用，富临实验小学、塘汛小学等改扩建项目持续推进。推进辖区14宗闲置土地问题整改，梳理5.74万平方米节余厂房、8.67公顷可用土地资源和11.8万平方米写字楼、商铺资源。

【长虹空调智能制造产业园正式投产】 2018年12月12日，长虹空调智能制造产业园正式投产。该产业园位于经开区，占地约54.33公顷，项目总投资近11亿元，新建生产厂房22万平方米，成品物流园库房10万平方米，总计建筑面积32万平方米。产业园包括空调内机生产厂房，外机生产厂房，中央空调生产厂房，空调两器、电控、钣金、塑压件生产厂房及配套材料库房、成品库房、综合动力站房等单体建筑30余栋。产业园具备年产600万套家用空调及20万套中央空调的生产能力。加上在广东中山的产能，长虹空调年产能突破1000万套。产业园全面应用行业最新生产制造装备，投入上亿元，新增400余台（套）智能化设备，以“IE（工业工程）+IT（信息化）+AT（自动化）”技术模式为依托，实施智能制造全面升级；以自动化及MES系统建设为主要抓手，结合行业新工艺、新技术、新设备的发展趋势，以及自动化和智能化设备的应用情况，全面推动智能制造建设。产业园整体以整机生产厂房为物流中心，按照“一个流”IE模式，进行工厂及线体工艺布局规划，可实现生产物流效率的最大化和建筑成本的最小化。（马敬明）

绵阳科教创业园区

【概况】 绵阳科教创业园区（以下简称科创区）位于绵阳城区以北的园艺山片区，成立于2001年8月，是绵阳市委、市政府根据党中央、国务院关于建设绵阳科技城的决定而建立的创新创业基地。2006年1月，科创区通过国家发改委审核，成为“绵阳工业园区”，是四川省省级开发区。2011年8月，绵阳市第六次党代会明确“以科创区为主导建设科教创新区”的发展战略，四川省建设绵阳科技城领导小组第十四次会议明确的科技城“一核三区多园”布局中“三区”之一。市委六届十次全会《关于全面创新改革推动率先发展的决定》明确将科创区定位为“科技城创业经济承载地”。科创区是经认定的国家级科技企业孵化器、国家科技创新创业基地、四川省电子商务示范基地、四川省现代服务业科技服务集聚区、四川省

图15 建设中的科技城创新中心三期

大学生创业示范园、四川省知识产权试点园区。2018年，科创区面积13平方千米，辖1个街道办事处，有9个社区，总人口3.6万人，常住人口约14万人。

2018年，科创区实现地区生产总值增长率9.9%，完成目标任务的97.1%；实现规模以上工业增加值增长率10.2%，完成目标任务的100%；实现固定资产投资28.72亿元，完成目标任务的100.5%；实现工业投资3.01亿元，完成全年目标100.3%；实现技改投资5.28亿元，完成目标任务的132%；实现民间投资8.92亿元，完成目标任务的100.2%。园区经济运行总体平稳、稳中有进、稳中向好。截至年底，科创区共聚集各类金融、类金融、投资类企业及中介服务机构122家，中信产业投资基金、硅谷天堂等15家天使、VC、PE在园区设立机构，博石资本、天阔资本、深港投资等18家投资机构对企业进行各类投资。

【工业发展】 2018年，科创区对标北京、上海、深圳、重庆、成都等发达城市，出台《绵阳科创区加强对外开放促进经济发展八十条》。同时，根据2017年的试行政策向企业兑现奖励资金，以四川九州电子股份有限公司为代表的电子信息产业企业获得园区第一批工业发展激励资金431.08万元、第二批工业发展激励资金336.9万元。全年完成全社会固定资产投资29.04亿元，完成工业投资3.01亿元，同比增长42.7%；完成技改投资5.28亿元，同比增长12.6%；民间投资9.41亿元。23个在统工业投资项目，计划总投资11.83亿元，全年累计完成投资3.01亿元，所有项目均按计划正常推进；在统技改项目29个，计划总投资41.80亿元，全年累计完成投资5.28亿元。

【新兴产业发展】 2018年，科创区电子信息和高端装备制造产业实现规模以上工业总产值27.89亿元，同比增长5.71%。其中电子信息产业实现规模以上工业总产值22.40亿元，同比增长2.2%；高端装备制造产业实现规模以上工业总产值5.48亿元，同比增长22.89%。绵阳市“两个一号”工程项目（把引进培育高新技术和战略性新兴产业作为产业发展的“一号工程”，把电子商务和“互联网+”作为现代服务业发展的“一号工程”）引进40个，完成目标任务的133%。

【外贸进出口行业】 2018年，科创区外贸进出口总额达37.4亿元，截至年底，四川长虹佳华信息产品有限责任公司进出口总额达14.64亿元，占园区进出口总额比例达41.05%；四川迪佳通电子有限公司进出口总额达4.73亿元，占园区进出口总额比例的13.26%；四川银河科发国际贸易有限责任公司、四川永贵科技有限公司、绵阳沃思测控技术有限公司、绵阳雷迪创微电子科技有限公司4家企业进出口总额达1.18亿元，占园区进出口总额比例达3.31%；四川九州电子科技股份有限公司进出口总额为3.04亿元，较2017年减少0.84亿元，同比下降21.44%；绵阳美能材料科技有限公司进出口总额为0.31亿元，较2017年减少1.4亿元，同比下降82.08%。

【服务业发展】 2018年，科创区创建国家级电子商务示范基地，投入电商基地使用面积5万平方米，新入驻喀斯玛（北京）科技有限公司、广州博鳌纵横等电商企业和机构，全年完成电子商务交易额508.4亿元，网络零售额达7.6亿元，新增电商企业26家，园区电商企业累计达260余家。服务业增加值为60.36亿元，增长率达12.2%，完成目标任务的114.02%。规模以上服务业企业入库3家，完成目标任务的150%。全年社会消费品零售总额达48亿元，社会消费品零售总额增长率达11.5%，完成目标任务的100%。跟踪、洽谈、推进重点项目54个，完成目标任务的300%。储备、包装、推出项目50个，完成目标任务的340%。重点打造乐荟城、温莎国际周边商业及上马社区特色餐饮业等现代服务业聚集地。打造科技服务集聚区，通过完善中小企业一站式科技服务平台运营（即“微服驿站”），逐渐形成线上云服务平台与线下一站式服务相结合的新型服务模式。

【绵阳流能粉体设备有限公司】 绵阳流能粉体设备有限公司（以下简称流能粉体）成立于2006年，注册资本6800万元。主要从事超细粉碎、分级技术与设备的开发与研制，可针对用户的特殊需求为用户设计并制造最适合、最经济的高品质粉碎、分级设备。流能粉体主导产品有气流粉碎机、气流分级机、蒸汽气流磨、实验室用气流粉碎分级机、分级式冲击磨、超微粉碎机、除尘设备及行业专用超微粉碎分级设备等，客户遍布全国各地及世界20余个国家。拥有流能技术研究所以及一支以教授、研究员、博士20余人为主体的研究队伍，主要研究各种气流粉碎、气流分级、机械粉碎和除尘等超细加工技术及设备。研究所累计承担国家级和省部级重点攻关科研项目22项，获省科技进步奖7项，获国家专利16项，在国内外学术期刊上发表相关学术论文200余篇。2018年，实现产值1.7亿元。

【四川九州电子科技股份有限公司】 四川九州电子科技股份有限公司（以下简称九州电子）由四川九洲电器股份有限公司控股，成立于2000年，注册资本40965万元，是国内产销规模较大、技术水平先进的有线电视宽带网络和数字电视设备专业制造商和系统集成商。九州电子拥有31年广播电视和15年数字电视领域的技术积累和运营经验，自1986年以来CATV产品市场占有率保持国内同行业首位，数字机顶盒市场占有率位居行业前三，连续6年被评为“中国机顶盒市场最具竞争力品牌”“中国机顶盒市场最具影响力品牌”。九州电子是国家“村村通”卫星直播试验平台（CBTV）、国家卫星远程教育平台（CETV）、CCTV互动电视传输平台定点设备供应商，中国广播电视工业协会有线电视分会理事长单位，“中国数字电视产业联盟”“中国数据广播联盟”和“AVS产业联盟”成员单位。公司拥有绵阳本部的四川省级企业技术中心和北京研发分中心，有300余名专业技术开发人员，在数字技术、光通信技术、软件技术及信息处理等高新技术方面积累丰富的技术经验，是多项国家数字电视终端设备标准起草和制订者之一。九州电子在下一代广播电视网、IPTV（网络电视）、机顶盒、光网络、家庭多媒体中心、互联网业务等方面拥有拳头产品，并承担“家庭数字多媒体益智娱乐终端”“面向移动终端的多媒体通用平台软件”“交互式数字电视前端系统的研发及产业化”等多项国家智能家庭重大科技攻关和产业化项目。九州电子具有完整的贴片、插件、组装、测试、老化等全套工艺和大规模批量生产电子产品的生产能力，拥有各类精密加工及检测设备500余台（套），仪器仪表1500余台（套），可实现年产1000万台家庭数字终端设备、110万台（套）以数字电视前端系统设备为主的宽带网络系统设备。在全国设有50个分公司、300多个特约维修服务站，业务范围遍及全国各地及南亚、东南亚、中东地区。截至年底，公司总资产183401万元，净资产为86750万元，负债96651万元，资产负债率52.70%；全年实现销售收入131745万元，利润总额547万元，上缴税金3733万元。

【绵阳美能材料科技有限公司】 绵阳美能材料科技有限公司（以下简称绵阳美能），成立于2007年2月8日，由新加坡美能（Memstar Pte Ltd）出资成立，注册资本1500万美元，是外商独资企业，位于科创区。经营范围有研究、开发、生产新型材料，分离材料，分离技术，膜分离设备；膜分离设备的安装咨询相关服务；销售本企业产品，膜清洗剂、膜系统成套设备加工组装及相关配件零部件的进出口，膜系统运营管理及服务。绵阳美能于2008年5月投产，厂区面积6.55万平方米，生产车间面积1.2万平方米，拥有500万平方米NIPS和300万平方米TIPS的聚偏氟乙烯(PVDF)中空纤维膜组件生产线，是膜制造中心的主要生产基地。可以独立完成NIPS膜组件的整套生产、TIPS（纺丝除外）膜组件的全部工序。2018年，绵阳美能实现产值3.78亿元。

【四川九洲光电科技股份有限公司】 四川九洲光电科技股份有限公司（以下简称九洲光电）是中国电子信息百强企业四川九洲电器集团的控股子公司，注册资本1.74亿元，总资产8.45亿元，净资产2.11亿元。产品致力于高效节能LED产业的发展，专注于景观亮化、轨道交通、机场航站及教育等LED细分市场，为客户提供LED照明/显示整体解决方案。主要产品包括市政景观亮化、LED户内与户外照明、LED显示及封装器件等。2014年8月，九洲光电在全国中小企业股份转让系统挂牌。公司有绵阳和深圳两大运营基地，下辖深圳九洲光电公司、四川九洲半导体照明工程公司、天津九洲光电公司、九洲格瑞普(香港)有限公司4家全资子公司。拥有深圳5万平方米、四川1.2万平方米的超洁净、防静电厂房，建有全系列LED应用产品生产线，具备世界一流水平的全自动半导体产品生产设备，在两大基地均建有专业照明实验室和先进的实验仪器和光学、热学等仿真程序。公司是中国半导体照明工程研发和产业联盟理事单位、广东省半导体照明产业联合创新中心理事单位、中国半导体照明/LED产业与应用联盟常务理事单位、中国半导体照明技术标准工作组成员单位、中国照明电器协会团体会员单位、中国照明学会团体会员单位。作为国家级高新技术企业，公司建有省级企业技术中心，承担4项重大课题、1项国家科技支撑计划项目，有核心专利共97项，其中发明专利17项。公司掌握LED行业产业链上多项核心关键技术，形成以半导体照明、显示应用等为核心的产品研发体系。拥有专业研发人员100余人。九洲光电作为国家半导体照明产品规格接口课题开发承担单位，牵头组织射灯、筒灯产品的规格接口标准制定，参与平面灯、球泡灯产品规格接口标准制定；作为由全世界顶级的LED生产商组成的联盟协会——ZHAGA的成员单位，参与相关技术项目的研究；作为核心成员参与科技部“十城万盏”半导体照明应用工程成都和绵阳LED示范城建设。九洲光电注重质量体系建设，全面通过ISO 9001：2008国际质量体系认证和ISO14001环境体系认证等。顺应产业结构调整和升级的发展趋势，推出符合国家绿色环保、节能减排宏观政策要求的产品，通过CCC、TUV、CE、RoHS、UL、FCC、CB等多项产品认证，并于2012年被纳入节能产品政府采购清单和广东省标杆体系，获得四川省名牌称号，入选2013年四川省地方名优产品推荐目录，获得2013世界照明灯饰行业年度领军品牌、LED行业最具创新性品牌、2015年中国LED照明灯饰行业100强、中国LED照明企业国际竞争力TOP10、中照照明奖、全球半导体照明示范工程100佳等荣誉。在海内外50余地区建立销售网点，产品远销欧洲、美洲、非洲及中东、东南亚地区。2018年，九洲光电实现产值7904.3万元。

【四川迪佳通电子有限公司】 四川迪佳通电子有限公司（以下简称迪佳通）是四川九洲电器集团有限责任公司下属子公司，成立于2001年1月17日，注册资本300万美元，位于科创区。迪佳通致力于在数字电视机顶盒行业的发展，是最早进行DVB等相关技术开发的厂家之一，是数字接收终端产品的主要制造商之一，是集科研、生产、销售为一体的外向型高科技中外合资企业。有员工251人，其中具有大专以上学历的员工169人，占员工总人数68%；研发技术人员196人，占员工总人数78%。拥有良好的管理模式和稳定的管理团队，通过ISO 9001：2008质量管理体系认证，并实行6S体系管理。具有年产1000万台数字机顶盒的生产能力，培养一大批经验丰富的品质检验人员，产品开箱合格率为99.65%；直通率达到99%。迪佳通专注于卫星接收产品、移动通信产品和有线数字机顶盒的创新与突破，在数字电视终端产品的研发上积累丰富的技术和产品经验。在硬件平台的开发上，陆续开发出基于ST、NEC、BROADCOM、CHEERTEK、CONEXANT、LSI、ATI和ALI等方案的多系列产品，尤其是最新型的交互式、高清、数模一体化液晶电视板和IPTV等中高端产品。在软件平台的开发上，注重CA国际厂商的授权和中间件的开发，是全球最早同时获得IRDETO、CONAX、VIACCESS、NDS、NAGRA等CA和中间件的国际授权企业之一，实现NDSCORE、OPENTV、MHEG5、IPANEL中间件的自主集成研发，并开发出DVB-S/S2、DVB-T/T2、DVB-C、ATSC、ISDB、DTMB和IPTV等符合国际国内数字电视接收标准的全系列产品。在国际市场开拓方面，迪佳通和国际零售商Strong、SAGEM、Harvard建立长期稳定的合作关系，提供优质OEM和ODM服务；通过TESCO、WALMART等认证，自有品牌JIUZHOU直接入驻大型卖场；与世界著名运营商展开合作，全程参与项目合作和产品的研发，负责提供个性化、具有特定功能的定制产品。产品远销欧洲、北美、南美、非洲、东南亚、中东等70余个国家和地区。2018年，迪佳通主营业务收入3.5亿元，利润达686.6万元，工业总产值3.72亿元，出口创汇5230万美元，税金156.2万元。

【绵阳新亚科技有限公司】 绵阳新亚科技有限公司（以下简称新亚科技）成立于2003年，注册资本300万元。主要从事磁性材料、磁性测试仪器研发、生产，注塑产品、精密机械制造及模具、LED灯及开关插座的开发、生产，主要为国内外知名厂家提供电子元器件代理。产品通过ISO 9001：2008质量管理体系认证、欧共体的CE认证、美国联邦通讯委员会的FCC认证、日本的PSE、欧盟的ROHS绿色产品认证、CCC认证。2004年，新亚科技开展铁三硼磁粉生产、研究开发，至2018年磁粉年产量可达800吨。2011年底，进军LED领域，开发LED日光灯、LED球泡灯、LED面板灯及高档墙壁开关、插座等系列产品。新亚科技先后获得“绵阳市知名商标”“四川省名牌产品”“绵阳市科创园区先进企业”“绵阳市科创园区纳税大户”“科技型中小企业”等荣誉。2018年，新亚科技实现产值3969.6万元。

【绵阳立德电子股份有限公司】 绵阳立德电子股份有限公司（以下简称立德电子）成立于1999年，注册资本2039.65万元。2015年10月13日，在新三板挂牌。立德电子是一家集医疗器械研制、生产、销售于一体的高新技术企业。专注于射频（RF）技术在医疗领域应用的研究，于2000年首次成功将射频技术用于消化道疾病的治疗。此后又首家报道关于肝癌、肝血管瘤和脾功能亢进症的射频消融治疗。立德电子研制的射频治疗仪和多极射频消融仪系列产品，均具有自主知识产权。2018年，立德电子实现产值7201.1万元。

【四川光发科技有限公司】 四川光发科技有限公司（以下简称光发科技）成立于2011年，注册资本10100万元，位于科创区。主要从事光电子产品、通信设备、网络产品及设备的生产、销售及相关技术服务，仪器仪表销售、网络工程设计、施工、维护等业务。2013年，被认定为科技型中小企业；2014年，被认定为国家高新技术企业。主要产品有光发射机、光接收机、光放大器、光电探测器、接收组件、激光器、光纤阵列、PLC光分路器、FBT光分路器、PDL光分路器、波分复用器、光纤活动连接器、光交接箱、终端盒、接续盒、ODF配线架、机柜、FA、VG

等各种光通信产品，提供FTTX配线设备整体解决方案。产品受控于ISO 9001质量体系，并获得国家广电总局入网许可等证书，及国家多项专利证书。产品广泛应用于广电、电力、三大电信营运商等领域。2018年，光发科技实现产值4742.9万元。

【四川奇石缘科技股份有限公司】 四川奇石缘科技股份有限公司（以下简称奇石缘科技）成立于2003年，注册资本1186.4万元，前身为绵阳市奇石缘科技有限公司，位于科创区。主要从事石英式动态称重系统、土木工程健康监测系统及标准件制程监控系统成套设备（含软件）、应变和压电传感器、自动化测试系统的研发、生产与销售，是经认定的高新技术企业，于2015年9月新三板挂牌上市。奇石缘科技累计完成2000余个车道的中国智慧交通建设，建设实施多项在智能交通、智能环保、智能制造等行业领域的物联网典型示范工程，是行业领头羊。奇石缘科技在绵阳设立全资子公司，在成都、南京、西安等地均设有办事处，形成全国联动的服务网络。奇石缘科技取得30余项国家专利，承担国家级项目4项、省级项目6项，先后通过ISO9001质量体系认证、国家级高新技术企业认证、国家级“双软”企业认证。先后成为中国衡器协会理事单位、中国电子元件行业协会会员单位、中国物联网产业联盟副理事长单位等。获得“四川省诚信守法示范企业”“AAA级信用企业”“四川省先进企业”“优秀高新技术企业”“绵阳市科技型企业‘涌泉计划’”等20余项荣誉。2018年，奇石缘科技实现产值1.42亿元。

【四川帝威能源技术有限公司】 四川帝威能源技术有限公司（以下简称帝威能源）成立于2004年，注册资本2199万元，位于科创区。专业从事新能源电动汽车智能电控系统、GZGW智能交流配电管理系统、GT特种电源、DW新能源汽车充电智能管理系统、节能电机系统和进口弧光保护设备及其软硬件配套产品的研发、生产、销售、安装和服务，是经认定的高新技术企业。承担并完成多项国家及省、市科技课题，取得数十项国家专利及软件著作版权。与重庆大学电气工程学院产学研合作，联合研制DW新能源汽车智能充电、控制管理系统和配电变压器中线电流治理补偿系统及其软硬件配套产品；与国家城市污水与资源化工程技术研究中心联合攻关，开发的节能环保领域（污水处理、生活垃圾焚烧发电与综合处理等）用电气自动化控制与工厂管理系统在多个工程得到应用。帝威能源以中物院、重庆大学、西南科技大学为依托，秉承专家引领，产学研一体理念，聚集科技精英。公司专家委员会有教授（研究员）10人，研发团队成员30余人，其中有博士3人、硕士6人。帝威能源是中国电源学会会员，并通过CCC、ISO质量体系等认证，获得国家产品型号使用证书及国家继电器检测中心型式实验证书。2018年，帝威能源实现产值4900.3万元。

【四川汇邦环保科技有限公司】 四川汇邦环保科技有限公司（以下简称汇邦环保）成立于2012年，注册资本100万元，位于科创区。专业从事有机废水及纯水深度净化处理相关业务。主要生产高品质深度固液分离设备、MCR组件、反渗透设备、无害化处理设备，迅凝沉降药剂以及自动化集成，以及其他相关配套产品；提供传统沼气发酵工艺的改造方案配套、设计制造非标设备，提供现场技术服务，提供污水处理整体化解决方案。产品覆盖全国10多个省市。累计申报科技创新基金1项，获得国家发明专利1项，实用新型专利12项。拥有四川省环境污染防治工程治理证书，是四川省环境保护产业协会会员单位、国家高新技术企业、绵阳市科技型中小企业。获得省科技创新基金奖及四川省绵阳市涌泉奋进团队称号。2018年，汇邦环保实现产值4731.4万元。

【四川福润得数码科技有限责任公司】 四川福润得数码科技有限责任公司（以下简称福润得数码）成立于2004年1月，注册资本2000万元，是中外合资企业、高新技术企业，位于科创区。福润得数码总资产5500万元，生产厂房3500平方米，有员工120人，其中生产员工60人、技术人员33人、销售人员10人、管理人员17人。主要从事高频技术和高频器件的科研开发、生产经营、国际市场拓展及技术服务等业务。福润得数码的数字调谐器、RF调制器系列产品是数字卫星接收机、有线电视机顶盒、卫星定位系统等信息传输终端产品的关键配套器件。产品除为国内主要数字卫星接收机、机顶盒厂家配套外，还出口欧洲、拉美及南亚地区。2009年9月，开始SPB（供应链融资）和数字产品整机销售业务。2011年，开展“数字高频模组、模块电源”产品研发，并在技术路线上从单体高频器件向模块化器件转型。2018年，福润得数码实现产值4484万元。

【四川恒泰环境技术有限责任公司】 四川恒泰环境技术有限责任公司（以下简称恒泰环境）成立于2000年11月，由中国工程物理研究院、四川大学和四川省环境科学研究院等科研院所投资组建，注册资本4480.5万元，位于科创区。是高新技术环保企业、中国环境保护产业骨干企业、中国环保产业协会常务理事单位及国家烟气脱硫工程技术研究中心、国家水污染防治和治理工程技术研究中心的依托单位。主要从事燃煤烟气脱硫、脱硝、除尘、工业废气治理、工业及生活废水处理的技术开发、工程设计、系统集成和工程总承包。拥有环境工程（废气、废水和固体废弃物）专项设计乙级证书及环保工程专业承包一级证书及安全生产许可证、质量、环境和职业健康三体系认证；拥有环境污染治理等级证书甲级资质和环境污染设施运营等级证书甲级资质。拥有从美国玛苏莱公司引进的成熟的石灰石—石膏湿法烟气脱硫技术，并经完善和创新形成一套更贴合国内普遍运行工况的中小锅炉石灰石—石膏法脱硫技术，该技术具有工艺完善、运行稳定、脱硫效率普遍高于达标排放限值、系统能耗低、运行自动化程度高、运行维护人员少、投资少等特点，运用于多个中小锅炉脱硫项目。自主开发的电子束氨法烟气脱硫脱硝技术、脉冲放电等离子体烟气脱硫脱硝技术、活性炭吸附法烟气脱硫技术、软锰矿法烟气脱硫技术等应用于各细分市场。有SCR、SNCR工艺的脱硝工程技术和静电除尘、布袋除尘项目技术。恒泰环境废气治理代表项目有新疆众合4×130吨/小时锅炉脱硫工程、红云红河集团曲靖卷烟厂3×35吨/小时锅炉脱硫工程、华能福州电厂三期2×660兆瓦机组烟气脱硫总承包工程、四川泸州川南发电有限责任公司2×600兆瓦新建机组烟气脱硫总承包工程、中电投石家庄热电二厂3×210吨/小时锅炉烟气脱硫、脱硝、除尘及烟囱防腐总承包工程、江苏新动力（沭阳）热电有限公司3×130吨/小时锅炉烟气脱硫、脱硝、除尘及烟囱防腐总承包工程等。恒泰环境还拥有城市生活污水处理、垃圾填埋场渗滤液处理、高含盐废水处理、高浓度有机废水处理、VOC治理及焦化废水处理等废水处理技术。代表性项目有山西三维高浓度有机废水处理和除臭项目、四川维尼纶厂除臭项目、福建省厦门杏林10万吨/天污水处理厂工程、浙江慈溪5万吨/天污水处理厂工程、绵阳市30万吨/天污水处理厂工程、重庆市船舶公司1500吨/天含油废水及生活污水处理工程、四川省成都132厂3万吨/天污水处理工程、中物院五所1500吨/天电镀废水处理工程等。2018年，恒泰环境实现产值2.17亿元。

【绵阳市京果电子科技有限公司】 绵阳市京果电子科技有限公司（以下简称京果电子）成立于2012年，位于科创区。2015年引入战略投资方绵阳鼎鑫集团后，京果电子进入发展快车道。京果电子是西南地区领先的激光工艺及集成方案提供商，旗下先进激光微细加工及封装工艺中心，为用户提供针对玻璃、陶瓷、蓝宝石、硅、铜、不锈钢以及各种合金材料和薄膜材料提供精细钻孔、切割、刻蚀加工等微细加工以及气密封激光封装服务。与苏州德龙激光股份有限公司联合设立西南地区首家激光工艺应用研发及服务中心。致力于高性能微波、毫米波及光纤通信用的陶瓷、铁氧体等基材薄膜电路以及集成元器件的研发和生产。主要产品有薄膜电路、薄膜电阻器、薄膜衰减器、陶瓷支撑片及热层片以及阻容网络和无源集成器件。与电子科大、西南交通大学以及西南科技大学建立产学研协同创新团队，并在省部共建——四川省非金属材料国家重点实验室设立联合研发中心。为提升产品工艺及质量等级，京果电子在鼎鑫集团所属田奥科技产业园建立封装及工艺中心。2018年，京果电子实现产值3264万元。（李　安）

绵阳市仙海水利风景区

【概况】 绵阳市仙海水利风景区（以下简称仙海区）成立于2003年6月，总面积75平方千米，总人口2.3万，辖15个村、2个居委会。仙海区是四川省第一个国家级水利风景区，是绵阳市唯一一个以旅游为发展主业的园区，也是“国家级水利风景区”“国家AAAA级旅游景区”“四川省旅游度假区”“四川省生态旅游示范区”“四川省安全社区”和“四川省首批‘河湖公园’试点单位”。2018年，仙海区实现地区生产总值8.51亿元，同比增长8.1%；实现服务业增加5.7亿元，同比增长10.8%；完成固定资产投资25.5亿元，同比增长8.5%；实现社会消费品零售额5.76亿元，同比增长12.2%；地方公共财政收入9700万元，同口径增长14.6%；到位内资10亿元；引进外资1681万美元，完成市委、市政府下达目标任务的336%；农民人均纯收入达19784元，同比增长10%；城镇居民可支配收入达36640元，同比增长10%；全年接待境内外游客230万人次，同比增长15%；实现旅游收入4.3亿元，同比增长25%。

【旅游景区规划及建设】 2018年，仙海区按照国家级旅游度假区评定标准（2015年制定），聘请北京慧谷公司和中国城市规划设计研究院修编

图16　仙海龙舟赛

完成《仙海旅游度假区总体规划和沉抗镇控制性详细规划》《仙海区农业产业发展规划》以及土地利用、道路交通、景区改造等专项规划。挖掘仙海区蜀道文化、沉香文化和水文化，形成《仙海历史文化资源挖掘及其旅游产品转化策划案》和《仙海水文化资源的挖掘及其旅游产品转化策划案》，编纂专著《仙海历史文化寻踪》。拍摄家风家规宣传片《大孝大仁刘沉香》；新建“望蜀亭”，重建古驿道。仙海区通过国家AAAA级旅游景区和四川省旅游度假区复核验收。举办第七届绵阳（仙海）端午文化旅游节、2018全国“水文化、水生态、水休闲”博览会、绵阳市第五届风筝比赛、绵阳市第十届健康活力大赛、绵阳市体彩杯定向锦标赛、庆祝改革开放40周年广场舞展演等活动。推出“月月有节庆”活动，以“春游百花、夏赛龙舟、秋赏彩景、冬咏康养”为四季主题，先后举办草莓节、摄影大赛、稻田抓鱼节、首开仙海龙湾足球嘉年华、荧光夜跑等18场主题活动。

【招商引资】 2018年，仙海区党工委、管委会主要领导到北京、上海等地开展叩门式招商活动22次；接待对接企业共83批次、254人。与四川七彩林业开发有限公司签订总投资17亿元的“仙海七彩枫华产业园”项目投资协议，与江苏清悠农业发展有限公司签订总投资10亿元的“诗语阡陌”田园综合体项目投资协议。

【重点项目建设】 2018年是仙海区“项目建设年”，有市级重点项目5个，其中续建项目3个，新开工项目2个；有区级重点项目43个，其中续建项目24个，新开工项目5个，重点跟进14个，计划总投资113.9亿元，年度投资25.66亿元。政府投资方面，按期完成黄金村片区及徐家桥片区棚户区改造项目投标工作；投资1亿元建设仙海环湖景观项目；投资600万元启动仙海幼儿园改扩建项目；投资1200万元启动绵梓路照明工程建设项目。企业投资方面，持续推进锦烁酒店、铂金海岸酒店、首开·仙海龙湾二期、展易二期等项目建设，铂金海岸酒店、锦烁酒店完成装修并试营业，有序推进海地达·海珀澜山、橘子功成旅游商业综合体、教育旅游康养产业园等市级重点项目工程。

【乡村旅游产业发展】 2018年，仙海区将农房改造景观化、基础设施城市化、配套设施现代化、景观打造生态化、土地开发集约化融入《仙海乡村休闲旅游产业发展规划》，坚持业态错位布局，探索施行“一村一品”“一湾一色”“一点一景”的差异化发展策略。通过举办桃花节、采摘节等活动，发展特色农家乐。荣华生态山庄、黎家大院、秸福生态农庄、福地杨宅等农家乐建成并对外营业；全区星级乡村酒店和农家乐达10家。龙源会议中心被省旅游协会评为五星级乡村酒店，聚多鑫生态鱼庄被市旅游协会评为三星级农家乐。“萄源仙谷”接待游客4.6万人，实现旅游经济收入1050万元。举办旅游从业人员技能提升培训、讲解人员培训共4期，参与理论和实操系统培训280余人。全年共接到投诉和情况反映共7起，同比减少60%。

【绵阳市江河湖库水系连通（引沉济芙）工程】 绵阳市江河湖库水系连通（引沉济芙）工程（以下简称引沉济芙工程）于2018年经区经投局规划立项，2018年3月经省水利厅核准。项目计划通过长河堰湖库水系连通工程的建设和长河堰小流域综合治理，优化水资源配置，改善芙蓉溪的水质，提高水生态环境质量和水安全保障能力，提升仙海水利风景区旅游品质，促进当地经济社会可持续发展及水生态文明建设。项目建设地点位于绵阳市仙海区长河堰流域。项目分为连通工程、堤防（护岸）工程、蓄水工程、排洪涝工程、道路桥梁工程、绿化工程及水文化建设、截污防治及观测管理8部分，项目总投资为

14979.19万元，项目资金来源为财政投资（中央财政支持及地方财政配套）。项目计划于2019年9月开始建设，2020年12月建成。

知识链接：

“引沉济芙”即沉抗水库调水补济芙蓉溪。该工程是节水生态环保工程，除采取放水的方式缓解芙蓉溪枯期无流量，以保持溪内水流通畅、优化水质，满足生态水要求外，还通过修建渔父村橡胶坝、东芙橡胶坝来抬高水位，形成梯级人工湖面。

【仙海区通过国家AAAA级旅游景区和四川省旅游度假区复核验收】 2018年9月28日，省旅游资源规划开发质量评定委员会组成的复核小组到仙海开展国家AAAA级旅游景区暨四川省旅游度假区复核验收。复核小组、区管委会主要领导及各部门负责人、涉旅企业参加复核汇报会。复核小组听取仙海旅游度假区提升优化工作开展情况的汇报，查阅相关档案资料，实地查勘游客中心、旅游监控中心、好运码头、游客休憩区、旅游购物点、医疗救治点和旅游厕所等场所，并对景区旅游交通、游览服务、综合服务、特色文化、信息化、旅游安全、综合管理、资源和环境保护等8方面工作进行检查。复核小组肯定仙海在建设发展、资源保护、规范管理等方面所做工作，认定仙海区通过国家AAAA级旅游景区和四川省旅游度假区复核验收。

【第七届绵阳（仙海）端午文化旅游节】 2018年6月16—18日，仙海区举办2018年第七届绵阳（仙海）端午文化旅游节。旅游节期间举办仙海端午龙舟赛，共48支龙舟队参赛；开展水上表演、民俗文化表演、端午游园会、帐篷节、青少年书画赛与朗诵赛、文创集市等系列文化活动。6月17日，仙海端午龙舟赛被中央电视台《新闻联播》报道，并吸引《光明日报》、新华社、四川卫视等媒体关注。端午文化旅游节共接待省内外游客13.2万人次，同比增长30%；实现旅游综合收入1426万元，同比增长31%。

【2018全国“水文化·水生态·水休闲”博览会】 2018年11月2—4日，2018中国“水文化·水生态·水休闲”博览会在仙海区召开，来自全国22个省（直辖市）的部分水利厅、水利风景区、投资单位、运营单位、设备厂商等近200家单位参会。博览会期间，举行专题展览、中国（仙海）首届河湖旅游产业发展高峰论坛、第五届全国水利风景区招商引资洽谈会、水文化发展论坛、河湖水生态治理技术研讨会等。

【“仙海七彩枫华产业园”项目】 2018年7月18日，四川七彩林业开发有限公司与仙海区管委会签订总投资为17亿元的“仙海七彩枫华产业园”投资框架协议。该项目规划占地约100公顷，项目地址位于仙海区沉香村及长河堰村，项目以彩色植物产业为主导，以花木交易为支撑，以醇熟花园生活为吸引，打造以农林产业为主导，集科技研发、展览交易、产业孵化、文创旅游等功能于一体的优势产业集群，构建生产、生活、生态“三生融合”的社区空间，旨在为常住居民、创客人士、入驻企业等打造一个职住平衡、宜居宜业宜游的幸福美丽产业园。

【“诗语阡陌”田园综合体项目】 2018年9月11日，江苏清悠农业发展有限公司与仙海区管委会签订投资约10亿元的“诗语阡陌”田园综合体项目投资协议。该项目占地约15公顷，项目地址位于仙海区黄金村、铜瓦村范围内，拟在仙海建设集康养、旅游和文化等元素为一体的田园综合体项目。

（吉　敏）

金家林总部经济试验区

【概况】 中国（绵阳）科技城金家林总部经济试验区（以下简称金家林试验区）成立于2010年4月，规划面积24.5平方千米，建成面积7平方千米，位于绵阳市主城区中部偏西，与高新区、安州区交会，是绵阳承载成德绵一体化发展的重要区域。根据绵阳市城市发展规划和科技城集中发展区规划，金家林试验区全域被纳入科技城集中发展区，处于绵阳城市规划建设的新中心范围内。园区集聚发展信息安全、科技服务、现代金融、总部经济、高端商住等产业集群，计划建设绵阳城市新中心、产城融合示范区。集聚以奇安信集团、盛世光明为代表的信息安全类企业10家，以科美光电为代表的智能制造企业17家，以虹美智能为代表的软件开发企业52家。2018年，金家林试验区实现规模工业产值29.45亿元，同比增长24.9%；实现软件企业业务收入17亿元，同比增长13.3%；完成固定资产投资59亿元，同比增长48.3%；实现财政收入4800万元，同比增长22.6%。有高新技术企业14家，市级以上技术中心6个。

2018年，金家林试验区签约项目18个，引进亿元项目2个（北京盛世光明、科技城捷税宝），引进5亿元项目2个（板载光子服务器二期项目、绵九高速总部），引进20亿元项目1个（九洲千城城市综合体），引进50亿元项目1个（浙江四川商会区域总部）。引进“两新”产业项目13个（长虹云计算、通创光子服务器、安鼎泰基金、鼎浩发展基金、沃升节能、陆垚控制技术、众易智能安防、安庭轩环保科技、新锐翔科技、贰叁伍生物科技、世平科技、普司诺科技等）。跟踪、推进重点项目40个，储备、包装、推出项目55个。

【电子信息和高端装备制造业】 2018年，金家林试验区入驻工业企业44家，其中规模以上工业企业14家。金家林试验区集聚形成以四川华拓光通信股份有限公司、四川九强通信科技有限公司、绵阳捷智光电科技为代表的电子信息产业，全年电子信息产业实现总产值12.5亿元。形成以四川永贵科技有限公司、时代铁人为代表的高端装备制造产业，全年实现高端装备制造产业产值15.6亿元。

【科技城软件产业园】 科技城软件产业园启动于2013年11月，规划建设面积53.33公顷，分3期建设。至2018年，一期6万平方米建成投用。软件产业园先后被认定为“国家级科技企业孵化器”“省级科技企业孵化器”“省级信息安全产业示范园区”“省级大学生创新创业园区”“省级版权示范园区”“市级文化产业示范园区”“市级电子商务产业园区”。软件产业园搭建人才、金融、创新、政务、商务、生活六大服务平台，引进专业园区运营管理公司亿达中国控股有限公司，对园区进行市场化管理运营，为园区提供更加专业化、全方位的产业发展服务。通过与中物院、西南科技大学、绵阳职业技术学院等科研院所及高校的合作，采用校（院）地合作、政产学研用的模式，推动企业创新发展。软件产业园集聚人才3000余人，入驻企业127家，累计注册企业465家，其中培育高新技术企业17家、科技型中小企业305家。截至年底，软件园实现税收近4000万元。

【重大产业项目建设】 2018年，金家林试验区实施重大产业项目16个，其中新建项目10个、续建项目6个。核医学中心项目，投资29.2亿元，占地31.4公顷，完成项目用地拆迁，完成项目一期交地，启动二期用地报征程序。永贵光电连接器项目，计划投资2.5亿元，建设3万平方米电子厂房、研发中心，完成平场和围墙修建，土地摘牌并开工建设。西部土壤修复及检测中心项目，计划投资1.5亿元，占地1.33公顷，建设2万平方米的土壤修复及检测中心，完成地块拆迁，启动土地出让工作。低密度高端商住项目，投资16亿元，占地25.33公顷，建设30万平方米的高端居住区，项目完成地块摘牌。智能终端产业园项目，由汇鑫公司采取EPC+融资方式建设，占地6.67公顷，建设10万平方米高端研发办公、生产厂房，启动土地出让程序，基本建成完工。基金小镇项目，选址总部城，完成装修工程，达到入驻条件，签约中科招商、申万长虹、长虹川富、中资国本等8家基金。板载光子服务器项目，投资1.5亿元，建设超100G新型光模块和板载光子服务器研发中心和生产基地，部分设备到货。绵九高速公司总部项目，由绵九高速公路公司投资建设，投资3亿元，占地10公顷，建设办公研发、检测中心、监控中心、职工公寓及生活配套用房等设施，完成地块拆迁，启动土地出让工作。成绵乐运营中心项目投资约1亿元，占地1.93公顷，计划建设成绵乐公司绵阳项目总部，完成土地摘牌。

【奇安信集团网络空间安全产业园】 2018年3月29日，奇安信集团网络空间安全产业园——奇安信集团三大战略中心在金家林总部经济试验区举行启动仪式。在绵阳落地的奇安信集团三大战略中心分别是奇安信集团安全运营服务总部、奇安信集团网络安全人才培养绵阳基地、网络空间安全创新中心绵阳分中心。奇安信集团网络空间安全产业园项目占地24公顷，建设办公楼、大数据实验室、科研教学楼、员工公寓、学员宿舍、食堂及配套用房等。5—10月，奇安信绵阳培训基地培训培养289名信息安全专业人才，其中127人完成培训并实现上岗。

【北京盛世光明】 北京盛世光明项目由北京盛世光明软件股份有限公司投资，分3期建设。一期项目规划投资5000万元，铺设网络审计基站设备，搭建数据中心平台，搭建运营增值服务平台，成立研发中心等；二期项目规划投资6000万元，建设全国连锁特品汇博览园和O2O平台运营等；三期项目规划投资4000万元，创建爱老会所、爱老基金、公益基金等；主要服务智慧城市建设、商家商圈、特色产品电商运营，老年大健康产业、智能产品推广，以及新产品定制研发等。北京盛世光明软件股份有限公司创建于1998年，2013年在新三板挂牌。公司专注于公共网络的互联网审计、大数据分析领域，为政府提供无线上网审计等服务。产品覆盖全国200余个地市的20多万个场所、近5000万人群。致力于网络安全领域高端产品的设计、研发、集成和运营，产品包括移动安全态势感知、舆情分析平台、电子围栏等，并为客户提供一体化解决方案，客户群体包括金融、教育等多个行业。

【科技城捷税宝】 科技城捷税宝项目由上海普道财务咨询有限公司在金家林试验区投资建设，由金家林总部经济试验区联合上海普道财务咨询有限公司对外招商，引进符合金家林总部经济试验区要求的企业。上海普道财务咨询有限公司初创于2006年，用户规模超30万人次，捷税宝注册用户超10万人次，付费用户1.6万家，专业技术人员超过200人，线下销售人员超过2000名。公司专注于提供一站式财税外包服务，包括工商、社保、财税、法律、知识产权、企业培训、整合营销等服务。旗下拥有捷税宝、捷财、捷标、捷帐、国际业务等相关垂直领域产品服务。

【绵九高速总部项目】 四川绵九高速公路有限责任公司总部基地项目由四川绵九高速公路有限责任公司投资建设。该基地投资约3亿元，建成后包括公司办公大楼，中国西部高危地质、高寒、高海拔地区高速公路建设研究中心，中国西部山区高速公路建设试验检测中心，信息安全大数据采集处理平台，职工公寓及生活配套设施等。四川绵九高速公路有限责任公司主要承担国家重点项目国道8513线绵阳至九寨沟高速公路的建设。公司经营范围有高速公路、桥梁及相关配套设施的投资、开发、施工、经营，电力、旅游、生态农业及房地产投资、开发、经营等。

【九洲千城城市综合体项目】 九洲千城城市综合体项目由九洲千城置业有限责任公司投资建设，项目分三大块。项目一期计划投资约7亿元，征地10公顷，建设高层次人才配套住房项目。项目二期计划投资约7亿元，征地6公顷，建设大型集中商业区和康养配套项目。项目三期投资约6亿元，征地6.87公顷，建设高层次人才配套住房项目二期。

【永贵光电连接器项目】 项目拟投资25000万元，其中建设投资20039万元，铺底流动资金4961万元。项目占地4公顷，其中拟新建研发、生产及辅助设施4.5万平方米；购置关键仪器、设备及软件约300台（套）；建设15条生产线。建成达产后，形成年产光电连接器产品120万套（只）的生产能力，产品主要用于通信等领域，可实现年销售收入31200万元、利税6815万元。2018年，项目取得土地使用权不动产登记证，完成地勘和规划方案审批备案，取得建设用地规划许可证和建设工程规划许可证。

【西部环境污染监测与修复信息中心项目】 西部环境污染监测与修复信息中心项目由绵阳荣耀科技有限公司联合西南科技大学建设。投资近2亿元，建立占约2公顷。包括办公及管理用房、实验分析测试中心用房、食堂及员工公寓、环保应急物资储备库房、会展用房、其他库房以及分析测试技术平台与数据收集处理服务平台。项目计划建立一个服务于川西北地区乃至全国各地的环境信息技术平台，该平台可为西部地区的企事业单位及政府部门以及社会公众需求提供包括环境污染监测与检测、环境安全评价、环境污染修复等一系列技术服务和支持；同时项目计划依托环境信息技术平台的支持打造一个面向周边学生和市民进行环保科普宣传的科教基地及会展服务平台。

（向　衷）

绵阳游仙高新技术产业园区

【概况】 绵阳游仙高新技术产业园区（以下简称园区），前身为游仙经济开发区。2010年5月，经绵阳市人民政府批准成立；2012年12月，被省发改委批准为省级循环经济示范园区；2013年4月，被省政府批准升级为省级经济开发区；2013年6月，列为四川省“51025”重点产业园区发展计划500亿元园区重点培育对象；2013年9月，园区保和富山再生资源产业园被国家发改委、财政部批复为第四批国家“城市矿产”示范基地；2014年8月，获评四川最具投资价值产业园区；2014年11月，获批“省级知识产权试点园区”；2015年1月，获批“国家循环经济教育示范园区”；2016年，被省人社厅等部门评为“四川省模范劳动关系和谐工业园区”；2018年3月，游仙经开区被省政府批复为省级高新技术产业园区。园区核心区域面积为5.47平方千米，辐射区域面积21.16平方千米，近期规划面积36.88平方千米，远期规划面积50平方千米。园区由南区、北区、东区组成。重点打造循环经济示范园、光电产业园、新材料产业园、电梯产业园、化工工业园等六大专业园区。园区有国家级重点实验室3个、国家高新技术企业12个、省级技术中心8个、市级技术中心17个、企业技术中心33个、产学研用合作技术创新组织4个，获国家、省、部科技进步奖项目8个，中国驰名商标4个，四川省著名商标17个，园区有东材科技、开元磁材、科莱电梯等骨干企业。2018年，园区实现主营业务收入650亿元，同比增长21.7%；税收收入10.01亿元，同比增长19.45%；固定资产投资132亿元，同比增长20%，实现固定资产投资67.2亿元，同比增长8%，实现规模工业总产值460亿元，同比增长21%；实现工业（含技改）投资28亿元，同比增长23%；实现招商引资到位资金42.1亿元，同比增长22.4%。

【园区重点项目建设】 2018年，园区南区全力推进诺思（绵阳）微系统新基地、五洲新春汽车轴承及配件、奥格莱壁挂炉换热器生产、新能源产业集群等20个重点项目建设。南区全年争取产业引导、重点项目、二期基础设施建设、化债资金等共13笔、1.38亿元项目资金；争取园区收益债30亿元，其中到位10亿元。北区按照“新签约项目开工，现有项目达产”要求，全年完成工业技改投资12.6亿元，实现工业产值90亿元，全年争取省财政的园区统建安置房及拆迁安置化债资金、省发改委基础设施建设引导资金等共35940万元。北区石马中尚公司过渡性加速器改造项目厂房基本竣工；东林广康水利公司过渡性加速器改造项目建设平稳推进；大功率节能LED特种照明器材研发与生产线建设项目试生产；电梯整机项目竣工投产；数字视听产品及出口加工基地二期竣工投产。

【园区基础设施】 2018年，园区南区续建及新开工建设项目14个，总投资4.6亿元，计划完成投资1.45亿元，实际完成投资1.53亿元，实际完工项目7个。新建成并投入使用道路1.2千米，铺设雨污水管网3.8千米，完成绿化建设约9万平方米，场平土地37.33公顷。完成水、强电、弱电、燃气迁改项目16个共80余千米，完成投资1093万元。三期统建房（7栋226套）完成前期工作，启动基础开挖，完成投资500万。全年完成项目财评10个，完成项目审计12个。北区基础设施建设项目任务7个，其中续建项目5个、新开建项目2个，项目估算总投资52.71亿元。全年计划完成投资26.28亿元，实际完成26.436亿元，占年度计划的100.6%，其中全面完工项目1个。

【招商引资】 2018年，园区依托“2018中国西部国际博览会”“第六届中国（绵阳）科技城国际博览会”等大型平台，瞄准深港澳、京津冀、珠三角、长三角等发达地区，探索创新招商方式，通过产业链招商、平台招商、联动招商、人脉招商等方式收集项目信息，建立项目动态管理平台，加强统筹推进力度，开展政企、校企对接交流与合作，推动一批投资强度高、经济效益好的优质项目落户园区，实现招大引强新突破。其中南区招引投资130亿元的新能源产业集群项目、投资128亿元的诺思（绵阳）微系统基地项目、投资30.5亿元的四川移柯物联网智慧产业园、投资15亿元的五洲新春新材料、投资1.5亿元的奥格莱壁挂炉热交换器生产等12个重大项目，协议引资总额达到346.5亿元。北区在各类博览会上签约项目7个，概算总投资188.3亿元；引进中尚能源、尚道电梯、高达科技、兵装集团、恒创锐通、铯铷科技等项目22个，概算总投资95亿元；跟踪在谈铂瑞能源分布式能源站、恒创锐通等项目40个，概算总投资超200亿元；完成工商注册入园企业21家。

【拆迁安置】 2018年，园区南区涉及拆迁项目19个，其中完成11个，持续推进8个；拆迁范围包括小枧沟镇7个村23个社、市经开区1个村2个社，拆迁农房805户，拆迁企业5家、迁坟265座，青苗补偿86.67公顷；同时完成移柯科技、五洲新春等6个重点项目28.1公顷供地工作。北区首期启动400公顷范围内应拆农房1313家，签订农家拆迁补偿协议1273家，完成1243家农房拆迁；应拆迁企业37家，完成37家企业的清点丈量和评估工作，签订企业拆迁协议28家，完成20家企业拆迁，累计支付各类拆迁补偿资金约5.6亿元。组织第一批209名社保名额公示，对进入报征待审程序的三、四、六号地块所涉452名社保名额进行预下达。

【科技城电梯产业园建设】 中国科技城电梯产业园是以电梯全产业链为主的智能制造专业化园区。该园区位于中国科技城集中发展区、游仙高新区北区（石马镇、东林乡），规划面积5平方千米，首期（石马）启动建设2.5平方千米，二期选址在东林镇，距园区一期约500米，规划面积约200公顷。2015年10月以来，科莱电梯、中科西奥电梯、绵州通力电梯、四川腾达电梯、佛斯特电梯、美艺包装、四川广丰层门控制器、振华科技、科莱信息9家企业相继建成投产，经中国质量认证中心最新评定，园区区域品牌价值评估为51.14亿元。其中科莱电梯公司产值以每年25%以上的速度高速增长，2018年公司实现年产值10亿元。（刘亚玲）

安州工业园区

【概况】 四川绵阳安州工业园区（以下简称安州工业园区）是省级工业开发区、四川省“51025”重点产业园区、四川省知识产权试点园区，被纳入绵阳国家科技城集中发展区规划建设。2015年，绵阳市委、市政府批复成立四川绵阳汽车产业园，与安州工业园区实行“两块牌子、一套人马”，打造四川省第二大汽车基地。2018年，安州工业园区工业总产值实现247.2亿元，同比增长23.22%；规模企业利润实现11.4亿元，同比增长13.13%。其中核心区63家规模以上企业工业总产值实现140.29亿元，同比增长32.65%；利润实现7.31亿元，同比增长19.44%；核心区税收实现1.38亿元；新增规模企业7家。2018年8月1日，安州工业园区经省经信委认定，成为四川省新型工业化产业示范基地。

【重大项目建设】 2018年，安州工业园区以项目服务为中心，着力推动重大项目建设，全年纳入全区重大项目推进计划的项目共12个。其中久信科技正式投产；久远智能、通泰通讯进行设备调试和厂房装修；新希望六和、新华内燃机、中国中药进行基础施工或主体施工；麦思威尔、启明星绵能、华晨汽车办理行政许可和项目设计；年内威马汽车自动驾驶示范园暨试验试制中心、安州·长虹双创工业园先后开工建设。

【汽车产业发展】 2018年，安州工业园区威马新能源汽车自动驾驶产业园项目、威马汽车自动驾驶示范园暨试验试制中心重大项目、东旭新能源客车项目、华晨汽车南方基地项目、中南高科·绵阳安州擎动未来汽车产业园项目等汽车产业项目加快推进。威马新能源汽车自动驾驶产业园项目注册成立威马汽车科技（四川）有限公司，完成A、B地块土地摘牌44.93公顷，其中出让权属面积40.47公顷；完成图纸审查单位招标、造价咨询单位招标、项目用地测绘、试验试制中心地勘，取得A、B地块建设用地规划许可证。威马汽车自动驾驶示范园暨试验试制中心举行项目开工仪式，完成项目临时施工用水、用电工程。东旭新能源客车项目注册成立四川申龙汽车制造有限公司，项目完成备案。朝阳专汽资质转移获工信部批准，项目环评取得批复；项目用地68.27公顷取得省政府用地批文。华晨汽车南方基地项目完成商用车生产资质迁址园区项目的生产准入审查和公示工作、轿车生产资质迁址园区项目的备案工作、华晨雷诺金杯汽车有限公司绵阳分公司的重组更名及生产准入审查工作；搬迁项目完成备案、环评、能评、总图规划等前期手续的办理，项目设计施工总承包（EPC）招标完成。中南高科·擎动未来汽车产业园项目完成注册、备案、地勘和网上环评登记等手续。

【“清闲促建”行动】 2018年，安州工业园区盘活低效用地10.1公顷，引进投资3.95亿元。完成绵阳攀丰智能制造有限公司租用绵阳德虹电器有限责任公司厂房，绵阳麦科迪威科技有限公司整体收购绵阳市宏宇汽车零部件有限公司，绵阳安凯汽车零部件有限公司租用四川康茗生物科技有限公司厂房，绵阳市吉瑞物流有限公司整体购买四川丰泰改性道路沥青有限公司等，有效促进土地利用提质增效。安州工业园区“清闲促建”创新经验在《四川改革专报》等政务信息上专版刊登，并获《四川日报》《四川经济日报》等省级媒体宣传报道。10月24日，省政府研究室以安州区为例，形成《治理“散弱荒”调查报告》，并送呈省政府主要领导参阅。

【园区招商引资】 2018年，安州区做出产业引进重点由“招商引资”到“招商选资”的重大战略调整，聚焦产业发展重点，聚力大项目、好项目。引进威马汽车自动驾驶示范园项目，是安州区历史投资额最大的单体项目。引进投资30亿元中南高科·擎动未来产业园项目，可提升关键零部件的本地配套率，促进汽车产业集群集聚发展。

【园区创新创业】 2018年，安州工业园加快麦思威尔石墨烯产业园、中油九洲北斗产业园、爱创智能制造产业园等项目建设；实施高新技术企业倍增行动，全年新培育高新技术企业2家。加强企业创新平台建设，爱联科技创建成为市级企业技术中心；深入实施大企业大集团“领航计划”，新增规模以上企业7家；实施“涌泉计划”，新认定麦科迪威等科技型中小企业16家；加强孵化载体建设，继续推进创业服务中心申报国家级孵化器工作，做好省级高新技术产业园区申报工作。

【园区安全环保工作】 安州工业园区聘请安全环保专家对园区企业进行检查指导，建立“政府按需出资，专家尽责诊断，部门依法监督，企业落实整改”的长效工作机制。2018年，安全环保专家对园区企业进行专项检查80余次，排查出安全环保隐患110余条。园区针对安全环保专家排查出来的隐患，发放整改通知书30余份，督促指导企业进行安全环保整改，企业整改率达100%。

图17　11月19日，威马汽车自动驾驶示范园暨试验试制中心开工仪式在安州工业园举行

【威马汽车自动驾驶示范园暨试验试制中心开工仪式】 2018年11月19日，威马汽车自动驾驶示范园暨试验试制中心项目开工仪式在绵阳市安州区工业园区举行。威马汽车自动驾驶示范园项目计划总投资202亿元，拟用地80公顷，预计2021年正式投入运营。该项目是安州区历史上引进的最大单体产业项目，可助推绵阳汽车产业园实现专业化、特色化，持续强化威马自动驾驶等方面的研发和量产实力，致力于发展成为具有新能源汽车设计、试制、试验的能力的国内领先的试验试制中心。威马汽车计划依托在德国的整车技术研发中心和在安州区的威马汽车自动驾驶示范园暨试制试验中心，引进20至30家配套企业，共同打造千亿级的新能源自动驾驶汽车产业园。

【安州·长虹双创工业园】 2018年11月23日，国家“双创”示范基地——安州·长虹双创工业园在安州举行开工仪式。该“双创”工业园总投资30亿元，建筑面积约54万平方米，计划打造成集创意、研发、孵化、加速于一体的成果转化、产品创新和高成长科技创新型综合体；以“双创”新业务为依托，打造集技术研究（孵化）、产品开发、市场营销、智能制造、智慧仓储为一体的绿色新型智能化工业园区。一期工程建成后，拟形成年产智能组件产品300万套，智能家庭类产品300万台，各种智能自助终端产品10万台以上的生产能力，预计可实现产值80亿元。

【中南高科·擎动未来产业园项目】 2018年12月29日，中南高科·擎动未来汽车产业园项目在园区摘牌。项目总投资30亿元，分3期开发，一期占地面积16.27公顷，规划总建筑面积12万平方米。一期建成后立即启动二期建设，之后分期推进。项目计划通过“载体+实体”的开发模式，着力打造集产学研、产业链、孵化器等功能齐全的专业化汽车零部件产业基地；拟结合区域主导产业特点，充分发挥安州区域资源优势，吸引相关汽车产业，形成上下游高端产业集群，从而将项目打造成四川第一大新能源汽车产业基地、第二大汽车产业基地。 （赵德银）

江油高新技术产业园区

【概况】 江油高新技术产业园区（原四川江油工业园区）于2018年3月经省人民政府批复为省级高新技术产业园区，位于江油城区东南，规划面积28.02平方千米，是一个以高端金属材料、高端装备制造、电子信息与光电、生物医药与食品等为主要产业的新型工业园区。是四川省新型工业化产业示范基地、重点产业园区、新型工业化产业示范基地、知识产权试点园区、“园保贷”试点园区。园区有院士（专家）工作站2个，博士、硕士工作站1个，国家级检验检测中心1个，省级工程技术研究中心1个，省级企业技术中心7个，省级工业设计中心1个，市级企业技术中心15个，科技创新孵化平台3个，总面积达1.42万平方米。历年累计申请专利3043件，获得授权1892件；拥有中国驰名商标1个、四川省著名商标6个、绵阳市知名商标5个、中国地理标志保护产品2个、名牌产品13个。2018年，园区实现规模工业总产值370.87亿元，同比增长17.8%；主营业务收入364.51亿元，同比增长18.9%；完成固定资产投资51.71亿元，其中工业投资34.31亿元，技改投资28.69亿元；规模企业达162家，其中引进高新技术项目18个，战略新兴产业项目12个，新培育高新技术企业5家。

【产业集群发展】 2018年，园区以高端金属材料、高端装备制造、电子信息及光电、生物医药等产业集群为核心的各项产业加速发展，加快“一区多园一走廊”工业空间布局及西南模具产业园建设。引进的艾格瑞特、万吨模具钢超市等投资上亿的模具企业产生虹吸效应，全年新吸引

图18 江油高新技术产业开发区

7家投资2000万元以上的模具上下游企业，模具企业总数达20家，模具产业链条初具雏形。

【招商引资】 2018年，园区统筹招商力量，围绕高端装备制造、电子信息与光电以及食品医药3大战略型新兴产业，多渠道多方位开展招商引资工作，及时调整招商思路，拓展招商领域。全年签约项目30个，协议总投资577.16亿元，其中100亿元项目3个、10亿元项目3个、1亿元项目9个。

【重点项目推进】 2018年，园区释放政策红利，建立健全项目攻坚双向联系责任机制，抓好项目零距离精准服务；用活产业发展资金，协调银企合作，有效化解项目资金难题，分类施策推动项目建设提质增效。神光高品质紫外熔石英玻璃产业化项目、殷田电子科技有限公司高新电子材料项目等15个项目竣工验收；六合锻造航空与燃机合金及高端模具钢锻件、锻材扩建技改项目、立航汽车发动机核心零部件二期项目等19个在建项目平稳推进。

【企业服务工作】 2018年，园区主动对接省、市相关部门，组织指导企业申报工业发展专项资金、科技成果转化资金等扶持资金。全年园区12家企业14个项目到位资金2531万元。搭建企业金融服务平台，促成“税易贷”“园保贷”等到位资金2000余万元。用活工业发展基金，争取江油工业基金及绵阳市应急转贷资金支持园区5家企业转贷资金共6880万元。（谢小东）

三台工业园区

【概况】 四川三台工业园区前身为三台工业经济开发区，1993年经省计委批准成立，规划面积4.83平方千米。2006年，经国家发改委批准更名为四川三台工业园区，是省级开发区。2014年7月，经省政府批复同意四川三台工业园区扩区调位，扩区调位后规划控制面积10.92平方千米。2018年2月，国家发改委、科技部、国土资源部等六部委发布2018年版《中国开发区审核目录公告》，四川三台工业园区进入该目录公告。园区总规划面积47.67平方千米，建成12.2平方千米，形成“一园两区多组团”的发展空间格局。“一园”即三台工业园区，“两区”即梓州产城新区、芦溪工业区，“多组团”即五里梁工业组团、黄家坝工业组团、青东坝工业组团、南寺坝工业组团、刘营工业组团、灵兴工业组团、冉家坝工业组团。

2018年，园区有规模以上企业71家，实现工业总产值88.8亿元，同比增长20.25%；高新技术产业产值达33.55亿元；完成固定资产投资12.9亿元，工业投资14.9亿元，技改投资10亿元。新增规模以上企业7家，实现税收2.28亿元。

【产业规划布局优化】 梓州产城新区重点布局城市业态及现代商贸项目，建设集“水韵、绿都、康城”于一体的环境宜人、配套完善、宜居宜业、充满活力的高品质、复合型山水活力新城，主要承接纺织服装、机械制造、电子信息、汽车零部件等产业链上的生产、设计、研发、孵化、物流、电子商务、培训等项目。芦溪工业区主要依托麦冬等特色农业资源优势，承接发展农副产品精深加工和生物医药产业，建设“国家农业科技园区（三台）麦冬大健康产业园”“绵阳健康食品产业园”。五里梁工业组团主要承载电子信息、汽车零部件等产业项目。黄家坝、青东坝、南寺坝工业组团主要承载纺织服装、机械制造等产业项目。刘营工业组团主要承载绿色装备式建筑产业项目。灵兴工业组团主要承载医药产业。冉家坝工业组团主要承载能源化工产业项目。

【园区综合改革】 2018年，园区深入推进综合改革试点，加快签约项目开工建设。实现园区内“一站式”办理，完成威马汽车新能源、鸿星尔克鞋服、金鱼集团、瑞玖鸿农业科技、合强机械、科鹰电子、塑胶跑道等新签约项目前期手续50余项（次）。威马项目完成一期供地并进场建设；鸿星尔克一期建成投产；瑞玖鸿、合强机械、塑胶跑道等项目加快建设。提高项目建设效

图19 佳联印染生产线

率，对34个项目落实驻企定点联络员，持续加大对在建工业项目的协调服务，帮助解决企业立项注册、报规报建、水电气保障、施工进场、杆管线改迁、消防环保、招工后勤等各类问题500余件（次），全面提高项目推进效率。全年铁骑力士、圣菲伦、中瑞和、源源无纺、太极药品配送、代代为本、启发文化、中央厨房、祺又科技、塑胶跑道、鸿星尔克、金鱼一期共12家企业建成投产，瑞玖鸿、远大住工、得恩德等进行设备安装调试筹备试生产。海瑞科、宜乐纺织、合强机械等12个项目建设有序推进。

【园区招商引资】 2018年，园区围绕工业、农业主导产业开展精准招商。组织开展产业招商30余次，跟踪洽谈项目40余个，新签约入驻工业项目13个，总投资324.78亿元；主要签约威马、鸿星尔克、太极制药二期、武侯资本等项目。达成投资协议的上海启建、华源帝澳、富骅新能源等29个项目，预计总投资约350亿元。盘活闲置资产，“清闲促建”取得成效。引进鸿星尔克西部鞋服产业园项目盘活波鸿机电项目闲置土地和厂房；协助金鱼集团、太极药品配送项目通过租赁入驻谛维依厂房；打造梓州鞋业产业园，引进制鞋企业，通过租赁的方式盘活卓越纺织、明杰服饰、玛斯特服饰、双龙服饰等项目闲置资产。累计盘活闲置土地137.67公顷，盘活闲置厂房15.8万平方米。

【综合承载能力提高】 2018年，园区全面启动各组团工业用地整理。为承接威马、鸿星尔克等项目，加快征地拆迁、场地平整、土地指标申报等工作，完成整理土地66.67公顷，拆迁400余户。梓州产城新区综合配套项目建设加快推进。南北干道一号路一标段、主干一路、熊家沟大桥建成通车；启动推进次干三路、次干十路、次干八路、支二十三路、东西2号路建设；安置房及配套项目完成主体建设，进行室内外装饰施工；创新科技孵化园进行厂房主体施工；工业污水处理厂建成；招商运营中心南楼投入使用。梓州产城新区各项基础设施项目投资超过6亿元。芦溪工业区综合环境全面提升。环境提升项目道路绿化、人行道改造、雨污水管网、水电气要素配套等施工任务全部完成；麦冬试验园项目研发楼、综合楼室内外装饰完成；一楼麦冬展厅进行装修施工；康健友邦定制厂房投入运行；得恩德定制厂房准备安装设备。灵兴工业组团污水处理厂项目加快施工；黄家坝工业组团基础设施一期进行前期工作；青东坝五期城中村改造项目主体开工，黄家坝二期城中村改造项目进行基础施工。

【企业生产经营服务】 2018年，园区制定并实施联系服务企业责任制度，安排定点联系人，收集解决企业在生产经营中出现的问题，及时为企业提供发展所需的政策、信息等综合性全方位服务。组织培育高新技术产业，支持勇奇电子、佳禧印染、柏均机械等企业申报高新技术企业，佳禧、勇奇、柏均获得高新技术企业批准。全年新增高新技术企业4家；组织符合条件的科技型中小企业完成注册和申报工作，通过认定2家；协助企业进行专利申请，完成专利申请量194件，获得专利授权量190件。组织召开中小企业融资对接会，协调农商行、农行等金融机构解决三角纸业、新丰酒业、智光科技等企业融资工作；组织企业申报“园保贷”，为柏均机械、富贵科技完成续贷工作；新增银泰丝绸、朝育机械、泰宇达棉纺入围“园保贷”推荐企业，并为银泰丝绸放贷；协调相关部门并组织企业参加各类招聘会，解决鑫中洲、瑞玖鸿、鸿星尔克等20余家企业招工难问题。

【投融资渠道拓展】 2018年，园区推动工投公司完成融资8.38亿元，其中政府购买服务农发行融资3.2亿元，五里梁创新科技孵化园项目融资

3.1亿元，城南新区1.2亿元，流贷8800万元。青东坝—黄家坝棚户区（城中村）改造项目向农发行申报3.2亿元政府购买服务中长期贷款；五里梁创新科技孵化园项目通过EPC+F的模式，实现项目融资3.1亿元；城南新区县域城市基础设施建设一期项目通过EPC+F的模式，实现项目融资1.2亿元；向绵阳商业银行、重庆银行、农业银行申请流动性贷款8800万元；全力推进5年5亿元项目收益债发行工作；五里梁潼川片区棚户区（城中村）改造项目向工行申报6.4亿元政府购买服务中长期贷款。

【绵阳佳联（佳禧）印染有限责任公司】 绵阳佳联（佳禧）印染公司于2003年5月落户三台县南寺坝工业集中区。主要从事特种防护工装面料等研发和制造，产品具备防水、防火、抗静电、防辐射、防红外线探测、抗紫外线照射等功能，产品应用于航空航天、行政执法、医药电子、石化、户外作业、防爆等行业。公司工装面料产量占全国15%，是中国西部规模最大、技术含量最高、税收贡献最大的专业染整生产企业，是国内最大的工装面料研发制造企业，是省、市纺织产业发展的重点龙头企业。公司是国家首批“印染准入公告制”企业、国家首批符合《印染行业规范条件（2017版）》企业、“国家高新技术企业”、国家“专精特新”小巨人企业、“中国印染20强企业”、国家级“工人先锋号”企业、省“节水型示范企业”，拥有省级企业技术中心2个、省级工程技术研究中心1个。获全国纺织行业管理创新大奖；获专利73项（其中发明专利20项）、国家级、省级科技进步奖9项；公司在三台累计实现特种防护工装面料等特种面料产量13.31亿米，累计实现产值90.35亿元，上缴税金4.352亿元，直接出口创汇1.65亿美金，带动间接就业2000余人，带动5家企业投资落户三台，公司亩均投资150万元、人均产值达180万元/年、人均上缴税金10.7万元/年、人均月工资4500余元；公司累计为公益事业捐款500余万元。2018年，实现产量1.4933亿米，同比增加259万米，同比增长1.76%；产值14.06亿元，同比增加0.3亿元，同比增长2%；纳税金额达7089万元，同比减少176万元，同比下降2%；出口2323万美元，同比增加512万美元，同比上升28%。

【四川台沃农业科技股份有限公司】 四川台沃农业科技股份有限公司创建于2003年，发展成为以台沃科技集团股份有限公司为主体，下属控股四川台沃种业有限责任公司、四川台沃新秀健康植物保护服务有限公司、四川台沃生态农业发展有限公司、云南台沃农业服务有限公司、泸州台沃农业服务有限公司等企业，集研发、生产、销售、服务于一体，涉足肥料、种业、植保、农产品、农业技术服务等领域，产品畅销四川、重庆、陕西、云南、新疆、安徽、宁夏、广西等省市。2018年，台沃公司总资产达5亿元，有员工530余人，其中科技人员87人，下设种业、新秀植保、生态农业、生物科技、五月丰农业5个子公司及新疆、东北、云南、攀西分公司。公司精心开发的生态环保专用配方肥产品涵盖41种作物、300多个配方，产品畅销四川，远销新疆等13个省（市、区），建有技物结合直销网点8000余个。是国家高新技术企业、全国配方肥推广百强试点企业、全国农业科技创新创业成果转化示范基地、全国农技协会常务理事单位、四川省农业产业化经营重点龙头企业、西部大开发重点支持企业、四川省创新型试点企业、四川省著名商标、四川省名牌产品、四川省知识产权试点企业、四川省科教兴川示范基地、四川省企业技术中心、四川省农作物专用配方肥工程实验室、绵阳市院士（专家）工作站、绵阳市农作物专用配方肥工程技术研究中心、绵阳市优秀民营企业、绵阳市稻鸭共生脱贫奔康促进会龙头企业。有发明专利11项、实用新型专利18项，获省市科技进步奖5项、专利奖1项，通过生态环保产品和无公害农产品认证各1项。公司全年研发推广专用配方肥18万吨，推广面积达34万公顷，节约化肥折纯用量1.8万吨，减少二氧化碳排放12万吨，建成水稻繁育基地500余公顷，推广水稻、玉米、油菜良种3000吨，建立优质粮油基地约36万公顷（其中优质大米基地约1万公顷），稻鸭共育模式让三台县5408户贫困户脱贫。全年实现产量18万吨、产值4.8亿元，上缴税金2604万元，助农增收12亿元。

【上海梅林正广和（绵阳）有限公司】 上海梅林正广和（绵阳）有限公司于2006年落户芦溪工业集中区。2009年年底，一期年产猪肉类罐头2万吨项目建成投产，占地7.67公顷，总投资达2.65亿元，有员工300余人，生产线为进口及国内先进，通过ISO 9001：2008质量管理体系和ISO 22000：2005食品安全管理体系、HACCP认证。“梅林”牌罐头享誉中外，产品60%销往澳大利亚、菲律宾、马来西亚、阿联酋、刚果等国家和香港、澳门等地区，是中国西南地区罐头行业领头羊。公司总投资7554万元、年产4万吨猪肉罐头（续建年产肉类罐头2万吨能力）的技改项目，于2016年7月16日开工建设，预计2019年12月底前竣工。2018年，公司实现产量2.83万吨，产值4.67亿元，上缴税金3542万元，出口创汇133万美元。

【四川省水电投资经营集团永安电力股份有限公司】 四川省水电投资经营集团永安电力股份有限公司（以下简称永安公司）是承担全县电力生产、供应的市场主体，主营电力生产、供应等业务。公司设有董事会、监事会、经营层，经营层下设9个机关职能部室、6个本部生产部门、15个基层生产部门，有在岗职工1306人。截至2018年年底，公司注册资本24416.76万元，总资产24.36亿元，净资产11.78亿元，总股本24416.76万股。公司拥有水力发电站3处（不含在建冬瓜山电站），总装机9.18万千瓦；有110千伏变电站8座，主变容量460.5兆伏安，线路148.92千米；35千伏变电站15座，主变容量223.15兆伏安，线路326.46千米；10千伏线路3905千米，低压配电线路11404千米，配变容量828.26兆伏安；常设供电营业厅18个，临时营业网点40余处，供区面积2659.38平方千米。全县镇乡通电面100%，户通电率100%，公司全年实现发电量5.1亿千瓦时，售电量8.92亿千瓦时，营业收入4.73亿元，利润610.85万元，上缴税金1976.91万元。

【绵阳中研磨具有限责任公司】 绵阳中研磨具有限责任公司成立于2006年7月，位于三台县工业园区，是一家为工业制品提供表面磨削与抛光材料及解决方案的企业。公司注册资金500万元，占地约6.67公顷，员工约260人，拥有年生产各型高性能平面轮1亿片、玻纤基体7000万片和高分子树脂黏结剂1000吨的能力，主营各型页轮、玻纤基体及树脂黏结剂等系列产品。公司是国家高新技术企业、绵阳市科技型中小企业，拥有市级企业技术中心。公司及其关联公司、法人拥有80余项有效专利、30余个注册商标，主持和参与行业标准制订2项。公司长期坚持产学研道路，在材料领域与四川大学合作，在工业自动化领域与西南交通大学联盟，同时还与其他关联科研院所和设计制造企业保持长期合作关系。公司营销网络覆盖全国，产品出口至欧美、东南亚等地，也是全球知名磨料磨具、工具类企业在中国的长期合作伙伴。2018年，公司实现产值4.7亿元，销售收入达1.3亿元，上缴税金300万元，出口创汇达120万美元。

【太极集团·四川天诚制药有限公司】 太极集团·四川天诚制药有限公司为太极集团的全资子公司，成立于2001年5月，是太极集团在四川设立的植物药提取中心、大型口服液体制剂生产基地和全集团唯一的外用软膏类制剂生产基地。公司地处三台县灵兴镇，占地30.27公顷，厂房面积13.9万平方米，注册资金3612.18万元，有员工500余人、管理及科研人员100余人。常年生产各类糖浆剂、口服液、外用凝胶剂等治疗性产品近30个，产品覆盖全国市场，部分产品成为区域性领导品牌。具备年产糖浆剂、合剂1.5亿瓶、口服液5亿支、外用软膏类制剂（凝胶剂、软膏剂和乳膏剂）7000万支的生产能力。全国独家低糖型百咳静糖浆曾获科技部、国家质量技术监督局等五部委联合颁发的“国家重点新产品”证书；国家中药保护品种川芎茶调口服液属全国首家上市；与北京军事医学科学院联合研制的盐酸特比萘芬凝胶，为治疗手癣、脚癣、体癣、股癣等真菌感染所致皮肤病的首选药物；川贝清肺糖浆为川贝系列优质止咳糖浆畅销全国。2011年，公司启动总投资约5亿元（其中固定资产投资3亿元）、年产能20亿元的“太极集团四川生产基地”建设项目，新征土地1.33公顷，新建厂房约6万平方米，购置安装设备300余台套；一、二期工程建设项目全部完工，累计完成投资约2.5亿元，并于2014年通过省食药监局组织的新版《药品生产质量管理规范》（GMP）认证。2018年，公司自主研发的“锅炉中心集中排污余热回收站系统”获得实用新型专利证书；有在研产品2个，其中1项产品生产工艺于2015年获国家发明专利证书。公司全年实现工业产值5亿元，实现利税4007万元。

【四川三台力达泵业有限公司】 四川三台力达泵业有限公司成立于1995年5月，位于青东坝工业集中园区四号路，注册资金2000万元，占地4.33公顷，有固定资产2551余万元、流动资金3793余万元、员工118人，其中专业技术人员28人、高级工程师2人、经济师1人、助理工程师5人。公司主要生产IS离心泵、LDZ卧式直联泵、S.SH大型中开泵、GC锅炉给水泵、PW污水泵、WQ、QS全扬程电泵等多系列300余种规格的泵类产品，其中自主研发生产的LDZ、LDR卧式直联泵、WQ、QS全扬程潜水排污电泵、S.SH大型中开泵的结构等设计获得国家实用新型专利17项；公司注册的四川省著名商标“长源”牌系列水泵产品的生产和服务通过ISO 9001：2008国际质量管理体系认证。公司是国家高新技术企业、省企业技术中心；是省、市、县科技型中小企业、“建立现代企业制度达标企业”“中国名优产品”“中国高效新产品”“全国质量信得过产品”“全国质量、服务、信誉AAA级示范单位”“全国质量服务诚信示范企业”“中国离心泵十强企业”。公司的离心泵销售额被四川省质量监督协会通用机械专业委员会确认为“全川销售市场占有率等招标在全省范围内同行业排名第一”。公司先后在成都、重庆、武汉、昆明等大中城市设立数十家分公司及销售网点，营销网络遍布全国，产品销售率达100%。2018年，实现产量1.82万台，产值达0.5亿元，税金221万元。

【四川泰宇达棉纺有限责任公司】 四川泰宇达棉纺有限责任公司于2009年落户潼川镇南寺坝，注册资本1000万元，总投资5000多万元，占地2.67公顷，建厂房和研发楼1万多平方米，购置安装YR788型高档剑杆织布机200余台、全自动GA306A型浆纱机1套、全自动高速整经机2台、清梳联1台、气流纺纱机4台、全自动并条机4台、全自动纺织专用大型空调3套、异纤分离机1台及各项辅助设备，年生产各类坯布达3000吨、800多万米，产品销往重庆、广东等地，有员工176人；公司主要为佳联佳禧印染公司提供配套。2014年，公司新注册四川佳满源棉纺有限责任公司，在西江工业集中区（青东坝）新征土地6.67公顷，新建新型气流纺纱和年产1800万米特阔高档家纺面料生产线，总投资1.97亿元（固定资产投资1.68亿元），新建纺纱和织造车间2.3万平方米，辅助生产用房8000平方米，办公、生活及其他用房1.23万平方米，新上6720头气流纺生产线及无梭特阔高档家纺面料生产线各1条，EA800型喷气织机120台、进口DELTA110型自动穿扣机1台、国产GA310型高速超宽浆纱机1台、高速整经机1台，生产紧密纺纱、转杯纺纱和特阔高档家纺服装面料，形成年产纱6500吨、纯棉特阔坯布1200万米的生产能力。2018年，公司实现销售收入1.3亿元，总销售量1327万米，上缴税金300余万元。

【绵阳恒昌制衣有限公司】 绵阳恒昌制衣有限公司有刘营镇和中新镇2个厂区，2004年由香港三昌国际投资有限公司设立，投资总额为5100万元，注册资金3570万元港币，主要从事特种行业工装、厨师服系列工装的生产及新产品研发，主要品牌JONATHAN（侨纳琛），产品质量标准为国际通用标准AQL2.5，公司获得ISO 9001质量管理体系认证、SA8000社会责任认证标准、BRC全球消费品管理认证体系、OEKO—TEX生态纺织认证体系。公司拥有稳定的国际市场，自创品牌JONATHAN（侨纳琛）发展成为国内外工装品牌，主要生产工作服、医疗服装系列、厨师系列、服饰等；公司在成都、重庆、上海、浙江、海南、广东建立JONATHAN（侨纳琛）品牌服装代理经销商网点；市场不断开拓，产品远销新加坡、英国等国家和中国香港、澳门等地区。2018年，实现产量208万件、产值1.04亿元，上缴税金400万元，出口创汇达460万美元。

【雅化集团三台化工有限公司】 雅化集团三台化工有限公司位于刘营镇，是四川雅化实业集团股份有限公司的全资子公司，是国家定点民用爆破器材生产企业和四川省民爆行业重点骨干企业，是一家集生产、研发、销售、爆破服务为一体的综合性企业。主营业务为制造、销售工业炸药，销售化工产品（不含危险化学品），爆破工程设计、施工、咨询服务，土石方工程爆破，现场混装炸药，机器设备研发及销售，应用软件开发及销售，从事与本企业生产经营相关的对外贸易。公司占地面积约10万平方米，注册资本4100万元，有员工50余人，其中各类专业技术人员19人。公司有专利50项，其中发明专利4项；拥有2项软件著作权。公司依托集团国家级技术中心实力，建立1个市级企业技术中心。公司是高新技术企业、四川省科技型中小型企业、四川省建设创新型企业试点企业、四川省实施卓越绩效模式先进企业、四川省信用等级AAA企业。公司生产的乳化炸药被列入四川省名优产品目录。公司与南京理工大学、西南科技大学共建“火工产品及含能材料共建实验室”，是西南科技大学含能材料专业实习基地。2017年10月，公司被工信部认定为智能制造试点示范项目。公司通过质量管理体系、环境管理体系、职业健康安全管理体系认证。产品主销四川、贵州、云南、重庆等地。2018年，实现产量1.06万吨、产值5966.13万元，上缴税金608.99万元。

（蒋　鹏　冉进财）

盐亭经济开发区

【概况】 四川盐亭经济开发区是2014年省人民政府批准设立的省级开发区，被认定为绵阳（盐亭）生物技术特色产业园。经开区毗邻盐亭县城新区，规划面积14.36平方千米，其范围为东至黄甸镇，南至麻秧乡天水村，西至巨龙镇，北至云溪镇，核心区建成面积10平方千米。2018年，入驻企业51家，其中规模以上企业22家，全年实现主营业务收入18.1亿元，同比增长21%；工业总产值18.8亿元，同比增长24%；规模以上工业总产值13.99亿元；固定资产投资达2.11亿元；累计上缴税金3260万元。

【招商引资】 2018年，园区利用盐亭嫘祖文化圣地品牌，以经开区三大主导产业为导向，以延

图20　盐亭新貌

伸产业链条为目标，聚焦东部和成渝地区产业转移，加大对外宣传推介和招商引资力度。全年外出招商20余次，接待客商30余批次。引进成都地板协会11家企业。

【项目服务与建设】　2018年，园区建立重点项目联系制度，覆盖园区19个拟建、在建项目，每个项目指定1名联系领导和项目专员，及时收集并解决项目推进中存在的问题，做好项目建设全程保障服务。新华康、兴隆科技等企业开展新生产线建设；威斯卡特不锈钢涡轮壳体数控生产线、迪澳药业柑橘类活性成分提取新生产线加速建设。创润机电、一加一家具部分投产，盈基生物质发电点火试运行。多肽、熔增等项目有序推进。

【企业服务】　2018年，园区污水处理厂、经开区医院投入运行，商贸中心启动建设；落实“盐保贷”“园保贷”政策，协调金融机构，帮助企业争取贷款，缓解资金压力，其中协助群琪科技争取贷款500万元，帮助建丰林业贷款2000万元。落实人才公寓政策，完成首批30套人才公寓装修和分配工作，建丰林业、群琪科技、迪澳制药等企业人才住宿难的问题得到解决。举办“2018年经开区企业专场招聘会”，挖掘和利用本地劳动力资源，帮助解决企业解决招工难题。立足盐亭本地丰富的农产品资源，抓好迪澳药业和盈基生物质发电的原材料收购，满足企业生产所需。做好水、电、气等生产要素协调，满足企业需求。联合新华康、迪澳、美迪康等医药企业及柑橘上下游链条，探索组建产业联盟，促进产业集聚抱团发展。

【对上资金争取】　2018年，园区争取产业发展资金，助力企业快速发展，做好项目包装工作。协助天鸿科技申报产业发展资金50万元，金和建材成果转化项目获省科技厅科技专项资金86万元，盈基生物质发电项目获省发改委秸秆专项资金150万元。争取园区循环化改造、智慧化园区、环保管家项目，促进园企协同，推动企业提质增效。其中循环化改造项目争取资金1000万元，智慧园区建设项目争取资金450万元，环保管家项目争取资金20万元。

【“清闲促建”行动】　2018年，园区坚持依法处置原则，不断创新分类处置模式，将招商引资与闲置资产处置有机结合，确保闲置资源得到有效利用，发挥资源最大效益。通过依法拍卖、招商引资、厂房租赁等方式，引进5个项目，使40公顷闲置土地和5.4万平方米空置厂房得到有效利用。通过重组的方式由县城投公司收购众一集团闲置的28公顷土地，建立嫘圣工业园，引进创润机电等企业入驻，盘活厂房1万平方米。拆除原顺刚金属地面塔吊钢架等违规建筑设施，做好多肽、熔增项目入驻前期准备。

【园区环境保护】 2018年，园区加强规划环境跟踪环境评价工作，改进完善发展规划，加大对废水、废气、固废等各项指标的争取力度，扩大环境容量，提升环境承载能力。完善污水处理设施，督促企业及时接入污水管网，杜绝企业偷排漏排。严格执行环保网格化管理制度，探索实施“环保管家”制度，加强对企业的环境巡查和常态化监管，聘请环保专家“一企一议”提供有效建议，引导企业有效投放环保设施，做到达标排放。坚持问题导向，做好中央省市环保督查反馈意见的整改，落实环境保护责任，推进绿色生态园区建设。

【重点项目建设】 2018年，园区重点项目1×30兆瓦生物质发电项目、威斯卡特工业（中国）有限公司盐亭工厂二期工程等平稳推进。1×30兆瓦生物质发电项目，总投资32632万元，其中发电项目投资28952万元，项目总装机容量1×30兆瓦，配备130吨/小时高温、高压直燃式循环流化床生物质锅炉、30兆瓦抽凝式汽轮发电机组及3条DN400供热热力管路，供热半径4000米。截至年底，该项目发电项目投产，供热项目建设加快推进。威斯卡特工业（中国）有限公司盐亭工厂二期工程，主要新增汽车配件机械加工设备、工装等专用设备(7条涡轮壳生产线)，并进行生产工艺优化，扩大生产规模。该项目于2018年10月竣工投产，主要为宝马、奥迪、丰田、福特、大众、长安等汽车生产厂商提供零部件配套。

（李佳麒）

2018年盐亭经开区规模以上企业名单

表17

序号	企业名称	企业规模	企业类型
1	盐亭县京基商品混凝土有限公司	规模以上工业企业	经开区核心区投产企业
2	绵阳兴隆科技发展有限公司		
3	四川金和新型建材有限公司		
4	绵阳美迪康生物科技有限公司		
5	四川建丰林业有限公司		
6	四川省盐亭活性白土有限责任公司		
7	绵阳市金明木业有限公司		
8	盐亭县峻峰建材有限公司		
9	四川新华康生物科技有限公司		
10	四川晋深新型建材科技有限公司		
11	绵阳天鸿生物科技有限公司		
12	绵阳润翔生物科技有限公司		
13	四川群琪科技有限公司		
14	盐亭县全成生态科技有限公司		
15	绵阳迪澳药业有限公司		

续表

序号	企业名称	企业规模	企业类型
17	盐亭县坤昇食品有限公司	规模以上工业企业	经开区核心区投产企业
18	四川弥江酒业有限公司		
19	盐亭中民燃气有限公司		
20	四川绵阳盛丰磷化工有限责任公司		
21	四川威斯卡特工业有限公司		
22	四川一加一家具有限公司		

梓潼经济开发区

【概况】 四川梓潼经济开发区（以下简称经开区）其前身为2002年4月30日成立的梓潼县经济技术产业园区；2014年7月10日，经四川省人民政府《关于设立四川梓潼经济开发区的批复》同意设立四川梓潼经济开发区。其规划范围为：东至潼江河，南至长交路和污水处理厂，西至长卿山和百家湾，北至白虎嘴，包括南桥村、幸福村和长卿镇石河村部分区域。文昌镇青龙工业集中区、长卿西侧圣迪乐村和位于宏仁乡的华信铁合金项目作为经开区控制发展区域。经开区控制面积10.5平方千米，规划控制面积4.17平方千米，规划范围在国道108线和绵梓路之间，与绵江产业带相衔接，向国道108线南面延伸。开发区辖南桥村、幸福村和南桥社区，总户数6397户、总人口16383人。2018年，经开区集聚各类工业企业86家，其中规模企业41家。规模企业实现产值72.8亿元，同比增长18.37%；实现营业收入68.99亿元，同比增长10.03%；实现利润1.23亿元，同比增长9.17%。以上三项指标分别占全县工业企业的89.93%、98.44%和93.07%。规模企业中，食品加工产业实现产值33.05亿元，同比增长28%；轻纺产业实现产值15.52亿元，同比增长15.5%；电子机械产业实现产值3.1亿元，同比增长24.43%；生物医药产业实现产值8.45亿元，同比增长1%；主导产业集中度达到82.6%以上。经开区完成市上下达的园区营业收入增速7%和园区产业集中度70%目标任务，完成率达100%；完成固定资产投资3.3亿元目标。

图21　宜居梓潼

【项目建设】 2018年，经开区签约在建项目13个。辉氏兽药车间主体建成；中机国能天然气分布式能源项目场内基础设备基本安装完毕，进行管网铺设；机动车驾考中心办公楼主体框架完工，铺设考场地下设备；办理金正康兽药土地使用证、用地规划许可证、工程规划许可证，完成环评资料，门卫室主体完工，安装1、2、5、6号厂房钢构结构；大树包装完成地勘、设计、围墙、场平；凯瑞药业完成场平、围墙、土地摘牌及“建设用地规划许可证”，并进场施工；驷博公司多肽原料药工商注册完成，设计方案通过专委会评审，环评及施工图设计优化，与汇智公司签订合作协议；文创小镇进行成都路的道路延伸雨污管网铺设，基础工程完成2/3；曙翔·梓潼产业新城进行红线内的规划调整；蜀国农业办理营业执照，交纳土地订金，工艺流程及设计方案调整优化；金坤（湟恩）药业办理土地使用证、用地规划许可证，规划通过规委会审议，启动修建围墙及场平；正大饲料签订投资协议，完成项目备案、土地摘牌工作，规划设计初稿形成；惠泉天然香精签订投资协议，与汇智公司达成租赁协议，部分设备进入厂房。

【基础设施建设】 至2018年，经开区累计投入基础设施建设资金7.5亿元，建成面积2.54平方千米，建成率达60%以上，其中18.4千米规划道路建成13.1千米；2003年以来规划建设的7个拆迁安置小区，共安置拆迁户822户，占地24.52公顷，建成小区道路7.5千米。纳入全县“十三五”棚户区改造规划的城南棚户区（城中村）改造项目推进平稳。该项目主要涵盖幸福村幸福农家乐片区和南桥村金家堡片区，项目投资4.3亿元，采取政府购买服务的方式实施，项目实施范围内共有被征收人约790户，需安置人员约2016人，征收房屋15.68万平方米。截至年底，签订协议625户，拆除房屋625户，拨付补偿资金2.7亿元。经开区总排污口整治、幸福河污染治理等项目全面竣工并投入使用。总投资1亿元、面积5万平方米的绵阳生物医药产业园5栋标准化厂房竣工具备企业入驻条件，孵化大楼启动室内空调、消防、电梯等设备设施的安装和大楼外墙装修装修及室外道路、绿化、停车场等建设。投资1.5亿元、日处理1.9万吨的工业污水处理厂全面开工建设。

【社会民生】 2018年，经开区兑现各类民政补助资金1281万元，完成基本养老保险信息录入和核对7400余人，组织居民续保参保3000余人。完成地力补贴基础数据的审核和申报发放工作。继续做好对已脱贫7户22人的回头看回头帮工作。全年接待处置群众来信来访60件次，化解各类矛盾纠纷40余件次。

【环境治理】 2018年，经开区落实环保问题整改，24个突出问题中，完成整改17个。整改完成中央环督反馈的园区无污水集中处理设施问题，将园区企业预处理后工业污水接入技改后城市污水处理厂集中处理，彻底解决园区无集中污水处理现状；整改完成省大气强化督查反馈的林江苎麻、福欣食品、保食洁、双源塑工、凯特包装的环保问题；完成“散乱污”企业的整治工作，通过对园区所有企业拉网式清理排查，共上报12家“散乱污”企业，均按要求完成整改和销号。投入人力200余人次完成第二次全国污染源普查工作。落实干部职工现场巡查制度，累计出动巡查400余人次，对巡查中出现的问题及时向上级环保部门汇报，同时督促企业尽快落实整改，控制企业污水排放源头，保证污水排放源头达标排放；发现违反环境保护问题37起，督促整改36起。

【安全生产】 2018年，经开区推进安全生产工作坚持安全生产季度例会制，开展宣传教育，组织开展“安全生产月”及“食品安全宣传周”活动，组织大规模安全检查8次，开展集中安全生产培训4次，推进企业安全生产标准化建设。对节前安全生产工作检查情况进行汇总、分析，并作书面通报，落实2名专职人员对园区所有企业的安全生产工作进行拉网式大排查，对排查出的问题建立台账，落实整改措施。

【绵阳生物医药产业园】 2018年，该产业园着力引进培育生物医药产业，培育一康制药、信得华西药业、惠泉生物科技、上瑞制药、金辉生物、健腾生物等一批生物医药支柱性企业，其中有原料药加工企业5家、成品药生产企业5家，全年实现总产值8.45亿元。新引进金正康兽药、凯瑞药业、驷博多肽原料药、湟恩药业、坤酶益源速酶、辉氏兽药等医药项目开工建设。编制完成《绵阳生物医药产业园区发展规划（2017—2025）》（以下简称《发展规划》），明确1平方千米的绵阳生物医药产业园核心示范区；确立以中药饮片加工、成品药生产、医疗器械三大生物医药产业发展重点；制定生物医药一二三产业与产业培育、聚集、升级相融的绵阳生物医药产业园发展路线图。根据《发展规划》，到2025年年底，入园生物医药企业达30家，其中年销售收入超过5亿元的旗舰企业有5家，总产值达到100亿元以上，利润8亿元以上，上缴税金2亿元以上，累计提供就业岗位2000个以上。（田维军）

北川经济开发区

【概况】 四川北川经济开发区（以下简称开发区）是2012年6月经四川省人民政府批准成立的省级经济开发区。规划面积12.87平方千米，主要发展新材料、电子信息、机械制造、食品药品加工等产业。2018年，开发区实现工业总产值17.62亿元，同比增长21%，其中规模以上工业总产值15.89亿元，同比增长21.9%，占全县规模以上工业总产值的45.7%；规模以上企业实现利润6399万元，同比增长8.4%。实现营业收入15.79亿元，同比增长22%；实现税收2024万元，同比增长51%；完成固定资产投资16.1亿元，占全县固定资产投资的39.58%；高新技术产业产值4.88亿元；新增规模以上企业4家；新增投产企业7家；新增5000万元以上企业2家，新增亿元以上企业2家。入园企业总数达84家（含孵化企业），解决就业近3000人。园区总投资500万元以上的重点项目31个，年内完工项目24个。在建项目7个，完成固定资产投资16.1亿元。全年招商引资跟踪项目共30个，签约项目8个，合同金额26.93亿元；其中三三食品、成都金砂塬砂浆等正式签约项目签订投资协议项目7个，合同金额达6.93亿元；框架协议项目1个，协议投资20亿元。全年招商引资境内市外到位资金15.64亿元，其中国内省外到位资金13.39亿元。

【专业孵化器建设】 2018年，开发区按照县委打造通航经济创新区和应急产业先行区总体部署，本着专业化、特色化、差异化发展思路，整合北川区位、政策、空域优势等资源，引入双创谷运营公司——北川羌创孵化器管理有限公司。投资860余万元对原药博园进行全面提升改造，建设完成北川通航及应急产业孵化器。孵化器设有企业成果展示厅、咖啡吧、商务洽谈室、路演厅、大会议室、企业健身中心等共享设施。建立集合工商注册、创业辅导、财税服务、投融资、法律、检验检测、项目咨询、地质灾害检测与勘察等10家三方机构的一站式服务平台。

【山东产业园闲置资产处置】 2018年，园区继续加大山东产业园闲置资产处置工作力度，县人民政府和宏昌生物解除投资合同的判决进入强制执行阶段；帮助乐川科技依法取得金泉重工厂房；启动亨源工贸、福德新能源、丰煜食品执转破前期工作。通过以商招商等方式，引进三三食品、中天碳暖、精峰科技等企业，有效利用园区闲置厂房2.2万余平方米。全年园区入驻企业61

家，年内新增投产企业12家，新增规模以上企业4家，新增就业850余人。

【通用航空产业园】 通用航空产业园位于北川羌族自治县永昌镇。园区规划面积15平方千米，启动区面积5平方千米，规划建设通用航空研发中心，打造一个通航小镇，形成轻型飞机制造、航空发动机及关键零部件制造、空管系统研发、运营培训、旅游服务等五大产业。重点发展轻型飞机（无人机）研发制造、航空发动机及关键零部件制造、航空教育培训、航空运营服务等产业。产业园内有四川特飞科技股份有限公司、四川纵横无人机技术有限公司、四川泛美教育投资集团、四川楠迎投资有限公司等龙头企业入驻，致力于无人机飞控技术、飞行器空气动力学设计、机载核心技术研发与应用。产业园内的北川通用航空机场被四川省人民政府列入《四川省"十三五"规划》《四川省通用机场布局规划(2016—2030年)》和《成都平原经济交通规划》，被国家发改委等四部委列为四川省唯一的全国首批国家级航空飞行营地示范工程。至2018年年底，园区累计实现投资10亿元，启动区5平方千米的道路、水、电、气、通信等基础设施骨架建设完成。建成长430米和800米的临时起降点2处(可作为应急救援起降点使用)，飞行空域可通过向战区空军报备，开展直升机飞行培训、无人机试飞测试以及紧急救援等。完成1000平方米试飞区服务中心、2000平方米机库、30万平方米机场拟建区场平。总投资近3亿元的无人机产业基地项目完成项目场平，推动10万平方米的标准化厂房建设。

【通航赛事活动】 2018年，开发区共举办四川省青少年航模锦标赛、2018"泛美通航杯"中国国际飞行器设计挑战赛选拔赛、2018全国航海模型公开赛暨红动中国南湖红船系列赛裁判员教练员集训开班仪式等大型通航赛事活动。其中四川省青少年航模锦标赛于7月6—10日举行，全省10余个市（州）的运动员在纸飞机、模型水火箭等多个项目上进行角逐。2018"泛美通航杯"中国

图22　建设中的北川通航产业园

国际飞行器设计挑战赛选拔赛于7月24—30日举行，活动以“筑梦羌城、翱翔蓝天”为主题，全国30余所高校的500余名大学生参加模型火箭运载与返回、模型水火箭助推航天器、限距载重空投、电动滑翔机等6个项目的比赛，吸引各界观众逾1.5万人次。2018全国航海模型公开赛暨红动中国南湖红船系列赛裁判员教练员集训开班仪式以及红船模型捐赠仪式（第10期）于7月30日举行，活动由国家体育总局航空无线电模型运动管理中心举办，活动旨在将赛事用船做成南湖红船的形象，通过“学红船、做红船、识红船”传播红船精神，用“红船精神”引领“体育精神”。捐赠仪式上，航空无线电模型运动管理中心向北川羌族自治县人民政府捐赠600套红船模型，并向马槽红军小学、永昌小学、科技城小学师生代表赠送红船模型。

【香泉新材料产业园】 该产业园位于北川羌族自治县香泉乡，面积约1.58平方千米，是以石材产业为支柱的产业园。2018年，该产业园规划环评工作启动，将香泉、永安、通口的粉体企业一并纳入产业园统一规划；招引晶汇通新材料、常利科技、本届涂料、鸿大冶金、兴合益新材料等高端项目入园建设。

【永安智慧家居产业园】 2018年，永安智慧家居产业园完成一期规划环评；完成永安智慧家居产业园一批次5.8万平方米单体标准化厂房及配套设施建设；启动二批次10万平方米标准化厂房建设项目建设。引进森乐、檀香阁等5家家具企业并实现投产。产业园全年实现产值1.04亿元，新增就业500余人。

【柯城—北川扶贫协作产业园项目】 2018年1月，浙江省衢州市柯城区和绵阳市北川羌族自治县两地建立东西部扶贫协作关系。同年5月，签订《北川—柯城东西部扶贫协作协议》，制发《柯城—北川扶贫协作产业园工作方案》等配套文件，随即启动柯城—北川扶贫协作产业园项目。该项目是衢州市柯城区和绵阳市北川羌族自治县，按照党中央、国务院的总体部署和浙川扶贫协作的统一要求，立足北川农特产品资源和产业基础，整合柯城区资金、技术等优势，总投资1.08亿元，共同打造的以茶叶、中药材为主的农特产品加工园区。该园区通过“公司+园区+企业+贫困户”模式，搭建“进园提质入链”稳定脱贫新平台，将北川全县所有贫困对象纳入产业利益链，通过企业发展实现就业增收、基地建设实现销售增收、租金收入实现兜底保障的“两增收一保障”，推动“输血”转“造血”。截至年底，柯城—北川扶贫协作产业园项目（一期）完成前期土地清表3.6万平方米，场平弃土2万余立方米；完成所有勘察工作，完成一期设计图纸与总平面图制作；一期回填完成回填量3万立方米，4号厂房基础及钢结构柱和梁施工完成。

【北川“双创”谷】 北川“双创”谷原为北川科技企业孵化器，位于经开区办公大楼内，面积约6000平方米。是以促进科技成果转化和产业化，为通用航空、高端制造、食品药品等初创型、中小型企业提供创新创业服务的综合孵化器。主要为入驻企业提供研发、中试生产经营场地和办公设施，提供政策、管理、法律服务、商务配套等服务。至2018年年底，累计入孵企业61家，有在孵企业40家，其中29家被认定为市级科技型中小企业，6家被科技部火炬高技术产业开发中心认定为高新技术企业；新入孵企业11家，培育科技型中小企业4家；新引进行业协会2家。全年申报专利60件，授权16件；商标注册2件；完成科技成果转化任务5件。在孵企业累计实现产值4454余万元，上缴税金103.5万元。15家企业获得北川总工会的创业补贴；8家企业纳入北川2019年项目库；获得各类上级补助资金1100余万元。园区先后获得市级返乡农民工创业园、市级创客俱乐部、国家级“星创天地”、省级科技孵化器等荣誉称号。

【泛美航空科技城项目】 “大美羌城”——泛美航空科技城项目于2017年3月开工，同年11月启动建设，项目占地面积143.33公顷，投资约50亿元。计划建设包括西南航空飞行学院、双创文化街沙朗恰、泛美创客公园、通航小镇朗巴瓦等板块。截至2018年年底，项目一期西南航空飞行学院完成总工程量的60%，累计完成投资7.4亿元；双创民俗旅游街—沙朗恰项目取得建设用地15.08公顷，通航小镇—朗巴瓦项目取得建设用地9.76公顷。 （谢雁萍）

河北—平武工业园区

【概况】 河北—平武工业园区是汶川特大地震后河北省对口援建平武县，采取“飞地”模式设立在绵阳市高新区磨家镇、河边镇辖区内的工业园区。2009年开始筹备，2010年开工建设。园区占地3.47平方千米，建成1个核心企业区、1个中小型企业区、1个生活服务区，总投资9.4亿元。园区设党工委、管委会，挂河北—平武工业园区党工委、管委会牌子，为中共平武县委、平武县人民政府派出机构。党工委、管委会按照县委、县政府授权，独立负责园区经济开发建设和社会事务管理工作。园区内设综合管理办公室、规划建设局、投资服务和经济发展局、监察局。有行政编制15人，在编在职10人；有事业编制4人，在编在职4人。2018年，累计完成固定资产投资0.29亿元，完成县委、县政府下达目标任务的100%；实现综合性税收0.30亿元，完成年度目标任务的108%；实现非税收入1.3亿元。入园企业总数48家，完成目标任务的106.67%。其中投产企业35家，完成目标任务的109.38%。规模以上工业产值增速68%，完成目标任务的425%。新增规模以上企业3家，完成目标任务的100%。园区产业集中度84%，完成目标任务的101.2%。工业总产值增速62%，完成目标任务的476.92%。高新技术主营业务收入3.5亿元，新培育高新企业2家。截至年底，新增科技型中小企业3家，新增上升规模纳入统计科技型企业3家。签订协议项目4个，协议投资总额7.5亿元。办理“服务绿卡”项目1个。

【基础设施建设】 2018年，园区建成启动区2号、4号道路建设；启动草溪河整治示范段施工；完成园区截洪沟工程比选招标代理，启动前期勘察和设计招标项目。投资129.54万元，建成园区7号路东侧新建污水管道改造工程。投资29万元，完成“7·11”洪灾园区统建房一二期恢复性建设。完成园区1号路绿化、亮化工程效果图设计。完成园区统建房一期新建围墙工程。完成园区3号、4号、12号（A段）道路工程项目初审、复审。完成园区7号路工程项目审核。完成统建房一、二期剩余301套房屋以及38间门面的入户清查，并汇总台账。

【环保督查整改】 2018年，园区完成园区内点行业企业土壤污染企业详查和奶牛场建渣防尘覆盖，对4宗非法弃土行为督促整改。完成全国第二次污染源普查宣传、登记及数据上报。完成环保督察问题“再摸排、再核实”及上报工作。常规性巡查园企业环保整改落实、危险废物管理、设施运行园区污水管网运行。迎接中央环保督察“回头看”，清理整顿园区“脏、乱、差”现场，并通过检查验收。向环保门通报关于企业租赁厂房涉及环保执法的意见和建议，约谈4家环评手续滞后的企业。

【拆迁安置】 2018年，园区完善2015年第3、4、8批及2016年第23批城市建设用地失地农民社保安置，并报送高新区社保局审核通过。完成

23.33公顷合力创科、9.47公顷通恒项目拟用地块所涉及的征地拆迁补偿、征地方案测算、《征地安置补偿方案》制作、供地申请等工作。

【供地协调】 2018年，园区完成赛特因拟用地块二次供地准备工作。跟踪2017年出让4宗地土地出让金缴款。完成供地项目10个，面积达34.09公顷，供地率达18.22%。剩余批而未供的149.97公顷土地落实项目用地面积83.97公顷。

【企业服务】 2018年，园区先后赴浙江、上海、河南、北京、广东等地开展项目考察、对接促进活动20余次，筹备、组织重点企业高层赴园区进行项目洽谈8次，接待各类企业到园区考察96批次。围绕汽车新能源电池上下游产业链包装项目11个。完成园区企事业及行政单位第四次全国经济普查入户登记工作。协助园区企业申报成功2018年度各级各类补助项目9个，其中省级项目6个、市级项目3个。为园区企业代办核名、登记、变更、注销业务32件，代办查询业务59件。组织10个企业申报获批省级著名商标、省名牌产品，协助县科技局举办知识产权培训1期。组织企业参加各类培训，受训人数达203人次。协调14批次省市县相关部门人员到园区调研、检查的接待工作。 （李瑞平）

绵阳出口加工区

【概况】 绵阳出口加工区于2005年6月3日经国务院批准设立，2007年11月1日一期经国家9部委验收通过，成为实行封关运作的特殊监管区，享受国家级出口加工区的各项优惠政策，是四川唯一的国家级出口加工区。2017年1月，绵阳高新区整合资源将电子商务产业发展工作交由绵阳出口加工区负责，绵阳出口加工区管委会围绕“一核四区多点”的布局推进电子商务工作。2017年12月15日，经国务院办公厅同意绵阳出口加工区核减绵阳出口加工区未封关验收土地面积0.4077平方千米，核减后剩余0.1373平方千米，其范围为：北临安昌河、西临石桥铺大桥、南至石桥铺大道、东临尚高国际创意联邦。绵阳市按照国务院《关于促进海关特殊监管区域科学发展的指导意见》文件规定，整合绵阳出口加工区资源申建绵阳综合保税区，绵阳综保区拟在绵阳出口加工区原址上扩大面积申建，拟申建面积0.72平方千米。

【基础设施建设】 2018年，绵阳出口加工区累计投入5亿余元，建成道路5千米、隔离围网4千米，建成3000平方米检验检疫平台、海关监控系统“全域通”系统和海关报关辅助管理平台、永久性关卡等设施，建成标准厂房13幢共14.49万平方米、监管仓库2座共1860平方米、职工宿舍2万平方米、大型餐饮中心2340平方米、便民服务中心4000平方米、综合办公大楼3546平方米等配套设施。全年完成海关监管检验场地的改造和海关视频接入总署统一系统工程；完成加工区局域网维护、海关网络升级和监管区卡口监管设施改造工作；完成海关“金关二期”的施工建设、海关系统接入；完成405、406号厂房2.32万平方米建设工程。跨境电商产业园总投资5亿元，规划建筑面积20万平方米，建成11.3万平方米电商区。园区聚集电子商务、跨境电子商务、O2O线上线下体验中心、商务办公、研发、孵化、金融、电商人才培训中心、综合配套服务等功能于一体。

【产业发展】 2018年，绵阳出口加工区基本形成以电子信息和电子商务为支柱的产业格局。封关区内引进绵阳普思电子有限公司、四川虹锐公司等5家工业企业，中外运、华泰等3家物流企业。配套区新引进海拓浦、先锋医疗、众恒伟业、中野科技、优可得等5家企业及30家中小微科技企业。累计有工业企业15家、物流企业6家、中小微科技企业98家，其中中外项目2个。

截至年底，全区完成工业总产值16.27亿元，同比增长21%；实现进出口额为16.31亿美元，同比增长325%；出口10.55亿美元，同比增长377%；电子商务网络交易规模508亿元，电子商务交易额471.42亿元，新增电商企业115家。

【绵阳普思电子有限公司】 绵阳普思电子有限公司于2006年11月30日成立，是一家外商独资企业，是普思集团在中国西部设立的首家工厂。公司投资总额为420万美元，注册资本为210万美元。公司主要生产和销售高频变压器、高频滤波器、电感器、线路板组件、接线组件及其他各种电子组件及配件。产品主要销往美国、加拿大、英国、西班牙、荷兰等国家。2018年，实现工业总产值达3.71亿元，进出口额达0.87亿美元，有员工1674人。

【虹锐电工有限责任公司】 虹锐电工有限责任公司于2008年入驻加工区，是四川长虹器件科技有限责任公司旗下的子公司。公司与美国GE照明公司合作，生产高效能的电子镇流器、LED驱动器、智能控制器、LED照明产品中高端照明产品。2018年，实现工业总产值5.66亿元，进出口额达1.35亿美元，有员工802人。

【四川安和精密电子电器有限公司】 四川安和精密电子电器有限公司于2012年入驻加工区，是一家全球领先的手机元器件制造企业，专注于手机中的微型振动马达（SMD马达）的研发、制造与销售，是全球第一大手机振动马达供应商。产品主要销往美国、加拿大、墨西哥、巴西、芬兰、瑞典、日本、韩国等国家和地区。主要客户有摩托罗拉、诺基亚、索尼爱立信、黑莓、HTC、华为、中兴、联想、酷派、TCL-阿尔卡特、步步高、小米、OPPO等知名企业。2018年，实现工业总产值4.13亿元，有员工2197人。

【四川智易家网络科技有限公司】 四川智易家网络科技有限公司由四川长虹电器股份有限公司与合肥美菱股份有限公司共同投资，于2015年1月成立，公司注册资金5000万元，在职员工约200人。智易家公司秉承长虹集团智能战略发展方向，构建电商业务所需的策划、运营、IT、财务、物流、售后等能力；负责泛虹系各产品线的电商业务并拓展产品门类和孵化创新项目，发挥产品线协同效应，广泛地与第三方电商平台(京东、天猫、易购等线上渠道）深入合作；负责运营长虹官方商城和官方微商城，围绕用户体验构建长虹自有电商平台。2018年，公司实现销售额57亿元，缴税3600万元。

【绵阳市有芯电子有限公司】 绵阳市有芯电子有限公司是深圳市有芯电子有限公司全额投资建设电子元器件电商平台项目，负责有芯电子元器件在线交易平台的营运与管理，其开发的国产元器件交易平台经测试上线，是西南地区最大的电子元器件电商平台。有芯电子是一家工业电商企业，专注元器件分销，是元器件行业首创的在线订购平台，积累全国各行7万多家客户资源。2018年，公司实现销售收入1.3亿元。（邓晓丽）

创新创业
Innovation and Entrepreneurship

概　述

【概况】　2018年，科技城按照党中央、国务院和省委、省政府关于大众创业万众创新（以下简称“双创”）系列决策部署，坚持把打造“双创”升级版作为主攻方向，提升“双创”水平，全力营造创新创业的良好生态环境。全市以“融创绵阳”区域“双创”品牌打造为统揽，以绵阳高新区争创科技资源支撑型“双创”升级示范园区为突破口，以科技城创新中心为主要阵地和窗口，统筹全市创新创业资源，坚持突出特色抓“双创”，即突出创新驱动等特色，大力挖掘和培育创新型的特色创业项目；坚持立足资源禀赋抓“双创”，充分释放绵阳大院大所大企业活力，以大院大所大企业的创新创业带动全社会的创新创业；坚持围绕产业抓“双创”，围绕“686”产业发展，部署创新链，提升价值链，把“双创”的落脚点始终放在促进产业创新发展上；坚持突出城乡协同抓“双创”，既注重城市“双创”开展，又协同推进广大农村的“双创”工作，让创新创业的成果惠及全社会。

【“双创”政策环境优化】　2018年，科技城出台《关于加快建设西部人才强市的意见》《关于实施“科技城人才计划”的若干措施》等政策，深化中国国际人才市场国家科技城（绵阳）分市场建设，推进科技城人力资源产业园建设，吸引中高端人力资源服务机构入驻。举办特色企业人力资源管理创新大会，邀请全国大集团人力资源负责人和知名人力资源服务机构负责人800余人，对接企业、协会和人才机构80余家，与相关人力资源服务机构签署战略合作和入驻园区合作等协议6份。实施大学生创业引领计划，设立25个大学生创业服务窗口，从创业培训到创业补贴发放进行“一条龙服务”。全年开展在校大学生创业培训4320人，为创业成功大学生和高校毕业生发放创业补贴350万元，发放创业担保贷款2000万元。

【创新创业平台服务升级】　2018年，科技城推动创新孵化平台提质升级，以孵化服务功能提升为着眼点，推进孵化器专业化、精细化建设，打造示范孵化器和标准孵化器，完善从项目初选到产业化发展的全链条一体化创业孵化服务体系。

截至年底，全市孵化面积达115万平方米，入孵企业4000余家。加强创新研发平台建设。九洲集团牵头组建的“国家空管监视与通信系统工程技术研究中心”通过验收正式获批；由西南科技大学牵头组建的四川省首个省部共建国家重点实验室“省部共建环境友好能源材料国家重点实验室”及绵阳佳联印染有限责任公司组建的“四川省特种工装及防红外迷彩隐身面料工程技术研究中心”、绵阳富临精工机械股份有限公司组建的“四川省新能源汽车动力系统及电子部件工程技术研究中心”、四川兴事发门窗有限责任公司组建的“四川省特种门窗工程技术研究中心”获批建设。截至年底，全市有各类国省级重点实验室27家，国省级工程技术研究中心24家，国、省级国际科技合作基地5个。

【科技型中小企业群体壮大】 2018年，科技城中小企业培育坚持数量质量并重，以高成长性的企业为重点，提升企业创新能力。截至年底，新增科技型中小企业1215家，新增评价入库科技型中小企业850家。组织企业参加高新技术企业认定培训，引导并支持做好R&D统计，鼓励企业加大研发投入。高新技术企业新增33家，总数达272家，高新技术产业化指数达到80.12%，高新技术产业产值占规模以上工业总产值的比重达到55.1%，继续保持全省领跑优势。加大以企业为主体的成果转化支持力度。推进成德绵国家科技成果转移示范区建设，围绕电子信息、新材料、节能环保等优势特色产业，九洲、长虹、久远集团等为代表的特色企业，组织实施60余项科技成果转化项目。

【创新创业环境优化】 2018年，科技城深入推进“互联网+政务服务”“最多跑一次”“多证合一”“一照一码”等商事制度改革，简化企业开办程序，全流程实现“一单受理、一次办理、一网通办、一口办理、一点多办”。加强财税政策、产业政策与金融政策的衔接配套，推广投贷联动，开发“量体裁衣”式金融产品，持续优化金融服务能力。释放税收“红利”，增强科技型中小企业及其他各类创新创业主体生产经营活力，2018年前三季度，高新技术企业所得税减税超过2700万元。在2017年度汇算清缴中，全市享受研发费加计扣除政策的企业421家，较上一年度增加310家，增长2.8倍；优惠额9.64亿元，同比增长近50%。推广绵阳“绵科云”服务模式，加快形成多元化、多层次、多渠道的科技投融资体系。工商银行绵阳分行特色金融服务中心创新开展“投贷联动”融资服务，推出省内首笔“债权+股权”融资。组织企业参加“第六届中国（西部）高新技术产业与金融资本对接推进会”，征集融资项目信息56个、成果转化项目32个，现场签约金额2.395亿元。用好信贷融资风险补偿和共担机制，用活信贷融资“风险池”资金，科技信贷专营机构累计创新推出“设备仪器贷”“税鑫融”等50多个科技信贷产品。持续推进创新资源开放共享。四川大型科学仪器共享平台累计整合4700多台套高端检测仪器，平台提供服务次数超过3000次，服务用户数超过1100家。国家两用技术交易中心河北、山东、成都3个分中心投入运营。

【“融创绵阳”区域品牌打造】 2018年，科技城以集中发展区为主要载体，打造“融创绵阳”区域品牌，推动形成良好的“双创”生态环境。组织承办中国创新创业大赛技术融合专业赛、中国创新挑战赛技术融合专业赛等各类创新创业赛事活动。组织参加“创响中国”系列活动，以及“创客中国”创新创业大赛、“中国创翼”创业创新大赛、全国农村创业创新项目创意大赛、“创青春”中国青年创新创业大赛（绵阳赛区）等活动。2018年“双创”活动周期间，以“高水平双创、高质量发展”为主题，全市共组织开展“双创”活动29场，行政机关、企业、中介机构、

图23　11月23日，安州·长虹双创工业园开工仪式

高校、媒体等单位参加人数约万余人，辐射人群10万余人，多媒体全方位报道100余篇。依托科技城国际科技博览会等重大活动时间节点，组织邀请中央、省级主流媒体，重点新闻网站等采访报道绵阳市“双创”工作，宣传绵阳“双创”新经验、新亮点，激发全民创新创业热情，推动形成“人人希望创新、人人崇尚创新、人人皆可创新”的创新文化氛围。　（张　科）

【长虹集团“双创”企业示范基地建设】　2017年，国务院办公厅发布《关于建设第二批大众创业万众创新示范基地的实施意见》。经国务院同意，决定在部分地区、高校和科研院所、企业建设第二批“双创”示范基地，全国共92个基地入围，其中四川有4个基地入围。长虹集团作为企业“双创”示范基地入围。长虹集团发布企业“双创”基地建设工作方案，计划构筑专业众创空间、跨境孵化器平台、“双创”园区、“双创”能力服务平台四大“双创”平台作为发展目标。2018年，长虹集团先后发布《新产业培育管理办法》《内部创业指引》等政策，实施员工持股计划，通过打造专业众创空间、内外兼顾的跨境加速孵化器、“双创”产业园区等“双创”服务平台，开放共享智能研发等面向制造的服务资源，探索“服务型制造业推动创新创业”的新模式、新业态。同年11月23日，作为长虹集团企业“双创”示范基地有机组成部分之一的国家“双创”示范基地——安州·长虹双创工业园一期工程安州区工业园破土动工。该项目预计总投资30亿元，建筑面积约54万平方米，一期工程建成后，拟形成年产智能组件产品300万套、智能家庭类产品300万台、各种智能自助终端产品10万台以上的能力，实现年总产值80亿元。是集创意、研发、孵化、加速于一体的成果转化、产品创新和高成长科技创新型综合体。园区“双创”工作主要围绕人工智能、物联网等领域从事智能创新型业务，包括智能售卖终端产品、智能组件产品、智慧家庭类产品，以及中控屏等车载智能电子设备等。同时，依托“双创”新业务，集中打造集技术研究（孵化）、产品开发、市场营销、智能制造、智慧仓储为一体的绿色新型智能化工业园区，力争成为四川省智能制造工业园区的标杆。截至年底，长虹集团累计催生69家内创公司，并为800多家企业及团队开放创新创业资源，

共提供2500多个就业岗位。

【积家工业园上榜2018年度国家小型微型企业创业创新示范基地名单】 2018年11月21日，工信部公布2018年度国家小型微型企业创业创新示范基地名单，示范基地有效期3年（有效期为2019年1月1日至2021年12月31日）。全国119家企业入围，其中四川省有4家企业，积家工业园成为绵阳市唯一入选单位。积家工业园位于绵阳市经开区，由积家工业园投资有限公司独立开发、运营。全园占地面积20公顷，规划建筑面积60万平方米，其中工业厂房40万平方米，地下车库、仓储、科研、办公、生活等配套服务设施20万平方米，建设总投资20亿元。园区分3期建设，一期占地6.67公顷，于2014年竣工投用，同年启动二期工程建设。功能定位为打造集工业生产、科技研发、物流配套、生活配套和园区金融服务、云计算服务、物业服务于一体的电子产业综合体，服务全市支柱产业。是绵阳市新型示范工业园区、科技型中小企业孵化基地、小微企业创业基地。截至2018年年底，积家工业园建成投资促进中心、行政服务中心、金融服务中心等功能区，入驻企业81家，企业入驻率达90%。引进北京和君创业资本管理有限公司等7家专业中介服务机构，为入园企业定制“一对一”企业销售、终端管控等方案，提供创业辅导、申办代理、风险投资、专利申请等“办事不出园”的“一条龙”服务。自运营以来累计为企业节省成本300余万元。按照“政校企联合、产学研一体”模式，依托27家研发机构、29个科技创新平台和18个省市级企业技术中心，与中物院、九洲等院所企业共建共享技术平台，联合开展光电一体化、特种材料等关键技术攻关，建立科技成果联合转化服务中心，采用需求发布、成果展示，技术交流等方式，推动高精度电控光可调光延迟线等小微企业技术成果转化，全年完成专利授权68件，同比增长25%。

【2018年全国“双创”活动周绵阳分会场活动】 2018年10月9—15日，以“高水平双创、高质量发展”为主题的2018年全国“双创”活动周绵阳分会场活动举行。该活动由绵阳市政府主办，市科知局、市发改委承办，各县市区（园区）同步开展本地区的“双创”活动。在“双创”活动周

图24　10月9日，全国“双创”活动周绵阳分会场活动启动仪式

期间，先后举办启动仪式、互联网企业与实体企业的创新创业交流活动、“青春携手新时代、青创圆梦新经济”2018年江油市大学生创新创业交流会、富乐大学生创新创业大讲堂暨“双创”成果展示、大型仪器共享平台服务能力发布会、“双创”升级发展论坛、创业集市等活动。全市各县市区分别选取1天开展主题日活动，举行经验交流、信息发布、互动交流、投资交易、高端论坛、项目路演、群众竞赛、颁奖仪式等多形式的专场（专题）活动。活动周期间，光伏发电、机器人研发制造、互联网+垃圾回收项目等“双创”成果亮相，并评选出绵阳市第四届创业明星、创业能手和第二届优秀创业导师。

【绵阳市第四届创业明星和创业能手争创活动】 2018年，全市范围内开展第四届创业明星和创业能手争创活动，活动贯穿全年的创业服务活动中，并通过层层选拔，于9月13日路演决赛评选出10名创业明星、30名创业能手、10名优秀创业导师。争创活动首次发布活动形象标志，并首次采取多类别广告位进行全天候宣传，首次面向社会公开比选项目路演执行机构，首次运用网络直播等。活动采取“一干多支”的创新形式，围绕争创活动主干，延伸6项分支活动，5—11月每月举行一场活动，实现月月有看点、月月不重样。活动打破市本级“全程包办”的模式，分别邀请科创、高新、经开、涪城和游仙的公共就业服务管理机构承办5项分支活动。开展往届明星能手回访活动，及时掌握往届创业明星和创业能手的生产经营状况，了解存在的困难和服务需求，并形成专题报告。制作往届创业明星和能手代表的创业故事视频广泛宣传。

【绵阳市第四届创业明星和创业能手选拔活动】 2018年9月12—13日，由绵阳市人民政府主办，市人社局、市科知局、市工商局、人行绵阳市中心支行、市总工会、团市委、市妇联、市残联、市就业局承办，涪城区人社局、游仙区人社局、高新区人社局、科创区劳保中心、经开区劳保中心、绵阳手心文化协办的绵阳市第四届创业明星和创业能手选拔活动举行。争创活动工作组成员单位、县市区公共就业服务机构负责人、往届优秀创业者和创业导师代表、新晋优秀创业导师和优秀创业者候选人、大学生代表、省市创服和创投机构代表、媒体记者等近200余人参加活动。经过2天比拼，最终产生李晓川等10名拟评为“绵阳市第四届创业明星”人选，左宗虎等30名拟评为“绵阳市第四届创业能手”人选。在活动现场，邮储银行绵阳市分行对拟评为创业明星的10名优秀创业者提供享受贷款基准利率优惠，3家创投机构与部分创业项目签订投资意向合作协议。10月9日，2018年全国“双创”活动周绵阳分会场启动仪式上对获奖选手作表扬奖励。

【绵阳市首届“创业集市”活动】 2018年10月13日，由涪城区人民政府、绵阳市第四届创业明星和创业能手争创活动工作组主办的绵阳市首届“创业集市”活动在涪城区志愿文化广场举办。活动吸引5000余群众“赶集”。市政协副主席李京平出席活动并讲话。第四届创业明星睢亚楠代表创业者宣读《倡议书》。该活动是全国“双创”周绵阳分会场的特色活动之一，也是绵阳市第四届创业明星和创业能手争创活动的重要内容。活动主题是“搭建创业平台，激发创业热情，实现创业梦想，分享创业成果”，旨在提升公众对创新创业活动的参与度，让公众感受绵阳浓厚的创业氛围，广泛推介创业成果，为怀揣创业梦想的各类人群提供具有实效的创业指引和服务。活动分为创业项目成果展示、项目路演、政策宣传、专家辅导及融资对接、项目孵化服务等环节。有艾博士机器人、蝴蝶信息技术等39家企业参展，涵盖互联网、新能源、人工智能、文创旅游、新兴种养殖业等领域。邀请蜂鸟体育、山生生物科技等5个项目进行现场路演，涪城区创业服务中心、1716创业工场等4家知名孵化器作现场推介。邀请优秀创业导师、邮储银行绵阳市分行、思迈创投等开展项目坐诊、投资融资及交流洽谈等对接服务。活动设39个参展项目，通过图片展板、情景再现、多媒体等手段，全方位展示全市各地孵化和培育的创业项目（产品）典型。

【绵阳市组团参加四川省首届创业博览会】 2018年10月9—10日，绵阳市人社局带队，市就业局、市教体局、团市委共同组团，带领部分园区和创业企业参加四川省首届创业博览会。该博览会由省人社厅、省教育厅、团省委主办，省就业局、省大学生创新创业活动中心承办，以“智汇天府、创赢未来”为主题。博览会上，绵阳市设创业服务、青年人才创业、就业创业扶贫成果、创业成果4个展馆及5个展位。分别由科创园区、四川讯视科技有限公司、北川禹通草编农民专业合作社、绵阳恒持金属设备有限公司、四川绿盼环保科技有限公司等布展。运用图片、文字、手册、实物相结合的形式集中反映全市在创新创业方面的最新实践和成果。博览会期间，绵阳市代表受邀在“创业服务与人力资源服务创新”高峰论坛上发言，分享全市在落实创业政策、充实创业能力、夯实创业载体、营造创业氛围等方面的经验和做法，并同与会嘉宾就创业政策与形势、创业服务举措、创新人才吸引、创新创业融资等话题开展圆桌讨论。在“青创+投融资对接”创业项目路演活动上，绵阳市推选的“德鑫源智能办公盖章机器人”项目与全省其他7个优质项目同场竞技，受到投融资机构代表、天使投资人青睐，获得2700万元意向投资。在创业产品（项目）推介会上，由长虹控股的四川爱联科技有限公司推介物联网无线连接领域的新产品。

【2018中国创新创业大赛技术融合专业赛（绵阳赛区）暨第七届中国创新创业大赛军转民大赛决赛】 2018年8月30日，由中国创新创业大赛组委会、科技部、工信部、国防科工局共同指导，科技部火炬高技术产业开发中心和绵阳市人民政府主办，绵阳市科知局、科创区管委会共同承办的2018中国创新创业大赛技术融合专业赛（绵阳赛区）暨第七届中国创新创业大赛军转民大赛决赛在科技城创新中心举行。大赛于6月30日启动，共征集到来自科研院所、高校等384家单位的437个项目。经过激烈角逐，共有20个全国顶尖项目进入决赛。决赛中，9个团队项目和11个企业项目分别进行路演。大赛组委会邀请中国科学院院士朱中梁等5名专家对项目进行评审。最终，角逐出一等奖2名、二等奖3名、三等奖5名、优秀奖10名。

【绵阳项目斩获第三届“中国创翼”创业创新大赛大奖】 2018年10月10—15日由人社部、国家发改委、科技部、共青团中央、中国残联主办，全国人才流动中心、河南省人社厅承办的第三届“中国创翼”创业创新大赛全国选拔赛和决赛在河南郑州举行。大赛吸引全国3万多个项目报名，最终232个项目进入全国选拔赛。全国选拔赛分为创业组、创新组和专项组3个组别进行。由绵阳市选送的油气大数据智造等2个项目代表四川省参加创业组选拔赛，并晋级全国决赛，最终在全国决赛中分获三等奖和优秀奖，并获全国优秀创业创新项目荣誉称号。（李维怡）

【绵阳市首届创新创业知识竞赛活动】 2018年11月30日，由游仙区政府、市第四届创业明星和创业能手工作组主办，游仙区人社局、游仙区就业局、绵阳职业技术学院承办，绵阳市手心文化协办的绵阳市首届创新创业知识竞赛决赛在绵阳职业技术学院举行。活动旨在宣传就业创业政策，帮助创业者了解就业创业知识，拓展创业服务人员综合素质，点燃全民创业热情，营造良好创新创业氛围。第四届创业明星和创业能手争创活动工作组成员单位代表，各县市区、园区公共就

图25　12月9日，“创客中国”国际创新创业大赛半决赛开幕式嘉宾演说

业服务机构代表，知识竞赛参赛代表队，全市优秀创业者代表，创业导师、投（融）资机构代表、创业孵化器代表以及职业技术学院师生代表共250余人参加。进入决赛的6支代表队通过现场比拼，最终涪城区代表队获得一等奖，科创区、安州区代表队获得二等奖，高新区、三台县、游仙区代表队获三等奖。　（刘　颖）

【“创客中国”国际创新创业大赛半决赛】　2018年12月9日，2018年“创客中国”国际创新创业大赛半决赛暨全球知商（绵阳）科创项目对接大会在绵阳举行。“创客中国”国际创新创业大赛是在工信部指导下，在广东省工信厅、广州市工业和信息化委员会支持下，由汇桔网、工信部中小企业发展促进中心、工信部信息中心、广州市产业园区商会等共同打造的全球创新创业盛事，于2018年5月启动，先后在澳大利亚、英国、德国、瑞士、美国等国家和香港等地区举办分赛场，收到涉及新材料、电子信息、先进制造、生物医药、人工智能、大数据等新兴产业领域共1285个创新项目。大赛半决赛由绵阳市人民政府主办，绵阳科技城科教创业园区、汇桔网承办，绵阳市经信委、绵阳市科知局协办。经各地分赛场选拔的30强选手在绵阳参加半决赛，争夺进入总决赛的10强名额。半决赛通过视频播放、PPT展示、评委提问等形式，全方位展示各自项目的技术原理、创新优势、商业模式以及产业化运作等相关方面情况。最终，香港NOVUS的基于新型纳米生物材料和X光诊断的骨伤修复中和解决方案等10个项目进入总决赛。活动期间，汇桔网旗下四川智链（汇桔宝）与科发基金达成战略合作意向，双方拟共同在绵阳打造汇桔网西南总部、汇桔宝企业人工智能大数据产业化云平台全国总部、国际IP技术转移产业基地等重大项目。在技术项目对接交流中，投资机构、绵阳科技企业代表与项目代表进行“一对一”洽谈。　（李维怡）

科技城孵化器

【概况】 2018年，科技城按照“专业化、市场化、国际化”发展理念，围绕主要产业发展特色推进“创业苗圃（众创空间、星创天地）+专业孵化器+特色加速器+科技园区”链条建设，完善孵化平台。全年全市新增孵化器2家（安州互联网公社、盐亭众投创新创业园），至此，全市共有各类孵化平台60家，孵化总面积115万平方米，入驻孵化企业和服务机构达4000余家。

【孵化器专业化管理】 2018年，科技城加强与专业化的孵化器管理运营团队对接，引进创业投资机构对孵化器进行专业化管理运营。引进国内外行业领军企业在绵阳设立专业孵化器，或者通过引进技术、高端管理人才等方式共建专业孵化器。支持孵化机构依据自身产业定位，与第三方研发服务机构、平台型企业、解决方案提供商、产业技术联盟等服务机构开展合作，为在孵企业提供技术研发、产品构建、品牌推广、市场运营等方面的专业服务，提升孵化机构的产业培育能力和科学高效的管理水平。

表 18　2018 年绵阳市国省级孵化器一览

序号	名称	级别	地址
1	绵阳高新区创业服务中心	国家级	绵阳高新区绵兴东路 133 号
2	绵阳高新区生物医药孵化器	国家级	绵阳高新区一康路 16 号
3	四川省中物技术转移中心	国家级	游仙区中经路 48 号
4	绵阳市科技城科教创业园区创业服务中心	国家级	绵阳科技城科教创业园区创新中心二期 2 号楼
5	西南科技大学国家大学科技园	国家级	四川省绵阳市涪城区青义镇青龙大道中段 59 号
6	绵阳市金家林总部经济试验区投资服务中心	国家级	绵阳市涪城区绵安路 35 号
7	绵阳市游仙区创梦中小企业孵化管理有限公司	国家级	绵阳市游仙区仙童街 1 号
8	绵阳聚星科技企业孵化管理有限公司	省级	经开区贾家店街 89 号
9	绵阳市安州区创业服务中心	省级	安州区文卫路
10	绵阳市经开区积家工业园投资有限公司	省级	绵阳市经开区塘汛镇塘坊大道 677 号
11	绵阳燕景堂科技孵化器	省级	绵阳市涪城区绵绢路 9 号
12	三台县中小型科技企业孵化中心	省级	三台县潼川镇学涪街滨江半岛二期 A 区
13	平武县天鑫科技孵化器	省级	绵阳河北—平武工业园区
14	中国（绵阳）科技城工业技术研究院	省级	绵阳市科创区园艺山孵化大楼
15	四川飞马科技孵化器管理有限公司	省级	盐亭梓江南路上段 11 号
16	绵阳融鑫孵化器管理有限公司	省级	绵阳高新区绵兴东路 133 号
17	四川网赢孵化器管理有限公司	省级	绵阳高新区石桥铺国际创意联邦电商产业园
18	绵阳市科创区电商产业园	省级	绵阳市科创区创新中心二期 6 号楼

续表

序号	名称	级别	地址
19	北川羌创孵化器	省级	北川经开区永昌镇望崇街 5 号
20	蜂巢·绵阳创新创业科技园	省级	绵阳市高新区绵兴西路 166 号
21	游仙创新中心	省级	游仙区龙山街 90 号
22	江油创客空间	省级	四川省绵阳市江油市太平镇太华路北段 92 号
23	昶信孵化器	省级	绵阳市涪城区绵安路 35 号
24	小宇宙孵化器	省级	四川省绵阳市创业中心 2 号楼 B217 室
25	绵阳经开区容创孵化中心	省级	绵阳市经开区贾家店街 89 号
26	51C+创客中心	省级	绵阳市涪城区西山东路 95 号
27	科创孵化器	省级	绵阳市科创区创新中心二期 6 号楼负一楼

【科技企业孵化器建设】 2018年，科技城整合孵化资源，形成集聚发展、完善互补功能的规模效益；推动孵化器建设向市场化、专业化、集成化、网络化发展，鼓励建立创新型、专业化孵化器；推动孵化器建设向市场化倾斜、向民营化转移，提高民营孵化器占有比例，引导民营孵化器规范服务业务、提升服务功能。全面提升现有孵化器，鼓励现有公共服务平台与园区、楼宇等载体进行内部资源的整合和调配，突出主导产业，立足地方需求，丰富服务内容，完善孵化平台建设，提高孵化器的能力和水平，培育形成一批标杆性孵化器。截至年底，全市有科技企业孵化器33家。

【众创空间建设】 2018年，科技城顺应众创空间发展的新趋势，发挥政府的引导作用，支持行业领军企业、中介机构、社会投资人、社会组织等创建各类新型科技孵化器，建设一大批低成本、便利化、全要素、开放式的绵阳科技城“众创空间”，形成梯级孵化培育体系。截至年底，科技城有众创空间27家。 （张　科）

科技城创新中心

【概况】 科技城创新中心是市委、市政府推进科技城建设的重要举措，是集科技创新、企业孵化、技术交易、成果转化等功能为一体的开放共享的创新平台。科技城创新中心位于绵阳科技城科教创业园区，占地面积约13公顷，总建筑面积约40万平方米，总投资约20亿元。孵化场地包括中国（绵阳）科技城工业技术研究院、灵创孵化器、科技城创新中心二期、企业加速器共计29万平方米。创新中心三期于2017年3月动工，为科技城创新中心10—13号楼，总建筑面积约19.56万平方米，至2018年年底，主体工程建设平稳推进。

【灵创孵化器】 该孵化器于2013年10月投入使用，位于九洲大道中段268号，使用面积约1.5万平方米。是国家级科技企业孵化器——绵阳科技城科教创业园区创业服务中心的企业孵化载体之一。孵化器以科技型小微企业为服务对象，通过提供创业培训，场地和共享设施及政策、金融、人才等方面的服务，降低创业者的创业风险和创

图26 科技城创新中心1号楼

业成本，提高创业成功率，加快科技成果转化，培育科技型企业和企业家。至2018年年底，入驻孵化企业78家，注册资本金超过7500万元，入孵企业员工人数达500余人，年税收收入超1200万元。以电子信息、节能环保、互联网运用为重点发展产业。聚集以华讯益通、天健科技、锋行科技等为代表的电子信息研发企业，以汇邦环保、绵阳腾博建材科技等为代表的节能环保中小型企业，以武道数码、齐齐乐网络等为代表的网游、手机APP开发企业。

【科技城创新中心二期】 科技城创新中心二期于2012年7月启动，项目总建筑面积约38万平方米，建成14万平方米。创新中心以中国国际人才市场科技城分中心为主体构建人才市场，以国家两用技术交易中心为主体构建技术市场，以川藏股权交易科技城技术融合股权交易中心为主体构建资本市场，形成科技城创新创业要素集聚。

1号楼是资本大厦，负责构建资本市场，汇聚特色技术融合成果转化基金及证券、担保等140余家金融配套服务机构，形成科技与金融的有效对接。以四川省大型仪器共享平台为依托，整合科研院所企业大型仪器，有效服务国内外企业。

2号楼是国家级科技企业孵化器，为企业提供“拎包入驻”的办公环境，为其提供共享会议室、培训室、创业咖啡、定制公交等，开展“一对一”的创业帮扶，营造良好的创新创业生态环境。

3号楼是大学创新园，汇聚知名高校创新资源，建成高校产学研基地，实现高校成果的有效转化。

4号楼是科技服务中心，以国家两用技术交易中心为主体构建技术市场。建设技术库、项目库、企业库等7大数据库，实现线上24小时信息对接，线上线下交易，构建全国开放的两用技术交易平台。

5号楼是绵阳知商谷，依托广州博鳌纵横

（汇桔网）西南总部，打造知识产权从拥有到交易一站式服务平台，建设“知商”生态圈。

6号楼是人才服务中心，依托中国国际人才市场科技城分市场的建立，建设集人才招聘、人事代理、人才测评、培训服务等功能一体的人才交易集散基地。

7号楼是云计算大数据中心，实现云计算、大数据产业聚集，逐步向产业链价值链高端延伸，帮助企业从低成本战略向创新驱动转型，带动新兴产业培育和传统产业升级改造。

8号楼是四川省电子商务示范基地，在线电商企业420余家，年交易额超660亿元。行业间相互交流融合，构建起集政府—信息平台—第三方服务—金融服务—快递物流—人才培训为一体的产业链条，形成完整的电商生态圈。

9号楼是人力资源服务产业园，健全人力资源服务业发展政策体系，构建多层次、多元化的人力资源服务机构集群，推动行业集聚发展。

【企业加速器】 企业加速器是科创区着力打造的“苗圃+孵化器+加速器+产业集群”科技孵化模式中重要的一环，助力企业跨越式成长。主要吸纳注册在科创区、年产值达500万元至2000万元，所属领域为电子信息、节能环保、先进制造等领域的优秀企业入驻。2018年，园区建成企业加速器有加速器A区（西区标准厂房，面积2万平方米）、加速器B区（康超标准厂房，面积3万平方米），总面积达5万平方米。入驻35家成长型企业，其中有以四川恒力泰科技有限公司为代表的电子信息企业，以四川汇邦环保科技有限公司为代表的节能环保企业，以四川博瑞星云信息技术有限公司为代表的先进制造企业等。

【科技城（绵阳）知商谷】 科技城（绵阳）知商谷项目（以下简称知商谷）于2018年2月落户科创区，位于科技城创新中心5号楼，总建筑面积1.5万平方米。由四川博鳌纵横网络科技有限公司具体承载，四川博鳌纵横网络科技有限公司是汇桔网在绵阳设立的全资子公司。知商谷总体方向为打造以知识产权为核心的资源共享企业服务平台，成为代表城市创新与知识产权活力的城市名片。汇桔集团着重将其打造为汇

图27 汇桔网·中国（绵阳）科技城知商谷

桔集团知识产权金融中心总部、汇桔集团全国大数据技术研究开发管理中心（知商云）、汇桔集团海外技术IP成果转化产业化示范基地、汇桔集团技术融合成果转化中心、汇桔集团西部大区各分子公司（成都、重庆、昆明、贵阳、长沙、南昌、武汉、南宁）的西南总公司。知商谷突出打造知识产权众创空间，将创客与知识产权结合，联手银行等金融机构，打造中国首家互联网知识产权金融平台——知商金融，开展知识产权交易。其核心理念是以融“知识产权”代替融资，缓解小企业融资难问题。

【西南交通大学绵阳研究院】 西南交大绵阳研究院（以下简称研究院）成立于2015年，技术支持为西南交通大学，承载企业为四川天佑归谷科技有限公司。研究院主要从事新型健康环保材料、新能源汽车级轨道交通研究等工作。研究院研发的“四针状纳米氧化锌晶须颗粒”高效空气净化材料获得8项国家专利。2018年，研究院研制出智能新风净化空调、全功能新风净化一体机等产品。研究院的承载企业四川天佑归谷科技有限公司，成立于2015年3月，同时期入驻创新中心孵化器。公司由西南交通大学、四川长虹集团等7家公司共同组建，总投资1亿元，致力于室内空气环境控制改善系统的研发、生产、销售。至2018年年底，公司员工有60余人，研发团队中教授及博士5人、留学归国人员7人，取得专利44项。

【跨境电商（绵阳）产业研究推进中心】 跨境电商（绵阳）产业研究推进中心由绵阳科创区与清华大学国家服务外包人力资源研究院（简称NISO）共同创建，旨在推动绵阳市跨境电子商务产业发展。NISO是经教育部、商务部联合批复，于2009年依托清华大学设立的国家级研究院。跨境电商（绵阳）产业研究推进中心发展方向为现代服务业发展与人才研究国家智库，搭建产业公共服务平台，促进供给侧结构性改革，搭建校企深度合作平台，促进大众创业、万众创新，搭建跨境电商人力资源发展中心。跨境电商（绵阳）产业研究推进中心通过构建成熟的跨境电子商务产业发展环境，引入和孵化绵阳及周边地区外贸及生产型企业，为跨境电商企业提供技术支持、外贸洽谈等服务，打造绵阳良性可持续发展的跨境电子商务生态圈。

【创新创业氛围营造】 2018年，科技城创新中心围绕创新创业大赛军转民大赛、“双创”活动周等主题开展形式多样、内容丰富的创新创业活动，推广创新创业经验，厚植创新创业文化，逐步形成“双创核心区”。不定期在创新中心开展知识产权专题培训、科创大讲堂等活动；企业自发开展2018中国（绵阳）科技城动漫游戏嘉年华暨世界等各类活动，推动科创区文化的繁荣发展，展现科创区精神风貌，提升创新中心的“双创”氛围；邀请业内专家作各类政策解读及知识讲座，提高创业者的知识储备，解决企业在创业过程中遇到的问题。全年开展近百场活动，累计吸引近万人参加。（李　安）

园区创业创新

【概况】 科技城范围内的各个省级园区，根据自身建设需要，分别建设有创新创业服务中心和创新孵化器，作为各园区创新创业的重要载体和平台，培育和孵化规模企业，促进创新技术成果转化，主要涉及新材料技术、生物医药、化工、电子信息化等领域。

【高新区创业服务中心】 绵阳高新区创业服务中心（以下简称创业服务中心）成立于1998年10月，2000年10月被科技部认定为“国家高新技术创业服务中心”，2010年2月被科技部批准加挂“大学生科技创业见习基地”牌子。创业服务中心以科技型中小微企业为服务对象，为入孵企业提供研发、中试生产场地和办公共享设施，针对企业发展需求开展政策、管理、法律、融资等方面的对接和培训服务。2002年5月，由四川省人事厅、科技厅、教育厅和绵阳市人民政府联合共建的绵阳留学人员创业园正式挂牌成立，与创业服务中心实施两块牌子、一套班子的管理体制。作为绵阳科技城科技创新服务体系的重要组成部分，绵阳高新区创业服务中心先后被科技部授予“全国先进科技孵化机构”“火炬计划实施十五周年先进高新技术创业服务中心”等称号。创业服务中心致力于不断集聚创新创业资源，支持创新、协助创业、优化环境、提升功能，构建高新区创业公共服务网络平台与实体平台。2018年，创业服务中心有孵化基地2万平方米，在孵企业达90余家。

【高新区生物医药孵化器】 绵阳高新区生物医药专业孵化器于2001年立项，2005年年初投入使用，旨在为生物技术类（疫苗、酶制剂、基因工程药物）、天然药物、环保科技、生态农业、医疗器械、医疗电子等领域项目的研发及中试生产提供技术支持和孵化服务。生物医药孵化器占地面积1.6公顷，孵化场地面积达1万余平方米，总投资5000余万元，配备生物医药常规实验仪器设备600余万元。生物医药孵化器采用“政府平台服务+企业化运作”的管理模式运行。孵化器管理办公室代表政府对入孵企业的项目孵化和产业化提供配套服务；生物医药孵化器有限公司则对专业孵化器进行企业化运行管理。2009年，被列为四川省科技厅“四川省中小企业科技企业孵化器”；2011年，通过科技部国家级科技企业孵化器认定；2016年5月，被省经信委批准为“四川省第五批小企业创业示范基地”。（罗盛建）

【经开区创新创业服务中心】 绵阳经开区创新创业服务中心（以下简称“双创”中心）于2018年9月投入使用。“双创”中心位于经开区贾家店街89号，建成面积1510平方米，设立有公用多功能会议室、创客大食堂和创客活动中心等专属配套设施，满足科技型中小微企业研发生产、办公会议、党群活动、职工生活等多种需求。“双创”中心内建成孵化器（众创空间）4个，其中国家级众创空间1个（智汇谷众创空间）、省级孵化器2个(容创孵化中心、聚星科技企业孵化器)、市级众创空间1个（九绵科技合作创新试验基地），有在孵企业155家。2018年，为34家企业提供企业核名、工商注册、科企认定等代办服务，为企业节省成本300余万元。其中容创孵化中心由经开区管委会与绵阳容创科技服务有限公司共同打造，公司独立管理运营，孵化场地5040平方米，于2016年11月10日开园。重点孵化培育“互联网+生物科技产业”“互联网+智能硬件产业”等，配置有创业咖啡、创客中心、智能硬件体验中心等服务机构，为中小企业提供科技资讯、创业咨询、种子基金支持等孵化服务。该孵化中心聘请绵阳市院所专家教授作为创业导师，与西南科技大学、绵阳职业技术学院等高校达成人才输送计划。共孵化企业127家，孵化毕业企业6家。2017年5月，通过市级科技企业孵化认定；2018年11月，通过省级科技企业孵化认定。智汇谷众创空间是“省级大学生创新创业园区”、国家级众创空间，于2014年年初建成投入使用，办公面积3740平方米，含91间封闭式办公室、188个开放式工位。2018年，智汇谷众创空间有在孵企业78家，拥有知识产权76项，其中发明专利32项、实用新型6项、其他软件著作权及商标38项；在孵企业销售额3677.813万元，实现税收147.5968万元。（马敬明）

【江油工业创新发展服务中心】 四川江油工业创新发展服务中心项目由江油工业投资发展集团有限公司投资4亿元打造。项目集研发中心、小微企业孵化和政务配套（税务服务、法务咨询等）、金融配套（会计、银行等）、生活配套（零售、食宿、商务洽谈、医疗、物业管理、人才公寓等）综合性服务功能为一体。2018年，项目一期投资1亿元、建成投用总建筑面积约4万平方米的1号、4号综合办公楼和人才公寓及相应配套设施。综合办公楼租赁价格约10—20元/平方米/月，根据入驻的企业及商户项目大小、业务类型等享受优惠招商政策，提供户外免费停车位、室内车位费用减半收取、物业统一代缴水电气等服务。人才公寓户型主要以单间及两人共用套间为主，每套30平方米左右，内有独立卫生间、宽带接口、门禁和对讲系统等，配备基本家具，可实现直接拎包入住。

【江油市科技孵化园】 江油市科技孵化园建于2014年5月，同年9月投入使用，是江油市培育科技型企业和企业家、推进高新技术产业化的科技创新创业服务平台。孵化园总建筑面积5236平方米，内设办公室、会议室、图书阅览室、活动室、展示厅等多功能房间，可同时容纳企业80至100家。园内基础设施完备，水、电、通信设施一应俱全，餐饮、住宿等生活配套服务完备。江油市科技孵化园采用市场化运作模式，由政府向科技中介机构有偿购买服务，引进绵阳市科技城科源科技有限公司进行日常运行管理，该公司是中小企业培育、孵化、转化的专业化运营管理公司，自成立以来秉承与入孵企业“同命运、共成长”“解决企业所有问题”的服务宗旨，以“立足四川，面向西部，服务全球”为发展目标，为科技型中小企业提供一站式星级管家服务。孵化园为在孵企业提供政策、法律咨询，工商、税务代理、招引培育、投融资、人才延揽、企业经营管理等服务。为创业者免费提供办公场地和后勤保障服务；指导、协助办理创业相关手续；聘请创业导师为创业者开展创业指导服务；免费提供创业培训、创业指导、政策咨询和信息；搭建创业者创业实践、互动交流、产品推广、信息共享的平台；实施创业项目开发、对接和融资等交流活动；营造创业文化与创业氛围。累计指导200余家企业通过绵阳市科技型中小企业认定，涵盖高端装备制造、新能源新材料、现代医药绿色食品、现代农业、现代物流、电子信息等六大产业。（谢小东）

【三台工业园区创新创业平台】 2018年，三台工业园区围绕农业主导产业，搭建麦冬产业研发及公共服务平台，规划建设中国麦冬大健康产业试验园，建设办公、研发、展示和检验检测等公共服务平台及标准厂房共约12万平方米。项目主要依托四川独具优势的道地药材“涪城麦冬”，打造麦冬产品研发、加工、生产、推广的公共工业服务平台。截至年底，建成1.6万平方米麦冬大健康试验园项目综合楼、研发楼，完成麦冬研发、展示、检测检验平台建设并投入使用。康健友邦、得恩德定制厂房完成建设并投产运行。园区集约利用土地，营造“大众创业，万众创新”环境，根据园区工业区规划布局、产业定位等实际，加快项目“孵化器”“加速器”建设，围绕体制创新、模式创新、技术创新、管理创新和服务创新等“五大创新体系”建设，融合传统工业、创新产业、金融、电商、物联等资源，高标准、高起点启动建设梓州产城新区创新科技孵化园项目。项目计划总投资3.1亿元，修建12.5万平方米的创新科技孵化园，其中包括标准厂房、仓储物流、电商中心、创新研发中心、会展中心、金融服务、员工公寓、食堂、商贸等配套用房，配套建设厂区道路、地下管网、绿化、亮化等附属工程。截至年底，该项目标准厂房主体完工，推进室内装修以及完善基础设施，并签约入驻金鱼集团手机及配件加工项目。全年园区利用创新创业孵化园承载平台，出台专项优惠政策，吸引三台在外人士回乡创业，并通过回购、返租等多种形式，盘活闲置厂房12万平方米、土地约54公顷，引进鸿星尔克、翰彬霖鞋业等企业14家，建设梓州鞋业产业园。（冉进财）

产业联盟

【概况】 自2012年起，绵阳市把培育和发展"两新"产业联盟等作为发展"两新"产业工作的重要抓手，强化以企业为主体的产学研合作，推动创新体系协调发展，通过需求对接、专业对接、定期对接等渠道，建立一批以产学研为支撑的产业联盟。2018年，全市有四川省工业创新设计联盟等技术创新联盟8个；有新能源汽车产业联盟等产业联盟17家（其中省级产业联盟7家），有市内外企业、高校、科研院所等成员单位500余家。

2018 年绵阳市产业联盟一览

表 19

序号	名称	依托单位	级别
1	四川北斗卫星导航产业联盟	四川九洲电器集团有限责任公司	省级
2	四川省空管系统产业联盟	四川九洲电器集团有限责任公司	省级
3	四川省智能电视产业联盟	四川长虹电器股份有限公司	省级
4	A 系列车用汽油发动机产业联盟	绵阳新晨动力机械有限公司	省级
5	四川高新装备先进材料产业联盟	中国工程物理研究院材料研究所	省级
6	四川特钢产业联盟	四川六合锻造股份有限公司	省级
7	电喷发动机管理系统产业联盟	绵阳新华内燃机股份有限公司	市级
8	中国科技城·信息安全产业联盟	中国工程物理研究院计算机应用研究所	市级
9	中国科技城·绵阳新能源汽车产业联盟	四川野马汽车绵阳制造有限公司	市级
10	绵阳市高分子功能膜材料产业联盟	四川东材科技集团股份有限公司	市级
11	绵阳市新型工装及面料产业联盟	绵阳佳联印染有限责任公司	市级
12	四川保和富山再生资源产业园——再生铜及其制品加工产业联盟	绵阳铜鑫铜业有限公司	市级
13	绵阳市节能环保（装备）产业联盟	四川省保和富山再生资源开发有限公司	市级
14	新能源汽车智慧服务创新产业联盟	四川长虹电器股份有限公司	市级
15	中国（绵阳）科技城物联网产业联盟	四川长虹电器股份有限公司	市级

【四川保和富山再生资源产业园——再生铜加工产业联盟】 四川保和富山再生资源产业园——再生铜加工产业联盟（以下简称产业联盟）于2013年6月由绵阳铜鑫铜业有限公司牵头成立。截至2018年，该产业联盟有理事长单位2家、成员单位18家，累计实现销售收入突破100亿元大关，初步形成互相协作和资源互补的良好发展生态。

表 20

2018 年四川保和富山再生资源产业园——再生铜加工产业联盟企业名录

序号	企业名称	所在地	行业	联盟职务
1	绵阳铜鑫铜业有限公司	游仙高新技术产业园区	制造业	理事长
2	四川保和富山再生资源开发有限公司	游仙高新技术产业园区	服务业	副理事长
3	四川保和新世纪线缆有限公司	游仙高新技术产业园区	制造业	理事
4	绵阳保和泰越通信线缆有限公司	游仙高新技术产业园区	制造业	理事
5	绵阳金循环金融仓储有限公司	游仙高新技术产业园区	服务业	理事
6	四川金循环电子商务有限公司	游仙高新技术产业园区	服务业	理事
7	绵阳鑫环铝业有限公司	游仙高新技术产业园区	服务业	理事
8	绵阳致鑫铜业有限公司	游仙高新技术产业园区	制造业	理事
9	绵阳金循环金属材料有限公司	游仙高新技术产业园区	制造业	理事
10	绵阳金鑫铜业有限公司	游仙区松垭镇	制造业	理事
11	绵阳保和佳浩废旧物资回收有限公司	游仙高新技术产业园区	服务业	理事
12	重庆渝铭金属材料有限公司	重庆市垫江县	制造业	理事
13	湖南银联湘北铜业有限公司	湖南省汨罗市	制造业	理事
14	湖北融晟金属制品有限公司	湖北省云梦县	制造业	理事
15	福清中金有色金属材料有限公司	福建省福清市	制造业	理事
16	四川博鑫铜业有限公司	凉山州会理县	制造业	理事
17	成都兴原再生资源投资有限公司	成都市	制造业	理事
18	四川省冶金质监所	成都市	科研院所	理事
19	四川省环科职业学院	成都市	科研院所	理事
20	西南科技大学	绵阳市青义镇	科研院所	理事

【四川A系列车用汽油发动机产业联盟】 四川A系列车用汽油发动机产业联盟成立于2012年7月13日，联盟成员之间以技术为纽带形成联合、合作关系，以具有法律约束力的契约为保障，形成联合研发，优势互补、利益共享、风险共担的利益共同体和合作组织形式，利用绵阳科技城品牌优势，以打造西部极具竞争力的汽车发动机产业链为目标。2018年，联盟由18家单位组成，其中企业16家、科研院所1家、大学1所。联盟理事长单位为绵阳新晨动力机械有限公司。

联盟各理事单位发挥自身优势、技术专长，利用技术储备，整合四川省区域内汽车发动机零部件产业全面开展产学研结合，共同研发生产具有国内领先的车用发动机。利用绵阳新晨动力A系列汽油机动力性、经济性、可靠性、耐久性、安全性和环保性技术领先优势，通过联盟技术合作平台，依托国际知名汽车动力咨询公司IAV、FEV服务指导，研究掌握国际先进的发动机零部件技术。

表 21　2018 年四川 A 系列车用汽油发动机产业联盟企业名录

序号	单位名称	联盟职务	所在地	研发配套产品
1	绵阳新晨动力机械有限公司	理事长单位	绵阳	车用汽柴油机
2	绵阳新华内燃机股份有限公司	理事单位	绵阳	发动机曲轴、气门、挺柱、加工缸体、缸盖等
3	绵阳市恒鑫塑胶有限公司	理事单位	绵阳	标示束线带、高温束线带等
4	江油长联实业开发总公司内燃机气门厂	理事单位	绵阳	气门、气门组件等
5	四川吉龙机电科技有限公司	理事单位	绵阳	后油封座、机滤清器座、机油泵盖等
6	绵阳市鼎鑫工模具有限责任公司	理事单位	绵阳	三元催化净化器节气门体总成、紧链器/阻尼器组件、机油冷却器组件、各机型皮带轮及惰轮组件、高压油管组件等
7	绵阳市川金机械制造有限公司	理事单位	绵阳	机油盘发动机冷却水管、油管等
8	绵阳秦川恒远汽车电器有限公司	理事单位	绵阳	汽车线束、汽车消声器及尾气净化装置等
9	绵阳明光橡塑制品有限公司	理事单位	绵阳	汽车橡胶制品、塑料制品、电子器件、电子五金、紧固件等
10	绵阳华晨瑞安汽车零部件有限公司	理事单位	绵阳	凸轮轴、平衡轴等汽车发动机关键零部件等
11	绵阳富临精工机械有限公司	理事单位	绵阳	液压挺柱、VVT 正时机构等汽车零部件等
12	绵阳高新区金鑫机械有限公司	理事单位	绵阳	各种车用发动机冲压零部件等
13	绵阳市德熙机械制造有限公司	理事单位	绵阳	汽车机械标准件制造等
14	绵阳市万欣汽车配件有限公司	理事单位	绵阳	空气流量计正时涨紧器汽车线束元件、燃油喷射装置等
15	绵阳市万欣测控技术有限公司	理事单位	绵阳	流量、压力、温度、曲轴位置传感器等
16	绵阳市天旋气门组件有限公司	理事单位	绵阳	内燃机气门阀座、气门导管、气门锁夹、气门弹簧座、气门挺杆等气门系统组件等
17	中国汽车工程研究院	理事单位	重庆	各类汽车产品的开发、设计与研究，汽车整车及总成，零部件的试验研究与质量检测，汽车试验设备的开发与研制
18	西华大学	理事单位	成都	车辆工程、热能与动力工程（汽车发动机）热能与动力工程省级本科人才培养基地

【中国科技城（绵阳）信息安全产业联盟】 中国科技城（绵阳）信息安全产业联盟于2014年9月，依托中国工程物理研究院计算机应用研究所为理事长单位，北京邮电大学信息安全中心、中国电子科技集团三十所、四川长虹电器股份有限公司、四川九洲电器集团有限责任公司、四川浪潮信息科技有限公司等单位为副理事长单位，联合川内外63家企事业单位及高校成立。联盟发挥专家和联盟成员单位的技术优势，配合落实政府及企业相关部门完善信息安全人才招聘、培训及科技合作交流等活动。联盟专家库、领军人才库和成员单位库在全市电子、软件、信息安全等规划中发挥作用，为明确全市信息安全产业发展的思路、目标、重点方向和发展路径提供多渠道信息收集支撑。2018年，联盟成员单位达65家。

2018年中国（绵阳）科技城信息安全产业联盟成员单位名录

表22

序号	单位名称	序号	单位名称
1	北京邮电大学信息安全中心	34	中国（绵阳）科技城中科创新育成中心
2	中科院电子学研究所	35	四川中盾金卫光电科技有限公司
3	中科院信息工程研究所	36	四川省益安物联网络科技有限公司
4	中科院微电子所	37	绵阳鼎甲国桑科技有限公司
5	国民技术股份有限公司（深圳）	38	中国（绵阳）科技城软件园
6	西南交通大学信息科学与技术学院	39	四川笔耕科技有限公司
7	中国电子科技集团三十所	40	绵阳钜胜科技有限公司
8	迈普通信技术股份有限公司	41	绵阳市绵州通有限责任公司
9	国家计算机网络与信息安全管理中心四川分中心	42	四川华拓光通信股份有限公司
10	电子科技大学计算机科学与技术学院	43	绵阳灵通电讯设备有限公司
11	四川大学计算机学院	44	绵阳芯联芯络科技有限公司
12	四川无声信息技术有限公司	45	四川凯路威电子有限公司
13	四川灵先创科技有限公司	46	四川虹信软件有限公司
14	四川中锐信息技术有限公司	47	四川科瑞软件有限公司
15	成都磊通科技有限公司	48	西南科技大学
16	中国工程物理研究院总体工程研究所	49	绵阳师范学院
17	中国工程物理研究院电子工程研究所	50	绵阳市工业技术研究院
18	中国工程物理研究院机械工艺研究所	51	东华软件股份公司
19	中国工程物理研究院计算机应用研究所	52	绵阳太古软件有限公司
20	中国燃气涡轮研究院	53	四川东亨信息科技股份有限公司
21	中国电子科技集团九所	54	华创无限科技有限公司
22	西南自动化研究所	55	四川浪潮信息科技有限公司
23	四川长虹电子集团公司	56	四川久安芯电子科技有限公司
24	四川九洲电器集团有限责任公司	57	四川海格承联通信技术有限公司
25	中国联通绵阳分公司	58	四川锦上云天有限公司
26	中国电信绵阳分公司	59	绵阳市蓝宇科技股份有限公司
27	中国移动绵阳分公司	60	绵阳市蓝宇电子工程有限公司
28	四川广电网络绵阳分公司	61	成都九洲电子信息系统股份有限公司
29	四川宇博银典科技公司	62	四川虹微技术有限公司
30	四川尚云科技公司	63	四川省通信产业服务有限公司绵阳分公司
31	绵阳银海畅辉软件公司	64	绵阳重庆君盾科技有限公司
32	东方信腾数码技术公司绵阳分公司	65	绵阳市信安联软件评测有限公司
33	四川邦辰信息科技有限公司		

（王月利）

大学生创新创业

【概况】 2018年，科技城开展第四届创业明星和创业能手争创活动，其间共举办5场子活动，通过层层选拔，评选出10名创业明星和30名创业能手、10名优秀创业导师，在全市掀起创新创业新风潮。9月，对认定的省级园区或基地进行复核，确保省级招牌只增不减，全市建成大学生创新创业园区（孵化基地）45家，其中国家级1家、省级15家、市级29家。截至年底，全市扶持创业成功1343人，其中大学生创业403人，发放创业补贴427.8万元。

【绵阳市国家级大学生创新创业园区（孵化基地）】 绵阳市国家级大学生创新创业园区（孵化基地）位于科创区，是全市唯一一家国家级大学生创新创业园区（孵化基地）。自2016年12月被人社部授予“全国创业孵化示范基地”荣誉称号以来，截至2018年，科创区累计投入20亿元建成科技城创新中心、灵创孵化器等达20万平方米孵化场地，建立康超、科发长泰等标准厂房模式的“加速器”，吸引1400家电子信息、大数据和云计算等产业的科技型中小企业落户，其中规模以上科技型企业9家。建成一、二期孵化场地24万平方米，供企业办公使用面积20万平方米，能容纳600家企业，吸引中国航天、汇桔网、浪潮集团等优势创业团体入驻，有意向入孵创业实体数609家，孵化成功实体数580家，提供就业岗位8000个，涵盖智能制造、节能环保、电子软件等9大的行业，孵化场所利用率100%。当期入孵实体成功率达到95%。孵化到期企业89家，其中20家转入企业加速器，69家企业迁出孵化器，当期入孵实体到期出园率100%。

【大学生创新创业园区（孵化基地）交流指导活动】 2018年5月22日，由科创区管委会，绵阳市第四届创业明星和创业能手争创活动工作组主办，科创区党群部、创业服务中心、劳动保障中心承办，科创孵化器管理有限公司协办的大学生创新创业园区（孵化基地）交流指导活动在创新中心二期举行。争创活动工作组成员单位、各县市区（园区）公共就业服务机构、部分大学生创新创业园区（孵化基地）机构负责人、创业者代表等90余人参加活动。活动现场，公建公营、民建民营、公建民营等3种运营模式的大学生创新创业园区（孵化基地）代表就孵化平台管理运营和创业服务等方面进行经验分享。与大学生在平台环境、体制机制、政策落实、创业指导服务、金融支持等等方面开展互动问答交流。

【“青创+”筑梦千里巡 绵阳创业项目巡诊活动】 2018年6月20日，由市第四届创业明星和创业能手争创活动工作组、经开区管委会、市就业局主办，经开区劳动保障服务中心承办的“青创+”筑梦千里巡绵阳创业项目巡诊活动举行。全市12名优秀创业导师、市县两级公共就业服务机构负责人组成6个巡诊小组分别前往12个县（市区）、园区，对25个大学生创办的创业项目（涉及科技型中小企业、电子商务、互联网+、农业等项目）进行实地把脉问诊，针对企业运营过程中面临的困境上门服务。该活动是全市第四届创业明星和创业能手争创活动的重要内容之一，也是创新创业服务工作的品牌活动。该活动由实地现场巡诊和创业项目门诊2部分构成，每年5月启动征集项目，6月开展实地巡诊，7月进行分类门诊，自2015年起已连续举办4届，累计服务创业者300余人。2018年，征集创业巡诊项目52个，实地巡诊项目25个，分4次开展“一对一”“多对一”分类门诊项目27个。（刘 颖）

【2018年江油市大学生创新创业交流会】 2018年10月10日，以“放飞青春创业梦、携手建功新时代”为主题的2018年江油市大学生创新创

业交流会召开。交流活动由四川幼儿师范高等专科学校、江油市人力资源和社会保障局、江油市科技和工业信息化局、江油高新技术产业园区经济发展局、绵阳市科技城科源科技有限公司、江油创客空间、江油科技孵化园共同举办。会议期间，邀请江油市科技和工业信息化局负责人现场解读创新创业政策，绵阳市创业促进会负责人介绍SYE相关政策，江油创客空间、江油科技孵化园平台运营商——绵阳市科技城科源科技有限公司负责人讲解孵化器入驻政策，冯正娇等大学生创业代表分享创业历程。在现场互动环节，创业导师解答大学生关于金融、政策等方面的疑问。在路演环节，陈星月等大学生创业代表展示《“良学美景”交换计划》等路演项目。江油市泉水湾孵化器管理有限公司与四川幼儿师范高等专科学校现场签订校企战略合作协议。

【“青春，让一切有可能”创业就业交流会】 2018年12月18日，由绵阳科技城科教创业园区管理委员会主办的“青春，让一切皆有可能”创业就业交流会在四川文化艺术学院举行。活动旨在助推高校毕业生多渠道创业就业，提升大学生创业群体对科创区就业创业政策的知晓度。500余名师生参与活动。活动邀请绵阳市第四届创业明星、四川讯视科技有限公司总经理陈俊江，绵阳市第二届“优秀创业导师”周韬等作创业演讲，为大学生们分享创业经历。在现场互动中，受邀嘉宾解答学生们关于户籍限制、创业登记、金融政策等系列创业就业问题。科创区相关工作人员还从科创区创新创业场地支撑、创业项目补贴与奖励、科创区赛事项目奖励政策等方面向大学生们分享科创区大学生创业扶持政策。

【2018走进高校大学生就业创业交流会】 2018年11月13日，由科创区创业服务中心主办、绵阳市科创孵化器承办的，以“筑梦未来、与你同行”为主题的2018走进高校大学生就业创业交流会在西南财大学术报告厅举行。活动旨在助推高校毕业生多渠道创业就业，提升大学生创业群体对科创区就业创业政策的知晓度。科创区党工委委员、管委会副主任李炜出席活动并致辞。区创业服务中心主任周仝、西南财经大学天府学院创新创业培训中心主任何臻祥、企业家代表、大学生创业代表等300余人参加交流活动。活动介绍科创区在孵化器、服务平台、创新创业政策方面的优势。科创孵化器负责人结合科创区校地协同创新工作，以《绵阳科创区加强对外开放促进经济发展八十条》为框架，从大学生创新创业可享受场地免租、创业项目奖励、科技创新奖励等方面，详细解读科创区面向大学生创业的优惠政策，并就大学生提出的问题进行解答。大学生创新创业导师——“富乐山下”“淘房家居网”负责人从自身出发，讲述创业历程、分享创业经验，为大学生就业创业支高招。（李维怡）

西南科技大学国家大学科技园

【概况】 西南科技大学国家大学科技园（以下简称大学科技园）是2001年8月经科技部、教育部批准筹建的全国第一批国家大学科技园，2003年10月经科技部、教育部批准挂牌成立。大学科技园是“国家级科技企业孵化器”“国家技术转移示范机构”“四川省大学生创新创业示范俱乐部”“省级大学生创新创业园区（孵化基地）”“省级小企业创业示范基地”。拥有基础设施完善、可自主使用场地面积2.32万平方米，孵化场地面积约1.97万平方米，累计培育企业208家。能实现大学科技园在科技成果转化、高新企业孵化、创新创业人才培养及服务地方经济建设4项职能全覆盖。2018年，大学科技园有在孵企业98家。大学科技园通过“国家级科技企业孵化器”考核评价，被科技部评定为“优秀（A类）”，成为全省唯一连续2年获优秀评定的大学科技园。

【科技成果转化】　大学科技园依托“国家技术转移示范机构”，开展科技成果转化服务工作。2018年，开展项目对接、技术咨询等活动60余次；促成智能导向标识柱等72项科技成果在园落地转化，其中转化学校师生科技成果64项。

【科技企业培育成长】　大学科技园完善“国家级科技企业孵化器”“国家小型微型企业创业创新示范基地”等功能，健全孵化服务体系和创业服务规范。2018年，新增入孵企业26家，孵化毕业企业6家；在孵企业新增自主知识产权54项；协助在孵企业新增投融资1066万元；组织在孵企业申报纵横向科研项目获批立项93项，立项经费2861.25万元。

【人才培养平台打造】　大学科技园发挥“国家级高校学生科技创业实习基地”“四川省大学生创新创业俱乐部”“省级大学生创新创业园区（孵化基地）”优势，打造创新创业教育实践平台。2018年，开展创新创业沙龙活动14次，咨询辅导活动30余次。组织在孵企业提供实习实训岗位474个，接纳学校学生实习实训2000余人次，实习实训64983人（天）；接纳就业117人。新增学生创业企业13家。组织学校师生申报教育部“国家大学生创新创业训练计划”创业训练项目和创业实践项目获批立项15项，立项经费27.5万元；组织学校师生申报“四川省科技创新苗子工程项目”获批立项17项，立项经费56万元。组织园区企业参加2018“创青春”全国大学生创业大赛，获得国家奖3项。全年服务学生3000余人次。

（唐继平）

科技型中小企业

【概况】　2018年，科技城实施“涌泉计划”和工业企业“领航计划”，立足科技型中小企业生命周期管理，根据企业发展的不同规模和不同阶段需求，给予差异化的政策扶持和重点培育；实施提质增效工程，全市科技型中小企业发展呈现量质齐增、稳定发展态势。2018年，新认定科技型中小企业1215家，总量稳定在1万家以上；新增升规入统企业75家，新增评价入库科技型中小企业850家。新增高新技术企业33家，总数达272家。

【科技型中小企业培育平台构建】　科技城科技型中小企业培育孵化平台有众创空间、专业孵化器、特色园区等。2018年，科技城按照“专业化、市场化、国际化”的发展理念，围绕“众创空间（星创天地）+专业孵化器+特色孵化器+特色园区”链条，结合各地发展特色和主要产业推进创新创业平台建设。全市有各类孵化平台60家，孵化总面积达115万平方米，入驻孵化企业和服务机构4000余家。绵阳市经开区积家工业园被批准建设国家小微企业“双创”示范基地，高新区被批准建设“双创”升级示范园区。

【科技型中小企业创新发展平台构建】　科技城各类科技型企业创新发展依赖平台有企业、高校及科研院所内设各级企业技术中心、重点实验室、技术研究中心、合作基地等。2018年，九洲集团牵头组建的“国家空管监视与通信系统工程技术研究中心”通过验收正式获批；由西南科技大学牵头组建的四川省首个省部共建国家重点实验室“省部共建环境友好能源材料国家重点实验室”及绵阳佳联印染有限责任公司组建的四川省特种工装及防红外迷彩隐身面料工程技术研究中心、绵阳富临精工机械股份有限公司组建的四川省新能源汽车动力系统及电子部件工程技术研究中心、四川兴事发门窗有限责任公司组建的四川省特种门窗工程技术研究中心获批建设。全年全市有各类国省级重点实验室27家、国省级工程技术研究中心24家、国省级国际科技合作基地5个。

【科技型中小企业服务保障】 2018年，科技城优化营商环境，推进“多证合一”“最多跑一次”等政策措施，简化企业开办程序，全流程实现“一单受理、一次办理、一网通办、一口办理、一点多办”。利用金融、财税政策，优化金融服务能力，降低科技型中小企业生产经营成本。推广绵阳“绵科云”服务模式，加快形成多元化、多层次、多渠道的科技投融资体系。工行绵阳分行开展“投贷联动”融资服务，推出省内首笔“债权+股权”的融资。利用组团参加“第六届中国（西部）高新技术产业与金融资本对接推进会”契机。征集融资项目信息56个，成果转化项目32个，现场签约金额2.395亿元。用好信贷融资风险补偿和共担机制，用活信贷融资“风险池”资金，科技信贷专营机构累计创新推出“设备仪器贷”“税鑫融”等50多个科技信贷产品。推进大型科学仪器共享平台建设，累计整合高端检测仪器4700多台（套），减少科技型中小企业研发成本。 （张　科）

2018 年绵阳市升规入统科技型中小企业名录

表 23

序号	所属类别	企业名称
1	规模以上工业	绵阳鑫港丰能源有限公司
2	规模以上工业	四川孟林能源投资开发有限公司
3	规模以上工业	绵阳市赛沃精密机械制造有限公司
4	规模以上工业	四川源塑管道有限公司
5	规模以上工业	绵阳奥力达科技有限公司
6	规模以上工业	绵阳中科绵投环境服务有限公司
7	规模以上工业	四川省东润服装加工有限责任公司
8	规模以上工业	绵阳富乐源机械科技有限公司
9	规模以上工业	四川昊宇龙星科技有限公司
10	规模以上工业	绵阳蜀福本汽车零部件有限公司
11	规模以上工业	绵阳亿顺电子有限公司
12	规模以上工业	四川创而意新能源科技有限公司
13	规模以上工业	绵阳信和磁性材料有限公司
14	规模以上工业	四川久安芯电子科技有限公司
15	规模以上工业	绵阳飞腾精密机械科技有限公司
16	规模以上工业	四川杰邦科技有限公司
17	规模以上工业	中科西奥电梯
18	规模以上工业	绵阳市衣丽安金属制品有限公司
19	规模以上工业	四川海祥电子科技有限公司
20	规模以上工业	四川联合晶体新材料有限公司
21	规模以上工业	四川云亳堂药业有限公司

续表

序号	所属类别	企业名称
22	规模以上工业	四川江油科海仪表有限责任公司
23	规模以上工业	江油市东方铸钢实业有限公司
24	规模以上工业	江油市丹阳机电设备有限责任公司
25	规模以上工业	江油市厚坝镇大鑫科技有限公司
26	规模以上工业	江油川一精机有限公司
27	规模以上工业	江油市天雄新材料科技有限公司
28	规模以上工业	四川新鑫丰精密模具有限公司
29	规模以上工业	绵阳河清港华燃气有限公司
30	规模以上工业	绵阳杰兴科技有限责任公司
31	规模以上工业	绵阳新安资再生资源开发有限公司
32	规模以上工业	绵阳市乐事多食品有限公司
33	规模以上工业	绵阳绵欣数码科技有限公司
34	规模以上工业	绵阳市安州区九森农业科技有限公司
35	规模以上工业	四川省绵阳市鸿永盛模塑有限公司
36	规模以上工业	四川华亮粮油有限公司
37	规模以上工业	绵阳市金良食品有限公司
38	规模以上工业	四川省三台县恒东印业有限公司
39	规模以上工业	四川宏达杭萧钢构建设有限公司
40	规模以上工业	四川中瑞和机械制造有限公司
41	规模以上工业	四川铁康食品有限公司
42	规模以上工业	四川省海瑞科汽车零部件有限公司
43	规模以上工业	四川圣菲伦食品有限公司
44	规模以上工业	绵阳润祥生物科技有限公司
45	规模以上工业	四川涛城电力设备有限公司
46	规模以上工业	绵阳市金临机械制造有限公司
47	规模以上工业	梓潼天富生物科技有限公司
48	规模以上工业	平武县颐生泉生物科技开发有限公司
49	规模以上工业	平武县康昕生态食品科技开发有限公司
50	规模以上工业	四川省乐川科技有限公司
51	规模以上工业	绵阳晶盈科技有限公司

续表

序号	所属类别	企业名称
52	规模以上工业	北川羌族自治县癸林纸厂
53	规模以上工业	四川永瑞达机电科技有限公司
54	规模以上工业	绵阳市登丰科技有限公司
55	规模以上工业	绵阳正能新能源技术有限公司
56	规模以上工业	绵阳市西源机械制造有限公司
57	规模以上工业	新希望六和股份有限公司
58	规模以上服务业	绵阳兴宏利软件开发有限公司
59	规模以上工业	绵阳高新区胜科电子科技有限公司
60	规模以上工业	四川赛卓药业股份有限公司
61	规模以上工业	绵阳雷磁电子科技有限公司
62	规模以上工业	四川亚辰电气有限公司
63	规模以上工业	绵阳新泰晟汽车零部件有限公司
64	规模以上工业	四川亿达纸业有限公司
65	规模以上工业	四川大爱科技有限公司
66	规模以上工业	绵阳肯拉刀具有限公司
67	规模以上工业	绵阳川味多实业有限公司
68	规模以上服务业	四川米兜影视文化有限公司
69	规模以上工业	四川汇邦环保科技有限公司
70	规模以上工业	绵阳市京果电子科技有限公司
71	规模以上服务业	四川博鳌纵横网络科技有限公司
72	规模以上服务业	四川互慧软件有限公司
73	规模以上服务业	四川长虹智慧健康科技有限公司
74	规模以上服务业	四川科讯网络科技有限公司
75	规模以上服务业	绵阳翼欣科技有限公司

（张　科）

科技成果转化与知识产权保护

Transformation of Scientific and Technological Achievements and Protection of Intellectual Property

科技成果转化

【概况】 2018年，绵阳市科技成果转化工作按照《中华人民共和国促进科技成果转化法》有关要求，坚持创新驱动、融合发展战略，大力整合科技资源，提升科技服务能力，科技与经济结合愈加紧密，科技对社会支撑引领作用显著增强。全年科技城围绕电子信息、新材料、节能环保等“686”重点优势特色产业，组织实施55个特色科技成果转化项目，给予财政资金支持3000余万元；全市技术合同认定登记额超12.15亿元，全年高新技术企业主营业务收入实现1714亿元，高新技术产业化指数达80.12%，位列全省第二，助推传统产业升级和新旧动能转换。

【企业创新主体培育】 2018年，科技城围绕优势产业发展，发挥财政资金引导作用，着力培育科技创新成果转化企业主体。全年新增高新技术企业33家，总数达272家；省级科技成果转移转化示范企业备案18家；新增科技型中小企业1000家，全市科技型中小企业认定超过1.1万家；新增升规入统60家，参与火炬中心科技型中小企业评价并入库的企业850家，居全省前列。绵阳高校科研院所、企业主持和参与的28个项目获得2018年四川省科学技术奖，九洲空管、旭虹光电、铁骑力士、新希望六和等4家企业牵头主持和参与的3个项目分别获得2018年度国家科技进步二等奖。

【科技成果转化平台建设】 2018年，科技城按照市场化、体系化、专业化的原则，借助信息化手段，推进国家两用技术交易中心、四川大型科学仪器共享平台、中国（绵阳）科技城知识产权运营平台、汇桔网·绵阳知商谷等一批技术转移服务平台建设，国家级、省级技术转移示范机构达10家，全市孵化器累计达60家，孵化总面积达115万平方米，入驻孵化企业和服务机构到4000家。国家两用技术交易中心市场化能力和辐射带动能力增强，建成河北分中心、山东分中心、成都工作站；国家技术转移西南中心绵阳分中心建设稳步推进。四川大型科学仪器共享平台自2017年1月运营以来，累计提供服务超3300次，服务用户超1100家，整合仪器达5000台套。促进16项创新成果转化，合同服务金额超2000万元，该经验入选四川省改革办编印的《四川改革试点典型案例集》并在全国推广。

【成果转化资金渠道拓宽】 2018年，科技城通过设立专项基金等方式，拓宽科技成果转化资金渠道。科技信贷专营机构先后创新推出“税鑫融”“科创税e贷”“应收账款贷”等50多个科技信贷产品和模式，形成“科金云”绵阳科技金融服务模式。截至年底，科技贷款余额为307.36亿元，服务科技企业1592家，专利权质押达4.48亿元。组织并参与第六届中国（西部）高新技术产业与金融资本对接推进会，现场签约金额达2.395亿元。

【科技成果转化政策环境优化】 2018年，科技城抓住国家全创试验区和深化改革契机，推进科技体制改革工作。制定出台《绵阳市科技计划管理改革实施方案》《绵阳市重大科研基础设施和大型科研仪器向社会开放实施方案》《绵阳市建设国家创新型城市方案（2018—2020）》等多项优化创新创业环境的政策措施，形成省市政策有效联动。（颜泽永）

【成果转化对接活动】 2018年，科技城通过定期举办科技成果发布、对接活动，承办大型专业赛事等途径，促进科技成果加快发布、转化。特别是通过承办2018中国创新创业大赛技术融合专业赛（绵阳赛区）暨第七届中国创新创业大赛军转民大赛、2018中国创新挑战赛（绵阳）科技专题赛等国家级大型专题赛，吸引企业参会交流，发布技术需求并搭建技术交流交易平台，促进科技成果转化加快。

【科技成果改革试点】 截至2018年，科技城持续推进西南科技大学职务科技成果权属混合所有制改革试点，探索职务科技成果知识产权归属和权益分享制度改革。该校“用火山石培养食用菌菌种的方法”等15项国家发明专利及植物新品种使用权获得转让。九洲集团成立九洲防控公司，实行科研人员持股激励，激发科研人员的积极性。

【成德绵国家科技成果转移转化示范区建设】 2018年5月10日，科技部批复四川省建设成德绵国家科技成果转移转化示范区，明确示范区建设依托成都国家自主创新示范区和德阳、绵阳国家高新技术产业开发区等创新平台，形成政策叠加效应和工作合力。同年7月，四川省科技厅拟定《成德绵国家科技成果转移转化示范区建设实施方案》。9月25日，四川省人民政府办公厅印发《成德绵国家科技成果转移转化示范区建设实施方案》（以下简称《方案》），明确示范区的功能布局、建设目标及任务分工。根据《方案》，示范区将构建“三位一体、纵横联动”的功能布局。其中“三位一体”是以成都国家自主创新示范区、绵阳国家高新区、德阳国家高新区为核心，以成都环高校知识经济圈等创新资源集聚区域为重点区域，构建覆盖成德绵地区的科技成果转移转化共同体；“纵横联动”是以协同创新和成果转移转化为着力点，打通科技成果双向转移转化的横向通道，以及国家科技成果到地方落地的纵向通道。《方案》对绵阳市的规划目标有：到2020年，推进科技成果双向转移转化300项，培育孵化300家特色科技型中小微企业，布局建设1个环高校知识经济圈，培育环高校知识经济圈创新创业团队300家，新增高校院所转移孵化项目600项，孵化企业300家，培育科技成果转移转化示范企业100家等。11月14日，成德绵国家科技成果转移转化示范区建设推进会在成都举行，会上，科技厅、成都市、绵阳市、德阳市签署共建成德绵国家科技成果转移转化示范区战略合作协议。（李维怡）

【高强超薄浮法铝硅酸盐屏幕保护玻璃规模化生产成套技术与应用开发】 该项目获2018年度国家科技进步二等奖，主要研发单位为四川旭虹光电科技有限公司，开发高强铝硅酸盐屏幕保护玻璃化学组成及配方、复合澄清剂、双热点熔化工艺及脉冲式水蒸气浅层鼓泡技术、类等比拉薄成形技术、锡槽内玻璃带稳定控制技术、保护气体“透析技术”和锡污染控制等核心技术，形成具有完全自主知识产权的高强超薄铝硅酸盐屏幕保护玻璃工业化制备核心技术及成套装备，在中国率先建成首条高强超薄铝硅酸盐屏幕保护玻璃生产线，填补中国高端触控屏保护玻璃的空白。产品大量替代进口，在华为、小米、酷派、蓝思科技、欧菲光、伯恩等国内30多家知名企业批量使用，并向韩国LG批量出口，该技术成果所生产的产品还推广应用到光热发电用高强热反射板和高速交通用高强透明玻璃材料等领域，项目经济效益和社会效益显著。

【猪抗病营养技术体系创建与应用】 该项目获2018年度国家科技进步二等奖，主要研发单位有四川铁骑力士实业有限公司、新希望六和股份有限公司。项目针对当前生猪养殖中存在的健康问题，以系统科学理论和方法为指导、以营养与免疫为核心，通过动物营养及相关学科技术手段，经过近20年的系统研究，揭示营养与动物健康的关系，创建抗病营养理论，阐明提高猪抗病力的营养原理，构建猪抗病营养参数51个，形成提高猪免疫力、缓解病原微生物危害、确保肠道健康、抗应激、防霉抗霉、挽救弱小仔猪等6大关键技术。项目技术和成果从2006年开始应用，经四川省社会科学院农村发展研究所评估，项目累计获经济效益72.9亿元，经济效益显著。成果整体达国际先进水平，部分研究达到国际领先水平。

【绵阳5项目获四川省专利奖】 2018年9月17日，四川省人民政府公布《关于2017年度四川省专利奖授奖的决定》，全省共42个项目获奖，其中绵阳市有5个项目获奖。四川旭虹光电科技有限公司的“一种高铝高钠盖板玻璃”专利获一等奖；四川九洲电器集团有限责任公司的“一种感知视频编码方法”专利获二等奖；四川长虹电器股份有限公司的“一种数字电视音视频同步方法”“激光电视投影机”2项专利、四川东材科技集团股份有限公司的“一种磷系无卤阻燃共聚聚酯的制备方法”专利分获三等奖。 （李维怡）

新技术、新成果发布

【概况】 科技城新技术、新成果发布主要由科技城工业技术研究院（以下简称工研院）负责。2018年，工研院共举行成果发布会14场，发布新技术新成果共21项，参会人数达2600余人次。发布企业中，有中小企业9家、高校1家、国防科研院所2家。发布产品涉及电子信息、新材料、新能源、工业自动化技术等多个领域，产品均具有自主知识产权，技术水平先进，部分产品可替代进口。此外，工研院还在大亚湾区集中发布成果6项，两用再研发中心启动仪式上发布再研发成果86项。定期成果发布机制启动于2014年，运行5年以来，对中小企业的发展和新技术新成果的推广起到助推剂的作用。其中杰邦科技通过科技成果发布会对企业的促进，于2018年12月接受绵阳市经信委“民营企业建立现代企业制度评审”；四川声达创新科技有限公司的“声达小宝”，在科技成果发布会现场赢得格力集团关注，达成战略合作协议。工研院建立并运营四川省两用技术再研发中心、国家级众创空间、省级孵化器，按技术转移转化路径，创新打造系列推进创新资源释放的平台，构建集“创新、苗圃、孵化、加速”的成链服务体系。新技术、新成果更符合市场需求，加之成果发布会的助推，使得全市科技成果取得瞩目成绩。

【2018年中国（绵阳）科技城科技创新成果发布会】 2018年4月24日，由四川省科学技术厅、绵阳市人民政府指导，绵阳市科学技术和知识产权局、西南科技大学产业处主办，国家两用技术交易中心、四川省技术转移中心承办的中国（绵阳）科技城科技创新成果发布会在绵阳科技城创新中心举行。四川省科学技术厅副巡视员李粟璇、绵阳市副市长孙福全出席会议并讲话，西南科技大学、中国（绵阳）科技城工业技术研究院、四川省技术转移中心、绵阳市科知局等单位负责人，绵阳各县市区科技局、国家和省技术转移示范机构、金融机构、绵阳市企业代表等参加会议。会议着力构建以企业需求为导向的科技成果转化新模式，助力协同创新发展。发布会对绵阳市科技成果总体情况、科技成果转化情况等作详细介绍；西南科技大学、绵阳华宝鼎业科技有限公司负责人分别介绍高校及企业在人才培养、协同创新、技术转移、智库建设等方面所做探索和重要举措。项目对接活动中，参会公司先后提出技术、金融需求，得到高校及金融机构专家详细解答。

【隧道反光瓷砖】 该成果由四川杰邦科技技术研发团队自主研发，针对隧道常年光照不足而带来的隧道安全隐患问题，利用光学折射技术原理和创新材料研发出具有漫反射作用的隧道安全节能新技术产品。产品在提升隧道光照亮度、改善隧道车辆及行人通行安全、节能环保与美化隧道环境等方面有显著效果，是全球隧道安全节能技术创新成果，也是原隧道墙面处理技术的替代解决方案。该产品获得2018年度中国设计红星奖。

【高纯氢及氢气纯化装置】 该成果由四川帝威能源技术有限公司推出，主要针对氢燃料电池汽车、加氢站、精细化工等领域研发生产的节能环保新产品。氢气纯化装置采用一体化结构设计，有无人值守功能并且可以根据客户需求进行定制。该装置主要由脱氧器、冷却器、气水分离器、氢气干燥塔、过滤器等组成，采用冷却去湿、吸附干燥的方法，由3台干燥器交替，实现工作、再生、吸附功能，达到纯化目的。此外，加装特定杂质去除装置，如除硫、除碳等，满足对氢气品质的特定需求。主要可以用于工业副产氢提纯、化石燃料制氢提纯、水电解制氢提纯、生物质制氢提纯以及工业尾气氢气收集及提纯等领域。

【智慧农业精准灌溉系统】 该成果由绵阳尚显纳博科技有限责任公司、四川一高科技有限责任公司、绵阳森业电子科技有限责任公司引进荷兰先进技术，联合研制和推出。成果发明人雷镓语（Nick Ray）是荷兰著名工业自动化以及嵌入式系统设计专家，针对中国的市场引入欧洲最先进的整合技术和设计理念并充分利用中国芯片和器件，研发出百分百中国制造的低成本全新概念智能灌溉系统，它以构建模块的模式存在，不需要中心控制系统，每一个独立的模块就是一个完整的中央控制器，同时也兼容水压、水流等灌溉相关的控制，能真正实现傻瓜式的操作。利用手机即可对系统进行重参数重置，并能进行自身的学习和提高。该智能系统造价低廉，可对中国农业自动化、智能化起到实质性的推动作用。该系统是工研院企业引进国外技术成功孵化成果的典型代表。

【人工智能语音家居系列产品】 该成果由四川声达创新科技有限公司独立研制和产业化。能为客户提供智能家居、工程应用等智能语音应用方案；面向终端用户的智能语音识别产品；语音识别应用方案和市场推广等服务，集语音产品生产、语音方案定制服务于一体，打造并形成服务能力、信息技术、服务品牌、协同供应和企业文化的核心竞争力体系。公司推出的首款自主智能语音本地识别技术的产品——智能语音空调遥控器“声达小宝”，具有本地语音控制、不需联网、贴心小夜灯的功能，全面适配各大空调品牌，并与格力集团等达成核心客户战略合作，为其专项定制开发智能空调语音伴侣。

【工程结构健康监测及损伤评定系统】 该成果由西南科技大学土建学院教授古松科研团队10余名核心成员研发。成果可广泛应用于建筑工程、水利水电工程、石油化工以及道路桥梁等。具有成本低、易安装、易操作、维护代价小、便于分销的特点，系统构架简单，存储、分析、处理数据能力强等优点。信号传输采用有线主导，区域无线处理，具有信号质量好、强度稳定等技术特点。该系统针对监测对象，提供相应的结构（构件）预警报警门阀值，通过迭代对比方法，对超限监测点进行瞬时定位和数据实时提取，按照超限等级给予应对方案。同时，系统还支持远端访问监测点实时采样结果和历史数据提取，定期以报表形式输出工程监测历史分析结果。该系统立足绵阳本地，辐射全国，拟建立以建筑工程为服务主体，以相关领域为辅的工程项目健康监测平台，为工程结构健康监测及损伤评定提供服务。

（李汶杭）

【厕所除臭杀菌机】 该成果于2018年6月8日在中国（绵阳）科技城工业技术研究院主办的成果发布会上，由绵阳工创生物质再生利用科技有限公司与四川艾巴斯环境科技有限公司联合推出。该厕所除臭杀菌机设计五级净化，拥有六大核心技术，能祛除厕所中的氨、硫化氢、甲硫醇、甲硫二醇、乙胺、吲哚等有害物质组成的有毒有味气体，总体祛除异味能力达到90%以上，杀菌率达95%以上，能极大改善厕所空气品质，可广泛应用于公共厕所、卫生间、医院病房、候车室、KTV包间、宠物房等需要祛除异味的场所。该产品取得多项专利技术，并通过CE、CNAS、CMA、卫生生产许可等认证，取得广州工业微生物检测中心的专业检测报告。

【新型网络教学SCR直录播互动系统】 该成果于2018年11月9日在中国（绵阳）科技城工业技术研究院主办的成果发布会上，由绵阳声赛耳科技有限公司和四川工创华融科技有限公司联合发布。该成果由CIP系列主机、各类服务器、网络支持硬件、音视频相关设备以及配套软件构建组成，是针对学校教育的网络教学直录播互动系统，是为学校量身打造的、适应信息化教学和管理需求的一套高水准服务系统。该互动系统除录播、互动等基本功能外，还可提供一个低成本的区域性互联互通“信息管网”，基于这个“信息管网”服务于各类信息化建设。系统对网络要求低，服务器占用小，可实现平台内多场景、多房间同时使用，可用于公开课主讲教室、观看教室、后台三方录制，非公开课本地实时录制，具有实时分享、互动，“1+N”互动和全自动的特点。系统在局域网运行，使用成本低，可将强校优质教育资源共享至偏远山区，可有效消除壁垒，实现优质教育资源共享，帮助贫困地区提高教育水平，促进地方人员综合素质的提高。

【智能输液监控管理系统】 该成果于2018年12月7日在中国（绵阳）科技城工业技术研究院主办成果发布会上，由四川蓝色港湾科技有限公司自主开发并发布。该成果旨在减轻医疗护理人员工作压力，提高护理服务质量，减少输液过程中存在的安全隐患。该系统通过对患者静脉输液过程可能存在的静脉导管堵塞、漏针、鼓包、回血等异常情况及时报警，对输液过程中出现的“液体将完”“液体停滞”“导管拉扯”以及患者在输液期间离开病床等情况实现实时监测和提醒，从而减少医疗隐患，保证输液安全，减少医患纠纷。该系统还支持床位分区管理，减少护士无效巡视病房的工作量。当输液出现异常时，护士手持PDA及监控大屏能自动显示消息并语音提醒，护士在病区的任何地方都不会疏漏对患者的护理，实现输液过程无盲区。该成果在北京协和医院、福州军区总医院、北京301医院、绵阳市中心医院、绵阳市科学城医院等全国16家医院作推广、使用。 （李维怡）

科技成果交易

【概况】 2018年，全市共完成技术合同登记511份，合同成交金额121596.97万元，合同成交份数同比增长40%，成交额同比增长11.76%。其中技术开发合同401份，合同成交额79409.10万元；技术服务合同90份，合同成交额30677.10万元；技术转让合同19份，合同成交额11460.77万元；技术咨询合同1份，合同成交额50万元。全年全市成交国际技术交易合同4份，合同成交额8016.92万元，占全年技术合同成交总额的6.6%；国内技术交易合同507份，合同成交额113580.05万元，占合同成交总额的93.4%。国内输出技术合同流向地主要包括全国24个省（直辖市、自治区），主要流向区域为四川省、北京市、浙江省、江苏省、陕西省、山东省等；输出技术合同的技术领域主要涉及电子信息、先进制造、航空航天等11个领域，其中涉及电子信息技术的263份，合同成交额达41055.23万元，占全部输出技术合同的33.76%。

【科技成果展览展示活动】 第六届中国（绵阳）科技城国际科技博览会上，专门设置国家科学技术奖获奖项目暨新技术展展区，连续6次取得世界超级计算机500强排名第一的天河二号超级计算机系统、具备国际一流水平的科学试验用离心机、技术水平国内领先的系列化激光清洗机、最优分辨率达亚分米级的DH-3000系列机载合成孔径雷达系统等271项国家科学技术奖获奖项目和新技术集中亮相。展品涵盖超级计算机、密码芯片、雷达导航、先进通信、高端科研设备制造、生物制药、高端智能制造、新材料、人工智能、机械加工等10个领域的创新技术成果。本届科博会参展单位达4350家、参展项目14085项，共签约项目2893个，签约金额达5470亿元。

（颜泽永）

知识产权工作

知识产权管理与服务

【概况】 2018年，科技城持续推进知识产权示范城市建设，强化知识产权体系建设；召开国家知识产权示范城市建设工作推进座谈会，对2018年度国家知识产权示范城市建设工作目标进行分解，印发《2018年绵阳市建设国家知识产权示范城市工作方案任务分解表》，共同推进各项工作。以知识产权强县建设、园区试点示范建设为抓手，全面加强科技城核心区域知识产权创造运用与保护水平，指导和协助相关县市区、园区开展国家知识产权强县和园区的试点示范建设。涪城区国家知识产权强县（区）示范、江油市国家知识产权强县（区）试点获正式批准，指导和协助高新区申报国家知识产权示范园区。完成国家知识产权局委托的知识产权运营试点平台建设方案等课题研究。完成知识产权运营服务体系建设工作方案（2018—2020年）草拟工作，争创国家级知识产权运营服务体系建设试点。完善专利专项资金管理办法，将专利政策由鼓励发明创造为重点，向提升专利质量、促进专利运用与保护，向引导创新主体企业提升知识产权管理水平转变。全年全市审核专利资助4271件，拨付专利资助资金505.14万元；全市新增专利申请量达10486件，连续三年稳定保持在1万件以上；专利授权量达

6651件，增幅40.1%；发明专利拥有量5081件，增幅24.6%；万人发明专利拥有量达10.51件。

（孔　毅）

【企业知识产权工作】　2018年，支持指导四川长虹电器股份有限公司、四川九洲电器集团有限公司和四川永贵科技有限公司开展国家知识产权示范工作。支持指导四川铁骑力士实业有限公司等9家企业申报并成为国家知识产权优势培育企业。截至年底，全市国家知识产权优势培育企业达16家。开展对上争取，获得四川省专利实施与促进专项资金支持649万元。组织申报中国专利奖和四川省专利奖，四川旭虹光电科技有限公司等单位的5个项目获得四川省专利奖。支持指导四川长虹电器股份有限公司开展知识产权运营试点工作。开展企业贯标工作，帮助25家企业通过企业贯标认证，确定支持15家企业启动贯标。开展知识产权质押融资和专利保险工作，对2017年7家企业的专利权质押贷款进行贴息资助33.34万元，对2018年9家企业的56个专利保险进行资助17.42万元。全市知识产权质押融资贷款累计超4亿元。

2018 年绵阳市国家知识产权优势培育企业一览

表 24

序号	企业名称	通过年份
1	绵阳新晨动力机械有限公司	2013
2	利尔化学股份有限公司	2013
3	四川东材科技集团股份有限公司	2013
4	四川省三台县固锐实业有限责任公司	2015
5	四川长虹空调有限公司	2016
6	四川九洲空管科技有限责任公司	2016
7	四川皇龙智能破碎技术股份有限公司	2017
8	四川好医生药业集团有限公司	2018
9	四川铁骑力士实业有限公司	2018
10	四川科莱电梯有限责任公司	2018
11	四川省银河化学股份有限公司	2018
12	四川华丰企业集团有限公司	2018
13	四川九洲光电科技股份有限公司	2018
14	四川九州电子科技股份有限公司	2018
15	四川兴事发门窗有限责任公司	2018
16	四川光友薯业有限公司	2018

（孔　毅）

【知识产权培训与宣传】　2018年，全市组织200余名研发人员、知识产权管理人员、知识产权服务机构人员参加新一代地方专利信息检索及分析系统运用培训，提升专利文献检索分析整体能力；举办绵阳市新材料产业技术人员知识产权培训，组织70余家企业的负责人、技术人员90余人参加培训。委派知识产权中介代理人员和知识产权特派员100余人次赴各县市区、园区、孵化器开展知识产权咨询服务和专题培训，咨询、培训各类人员2000余人次。发挥知识产权远程教育绵阳分站在知识产权培训中的作用，分站累计注册学员17351人，累计选课22346门次、220543人次，分站得分100分，排名位居全国第3位。倡导创新文化，开展知识产权宣传周、专利周等重要活动集中宣传，加强知识产权法律法规、重大事件、典型案例等日常宣传，知识产权宣传周期间，举行“4·26”世界知识产权日大学生专利设计制作暨知识产权学习表彰活动，对绵阳主要高校大学生知识产权学习与专利实践活动中的先进团队和优秀个人进行表彰。（孔　毅）

【涪城区成为国家知识产权强县工程示范区】2018年1月，国家知识产权局公布《关于确定新一批国家知识产权强县工程、传统知识知识产权保护示范、试点县（区）的通知》，绵阳市涪城区被确定为国家知识产权强县工程示范区，示范周期为2017年12月至2020年12月。涪城区于2014年8月被确定为“国家知识产权强县工程试点县（区）”以来，累计申请专利6132件，专利申请量年均增长25.8%，万人发明专利拥有量达到8.47件，获得省级专利奖三等奖3项，涪城区天泰剑南国际食品城、绵阳毅德商贸城被国家知识产权局确定为第四批国家级知识产权保护规范化培育市场。2017年8月涪城区以高分通过国家知识产权强县工程试点区验收后，涪城区向国家知识产权局申报国家知识产权强县工程示范区。示范区获批后，涪城区成为全市唯一一个国家知识产权强县工程示范区。（李维怡）

【江油市成为国家知识产权强县工程试点县】2018年1月，国家知识产权局公布《关于确定新一批国家知识产权强县工程、传统知识知识产权保护示范、试点县（区）的通知》，江油市被确定为国家知识产权强县工程试点县。试点周期为2017年12月至2019年12月。江油市成为继涪城区之后，全市又一国家知识产权强县工程试点县（区）。（李维怡）

知识产权保护

【概况】　2018年，科技城贯彻落实四川省《关于严格知识产权保护营造良好营商环境的意见》，通过在超市、商场、药店、专业市场等处开展知识产权联合行政执法检查，对电商平台进行不定期专利情况检查，对涉嫌假冒专利产品进行现场立案调查，规范知识产权市场经营行为。全年全市办理专利行政执法案件995件。市中级人民法院、高新区人民法院知识产权庭加强与知识产权行政管理机关、执法机关、行业协会沟通协调，发挥行业协会、调解组织专业调解作用，通过开展联合调解、委托调解等方式，优势互补，形成多元化解知识产权纠纷合力。注重发挥司法裁判指引作用，妥善审理新类型和疑难复杂知识产权案件，划定行为界限，明晰法律标准，并对恶意侵权和反复侵权行为人，从高确定赔偿数额，形成强力的震慑效果。全年共审理涉及知识产权保护的案件238件，其中著作权纠纷27件、商标权纠纷198件、专利权纠纷1件。绵阳市检察院适应国家司法体制、监察体制改革后职能调整的新特点，主动把履行法律监督职能与服务国家融合创新发展战略部署紧密结合，从绵阳科技城建设总体规划和重点区域发展布局着眼，从保护知识产权促进创新驱动发展入手，探索保护知识产权的方式和路径。

【类型化案件快审机制】 市县两级法院知识产权庭为提高审判质效，改变原有条块衔接为立审无缝衔接，知识产权案件立案后及时转入速审准备，集中审理阶段；改变分散送达方式为集中送达，统一采取立案件当日即时送达、被告每周两次到院签收和交换诉讼材料的方式；改变传统庭审模式为集中排期庭审，按照立案先后顺序依次排期开庭、集中审理；改变随机陪审方式为集约陪审方式，提前固定陪审时间，并按照庭审安排统一调配，有效保障陪审效率。2018年，全市有70%的知识产权案件实现快审快结。

【技术成果转化保护工作】 2018年，绵阳市中级人民法院继续将“创新驱动”作为知识产权保护重心，推行司法鉴定、专家辅助、专家陪审等技术事实查明制度。继续加大对涉技术研发、技术转让及对技术成果进行的后续试验、开发、应用、推广等相关案件的审理力度，依法保护政府主导的重点技术成果转化、研发机构和高等院校自有技术成果转化。继续加大对动漫、信息网络、文化创意等新兴文化产业和高新科技领域的著作权保护力度，促进创新文化软实力提升。依法审理科技领域商标权纠纷案件，加强对驰名商标和知名品牌的保护，推动科技创新品牌战略实施，特别对辖区内的长虹、九洲、丰谷等大型科技型企业技术创新知识保护及成果转化等进行实地调研、指导。

【知识产权保护普法宣传】 2018年，绵阳市中级人民法院通过邀请社会各界人士旁听典型案件庭审、召开新闻发布会、发布典型案例、以案释法等方式，为创新发展营造良好的知识产权法治氛围。建立知识产权司法保护工作联系点，把重点企业、具备自主创新能力的知识密集型企业、行业协会等列为联系点，指导企业提高知识产权保护意识和创新能力。全年深入企业开展知识产权专项培训12次；以世界知识产权日、中国（绵阳）科技城国际科技博览会为契机，联合社会各界力量，持续推进知识产权司法宣传周系列活动，提高人民群众知识产权侵权防范意识。法治宣传期间累计发放知识产权保护法治传单4000余份，接受知识产权法律咨询1000余人次。

（罗　丽）

【行政执法与刑事司法衔接工作】 2018年，市检察院聚焦知识产权领域，加强行政执法监督，充分运用行政执法与刑事司法衔接工作机制，发挥行政执法与行政检察信息共享平台作用，突出工作重点，加强涉及知识产权保护的行政执法与刑事司法衔接工作，着力坚决纠正行政执法部门对侵犯专利权、商标权、著作权等方面有案不立、有案不移、以罚代刑、插手经济纠纷等问题，严格监督考核，拓宽监督渠道，形成工作合力，确保工作实效。

【知识产权纠纷法律咨询服务】 2018年，市检察院通过定期或不定期召开座谈会，开展调研活动，通过调查走访等方式收集企业在知识产权领域的法律需求和实际问题，为企业有效解决知识产权领域的纠纷，保护合法权益提供法律帮助。加大宣传力度，举办法律讲座，畅通法律咨询渠道，为有需要的企业及时提供法律咨询，提升企业法律风险防控意识。

【检企共建】 2018年，市检察院建立重点区域、重点平台、重点企业工作联系制度。按照“重点区域、重点平台、重点企业”的思路梳理筛选，确定涪城、游仙、安州、江油和高新区、科创区、经开区、游仙高新区、江油高新区等为重点区域，四川大型科学仪器共享平台、国家两用技术交易中心等为重点平台，长虹集团、九洲集团、攀长钢以及六合锻造、永贵科技、奇石缘科技等为重点企业，对接服务对象，找准存在问题，落实完善措施，堵塞制度漏洞，为企业发展提供法律保障。（洪　程）

【专利行政执法】 2018年，科技城贯彻落实四川省《关于严格知识产权保护营造良好营商环境的意见》，在“4·26”知识产权宣传周期间，组织市知识产权工作领导小组成员单位开展知识产权联合行政执法检查，对发现的涉嫌假冒专利产品进行现场立案调查。先后检查超市、商场、药店、专业市场等场所100余处，检查各类商品2万余件，登记专利标识产品200余件，发放专利保护宣传资料1200余份。对淘宝、天猫、京东以及58同城网、百姓网等电商平台进行不定期专利情况检查，检查网站（网页）约1.2万余个、商品20万余件，对发现的300余个涉嫌假冒专利进行调查，规范知识产权市场经营行为。在第六届科博会展场设立知识产权保护站，组织市工商、版权、公安、法院等执法部门开展跨部门联合执法，接受知识产权法律咨询和侵权假冒投诉举报，发放知识产权宣传资料2000余份。协助和指导绵阳毅德商业管理有限公司、绵阳普发企业管理有限公司开展“国家级知识产权保护规范化培育市场”建设。全年办理专利行政执法案件995件。（孔　毅）

科技成果质量监管

【概况】 2018年，科技城科技成果质量监管以“科技绵阳，品质领航”质量精神，坚持高质量发展为核心，围绕“提升公共检测能力、持续推进标准引领、积极推进品牌孵化、强化质量监管预警”和构建推动创新转化体系，着力促进质量提升、品牌建设、民生计量、产品质量、特种设备安全监管机制建设。开展质量保障措施和执法打假行动，不断完善政策保障机制，产品质量整体水平持续向好。全年先后召开中国（绵阳）科技城质量发展联盟2018年度工作会、电动汽车充电桩检定技术交流会；全市质量对标提升达标认定工作稳步推进，九洲机顶盒获四川省第二批质量对标提升达标认定产品，长虹彩电获得省政府对标达标产品奖励的50万元；签订《关于深入实施“一干多支”发展战略共同推进成都平原经济区融合协调发展合作备忘录》，推动成绵两地检验检测能力同质化发展；国家电器安全质量监督检验中心通过现场评审；10米法EMC实验室建成，并获得国家认监委检验检测机构资质认定和授权双证书；市质检所连续3年在全省产品质量监督检验机构工作质量分类监管考评中被评定类Ⅰ类检验机构；市计量所通过四川省法定计量技术机构暨计量标准新建（复查）考核；市纤维检验所先后通过“马丁代尔法织物耐磨性能测定”“纺织品纤维含量分析”能力验证活动；开展秋季现场质量督查工作、科博会专项检查工作等。

【质量强市战略实施】 2018年，全市动员经开区、江油市工业园区分别争创全国、省级知名品牌创建示范园区；在全省率先将质量提升和质量发展纳入党校主体班授课范围；绵阳市质量提升工作被省质量强省办专刊报道，并得到市领导肯定性批示。绵阳市在2017年度全省各地市州政府质量工作考核中，再次位列A级，连续两年排名全省地市州第一。

【产品质量安全监督】 2018年，全市持续深化“放管服”改革，推行“首席质量官”制度，全市共有51名首席质量官。加大产品质量监督抽查力度，完成省市级产品质量监督抽查619批次，合格率均达97%以上。开展17起省市级产品监督抽查不合格产品后处理工作，完成率100%。对25家工业产品生产许可证获证企业开展专项督查，指导帮助19家生产企业办理生产许可证。开展危化品及包装物、容器生产许可专项监督检查，对24家企业建立《质量档案》。全力开展乡镇试点消费品质量安全风险信息监测，收集处理风险信息144条，完成省级车载充电器等风险监测任务270批次。推进“质检利剑”和“双打”行动，组织开展6次专项检查和集中整治活动，严厉打击制售假冒伪劣行为。出动执法人员6260余人次，查办案件381件，移送公安机关1件。关注民生诉求，及时处理涉质投诉，受理投诉举报和咨询1530件，处置率和回复率均为100%。

【特种设备专项检查整治】 2018年，全市强化安全主体责任落实，开展压力管道等5个行业工作会，安排企业开展安全宣誓活动，签订安全责任承诺书。制定年度特种设备现场安全日常监督检查计划，推进风险分级管控和隐患排查治理工作，指导推动1060家特种设备使用单位开展风险辨识。开展各类安全大检查及专项整治工作，共检查企业1500余家次，排查各类安全隐患300余项。利用信息化手段保障特种设备安全，稳步推进建成区“96933”电梯应急救援平台建设，覆盖城区7477台电梯，及时响应和有效处置电梯突发事件851起。

【计量与认证工作】 2018年，全市加强重点管理计量器具监管，开展节日市场计量监督检查，抽查定量包装商品282批次，检查在用计量器具6378台件。新增市级计量标准9项、市级社会公用计量标准9项。严格执行停征强检计量收费，做好强检计量器具的备案及检定工作。通过国家认监委检验检测监管APP平台开展全市检验检测机构资质认定日常监督检查工作。加强资质认定检验检测机构监管，完成检查计划31家。北川获“2018年度四川省有机产品认证示范创建区”称号。全面推进职责范围内环保工作，制定环保督查反馈意见整改方案，配合有关部门推进四川储备物资管理局255处油库油气回收装置改造，完成47台小燃煤锅炉淘汰工作。

【检验检测能力建设】 2018年，国家电子电器安全质量监督检验中心（四川）通过国家认证认可监督管理委员会委检验检测机构资质认定现场评审，完成《筹建任务书》技术要求，符合《检验检测机构资质认定能力评价检验检测机构通用要求》（RB/T214—2017）。继续加大技术检测平台建设，加快推进电器国检中心建设，完成10米法电磁兼容实验室建设，获得国家认监委检验检测机构资质认定和授权双证书。绵阳市纤维检验所先后分别通过北京出入境检验检疫局检验检疫技术中心“BIQTC-PT-W-2018030033纺织品纤维含量分析能力验证项目”“BIQTC-PT-201805纺织品可萃取重金属的测定”和“BIQTC-PT-201804马丁代尔法织物耐磨性能测定”能力验证。全年全市共完成样品检验6710批次，检定、校准计量器具9.7万余台件，检验各类纤维制品样品30余万个，完成特种设备检验检测约3.2万余台（只）次，压力管道检验26万余米。

【标准化改革工作深化】 2018年，全市标准化示范试点工作持续深化，指导2家单位做好国家级、省级服务业标准化试点建设工作。组织申报“马槽酒”等3个地理标志产品，支持三台县申报全市首家“省级地理标志产品保护示范区”。组织开展磁性材料专项指标（有毒有害）和功能性工装面料质量对标提升行动。批准发布实施绵阳市地方标准5项。推动全市323家企业及1480项标准进行标准自我声明公开。加强商品条码工作，新增商品条码成员132家。

【国家电器安全质量监督检验中心】 国家电器安全质量监督检验中心（以下简称国检中心）于2010年11月经原国家质检总局批准，在绵阳市产品质量监督检验所的基础上筹建。国检中心拥有

10米法电磁兼容实验室、安规检验室等23个专业检测领域，各区域布局合理，配套设施齐全，能够满足资质认定通过的产品/参数检测工作的需求。仪器设备总资产4501.2万元，涵盖电器安全、电磁兼容、有害物质限量、材料、能效等检测领域。主要涉及四川及西部地区电子信息产业检验检测业务，是西南地区唯一一家电器安全综合性检测机构。2018年，国检中心完成10米法电磁兼容实验室建设，并获得国家认监委检验检测机构资质认定和授权双证书。同年8月28—29日，国家认证认可监督管理委员会资质认定评审组依据RB/T214—2017《检验检测机构资质认定能力评价检验检测机构通用要求》，对国检中心进行检验检测机构资质认定现场评审。国检中心申请家用及类似用途电器、ROHS检测、环境试验、电磁兼容试验等4大项、152项标准的评审认定，最终通过151项标准，国检中心通过现场评审。

（赵军亭）

开放合作
Open Cooperation

概　述

【概况】　2018年，科技城招商推介、对外开放合作工作按照市委、市政府决策部署，围绕产业发展主攻方向，聚焦主导产业、产业集群、重点区域、重点项目，先后签约落地惠科第8.6代薄膜晶体显示器生产项目、威马自动驾驶产业园、威马固态共享电池、川北智慧物流城等重大项目。全年举办招商引资活动21场，参加全省重大招商活动7场；在德国、英国、意大利等8个国家设立驻外战略合作办事处，建立境外招商志愿者库、涉外企业库等五大类别全球招商资源信息库，获取对接海外有效投资项目信息32个，累计邀请38批次140家企业和机构到绵阳考察。全年累计获取招商引资项目信息750条，认定有效项目信息637条，完成全年奋斗目标的106.2%；全市推动在谈重点产业项目514个，完成全年奋斗目标的106.2%；新签约项目369个，签约金额3290亿元，其中电子信息、汽车、新材料、节能环保、高端装备制造、食品饮料六大重点工业项目187个、签约金额2181.76亿元，项目数量和签约金额占比分别达到50.68%、66.31%，科技服务、现代物流、现代金融、电子商务、会展等八大现代服务业项目82个、签约金额383.11亿元，项目数量和签约金额占比分别达到22.22%、11.64%。按照市上统计口径，全年国内省外履约项目552个，投资总额4060.23亿元，实现国内省外到位资金760.24亿元，同比增长10.73%；全年经省投资促进局认定的引进到位国内省外资金490.88亿元，在全省各地市州排名中连续3年（2016—2018年）稳居第2位。先后通过举办第六届中国科技城国际科技博览会、北斗之星创新创业大赛总决赛等国家级赛事及核医学大会、空气动力学论坛等国家级学术会议，推介科技城创新创业环境，展示科技城科技资源实力。（周文婷）

【首次科技城集中发展区投资推广会在成都举行】　2018年4月17日，由绵阳市人民政府、四川省投资促进局主办，作为科技城集中发展区“首秀”的中国（绵阳）科技城集中发展区投资推广会在成都举行。全国工商联副主席、四川省政协副主席、四川省工商联主席陈放，绵阳市委副书记、市长刘超出席并讲话，市委常委、科技城党工委副书记、管委会常务副主任元方主持会议，副市长罗宗志作集中发展区投资环境专题推介。维谛技术、华润置地、绿地控股、上海均和、五矿集团、天山集团、中南高科、京东方、华为等知名企业，中国电子商务协会、日中经济协会、英中贸易协会等8家国内外知名协会，共280余家单位参加推广会。会上组织观看中国（绵阳）科技城集中发展区宣传片，开展领导会见重要客商、专题宣传推介、重点项目签约、项目需求对接等系列投资促进活动，签约项目20个，投资金额达694.15亿元；涉及电子信息、高端装备制造、新材料等先进制造业项目12个，城市综合体、金融、旅游、电子商务、物流等现代服务业项目8个；投资额5亿元以上的重大项目12个，其中投资超10亿元的有中尚能源大功率LED照明及新材料、华宝鼎业芯片封装胶等重点工业项目，投资超100亿元的有华润置地城西次中心、绿地控股绵阳健康智慧生态城等城市综合体项目；从企业规模看，既有华润、绿地等世界500强企业，又有高达科技、中缝重工等行业知名企业。活动期间，绵阳市先后邀请意大利DBM科技、杜莎生物科技、弗莱威机器人、东网科技、云南建投等35家企业81人次到绵阳实地参观考察科技城集中发展区。（周文婷）

【中国（绵阳）科技城建设新闻发布会在北京举行】 2018年7月30日，由科技部、四川省人民政府主办的中国（绵阳）科技城建设新闻发布会在北京举行。新闻发布会发布绵阳科技城建设情况，同时发布第六届中国（绵阳）科技城国际科技博览会定于2018年9月6—9日在中国科技城——四川省绵阳市举办。《人民日报》、新华社、中央电视台、《科技日报》等105家中央、省级媒体的123名记者到会采访报道。省政府副秘书长朱家德作新闻发布，并与科技部高新司副司长曹国英，市委副书记、代市长元方，省科技厅副厅长张巍回答《四川日报》、中国经济周刊、新华社等新闻媒体记者提问。新闻发布会结束后，元方还就推动科技城发展等问题，接受《人民日报》、新华社、中央电视台等新闻媒体记者集中采访。市委常委、宣传部部长张学民，市级有关部门负责人参加新闻发布会。（李维怡）

【首届中国空气动力学大会在绵阳举行】 2018年8月16日，首届中国空气动力学大会在中国（绵阳）科技城召开。本次大会由中国空气动力学会、中国空气动力研究与发展中心、绵阳市人

图28　4月17日，中国（绵阳）科技城集中发展区投资推广会在成都举行

民政府联合主办，是中国空气动力学界第一次集中组织的全国学术交流大会，也是中国空气动力学会第一次将9个专业委员会集中在一起召开的专题学术交流会。原国家自然科学基金委主任、中国科学院院士杨卫，国防科技大学校长、中国科学院院士邓小刚等15名院士和156个单位的1200余名专家、学者参加会议。大会围绕空气动力学发展现状、中国空气动力学发展面临的机遇与挑战，以及未来发展趋势展开讨论。大会期间共举办15场专业论坛，形成690篇理论成果。

（杨　玲）

第六届中国（绵阳）科技城国际科技博览会

【概况】　2018年9月6—9日，科技部、四川省人民政府主办，科技部火炬中心、省科技厅、省经信委、省商务局、省投资促进局、省人社厅、省国防科工办、省外侨办、省侨联、省知识产权局、省博览事务局、省贸促会、绵阳市人民政府、中国（绵阳）科技城管委会承办的第六届中国（绵阳）科技城国际科技博览会（以下简称科博会）在中国（绵阳）科技城国际会展中心举办。捷克共和国总统米洛什·泽曼致贺信，对第六届科博会开幕表示祝贺。全国政协副主席、九三学社中央常务副主席邵鸿出席开幕式。四川省委书记彭清华，科技部党组成员、科技日报社社长李平，中央军委科技委副主任辛毅分别致辞。省委副书记、省长尹力主持开幕式。本届科博会展陈总面积达7万平方米，设立4个室内展馆、1个室外大型装备设备展区。四川五大经济区围绕电子信息、新能源新材料、高端装备制造等领域，共推出科技项目400个、展品1300件。首次单独设立7500平方米的北斗技术应用展馆、2100平方米的航空航天展区、2000平方米的核技术应用展区。无人驾驶汽车等一大批中国自主研发的高精尖科技产品和国家重大科技成果集中亮相，科技部组织的国家科学技术奖获奖项目参加巡展，天河二号超级计算机系统等32件重量级展品亮相。国家有关部委、科研院所、军工集团、高等院校等单位的65位省部级领导和“两院”院士，以及众多业界专家学者和外国政商莅会，参会嘉宾7500余人。观众达52.1万人次，其中专业观众11.2万人次。科博会期间共开展主要活动31项；举办中国北斗应用大会、核医学论坛等高规格、高层次论坛活动37场次，形成各类学术成果70余项；有37个国家、地区参展参会，650余家参展单位，其中有航天科工、中电科、中国兵装等军工集团11家，中科院等科研院所高校26家，中国卫星导航定位协会等国家级协（学）会7个，中国商飞等知名企业110余家，10319件展品参展。签约各类项目121个，签约金额达904.23亿元。

【对外交流深化】　第六届科博会坚持国际化办展，面向全国、放眼全球，着力展示四川和绵阳“四向拓展、全域开放”的崭新形象，本届科博会共邀请到美国、德国、捷克、新西兰、以色列、韩国、澳大利亚、泰国等8个国家驻成都总领事馆负责人，有俄罗斯、英国、荷兰等37个国家和地区，俄罗斯奥布宁斯克市、黑山尼克希奇市2个国际友城，英中贸易协会、中欧投资促进协会、德国雇主协会等国际机构，罗尔斯·罗伊斯、特雷克斯、3M、霍尼韦尔等68家境外知名企业参会参展，并举办中德智能制造应用高峰论坛、中英科技创新产业峰会，国际化元素更加浓厚。

【宣传报道强化】　第六届科博会期间，《人民日报》、新华社、中央电视台、中央人民广播电台、中央国际广播电台、《光明日报》《经济日报》《中国日报》《科技日报》《中国青年报》、中新社和香港卫视、凤凰卫视、《香港商报》等117家媒体、238名记者到绵阳，对科博会进行全方位、广视角、深层次，有声势、有分量、有影响的宣传报道。中央电视台在新闻频道《新闻直播间》和《东方时空》栏目累计播发科博会开幕消息6条，四川电视台直播开幕式盛况。《人民日报》客户端、新华社客户端、央视网、川报观察、凤凰网、网易等7家网络新媒体对相关活动进行现场直播，观看人数累计超过1800万人次。关键词“2018年科博会”“第六届绵阳科博会”“中国科技城”百度搜索结果达到260余万条，科博会官网点击量超过8万次。（杨　玲）

【第六届科博会投资推介暨采供对接大会】 2018年9月7日，第六届科博会投资推介暨采供对接大会在绵阳举行。市委书记刘超出席并致辞；省政府副秘书长朱家德主持大会；省投资促进局局长、省重大办主任陈光浩出席并推介四川省投资环境；市委副书记、代市长元方，泸州市委副书记、市长刘强等五大经济区轮值市州领导出席并推介投资环境。惠科、汇桔网等企业负责人代表先后发言，分别介绍公司发展和项目在绵阳推进情况。省经信委、省科技厅、省投资促进局、省国防科工办等省直部门负责人以及省政府驻上海、广州、重庆、沈阳、厦门办事处负责人，绵阳市人大常委会主任马华、市政协主席张锦明、市委副书记付康出席大会。国内外知名企业、商（协）会、科研院所、大专院校、投资机构、金融机构及高新技术企业负责人共650余名客商嘉宾出席投资推介暨采供对接大会。大会共签约项目121个，签约金额达904.23亿元，其中绵阳签约市（境）外项目57个，投资金额达760.84亿元。绵阳签约项目中有电子信息、汽车产业、新材料等先进制造业项目28个、投资金额405.9亿元，分别占签约项目总数的49.1%和53.4%；科技研发、商贸物流、电子商务等现代服务业14个、投资金额180.1亿元，分别占签约项目总数的24.6%和23.7%；投资60亿元的中南高科·擎动未来产业园项目等5亿元以上重大项目30个、签约金额731.54亿元，分别占签约项目总数的52.6%和96.2%。大会还向参会人员发放投资合作项目册、绵阳市和科技城集中发展区、电子信息、汽车产业投资指南5套微信E卡，运用微信等新媒体新媒介向客商嘉宾展示绵阳投资环境和具体合作方向。

【中国卫星导航与位置服务第七届年会暨中国北斗应用大会】 2018年9月5—9日，以“深化北斗应用，促进产业发展”为主题的中国卫星导航与位置服务第七届年会暨中国北斗应用大会（以下简称北斗应用大会）在绵阳举行。此次大会由中国卫星导航定位协会（以下简称中位协）与绵阳市政府共同举办。大会旨在促进中国自主研发的北斗卫星导航系统应用不断深入，推动卫星导航与遥感、通信、北斗的协同发展，推广“北斗+”应用模式，加强与相关科研院所和企业的合作，推进卫星导航技术研发应用。大会期间，中国北斗卫星导航定位系统的发展历程与发展趋势、北斗应用的典型范例和北斗特色产品分别在绵阳会展中心A馆、C馆及E馆展示。同时，举办北斗应用大会产业高端论坛及13个专题论坛、“北斗夜”晚会、中国卫星导航定位协会六届二次理事会议、首届“北斗之星”创新创业大赛等活动。来自全国北斗导航及应用领域的11名院士和100余个单位参会。大会颁发2018年卫星导航定位科技进步奖、创新应用奖、终身成就奖、优秀论文奖、北斗七星奖。举办首届“北斗之星”创新创业大赛总决赛并颁奖。其中年会首次颁发的卫星导航定位终身成就奖由中国科学院院士陈俊勇、中国工程院院士许其凤获得。年会主论坛上，多名院士和知名专家围绕北斗性能提升、北斗导航系统服务的优势、城市大脑智慧交通中的位置服务创新应用等主题作主旨报告。会议期间，举办分论坛13场，涵盖卫星导航+自动驾驶、“一带一路”北斗+产业走出去、大数据时代的卫星导航和定位、“北斗+新业态”应用、北斗在海洋领域中的应用等内容。

【“绵阳北斗夜”晚会】 2018年9月5日晚，中国卫星导航与位置服务第七届年会暨中国北斗应用大会系列活动之一的“绵阳北斗夜”晚会在会展中心举行。会上，全国卫星导航与位置服务产业内拥有突出成绩、具有榜样力量的20家企业获得“北斗奖”。“北斗奖”分设7个奖项，以北斗七星命名，由业内专家评选出获奖者。四川九洲北斗导航与位置服务有限公司、北京爱国小男孩科技有限公司、北京北斗星通导航技术股份有限公司、北斗航天卫星应用科技集团有限公司、高德软件有限公司、北斗天汇（北京）科技有限公司、北京华信泰科技股份有限公司单位分别获奖。

【核医学论坛】 2018年9月7日，由中国核学会、四川省科学技术协会、绵阳市人民政府主办，绵阳市科学技术协会、绵阳市卫生和计划生育委员会、绵阳市中心医院协办的“第六届中国（绵阳）科技城国际科技博览会核医学论坛”在绵阳市富乐山九洲国际酒店召开。全国政协常委、中国核学会理事长王寿君，四川省科协副主席刘进，绵阳市委常委、副市长颜超到会并致辞。副市长蒋丽英等领导及行业专家150余人参加会议。中国核学会副理事长、中国工程物理研究院副院长田东风主持论坛开幕式。中国核学会副秘书长王志主持主题报告活动，中国工程院院士夏佳文作“关于射线在医疗领域中的应用”，北京清华长庚医院核医学科主任何作祥作“关于核医学对放射性药物的需求”，中物院核物理与化学研究所同位素实验室主任杨宇川作“关于堆照医用核素发展展望”，中国同辐股份有限公司李洪玉作“关于放射性药物研发动态及同辐放药科研规划概要”，北京肿瘤医院核医学科主任杨志作“PET分子探针研究及转化”等学术专题报告。与会代表还就放射性药品生产、放射性药品产业链形成及绵阳科技城核医学中心建设等主要议题进行研讨和交流。

【“北斗之星”创新创业大赛】 2018年9月8日，首届“北斗之星”创新创业大赛总决赛在绵阳举行。大赛旨在选拔北斗产业创新企业和创业团队，凝聚北斗产业的创新力量，推动北斗卫星导航与位置服务行业的科技创新发展，同时搭建行业院士与中小企业的沟通桥梁，解决行业所面临的问题，为北斗行业有创新能力的创业团队及企业提供开放性行业公共服务平台。大赛于2018年5月启动，历时4个月，吸引上百个优质项目参赛。先后经历网络初赛、深圳赛区、北京赛区、西安赛区决赛，最终选拔出12个优秀项目入总决赛。在总决赛现场，每个团队进行12分钟的项目路演。由中国卫星导航定位协会第五届理事会会长张荣久、中国卫星导航定位协会秘书长张全德、中国卫星导航定位协会首席专家曹冲等担任评审。最终，角逐出一等奖1名、二等奖2名、三等奖3名。

【中德智能制造高峰论坛】 2018年9月8日，由中国通信学会与四川省经信委、四川省科学技术协会、绵阳市人民政府共同主办，以“引进先进国际经验，服务智能制造发展”为主题的2018中德智能制造高峰论坛在绵阳市桃花岛酒店举行。中国通信学会副理事长兼秘书长、四川省经信委副主任张延川，绵阳市副市长罗宗志莅会并分别致开幕词。四川省经信委总工程师黄灵，四川省科协党组成员、副主席刘进，绵阳市人大常委会副主任、党组成员李川萍，绵阳市政协副主席李京平，绵阳市科协党组书记、副主席薛凯出席会议，中国通信学会副秘书长宋彤主持开幕式并作主题报告。四川省各地市州政府、企业、专家代表等300余人参加论坛，共同探讨全球前沿的智能制造关键技术和应用进展、探讨智能制造发展路径和先进经验、探讨迎接智能时代发展带来的巨大商机。中国信息通信研究院信息化和工业化融合研究所副所长朱敏、柏林工业大学跨学科合作管理研究院信息合作组组长克里斯托弗·汉塞勒先后发表题为“中国智能制造实践和展望”“未来智能制造的前景及德国工业4.0规划”的演讲。航天云网副总经理柴旭东、德国电信和可口可乐前IT主管帕斯卡·摩根等相继发表演讲，共同探讨智能制造的发展与未来。在圆桌论坛环节，嘉宾就中国智能制造和德国的智能制造异同、人才培养、智能制造的创新等方面进行探讨。

【2018中国（绵阳）集成电路产业发展暨物联网技术高峰论坛】 2018年9月8日，2018中国（绵阳）集成电路产业发展暨物联网技术高峰论坛在绵阳召开。该论坛是第六届中国（绵阳）科技城国际科技博览会的重要活动之一，由中国科学院微电子研究所、绵阳市人民政府、中国科学院物联网研究发展中心主办，绵阳科技城中科创新育成中心、绵阳科技城工业技术研究院、科创园区管委会承办，邀请行业专家、中国科学院、全国性产业联盟和行业协会、驻绵科研院所、市级部门、在绵企业代表等近500人参会，聚焦物联网应用、芯片存储、信息技术、智能制造等行业热点，探讨前沿趋势，为科技城建设传道解惑、问诊把脉。中国科学院微电子研究所所长、中国科学院物联网研究发展中心理事长叶甜春，国家集成电路产业投资基金股份有限公司总裁丁文武，教育部长江特聘教授、复旦大学微电子学院副院长张卫等作主题演讲。中国科学院、杭州云岛科技有限公司等单位专家作经验交流。（李维怡）

招商引资

【概况】 2018年，科技城按照专业化招商思路，策划包装全市投资环境，在更新完善绵阳综合投资指南和重点产业投资指南的基础上，研究制作科技城集中发展区投资指南，重新制作全高清绵阳投资宣传片。建立并优化完善全市投资促进工作政务网络平台、微信公众号、全球招商热线、统一格式的二维码工作名片等推广宣传媒介。同时围绕重点区域和重点产业，研究制作中国（绵阳）科技城投资指南、集中发展区投资指南、电子信息产业投资指南等微信E卡5套。严格执行“一把手”外出招商制度，截至年底，市委、市政府主要领导在四川、在绵阳会见企业49批次、86家，带队外出开展专题招商16次、对接企业60家，各县市区（园区）党政“一把手”外出招商350批次、对接企业733家。坚持突出专题推介、小分队推介、点对点推介，参加中外知名企业四川行投资推介会、西博会、“2018川商返乡发展大会”、四川投资环境推介会等7场省级大型平台活动的同时，策划并举办科博会投资推介会等大型活动以及科技城集中发展区、现代服务业投资恳谈会等专题活动21场。全年共签约5亿元以上项目84个，签约额达3062.92亿元。惠科第8.6代薄膜晶体管液晶显示器件生产线、威马自动驾驶产业园、威马固态共享电池、诺思微系统基地等10个100亿元以上的重大产业项目相继落户绵阳。（周文婷）

【威马自动驾驶示范园和试验试制中心项目签约】 2018年1月28日，绵阳市人民政府与威马汽车技术有限公司在成都举行威马自动驾驶示范园和试验试制中心项目签约仪式。该项目选址安州区，计划总投资202亿元，拟用地80公顷，预计2021年正式投入运营，是安州区历史上引进的最大单体产业项目，拟助推绵阳汽车产业园实现专业化、特色化，持续强化威马自动驾驶等方面的研发和量产实力；致力于发展成为具有新能源汽车设计、试制、试验能力的国内领先的试验试制中心。威马汽车计划依托在德国的整车技术研发中心和在安州区的威马汽车自动驾驶示范园暨试制试验中心，引进20至30家配套企业，共同打造千亿级的新能源自动驾驶汽车产业园。

【绵阳（游仙）重点产业集群式招商引智大联盟成立暨招商项目签约】 2018年1月30日，绵阳（游仙）重点产业集群式招商引智大联盟成立暨项目签约仪式在绵阳举行。四川省投资促进局一级巡视员徐朝晖，绵阳市委常委、副市长颜超出席并讲话，副市长罗宗志出席。仪式上，绵阳（游仙）重点产业集群式招商引智大联盟正式组建。联盟将整合招商引智各方资源，搭建产业链接服务平台，通过技术交流、人才交流、信息交流，分享发展成果，共同促进产业转移升级，参与经济转型发展，实现经济健康快速发展。18家商会、协会与游仙达成战略合作伙伴关系，签约项目25个，累计投资达191.1亿元，签约项目涵盖智能制造、金融、电子商务等众多产业领域。

【绵阳市人民政府与远成集团有限公司战略合作协议签订】 2018年3月30日，绵阳市人民政府与远成集团有限公司在绵阳签订战略合作协议。市委副书记、市长刘超，远成集团有限公司董事长、总裁黄远成出席并致辞。科技城党工委副书记、管委会常务副主任元方主持签约仪式。签约仪式上，副市长罗宗志与远成集团董事长助理、物流城决策委组长余为梁代表双方签署《战略合作协议》。根据《战略合作协议》，远成集团有限公司将在三台县建设总投资约90亿元的远成川北智慧物流城项目。项目用地面积约120余公顷，按照"总体规划、分期设计、分步实施"的原则，建设包括川北物资转运中心、川北城市配送中心、快递快运中心、川北冷链物流中心、医药仓储中心、川北专线物流中心、产品加工中心、供应链及金融服务中心、车源中心、电商中心、物流信息中心、商贸展示体验中心、物流咨询与培训中心、川北交易结算中心、保税仓库、二类口岸、车辆检测线、物流园区生活配套区等。

【绵阳惠科第8.6代薄膜晶体管液晶显示器件生产线项目签约】 2018年4月18日，绵阳市人民政府与惠科股份有限公司在成都举行签约仪式，投资240亿元，占地面积约66.67公顷，厂房建筑面积约72万平方米的惠科第8.6代薄膜晶体管液晶显示器件生产线项目落户绵阳。全国工商联副主席、省政协副主席、省工商联主席陈放出席签约仪式，市委副书记、市长刘超，惠科股份有限公司董事长王智勇出席并致辞。市委常委、副市长颜超主持签约仪式。副市长罗宗志，惠科股份有限公司副总裁杭井强代表双方签署《惠科第8.6代薄膜晶体管液晶显示器件生产线项目投资框架协议》。

【北川羌族自治县投资推介会暨项目签约仪式】 2018年5月11日，市投促局与北川羌族自治县共同承办的北川羌族自治县投资推介会暨项目签约仪式在北川举行。绵阳市副市长罗宗志，市人民政府副秘书长、绵阳市投资促进局局长邓辉出席推介会。北川羌族自治县委副书记、县长瞿永安主持推介会，县委书记赖俊致辞，县委常委、四川北川经济开发区［绵阳科技城（北川）通航产业园］负责人作投资推介。中铁建工集团有限公司设计院、中云建工集团负责人代表企业作发言。120余家来自全国各地的企业及商（协）会代表参会，现场签约29个项目，拟投资额达217.707亿元，其中第一产业项目5个、拟投资额24.665亿元，第二产业项目17个、拟投资额25.05亿元，第三产业项目7个、拟投资额167.992亿元，此外，企业与企业签约2个。此次签约项目主要涉及文化旅游、通用航空、应急制造、节能环保、智慧家居等产业。

【四川省2018年重大招商引资项目集中开工仪式绵阳分会场】 2018年5月29日，四川省2018年重大招商引资项目集中开工仪式绵阳分会场活动在绵阳市游仙区东林镇举行。本次集中开工仪式共有40个重大招商引资项目、计划总投资706.19亿元，总投资额在2018年全省重大招商引资项目集中开工仪式中排名第2位。项目主要涵盖智能终端、新能源汽车、生物医药、高端商业商住、健康养老、旅游等产业领域；其中5亿元以上的重大招商引资项目25个，总投资672亿元，分别占开工项目的62.5%和95.16%。

【新能源产业集群项目签约】 2018年6月25日，新能源产业集群项目签约仪式在绵阳举行，市委副书记、市长刘超出席签约仪式。新能源产业集群项目计划投资130亿元，分两期建设，一期建设钛酸锂电池和染料敏化电池两个项目；二期建设新能源集群项目，包括不限于新能源锂电池材料、新能源知名电池机械生产设备、新能源储能电池生产以及新能源电动物流车运营企业等。项目所采用的染料敏化太阳能电池技术来自中国科学院上海硅酸盐研究所，是一种具有优异的弱光发电性能的太阳能电池技术。游仙区、国开银信基金管理有限公司、西藏星宜科晖新能源有限公司负责人代表三方签署投资协议。科技城党工委副书记、管委会常务副主任元方，市政府秘书长谭岗出席签约仪式并见证签约。

【诺思（绵阳）微系统基地项目签约仪式】 2018年7月9日，绵阳市人民政府与诺思（天津）微系统有限公司在成都举行签约仪式，标志着总投资128亿元、占地面积约26.67公顷、年产110亿颗FBAR（薄膜腔声谐振）滤波器芯片的诺思集成电路项目落户绵阳。天津大学党委书记李家俊，省政府副秘书长朱家德，市委书记、市长刘超，省级有关部门领导等出席。科技城党工委副书记、管委会常务副主任元方主持。副市长罗宗志，诺思（天津）微系统有限公司董事长、天津大学教授庞慰代表双方签署战略合作协议。游仙区政府与诺思（天津）微系统有限公司签署项目投资合作协议。项目投资方诺思（天津）微系统有限公司主要依托天津大学微电子实验室，是中国首家FBAR（薄膜腔声谐振滤波器）生产企业，产品广泛应用于物联网节点（手机、穿戴设备、汽车、智能家居、无人机等行业）、5G通信基础建设等。根据协议，项目全面投产后，预计年产不低于110亿颗FBAR滤波器芯片，实现年产值约150亿元。（周文婷）

【绵阳市重大招商引资项目集中签约】 2018年7月25日，绵阳市重大招商引资项目集中签约仪式在绵阳市富乐山九洲国际酒店西川会议中心举行。市委书记刘超出席并致辞，市委副书记、代市长元方主持，省投资促进局副局长易旸，市委副书记付康等出席签约仪式。本次集中签约项目39个、总投资940.24亿元，其中5亿元以上项目20个、投资额902亿元。（李维怡）

对外合作交流

【概况】 2018年，科技城深入贯彻市委、市政府决策部署，坚持精准专业化招商，抢抓“一带一路”建设重要机遇，持续深入开展对外经贸和投资促进合作，不断扩大对外开放触角，拓宽招商引资渠道，优化调整7个驻外分局的驻点和招商区域，在美国、德国、法国等主要国家和地区建立8个战略合作办事处，先后在全市公开选派、梯次轮换56名干部充实到驻外分局，并面向社会优选一批海外招商专员和志愿者，在全国乃至全球重点区域构建形成覆盖重点商协会、企业、高校、政府机构等各行业各领域的招商资源网络，成为全省第一个系统构建全球招商机制、搭建海外招商平台的市州。同时，建立省市县联动招商机制，构建形成横向到边、纵向到底的立体化招商网络。

【海峡两岸系列文昌文化交流活动】 2018年3月19日，海峡两岸系列文昌文化交流活动在绵阳市梓潼县举行。海峡两岸的各界嘉宾代表共300余人齐聚梓潼县七曲山大庙，共同祭祀文昌帝君。同时，举行戊戌年文昌祭祀大典、“行古蜀道·看新梓潼”采风活动、“推动文昌文化振兴，促进梓潼经济发展”座谈会、“穿越时空的思想之光”——“文昌杯”华语诗歌大赛颁奖晚会等活动。

【第三届海峡两岸嫘祖文化交流活动暨绵阳（盐亭）投资推介会】 2018年3月26日，由四川省投资促进局、四川省侨联、四川省贸促会主办，绵阳市投资促进局、绵阳市侨联、绵阳市贸促会，盐亭县政府承办的第三届海峡两岸嫘祖文化交流活动暨绵阳（盐亭）投资推介会在盐亭举行。中国侨联副主席李昭玲，四川省投资促进局副局长曹宛红，四川省政协常委、省侨联副主席赵建中，四川省供销社副主任、供销投资集团董事长向伟益，四川省贸易促进会巡视员崔贵恩；科技城党工委副书记、管委会常务副主任元方；盐亭县委书记袁明，县委副书记、县长向赟，县人大常委会主任何光明，县政协主席黄加伦等出席推介会。绵阳市政府副秘书长、市投资促进局局长邓辉主持会议。曹宛红、赵建中、崔贵恩、元方先后致辞。向赟作盐亭投资环境主题推介。绵阳市市级相关部门、盐亭县相关部门主要负责人，中国侨联、北京市侨联、四川侨报、意大利欧联传媒、北京CBD华商协会、四川省侨商联合会、温州市华商协会、成渝商会、西南民族大学、成都纺织高等专科学校负责人，以及来自海内外的200余家知名侨商、台商企业负责人参加推介会。推介会共签约项目9个，签约资金21.77亿元，涉及生物医药、汽车零部件制造、商贸中心、新型建材家居、新能源产业、农业产业化、文化旅游等产业。

【2018年中国（四川）非公有制经济发展论坛嘉宾走进绵阳投资推介会】 2018年9月14日，2018年中国（四川）非公有制经济发展论坛嘉宾走进绵阳投资推介会举行。来自湖北、广东、浙江、陕西共70余位嘉宾参加推介会。副市长经大忠出席推介会并致辞，副市长蒋丽英陪同考察参观。与会嘉宾先后前往创新中心一期、二期和长虹形象展厅参观考察，通过观看绵阳市投资环境宣传片、听取汇报、现场问询、洽谈交流等形式，详细了解绵阳经济社会发展现状、投资兴业政策环境等。涪城区、游仙区、江油市、高新区分别就投资基础和投资优惠政策等作推介。

【2018“一带一路”华商峰会侨商代表走进中国（绵阳）科技城投资推介会】 2018年9月21日，2018“一带一路”华商峰会侨商代表走进中国（绵阳）科技城推介会举行。市委副书记、代市长元方，中国侨商联合会副会长兼秘书长安晨出席推介会并致辞。市委副书记付康主持推介会。副市长蒋丽英推介绵阳投资环境；马来西亚宏毅集团有限公司总经理胡奕喜、富念发展有限公司总裁庄守堃代表侨商先后发言。与会嘉宾一同观看中国（绵阳）科技城集中发展区投资宣传片。

【中国（绵阳）科技城集中发展区投资恳谈会在深圳举行】 2018年10月17日，中国（绵阳）科技城集中发展区投资恳谈会在深圳举行。市委书记刘超出席并致辞。广东省政协常委、广东高科技产业商会执行会长王理宗，毅德控股集团创始主席王再兴，宝能科技园总经理刘洁，兆恒集团董事长徐国胜，汇桔网董事长谢旭辉参会并作交流发言。三一集团、正威集团、华侨城、华夏幸福、华讯方舟、中兴网信、碧桂园、中国中药、中国燃气等100余家知名企业、商（协）会负责人参加投资恳谈会。副市长罗宗志主持投资恳谈会。市投促局负责人作中国（绵阳）科技城集中发展区投资环境推介。与会人员观看《中国（绵阳）科技城集中发展区宣传片》。同日，绵阳市投资控股（集团）有限公司与惠科股份有限公司在深圳签署战略投资协议。

【中国（绵阳）科技城集中发展区投资恳谈会在杭州举行】 2018年10月18日，中国（绵阳）科技城集中发展区投资恳谈会在杭州举行。市委书记刘超出席并致辞。蓝城集团执行总裁傅林江、浙江通恒环保科技有限公司董事长莫幸强，浙江省四川商会会长、华景川集团有限公司董事长罗相斌，浙江蚂蚁金服集团股份有限公司副总裁杨鹏，复星集团党委副书记、复星医药集团副总裁王冬华，浙江省汽车行业协会会长方曦到会并作交流发言。威马汽车、久好集团、常青藤联盟、清华长三角研究院、宏达高科、颐高集团、国辰机器人、惠明集团等100余家知名企业、商协会负责人参加投资恳谈会。副市长罗宗志主持投资恳谈会。市投促局负责人作中国（绵阳）科技城集中发展区投资环境推介。与会人员观看《中国（绵阳）科技城集中发展区宣传片》。

【2018四川国际文化旅游节暨江油“一带一路”李白文化节】 2018年10月24日至26日，以“天府四川·李白故里”为主题，由四川省旅游发展委员会、绵阳市人民政府主办的2018四川国际文化旅游节暨江油“一带一路”李白文化节在江油青莲李白诗歌小镇举行。文化节旨在推动李白文化走出四川、走向世界，推动四川、绵阳、江油文化旅游高质量发展。文化节期间，举行媒体见面会、开幕式、李白文化精品剧目演出、青莲李白诗歌小镇考察、李白文化高端论坛以及世界诗歌名人故乡合作联盟暨友好合作城市签约仪式等活动，并举行四川旅游与“一带一路”沿线城市文旅推介会、合作及投资成果集中签约仪式，四川、绵阳、江油和日本沼田市、荷兰法肯堡市先后推介各地旅游资源，展示文化旅游城市形象，并促成总额达243亿元的5个重大文旅项目签约。文化节吸引美国、俄罗斯、印度、德国、荷兰等20个国家的70余名外国嘉宾，以及众多国内外知名文化和艺术专家学者到场。其间，绵阳市委书记刘超，市委副书记、代市长元方分别会见荷兰林堡省、法肯堡市，西班牙莫格尔市，意大利加尔达市、萨萨里市政府代表，英国剑桥大学文化研究中心研究院代表，波兰、俄罗斯著名诗人等外宾，北京途牛科技有限公司等国内文化旅游领域嘉宾。

【四川旅游与“一带一路”沿线城市文旅推介会】 2018年10月25日，作为2018四川国际旅游文化节暨江油“一带一路”李白文化节的重要活动之一，四川旅游与“一带一路”沿线城市文旅推介会在江油举行。省人民对外友好协会副会长陈敏、省旅游发展委员会二级巡视员谢海银莅临，副市长罗蒙出席并致辞。会上，日本沼田市、荷兰法肯堡市负责人先后以短视频方式推介当地旅游产品。省旅发委、绵阳市、江油市的相关负责人分别进行旅游资源推介。

【中国（绵阳）科技城现代服务业投资恳谈会在香港举行】 2018年11月8日，为贯彻落实省委“四向拓展、全域开放”战略部署和深化川港合作的重要要求，在“川港澳合作周”活动期间，中国（绵阳）科技城现代服务业投资恳谈会在香港举行。市委书记刘超，香港特区政府商务及经济发展局副局长陈百里出席恳谈会并致辞。全国政协委员、香港太平绅士、祥祺控股集团董事长陈红天，融创中国区域副总裁王兆华，中国中药控股有限公司总裁王晓春，香港中华厂商联合会副会长吴清焕，毅德国际控股集团创始主席王再兴，中国首控国际教育新城董事长万云保，全国政协委员、香港飞升发展有限公司董事长吴换炎等150余家单位、知名企业及商协会负责人参加投资恳谈会。刘超在致辞中介绍科技城建设情况、科技城现代服务业发展目标与定位等情况。

陈百里表示将推动双方完善合作机制、加强沟通交流，促进双方在高新技术、金融、文化创意以及基础设施建设等领域开展务实合作，实现优势互补、互利共赢，推动两地企业建立战略合作关系，提升港川、港绵合作水平。陈红天、吴清焕等与会嘉宾代表发言。市商务局负责人作中国（绵阳）科技城现代服务业推介。高新区、涪城区、游仙区、安州区党委或政府主要负责人，市外侨办、市投促局负责人参加恳谈会。会前，与会人员观看绵阳城市宣传片。“川港澳合作周”活动期间，绵阳市考察团到香港华润（集团）有限公司总部考察，市委书记刘超与华润董事长傅育宁会谈，并共同见证高新区与华润置地公司签署《绵阳高新区产业新城（永兴旧城改造）项目投资合作协议书》，总投资300亿元的华润产业新城项目正式签约落户绵阳。

【中国（绵阳）科技城现代服务业投资恳谈会在澳门举行】 2018年11月10日，中国（绵阳）科技城现代服务业投资恳谈会在澳门举行。市委书记刘超，澳门中联办经济部部长刘斌出席恳谈会并致辞。粤澳工商联会创会会长何玉棠，澳门贺田工业有限公司行政总裁贺定一，澳门科学技术发展基金行政委员会主席马志毅，澳门华泓基投资有限公司董事长罗成，澳门金华美集团董事、总经理张志祥，粤澳工商联会理事长黄仁民，几内亚共和国驻澳门领事馆名誉领事张敬文，澳门理工学院校长黄贵海等100余家知名企业、商（协）会和机构负责人参加投资恳谈会。刘超在致辞中介绍科技城发展建设情况、绵阳现代服务业发展的主攻方向和打造西部现代服务业强市的绵阳现代服务业发展目标。刘斌在致辞中表示，要促进澳门与绵阳深化全方位交流合作，加强双方政府、企业、商（协）会、青少年之间的沟通交流，鼓励更多澳门知名企业到绵阳发展，望双方聚焦旅游业、科技产业、中医药领域深化合作。澳门贸易投资促进局、华人集团国际有限公司、中航（澳门）航空有限公司、澳门航空股份有限公司、中国法律服务（澳门）有限公司、中德工程、融合数据等知名企业、商（协）会和机构负责人，绵阳市高新区、涪城区、游仙区、安州区，以及市投促局、市外侨办、市商务局主要负责人参加恳谈会。

【绵阳代表团出访南非】 2018年11月29—12月1日，为贯彻落实习近平主席对中非战略合作伙伴关系的重要指示精神和2018年中非合作论坛北京峰会成果，在四川“四向拓展、全域开放”的战略布局中加快构建绵阳立体全面开放新格局，市委书记刘超率领绵阳代表团赴南非共和国约翰内斯堡等地考察访问。在约翰内斯堡市期间，刘超与中国驻南非约翰内斯堡总领事馆总领事阮平及米德瓦勒市市长邦加尼·巴罗伊进行会谈，并邀请米德瓦勒市各界人士到绵阳参加第七届中国（绵阳）科技城国际科技博览会。在南非行政首都、科技之城——比勒陀利亚市期间，刘超与南非非洲人国民大会比勒陀利亚市党主席高希·梅帕会谈，并共同见证绵阳市和南非鹏摇控股有限公司为落实双方所达成共识的《合作备忘录》签署。访问团一行还到南非最具影响力的华商企业之一的格兰西亚集团公司考察。

【绵阳代表团出访赞比亚】 2018年12月2—3日，市委书记刘超率绵阳代表团赴赞比亚共和国卢萨卡省、琼圭市等地考察，并访问赞比亚外交部、地方政府和住房部，推动双方合作走向深入。访问期间，刘超分别与赞比亚外交部常任秘书隆贝、赞比亚地方政府和住房部部长文森特·姆瓦莱、卢萨卡省省长鲍曼·卢萨姆博举行会谈，与琼圭市市长杰佛里·储布维、琼圭市议会议员等进行友好交流。除希望加强双方各领域间的务实合作外，还希望卢萨卡省支持绵阳市和琼圭市将“友好合作关系”提升为“国际友好城市”，扩大在科技、经贸、文化等领域的交流合作，促进合作共赢、共同发展。访问期间，刘超一行在卢萨卡省考察赞比亚中国经济贸易合作区，并与园区开发建设运营主体——中国有色集团负责人进行座谈。

【绵阳代表团出访匈牙利】 2018年12月5—7日，市委书记刘超率绵阳代表团赴匈牙利共和国布达佩斯等地考察访问，深度对接“一带一路”倡议与匈牙利“向东开放”战略，促进科技创新和贸易投资全面合作。在刘超与欧罗斯拉尼市市长佐尔坦·拉佐科的共同见证下，绵阳市游仙区与欧罗斯拉尼市签署《建立友好合作关系备忘录》。根据协议，双方将在经贸、投资、科技、教育、文化、旅游等领域开展友好交流与务实合作。在匈牙利期间，代表团一行考察威斯卡特匈牙利汽车零部件公司。市投资促进局、市外事侨务办公室和有关区县负责人参加活动。

（周文婷　李维怡）

科技城形象宣传

【概况】 2018年，绵阳市加大对外宣传，全市组织集中采访活动10次，开展重大活动16场，举行新闻发布会26场，邀请《人民日报》、新华社、中央电视台等中央、省级主流媒体、重点网络媒体，港澳及海外媒体57批次、490余家次，1200余人次到绵阳采访报道，主流媒体刊发（播）各类外宣稿件4300余篇（条）。其中《人民日报》29篇，新华社通稿20篇，中央电视台46条（新闻联播12条），《四川日报》381篇，四川电视台274条。在央视综合频道和新闻频道并机直播的《新闻30分》栏目、第六届科博会等重大活动现场投放绵阳城市形象宣传片，提升绵阳知名度。承办2018四川国际文化旅游节暨江油“一带一路”李白文化节、海峡两岸文昌文化论坛、嫘祖故里祭祖大典等大型活动，开展合作交流，展示城市形象。分赴南非、赞比亚等国家和成都、深圳、杭州、香港、澳门等地开展推介活动，扩大科技城影响力和知晓度。

【科技城主题外宣策划】 2018年，绵阳市策划组织实施多个主题外宣。凸显科技城产业发展步伐主题，围绕“686”现代产业体系构建，协调重点主流媒体就绵阳转变经济发展方式、优化经济结构、转换增长动力、创新生态环境、推动经济高质量发展进行采访报道。其中《四川日报》以1/3版面刊发《GDP突破2000亿元　绵阳站上新台阶》，头条刊发通讯《绵阳：数据“跑”起来金融活水“动”起来》并配发评论；四川电视台播发《绵阳科研仪器共享催生新产业》等重点报道。展示创新改革成就主题，聚焦科技城融合发展，全面展示绵阳培育创新主体、营造创新生态、激发创新活力、壮大创新产业，全力推动科技城加快发展的发展路径。中央电视台新闻联播头条播出《四川：推进全面创新改革　开启新征程》，深度剖析科技城成功经验。传播成德绵一体化举措主题，报道《关于加快推动成绵一体化发展合作协议》签订、成绵携手打造区域发展共同体、70多个项目助推成绵一体化发展等落实省委构建区域发展新格局部署的系列举措，体现市委贯彻省委、省政府决策部署的执行力。《四川日报》在刊发报道《绵阳70多个项目助推成绵一体化发展》的同时，配发评论《区域协同发展关键在于协同》。围绕区域发展、文明创建、民生改善等工作亮点，策划选题，先后在主流媒体刊发（播）相关报道60余篇，呈现科技城民生发展成果主题。配合纪念改革开放40周年活动，紧扣改革发展主题开展外宣。邀请12家中央主流媒体到绵集中采访，多角度展现全市改革开放40年取得的成就。《人民日报》《中国日报》等媒体先后刊发《中国科技城为航空界提供了翅膀》《绵阳：从跃进路到创新中心》等报道；四川电视台到绵阳进行《川越四十年·改革再出发》大型直播。

【重大活动外宣】 2018年，全市紧扣科博会等16场重大活动，整合媒体资源，彰显地域特色。在第六届科博会期间，组织邀请海内外各级各类媒体117家、238名记者到绵阳采访报道，刊发稿件1780余篇（条）。新华社、《人民日报》相继刊发重点稿件，中央电视台分别在综合频道、新闻频道、国际频道播出展会消息，还以“新闻+直播平台”的方式持续40分钟直播开幕式盛况。在科技城人才峰会宣传中，突出创新引智重点。绵阳科技城诸多“破冰之举”受到媒体广泛关注。新华社、《四川日报》相继在头版报眼、报尾和综合版面显著位置刊发《绵阳人才新政“挠到了痒处”》《绵阳揽天下英才 引领国家科技城高质量发展》等多篇报道。配合重大会展，凸显开放合作。以绵阳组团参展西博会、海科会为契机，通过召开新闻发布会、定向邀请等方式，面向海内外推介绵阳独特优势，扩大绵阳影响力，中央及省级媒体相继刊发报道20余篇稿件。配合文化交流活动，扩大科技城影响力和知晓率。借助“一带一路”李白文化节、海峡两岸文昌文化论坛、嫘祖故里祭祖大典等大型文化交流活动，邀请90余家海内外媒体近百人到绵阳采访。新华社、央视国际频道、央广、中央国际广播电台等中央媒体对活动跟踪报道，并翻译成外文面向国际传播，累计刊（播）发各类稿件600余篇（条）。

【新闻发布工作】 2018年，全市紧扣政治、经济、民生热点，设置议题，组织召开新闻发布活动26场，48个部门单位参与新闻发布会。对重大时政新闻进行系列解读。围绕科技城发展、经济高质量发展、建设西部经济强市等主题，组织策划实施7场系列专题新闻发布会，邀请28个市级部门单位负责人解读市委七届五次全会精神，吸引各级各类媒体关注，累计发稿约150篇。持续做好季度新闻发布会。每季度末通过电视录播的形式，围绕市民普遍关注的政治、经济、社会、民生、扶贫等重点、热点问题，21个市级部门的新闻发言人向社会和媒体通报情况，搭建政务公开平台，增进党委、政府工作透明度。围绕各类重大活动、重大事件召开新闻发布会。组织实施第六届科博会、海峡两岸嫘祖文化交流活动、“一带一路”李白文化节等重大活动的新闻发布会，展示绵阳形象，回应社会关切。

【城市整体形象标识创意设计工作】 2018年，绵阳市启动整体形象标识的创意设计工作。采取政府购买服务的方式，委托代理机构，通过招投标，确定由北京知行堂品牌管理有限公司（以下简称知行堂）承担绵阳城市整体形象标识创意设计工作。配合知行堂开展创意设计、拍摄制作新版绵阳城市形象宣传片，并在第六届科博会、绵阳市现代服务业投资恳谈会等重大活动上播放推广。推进绵阳城市品牌文化价值系统研究项目、城市品牌视觉形象识别系统（VIS）规划设计项目、城市品牌标识指示系统及公共服务设施规划设计项目完成初步创意设计。（罗天锴）

特色合作平台建设

【概况】 2018年，科技城继续坚持发展特色合作平台，持续加速特色产业园集群发展，制定并落实《绵阳市特色园区推进工作方案》，以绵阳跨境电商服务平台、中国（绵阳）科技城跨境电子商务产业园、中德创新产业合作平台、绵阳经开区—昆山经开区合作平台等特色合作平台为支撑，打造特色产业园区。

【绵阳跨境电商服务平台】 绵阳跨境电商服务平台成立于2017年，由高新区国有公司四川海贸通网络科技公司建设和运营，是集通关服务、综合服务和复合监管仓为一体的开放性综合型服务平台。主要服务对象包括跨境电商进出口商家、传统的中小生产与外贸企业等，提供通关、退税、物流、仓储、分拣、金融服务等一站式服务。让企业专注自身核心业务发展，以规模性服务降低进出口成本及风险，提高通关效率、降低成本。截至2018年，累计引入中小企业4家，引入第三方合作商2家，在线通关130余票。推进“跨境电子商务零售进口商品”跨境直购模式的进口清关项目，增加跨境电商进口服务功能。培育孵化跨境电商创业企业，营造跨境电商氛围。规划建设“绵阳数字贸易中心”，为跨境电商企业提供信息和业务综合服务，打造跨境电商服务生态。2018年，公司探索自营出口运营模式，先后拓展海外市场，出口产品至俄罗斯、波兰、哥伦比亚等地，利用“一带一路”良好契机，拓展全球市场，实现出口创汇869万美元。其中1月26日，出口价值96.1万美元的空调至巴基斯坦，价值1.8万美元的热泵至德国，价值12万美元的连接线至摩尔多瓦。5月12日，与俄罗斯客户签署电视三件出口合作协议；8月31日，与乌兹别克斯坦客户签署电视出口合作协议；12月，完成首批出口退税申报工作，收到出口退税款113.06万元，至此打通外贸出口链条所有业务环节。跨境孵化基地建设。2月10日，基地面向全川招募跨境电商创业者和电商及外贸转型公司；10月15日，跨境电商孵化基地取得绵阳市众创空间称号；12月底，基地拥有供应链、产品选择、实操运营、物流整合、客服工作和终端实操，形成跨境电商B2C完整生态基础，以Amazon等平台授课为基础，共孵化约50家跨境电商卖家公司、70家跨境电商旗舰店，培育近150人的跨境电商人才队伍，实现年度在线销售总额约500万美元。数字贸易中心建设。9月7日，中心完成软装设计；11月15日，软装施工完毕；12月起，邀约相关企业和产品入驻。进口直邮清关。2018年3月，与中国邮政合作，开启市场调研；6月，完成可行性研究报告；8月，海关同意开展进口直邮业务；11月，启动项目招投标工作。

【中国（绵阳）科技城跨境电子商务产业园】 中国（绵阳）科技城跨境电子商务产业园（以下简称产业园）位于绵阳高新区石桥铺。园区占地9.27公顷，建筑面积11.3万平方米。2015年，产业园被授予“中国（绵阳）科技城电子商务产业园”“中国（绵阳）科技城跨境电子商务产业园”两块牌子。产业园是《绵阳市电子商务“十三五”发展规划》定位的绵阳跨境电商产业集聚区。是集电子商务、跨境电子商务、研发、孵化、金融、生活配套等功能于一体的创意创新型生态智能商务园区。2018年4月，园区“线上人才服务中心”成立，可提供人才招聘服务，举办培训讲座。8月，成都海关授权在绵阳跨境电商监管中心开展跨境电商进口直邮业务。11月，产业园企业智易家公司在“双十一电商节”活动期间销售额突破10亿元。全年园区累计入驻企业300余家，实现销售额63亿元、利税4000万元。产业园续建项目主体和外装修建设完成，建筑面积达5.5万平方米，为电商产业后期发展提供空间和配套保障。园区初步形成集聚效应，入园企业涵盖工业电商、中小电商、跨境电商进出口、电商专业配套服务、电商孵化等领域，逐步完善电子商务生态圈。长虹电商平台智易家、商途天下（阿里巴巴诚信通川北运营中心）、跨境电商服务平台海贸通、电子元器件交易平台有芯电子、“一带一路产业孵化基地”绵阳慧聪云信等重点企业发展壮大。创业孵化取得成果，慧聪、首战和网赢培育电商企业80余家，海贸通、阿拉丁孵化跨境电商企业25家。

【中德创新产业合作平台】 2018年，参加中外投资促进机构工作年会、2018IAIT—淮安中德智能制造创新暨产业合作服务平台启动仪式、四川—巴伐利亚州领军企业对接交流会、2018中德（宝安）投资合作论坛等平台活动，与德国企业、投资促进机构进行对接交流，分别与马格德堡市政府、德国百事达律师事务所、林肯国际、FU-

TURA游艇制造公司等德国政府部门、企业取得直接联系，搜集中德相关企业项目信息80余条；借助商务部中国国际贸易促进中心（德国）合作平台，针对性对接开展中德互动活动40余次，拓展对外开放信息渠道。9月，邀请以德国雇主协会为代表的德国创新型中小企业、协会代表团10余人到绵阳参加科博会并参展。举行中德创新型中小企业座谈会，商务部投资促进局联络部副主任朱文龙、德国驻成都总领事馆副总领事付安仕、德国创新型中小企业代表团团长奥斯卡·乔治·罗威一行受邀参会。12月，高新区代表团赴德国开展投资促进工作，举行中德创新合作平台投资推介会；赴德国斯图加特考察、洽谈、促进博世马勒绵阳生产基地项目落地；拜访德国宝马汽车总部，推动新晨动力与宝马汽车深度合作；拜会巴伐利亚州经济促进局等机构，寻求在电子信息产业、汽车零部件配套产业、新材料产业、节能环保产业、生物产业等六大产业领域与德国企业的合作。（罗盛建）

【绵阳经开区—昆山经开区合作平台】 2016年12月1日，在“长江经济带东西部国家级经开区交流合作活动”中，绵阳经济技术开发区和昆山经济技术开发区签订合作框架协议，缔结为友好合作开发园区。双方在招商引资、行业发展、企业动态等方面信息互通，在园区管理、园区建设、政策制定、基础设施建设等方面经验共享，通过互派挂职、短期交流等方式，促进双方园区在管理人才、专业技术人才等方面的交流培养。2017年3月15日，绵阳经开区设立驻昆山办事处，主要承接昆山经开区及长三角产业。2018年，两区不断扩大合作交流，昆山到绵阳客商达11批43人次。4月，绵阳经开区考察团到昆山考察科技企业发展、企业用工保障及务工人员就业促进等工作，先后考察昆山机器人产业园、国家自主创新示范区、沈阳自动化研究所、神州数码电子商务产业园、科森科技股份有限公司、龙腾光电有限公司及昆山人力资源市场。6月，昆山工商联考察团到绵阳经开区考察营商环境，到辖区四川旭虹光电科技有限公司参观。7月，苏州德旺宝机器人智能科技有限公司就布局智能制造培训产业到绵阳经开区旭虹光电、华晨瑞安、海立电器、长虹空调等企业考察。8月，鲜活果汁工业（昆山）有限公司到绵阳经开区考察营商环境，并到雪宝乳业有限公司参观。9月，绵阳经开区考察团到昆山考察鲜活果汁工业（昆山）有限公司。10月，绵阳经开区考察团到昆山经开区芯慧联半导体科技（昆山）有限公司考察，与昆山经开区就园区建设与发展、产业转移承接等方面进行交流。11月，芯慧联半导体科技（昆山）有限公司到绵阳经开区考察营商环境，并就建设半导体产业园项目与绵阳经开区作深入交流。12月，昆山经开区考察团到绵阳经开区考察，双方就开发区转型升级、综合发展考核评价、园区产业发展等方面进行交流。（马敬明）

概　述

【概况】　2018年，科技城人才工作以实施创新驱动为导向，以人才发展体制机制改革为抓手，以推动经济高质量发展为目标，实行更加积极、更加开放、更加有效的人才政策。出台《关于加快建设西部人才强市的意见》《引进高层次创新创业人才工作管理办法》等，形成“5+1”人才新政策。设立13个驻外高层次人才对接引进联络站，绘制产业人才地图，组织重点园区和企业赴全国各地开展人才延揽、技术需求对接活动，开辟人才“快车道”。设立200个市级高层次人才专项事业编制，支持无空缺编制单位引进高层次人才，鼓励引导人才向基层流动。全年科技城投入人才发展专项资金2360万元，资助“科技城人才计划”团队24个，新引进高校毕业生2.7万余人，其中海外人才188人、博士434人、硕士2509人，全市人才总量达到76.8万人。于敏、倪润峰被党中央、国务院授予“改革先锋”称号。截至年底，在绵阳的“两院”院士27人。在高质量人才保障下，四川旭虹光电科技有限公司“高强超薄浮法铝硅酸盐屏幕保护玻璃规模化生产成套技术与应用开发”，四川铁骑力士实业有限公司、新希望六和股份有限公司“猪抗病营养技术体系创建与应用”等3个项目入选国家科技进步二等奖。全市11人入选2017年度四川省重大人才专项专家，1个创业团队入选2017年度四川省重大人才专项创业团队。推进创新创业孵化载体的建设和培育，新引进汇桔网、澳大利亚生物科技转化平台，全市孵化器累计达60家，孵化总面积超过115万平方米。市级人才发展专项资金中每年（共5年）列支200万元，支持省部共建环境友好能源材料国家重点实验室建设。建成全省唯一国际人才市场国家科技城（绵阳）分市场，启动建设全国首个专业化人才交流服务平台和人力资源服务产业园，人才服务市场化社会化水平不断提升。举办第二届国防军工企业人力资源管理创新大会暨中国（绵阳）科技城人才峰会，推进与清华大学、武汉大学、天津大学、重庆大学等高校人才的交流合作，提升人才对外开放水平。打造人才综合服务阵地，成立绵阳市高端人才服务中心，配备专职工作人员服务人才；开通线上线下“绿色通道”，提供人才政策咨询、项目申报、融资对接等“一揽子”服务。优化高端人才服务体系，实施海外引才“博揽工程”、科技人才“破茧工程”、英才服务“暖心工程”等人才工程。做好重大项目科研人员家属就业、专家人才服务保障工作。

【“1+5”人才新政出台】 2018年，科技城着眼构建领先型人才发展目标体系、竞争性人才政策体系和科学化人才工作制度体系。经市人才工作领导小组会议、市政府常务会议、市委常委会议等审议，先后出台以《关于加快建设西部人才强市的意见》为统揽，以《关于实施“科技城人才计划”的若干措施》《绵阳市人才发展专项资金管理办法》《绵阳市人才发展专项资金资助项目实施办法》《绵阳市人才专项事业编制管理办法》《绵阳市引进高层次创新创业人才工作管理办法》为配套的“1+5”人才新政。《关于加快建设西部人才强市的意见》提出，以推动经济高质量发展为目标，充分发挥市场在人才资源配置中的决定性作用和更好发挥政府作用，在加快人才生态建设中提供高质量人才供给，在高质量人才供给中增强绵阳经济创新力和竞争力，建成西部人才强市，为建设中国科技城和西部现代化强市提供高质量人才支撑。《关于实施“科技城人才计划”的若干措施》提出，坚持聚焦产业、集中使用、可持续发展原则，实施创业团队“聚变计划”、科技领军创业团队“涌泉计划”、产业尖端创新团队“卓越计划”、海外引才“博揽工程”、科技人才“破茧工程”、英才服务“暖心工程”。《绵阳市人才发展专项资金管理办法》《绵阳市人才发展专项资金资助项目实施办法》明确，人才发展专项资金集中用于科技型企业扶持、科技创新平台和团队资助、高层次人才引进和培育等，创业资助最高达2000万元。《绵阳市人才专项事业编制管理办法》明确，设立200个市级人才专项事业编制，用于支持市属无空缺编制事业单位引进急需紧缺高层次人才。《绵阳市引进高层次创新创业人才工作管理办法》明确对接洽谈、尽调研判、精准匹配、落地服务等人才引进工作6大环节。

【人才延揽活动】 2018年，科技城举办或参与多次人才延揽活动。3—4月，依托中国贵州人才博览会、中国国际人才交流大会、“四川人才之家”等举办3场人才延揽活动。4—5月，承办2场国防科技大学人才绵阳行活动。7—8月，承办北

图29 2月2日，全市高层次人才代表迎春座谈会

京大学青年教师绵阳研修活动，实施第15批清华大学博士研究生、第2批武汉大学研究生到绵阳科研技术项目实践活动。9月，科博会期间举办国家重大人才专项专家走进中国（绵阳）科技城、创业导师走进绵阳留学人员创业园、海外赤子走进绵阳师范学院三大活动，与会40余名专家对接50个单位的72个项目，签署合作协议8个。10—11月，举办5场创新创业大赛和人才项目对接会，组团赴清华大学、吉林大学等高校开展11场人才招聘活动。（王二勇）

【人才合作平台建设】 2018年，科技城通过举办第二届国防军工企业人力资源管理创新大会暨中国（绵阳）科技城人才峰会，推进中国（绵阳）科技城人力资源服务产业园建设，运营中国国际人才市场国家科技城（绵阳）分市场，与中国海峡人才市场签订《引进海内外人才项目合作框架协议》，设立“中国海峡人才市场科技城联络站”，搭建人才合作平台。柔性引进高端国（境）外专家140人，执行国家战略产业项目3项、“天府高端计划”项目5项、省常规项目2项，获国家、省财政专项资金资助274万元。项目涵盖电子信息、金融科技、新材料、现代农业、医疗卫生等行业。（古钦译）

【绵阳市人才工作领导小组2018年第一次会议】 2018年4月20日，绵阳市人才工作领导小组2018年第一次会议召开。市委常委、组织部部长、市人才工作领导小组组长岳勇主持会议并讲话，市政府副市长蒋丽英出席会议。会议听取北川维斯特四川省民族地区旅游人才培训基地建设推进情况、绵阳科技城人力资源服务产业园建设推进情况等汇报，审议《关于加快建设西部人才强市的意见（送审稿）》《关于实施“创业绵阳”人才计划的若干措施》《绵阳市人才发展专项资金管理办法（修订）》《绵阳市人才发展专项资金资助项目实施办法（修订）》等4个文件和2017年度第二批人才发展专项资金拟资助项目名单，对全市2018年人才工作做系统部署和科学谋划。市人才工作领导小组成员单位主要负责人参加会议，各县市区（园区）党（工）委组织部门主要负责人、分管负责人列席会议。

【绵阳市人才工作领导小组2018年第二次会议】 2018年11月21日，绵阳市人才工作领导小组2018年第二次会议召开。市委常委、组织部部长、市人才工作领导小组组长岳勇主持会议并讲话。会议听取话剧《国魂》在全省公演活动筹备情况，审议《金融服务人才创新创业若干措施（送审稿）》《绵阳市高层次人才服务卡管理办法（试行）（送审稿）》《在全市广大知识分子中深入开展“弘扬爱国奋斗精神、建功立业新时代”活动的实施方案（送审稿）》《绵阳市首批驻外高层次人才对接引进联络站名单（送审稿）》、2018年人才发展专项资金拟资助项目名单等。市人才工作领导小组成员单位主要负责人参加会议，各县市区（园区）党（工）委组织部门分管负责人列席会议。

【《金融支持人才创新创业十条措施》出台】 2018年11月21日，《金融支持人才创新创业十条措施》（以下简称《十条措施》），经绵阳市人才工作领导小组2018年第二次会议审议通过，并经市委、市政府同意后印发。《十条措施》作为全省首个金融支持人才创新创业专项文件，着力解决人才创新创业融资难、融资贵的问题，鼓励银行、保险机构和社会资本加大对人才创新创业支持。明确绵阳市商业银行等9家金融机构为全市首批人才金融特色机构，设立人才业务窗口、配备人才业务团队，为高层次人才或高层次人才创办的企业提供22项特色金融产品服务。

图30　12月12日，全市人才工作会议暨"弘扬爱国奋斗精神、建功立业新时代"活动动员大会

【全市人才工作会议暨"弘扬爱国奋斗精神　建功立业新时代"活动动员大会】　2018年，根据中央、省委统一部署，市委组织部、市委宣传部联合制发《在全市广大知识分子中深入开展"弘扬爱国奋斗精神、建功立业新时代"活动的实施方案》，提出在全市广大知识分子中部署开展宣传宣讲、学习研讨、专题研修、典型选树、爱岗敬业、人才协作大帮扶等六大行动，引导全市广大知识分子投身中国科技城和西部现代化强市建设。12月12日，全市人才工作会议暨"弘扬爱国奋斗精神、建功立业新时代"活动动员大会召开。市委书记刘超出席会议并讲话，会议对2018年全市人才工作作系统总结，对下一阶段人才工作以及"弘扬爱国奋斗精神、建功立业新时代"活动作安排部署。市委副书记、代市长元方主持会议。市委常委、市人大常委会主任、市政协主席、市人大常委会联系副主任、市政府副市长、市政协联系副主席、市中级人民法院院长、市检察院检察长出席会议。市委常委、组织部部长岳勇宣读《关于表扬资助2018年"科技城人才计划"项目的通知》和首批13个绵阳市驻外高层次人才对接引进联络站名单。四川瑞可达链接系统有限公司等24个"科技城人才计划"项目团队获表扬资助。中物院应用电子学研究所王冬、绵阳"人众仁"团队带头人刘伟雄、绵阳京东方光电科技有限公司副总经理李重君3位人才代表和市投促局、游仙区代表先后作交流发言。（王二勇）

【第二届国防军工企业人力资源管理创新大会暨中国（绵阳）科技城人才峰会】　2018年5月7日，以"创新、融合、共享、多赢"为主题的第二届国防军工企业人力资源管理创新大会暨中国（绵阳）科技城人才峰会在绵阳举行。中国工程院院士印遇龙，中国退役士兵就业创业促进会四川分会会长彭满山，省委组织部副部长、省人社厅厅长戴允康，市委副书记、市长刘超，中国人才交流协会会长王建华，市人大常委会主任马华，省委组织部副部长陈冠松出席开幕式。国家部委、专家学者、四川省有关领导，以及市委、市人大常委会、市政府、市政协领导、全国知名人力资源服务供应商共600余人参加会议。刘超、王建华、陈冠松先后致辞，中国航天科技集团有

限公司人力资源部、中国航天科工集团有限公司人力资源部、国家国防科技工业局人事司负责人先后发言。开幕式上，戴允康为“中国（绵阳）科技城人力资源服务产业园”授牌。会议期间，举行人才政策、招商引资政策发布，全国优质资源对接、招商引资等活动。对接企业、协会和人才机构80余家；对接客商400余人次，收集项目信息44条。与中国电子科技集团、中国航空发动机集团、上海博尔捷企业集团、东莞慧通人力资源服务公司等15家企业达成初步合作意向，与人力资源服务机构签署战略合作和入驻园区合作等协议6份。（古钦译　王二勇）

【中国绵阳科技城人力资源服务产业园】 2018年5月7日，中国绵阳科技城人力资源服务产业园在第二届国防军工企业人力资源管理创新大会暨中国（绵阳）科技城人才峰会上正式成立，省委组织部副部长、省人社厅厅长戴允康为产业园授牌。产业园选址科技城创新中心二期6号楼和9号楼，占地1万余平方米，规划运营方为上海博尔捷公司。产业园集示范带动、要素集聚、企业孵化、智慧园区、人才提升和园区服务等功能于一体，集聚低中高各层次的人力资源服务产业链机构和企业。产业园发展主要分两个阶段：第一阶段（2018—2020年）通过极富吸引力的优惠政策招引人力资源服务机构入驻，尤其是总部或区域总部，快速打造区域型人力资源总部经济，同时注重培育本土人力资源骨干企业。重点发展招聘、劳务派遣、人力资源服务外包、培训、人事代理等业态。第二阶段（2021-2022年）强化人力资源机构总部积聚。发展定制化培训、猎头、人力资源咨询、人才测评等中高端服务，丰富人力资源服务产品业态，形成完整的人力资源服务业价值链。全年组织市级相关部门（单位）和绵阳市10家人力资源服务机构召开座谈会，调研绵阳市人力资源服务产业现状，筹备产业园规划；基本完成产业园扶持政策拟制，并在企业注册、场地租赁、财政税收、运营扶持、人才引荐、研发创新等方面给予入驻企业一定优惠和奖励。截至年底，入驻人力资源服务企业4家。（古钦译）

【武汉大学研究生社会实践（绵阳）基地授牌仪式在绵阳举行】 2018年7月22日，武汉大学研究生社会实践（绵阳）基地授牌仪式在绵阳举行。市委常委、组织部部长岳勇，武汉大学党委副书记赵雪梅出席仪式并讲话，市委组织部副部长、市人才办主任黄晓军主持授牌仪式。授牌仪式前，召开武汉大学（绵阳）社会实践研究生和武汉大学毕业选调生代表座谈会。市委组织部、市人才办、武汉大学有关负责人，以及武汉大学在绵阳的社会实践研究生、选调生代表参加授牌仪式和座谈。

【奇安信集团网络安全人才培养绵阳基地首期培训开班】 2018年3月29日，奇安信集团网络安全人才培养绵阳基地首期培训在市委党校正式开班，标志着全国首个致力于培养具备实战能力的网络安全工程师且在人才培养和用人单位之间形成闭环的网络安全人才培养基地在绵阳正式启动。奇安信集团总裁吴云坤、中物院培训中心主任范植开等出席开班仪式。开班仪式上，吴云坤代表奇安信集团先后为市委党校、中物院培训中心、绵阳职业技术学院、西南交通大学希望学院、西南科技大学5家实训合作校区揭牌；吴云坤作“数字革命带来的新威胁和新安全”的主题演讲，分析当前全球网络安全形势，阐述数字智能时代网络安全应对策略及网络安全人才培养路径。奇安信集团网络安全人才培养绵阳基地旨在完善网络安全人才培训体系和机制，填补网络安全行业人才缺口。绵阳基地首期100名学员在市委党校开展为期1个月的职业素养、IT基础、安全运营、维护集成等内容学习。

【绵阳组团参加“美丽四川·创业天府”清华大学推介会暨招聘会】 2018年10月20日，2018“知名高校四川活动周”走进清华大学，举行“美丽四川·创业天府”专场推介会暨现场招聘会。省委常委、组织部部长王正谱出席活动，并作“新时代·新四川”主旨推介。绵阳组团参加推介活动，市委常委、组织部部长岳勇代表绵阳市委、市政府在推介会上作专题推介。中国工程物理研究院、西南科技大学、绵阳师范学院、长虹集团、九洲集团、绵阳京东方、绵阳金能、绵阳市商业银行8家在绵阳的单位相关负责人出席推介会，开展现场招聘活动。在京期间，岳勇还前往北京航空航天大学和京东方科技集团股份有限公司考察交流。参观北京航空航天大学校史馆和重点实验室等，召开校地合作座谈会。参观京东方科技集团股份有限公司Array（阵列）自动化生产线，并就绵阳京东方项目建设和人才引进服务等问题进行交流。市人才办、市人社局、市投促局相关负责人随同参加推介会和考察交流活动。 （李维怡）

改革开放杰出贡献人员

【概况】 2018年12月18日，庆祝改革开放40周年大会在北京举行。会上，王沪宁宣读《中共中央 国务院关于表彰改革开放杰出贡献人员的决定》，决定指出，党中央、国务院决定授予于敏等100人“改革先锋”称号，颁授改革先锋奖章。其中中国工程物理研究院原副院长、研究员于敏被授予“国防科技事业改革发展的重要推动者”称号，原四川长虹电子集团有限公司党委书记、董事局主席倪润峰被授予“企业‘军转民’实践的创新者”称号。

【于敏】 男，汉族，中共党员，1926年8月出生，2019年1月16日去世。天津宁河人，中国工程物理研究院原副院长、研究员，中国科学院院士，核物理学家。长期主持核武器理论研究、设计，解决大量理论问题，为中国核武器的发展做出重要贡献。20世纪80年代以来，在二代核武器研制中，突破关键技术，使中国核武器技术发展迈上一个新台阶，对中国科技自主创新能力的提升和国防实力的增强做出开创性贡献。获得“两弹一星”功勋奖章、国家最高科学技术奖、“全国五一劳动奖章”和“全国敬业奉献模范”称号。2018年12月18日，党中央、国务院授予于敏改革先锋称号，颁授改革先锋奖章，并获评国防科技事业改革发展的重要推动者称号。

【倪润峰】 男，汉族，中共党员，1944年2月出生，山东荣成人，原长虹电子集团有限公司党委书记、董事局主席，教授级高级工程师。1967年毕业于大连工学院（现大连理工大学）机械制造专业。1985年5月任国营长虹机器厂厂长，1988年6月起任四川长虹电器股份有限公司董事长兼总经理。中共十四大代表、十五届中央候补委员，第八届全国人大代表，第十届全国政协常委。四川省人民政府原顾问。带领长虹率先成功探索出企业“军转民”道路，将长虹从一个普通军工企业打造成价值百亿级的中国彩电大王，为中国彩电业走向世界奠定良好基础。2018年12月18日，党中央、国务院授予倪润峰改革先锋称号，颁授改革先锋奖章，并获评企业“军转民”实践的创新者称号。 （王二勇）

院士（专家）工作站

【概况】 绵阳市院士（专家）工作站主要依托绵阳市重大战略发展和产业转型升级的重点企业建立，并鼓励建有市级及以上工程技术研究中心、重点实验室、企业技术中心、博士后科研工作站等研发载体，承担国家或省重大项目的单位以及省级以上创新型示范企业、国家级产业化基地或园区等优先建站。合作研究突出产业化导向，对相关行业、产业、区域和企业的创新发展带动作用明显的科研院所、高等院校、各类园区等非企业单位均可参加申报。四川九洲电器集团有限责任公司、利尔化学股份有限公司、四川省安县银河建化（集团）有限公司、四川六合锻造股份有限公司4家单位的绵阳市院士（专家）工作站是2012年绵阳市批准设立的首批市级院士（专家）工作站。四川皇龙智能破碎技术股份有限公司、绵阳富临精工机械股份有限公司、四川绵阳四〇四医院、四川圣迪乐生态股份有限公司4家单位的院士（专家）工作站是2014年绵阳市认定设立的第二批市级院士（专家工作站）。2018年，全市对2017年备案的四川东材科技集团股份有限公司院士（专家）工作站等5家单位进行表彰，并给予10万元资助；启动第5批市级院士（专家）工作站申报认定工作，经各地各单位推荐申报、专家组评审、市院士（专家）工作联系会议及市人才领导小组审定，四川龙华光电薄膜股份有限公司等5家单位设立绵阳市院士（专家）工作站。5月25日，四川省第7批院士（专家）工作站名单公布，其中四川铁骑力士实业有限公司院士（专家）工作站获批成为四川省第7批院士（专家）工作站建站单位。至此，绵阳市有市级院士（专家）工作站25个、省级5个、国家级1个。

（伍禹璇）

2017—2018年绵阳市获批市级院士（专家）工作站一览

表25

序号	建站单位	类别	进站专家（院士）	建站批次	建站时间
1	四川东材科技集团股份有限公司	工业类	院士：徐　坚	第4批	2017年备案 2018年表彰
2	绵阳市中心医院	医学类	院士：陈孝平	第4批	2017年备案 2018年表彰
3	四川铁骑力士实业有限公司	农业类	院士：唐华俊	第4批	2017年备案 2018年表彰
4	四川科莱电梯股份有限公司	工业类	专家：范泽辉 专家：任才兴 专家：崔艳华 专家：范宁军	第4批	2017年备案 2018年表彰
5	绵阳麦斯威尔科技有限公司	工业类	院士：刘人怀	第4批	2017年备案 2018年表彰
6	四川龙华光电薄膜股份有限公司	工业类	专家：李良彬	第5批	2018年
7	四川九州光电子技术有限公司	工业类	专家：毛玉明	第5批	2018年
8	雅化集团绵阳实业有限公司	工业类	专家：沈兆武	第5批	2018年
9	绵阳农业科学研究院	农业类	专家：熊朝瑞	第5批	2018年
10	绵阳万江眼科医院	医学类	专家：褚仁远	第5批	2018年

（伍禹璇）

【四川皇龙智能破碎技术股份有限公司院士（专家）工作站】 四川皇龙智能破碎技术股份有限公司院士工作站是公司以国家认定企业技术中心为依托与相关专业的院士及其创新团队组建而成的科研机构，是市级院士（专家）工作站。有院士1名，技术专家及创新团队成员14人，工作站主任1名，专职管理人员2名。工作站办公及研发场所设在公司技术中心，工作站可利用的研发室有碎设备综合测试分析中心、传动技术研究与应用技术工程实验室、锻造技术研发中心、破碎机辅助设备研究室、粗中颗粒破碎研究室、细颗粒破碎研究室点，可利用的研发设备有60余台（套），分析检测仪器20余台（套）。工作站实行主任负责制，由公司委派分管技术的总监担任工作站主任，工作站办公室为日常办事机构。

【四川六合锻造股份有限公司院士（专家）工作站】 2012年，四川六合锻造股份有限公司院士（专家）工作站由四川六合锻造股份有限公司与先进钢铁材料技术国家工程研究中心、成都理工大学联合组建，经绵阳市认定为市级院士（专家）工作站。该工作站工作场所由六合锻造公司技术中心提供，研发经费被纳入公司年度财务预算，日常管理由公司技术中心承担。工作站成立后，公司累计申请到账省级补助150万元，投入研发经费1400万元。工作站共研制新产品14项，申报发明专利52项，获得发明专利授权7项，实用新型专利18项。2013年，新增国家重点新产品1项，并参与修订3项国家标准；"核电汽轮机组叶片用纯净不锈钢冶炼关键技术与工艺研发"项目试制成功并形成量产。（谢小东）

【绵阳市中心医院院士（专家）工作站】 2017年9月2日，绵阳市中心医院院士（专家）工作站成立，工作站进站院士为陈孝平。该工作站建站于绵阳市中心医院普通外科，致力于推进绵阳市中心医院在科研、临床、教学、诊疗水平向国内国际尖端水平迈进，旨在促进医院多学科协作（MDT），提升医院科研能力，促进医院人才梯队建设，增强医院临床及教学能力。工作站成立同时，还举行专家经验交流活动及肝胆胰外科省级继续教育学习班，现场直播陈孝平手术演示。

陈孝平，1953年6月出生，籍贯安徽阜南。1973年，毕业于蚌埠医学院；1982年和1985年分别获得同济医科大学医学硕士和博士学位。从事外科临床、教学和研究工作40余年，施行和指导施行各种肝胆胰手术1万余例，其中肝癌6千余例。在肝癌外科治疗和肝移植方面做出系统的创新性成果。提出新的肝癌分类；提出大肝癌可安全切除理论；建立3项控制肝切除出血技术和1项肝移植术。先后获国家科学与技术进步奖二等奖（2004年）、教育部提名国家科技进步奖一等奖（2006年）、中华医学科技奖一等奖（2002年）、何梁何利科学与技术进步奖（2007年）、中国肝胆胰外科领域杰出成就金质奖章（2008年）、教育部科学技术进步奖二等奖（2010年）、中国抗癌协会科技奖一等奖（2012年）、湖北省科技进步奖一等奖及湖北省科技成果推广奖一等奖（2013年）。2015年，当选中国科学院院士。

（李维怡）

技能大师工作室

【概况】 2012年，绵阳市出台《关于加强技能大师工作室建设的意见》，提出领先示范、梯次发展、全域覆盖，鼓励技能大师工作室建设。2018年，兰明路技能大师工作室获批成为国家级技能大师工作室，尹朝晖技能大师工作室获批成为省级技能大师工作室。王江龙（钳工）、张祥辉（车工）、梁林（维修电工）、郭清学（音响师）、牛义贵（古羌茶艺）等5个工作室正式成为第4批绵阳市技能大师工作室。全市建成技能大师工作室93个，其中国家级6个、省级6个、市级

30个、县市区（企业）级51个，涵盖机械、电子、纺织、国防、“非遗”等行业和领域，基本实现区域、行业全覆盖，数量和质量在省内领先，形成国家、省、市、县（企业）四级发展格局。截至年底，市级以上财政共资助工作室建设及人才培养资金855万元；全市技能大师工作室累计培训技能人才2.9万余人次，其中培训高技能人才0.86万人次；完成技能攻关2300余项，获得专利294项，产生经济效益1.436亿元。

【游洪建（工具钳工）技能大师工作室】 2011年成立，领办人游洪建。是省级技能大师工作室、首批国家级技能大师工作室、四川省高技能人才培训重要基地。工作室在机械加工、表面处理、仪器仪表等领域，形成一套产品结构设计制造的完整链条。游洪建，男，1973年6月出生，四川德阳市广汉人，工具钳工高级技师，九洲电器集团有限责任公司机械制造中心钳工班班长、首席技师，享受国务院政府特殊津贴专家。先后被授予“四川省技术能手”“全国技术能手”“四川省五一劳动奖章”等。工作室有高级技师5名、工程师1名和外聘专家2名；工作室以建成“技术创新、人才培养、资源共享”中心为宗旨，自成立以来，累计完成工艺研究和技术攻关400余项、QC成果50余项，获得国家授权专利25项。为公司指导培养高技能人才300余人，其中郑章辉获四川省首届“工匠杯”钳工组第一名。工作室共编写10余本技能培训教材，其中《钳工技能与操作》《钳工工艺与技能》和《维修电工技能实训》等被列入“十二五”职业教育国家规划和发行教材进行推广。

【邱宏（装配钳工）技能大师工作室】 2013年，获批成为国家级技能大师工作室。领办人邱宏，中国工程物理研究院材料研究所特种加工装配高级技师，享受国务院政府特殊津贴专家，全国技术能手、中华技能大奖获得者。工作室集聚材料研究所机械加工、特种铸造、特种焊接和装配钳工4个专业领域的高技能人才，在特种材料产品制造关键技术领域形成合力，开展技艺传承、技术攻关和技术推广活动，成为材料研究所提升技能人员技术技能水平、培养高素质技能人才的新平台。

【何金华（家用电器产品维修）技能大师工作室】 2012年、2014年先后获批成为省级和国家级技能大师工作室。领办人何金华，四川长虹电器股份有限公司家用电器产品维修高级技师，长期从事家用电子电器产品维修技术研究、储备、技术支持、技能人才培训工作。工作室拥有核心成员10人；开发各种维修工装10余种，其中3种工装技术获得专利，为企业节约成本800余万元；起草及参与起草行业标准各2项，参与行业技术交流5次；累计组织、承办职业技能大赛7场；编纂发行内部维修技术期刊56册、期刊合订本2册，外部公开出版发行技术图书1册；培训一线技术服务工程师2000余人，培养技师、高级技师32名。

【冷晓江（无线电调试）技能大师工作室】 2013年成立，2015年、2017年先后获建省级和国家级技能大师工作室。领办人冷晓江，四川九洲电器集团有限责任公司总装车间调试班班长、无线电调试高级技师、四川省技术能手、享受国务院政府特殊津贴专家，长期从事无线电调试技术研究、技术支持、技能人才培训工作。工作室拥有核心成员8人；累计培养技能人才1600余人，其中高级工90人、技师66人、高级技师32人；完成技术攻关50余项，对车间生产影响较大的调试改进项目立项8项，评审完成6项，其中“X032接收机自动化测试平台”项目将产品调试时间由2.5小时缩短至30分钟，“X049接收编码脉冲发生器”项目为公司节约百余万元，并使产品调试不受高精仪器限制；申报专利5项，其中发明专利4项、实用新型专利1项；累计开展装配、调试等专题培训58次，参训人员1000余人次，技师评聘专题辅导120余次；出版教材5套。

【韩长庆（数控车工）技能大师工作室】 2016年创建，2017年获批成为国家级技能大师工作室。领办人韩长庆，数控车高级技师，中国工程物理研究院技术能手、全国技术能手、享受国务院政府特殊津贴专家、中华技能大奖获得者。工作室拥有核心成员11名，其中高级技师以上人员9人，工艺技术人员2人。工作室擅长从事薄壁弱刚性壳体、高精度平面、细长轴、深孔的加工以及难加工材料精密制造、单点金刚石超精密切削和超精密研磨与装调等。

【兰明路（中式烹调）技能大师工作室】 2015年创建，2017年、2018年先后获批成为省级和国家级技能大师工作室。领办人兰明路，中式烹调高级技师、四川兰庭十三厨餐饮管理有限公司董事长、中国厨艺精英联盟副主席、扬州大学中餐繁荣基地特聘教授、味觉大师研究学院学术委员会主席兼首席味觉大师、享受国务院政府特殊津贴专家。工作室拥有核心成员5人；主要从事川菜烹任文化研究、产品创意设计、技术创新等；累计培养高技能人才200余人，开展技能攻关5项，创造经济效益260余万元。

【张宝（维修电工）技能大师工作室】 2013年创建，2017年获批成为省级技能大师工作室。领办人张宝，四川中烟工业有限责任公司绵阳卷烟厂维修电工高级技师、工程师、全国技术能手、四川省有突出贡献优秀专家、四川中烟绵阳卷烟厂电气维修技术带头人。工作室有核心成员10人；累计完成科技项目14个，取得国家授权专利25项、软件著作权4项；开展各类创新改善项目（课题）189个，产生经济效益1214万元，其中六西格玛项目55个，产生经济效益738.42万元；QC课题50个，产生经济效益228.96万元；精益改善课题84个，产生经济效益246.62万元。

【尹朝晖（模具钳工）技能大师工作室】 2015年成立，2018年获批成为省级技能大师工作室。领办人尹朝晖，钳工高级技师、工程师、长虹公司“首席技师”、享受国务院政府特殊津贴专家，主要从事模具前沿技术的攻关与创新，并承担重点新品开发项目。工作室完成的液晶智能电视58Q1F面板冷热电水复合模获2016年中国模具工业协会精模奖一等奖；完成启客柱状空调核心部件，道风架模具的研发制造任务，配套生产17.4万台，创造空调产值近10亿元；获得39D2000面框叠层模其创新的设计制造专利7项。

（古钦译）

人才引进与服务

【概况】 2018年，绵阳市创新实施“科技城人才计划”，主要包括“三大计划”和“三大工程”。“三大计划”分别为：创业团队“聚变计划”，科技领军创业团队“涌泉计划”，产业尖端创新团队“卓越计划”；“三大工程”分别为：海外引才“博揽工程”，科技人才“破茧工程”，英才服务“暖心工程”。全年开展2018年科技城人才计划产业尖端创新团队“卓越计划”项目申报工作；公示2017年度第二批人才项目；打造人才综合服务阵地，成立绵阳市高端人才服务中心，配备专职工作人员服务人才；开通线上线下“绿色通道”，为人才提供政策咨询、项目申报、融资对接等“一揽子”服务。做好重大项目科研人员家属就业、专家人才服务保障工作。

【创业团队“聚变计划”】 科技城聚焦特色产业发展，引进和支持一批开展技术创新、科技成果转化等的高层次创业团队，推动高新技术和战略性新兴产业领域技术双向转移转化。对入选团队实行持续资助，每个团队累计资助金额最高2000万元。2018年，绵阳人众仁科技有限公司、绵阳市瑞丰机电制造有限公司、四川极速动力超微粉体设备制造有限公司、四川聚强创新科技有限公司的4个团队入选“聚变计划”，资助总金额500万元。

【科技领军创业团队“涌泉计划”】 科技城聚焦西部先进制造强市建设，引进和支持一批能够解决重大产业核心技术问题、推动产业向价值链中高端迈进，或发展未来先导产业、抢占新兴市场的高层次创业团队。对入选团队实行持续资助，每个团队累计资助金额最高2000万元。2018年，四川瑞可达连接系统有限公司、四川绵州通力电梯有限公司的2个团队入选科技领军创业团队“涌泉计划”，资助总金额300万元。

【产业尖端创新团队“卓越计划”】 科技城支持重大招商引资项目引进为其提供核心技术支撑的高层次创新团队；支持重点企业对接高层次创新资源，引进培育具有影响力、推动企业发展的创新研发团队和技能技术领军人才团队。对每个入选团队给予最高100万元资助。2018年，绵阳京东方光电科技有限公司OLED集成触控技术研发小组、绵阳京东方光电科技有限公司AMOLED全面屏应用研发小组、绵阳京东方光电科技有限公司异形切割应用研发小组、绵阳金能移动能源有限公司移动能源产业园项目、绵阳市光联科技有限公司光联科技5G光模块创新团队、四川龙华光电薄膜股份有限公司超薄高亮度光学显示薄膜材料研制团队、四川长虹电器股份有限公司长虹AI实验室团队、四川长虹电器股份有限公司尹朝晖精密注塑模技能团队、四川长虹电器股份有限公司张祥辉（CAE塑型成型分析在精密模组钣金模具应用）技能团队、四川九洲卫星导航投资发展有限公司北斗时空智能信息技术研究团队、四川九洲电器集团有限责任公司游洪建技能团队、攀钢集团江油长城特殊钢有限公司高温耐蚀合金研发团队、攀钢集团江油长城特殊钢有限公司胡波设备维护技能大师工作室、四川中烟工业有限责任公司绵阳卷烟厂张宝维修电工技能培育团队、四川飞天联合系统技术有限公司航空机载互联网系统研发及产业化团队、雅化集团绵阳实业有限公司工业雷管自动化连续化自主研发产业技术创新团队、四川铁骑力士实业有限公司生物饲料产业技术创新团队、四川旭虹光电科技有限公司创新团队等18个团队入选产业尖端创新团队“卓越计划”，资助总金额1560万元。

【人才服务工程】 绵阳市海外引才“博揽工程”对企业选聘的外籍技术人才和高级管理人才可申请Z字签证入境，对符合市场化认定标准的外籍人才、具有博士研究生以上学历且已在绵阳工作的外籍华人可申请在华永久居留，毕业1年以内且符合规定条件的外籍高校毕业生可直接留绵阳就业。2018年，先后为7名直接留绵阳工作的优秀外籍毕业生办理1年有效期居留许可，为2名持人才签证入境外国人、14名在绵阳工作外国高层次人才、23名在绵阳工作外籍华人及其亲属签发办理长期居留许可，新办外国人永久居留申请7件。科技人才“破茧工程”包括创新企事业单位科研人员收入分配政策，鼓励科技人员离岗创新创业，鼓励人才转化科技成果，扩大事业单位引进人才自主权等。英才服务“暖心工程”对重点人才发放“绵州英才卡”“绵州人才卡”，在产业项目落地、人才项目申报、购（租）房、创新创业、医疗保健、子女就学、配偶就业、政策咨询以及人事档案管理等方面提供专有便利服务。

【人才服务实体打造】 2018年，绵阳设立绵阳市高端人才服务中心，并落实专职工作人员；成立中国科技城人才俱乐部，开展“周末工程师”等活动14次，吸纳首批100余名企业家和科研人员为俱乐部会员。深化中国国际人才市场中国科技城分市场建设，设立中国海峡人才市场科技城联络站和中国科协海智计划绵阳工作基地。

（王二勇）

专业技术和技能人才队伍

【概况】 2018年，全市累计初定和确认初、中级职称1006人，注册职称证书3500本，新办理各类职称证书3747本。受理审核中、高级专业技术职务申报材料1307份。组织开展工程、农业等12个中级专业技术职务任职资格评审工作，评审通过2387人。组织开展中小学教师、电子信息工程等4个系列（专业）高级专业技术职务任职资格评审工作，评审通过1746人。全年开展就业技能培训27527人，其中青年劳动者12983人、技能脱贫专项培训3254人。开设市级技能培训“扶贫专班”，中式烹饪、通用工作机械操作、汽车驾驶3个专业共培训学员288人。参加职业技能鉴定58649人，49881人鉴定合格获得职业资格证书，其中初级工18167人、中级工10645人、高级工11973人、技师498人、高级技师26人、专项职业能力证书8572人。首次开展2018年科技城人才计划产业尖端创新团队“卓越计划”项目申报工作，推荐15个产业技术培育团队，获批7个；推荐6个产业技能培育团队，获批5个，共获得资金资助960万元。四川省银河化学股份有限公司、四川聚能核技术工程有限公司获批四川省博士后创新实践基地。四川长虹电器股份有限公司高级工程师叶根军、四川九洲电器集团有限责任公司高级工程师刘志刚、市中医医院主任医师赵平武、四川兰亭十三厨餐饮管理有限公司高级技师兰明路成为2018年度享受政府特殊津贴人员。

【绵阳选手获第八届全国数控技能大赛一二等奖】 2018年10月11—15日，由人力资源社会保障部、教育部、科学技术部、中华全国总工会、中国机械工业联合会联合主办，以“弘扬工匠精神，对接世界标准”为主题的2018年中国技能大赛——第八届全国数控技能大赛决赛在北京亦创国际会展中心举行。第八届全国数控技能大赛是国家级一类大赛，赛时4天，设数控车工（数控车削加工技术）、数控铣工（数控铣削加工技术）、加工中心操作工(多轴联动加工技术)、数控机床装调维修工（数控机床智能化升级改造）、计算机程序设计员（数字化设计与制造）5个赛项14个竞赛组别，分为职工组、教师组、学生组3个组别，全国29个省共计687名选手参与竞技。绵阳市9名选手代表四川省参赛，其中6名选手分别获得数控车工职工组、数控铣工职工组、加工中心操作工教师组、数控机床装调维修工职工组、数控机床装调维修工职工组等6个全国一等奖，3名选手获得数控铣工学生组、加工中心操作工职工组等3个全国二等奖。

【绵阳市驻华南地区劳务基地联络处成立】 2018年10月13日，绵阳市驻华南地区劳务基地联络处在深圳成立，市委组织部副部长、市人力资源与社会保障局局长张斯恩出席成立大会并为绵阳市驻华南地区劳务基地联络处和广州、珠海等7个工作站授牌颁证。绵阳市驻华南地区劳务基地联络处是绵阳市人社部门驻华南地区的联络机构，具体负责绵阳与华南地区劳务合作、校企对接等事项的沟通联络，加强对外宣传，为绵阳招商引资牵线搭桥，收集整理和反馈当地的用工信息，调查统计在当地务工的绵阳籍农民工基本情况，对绵阳籍农民工开展动态管理和跟踪服务，做好绵阳籍赴外务工人员工作推介。为在当地务工的绵阳籍农民工免费提供政策咨询、职业指导、职业介绍、职业技能培训、劳动维权等服务。

【绵阳市首次实行全国职业技能统一鉴定智能化考试】 2018年11月17日，2018年下半年全国职业技能鉴定统一考试在九洲技师学院举行。绵阳市首次采用智能化方式组织实施全国职业技能统一鉴定。智能化考试依托计算机互联网、局域网进行，采用单人单机的考试模式，具有科学性、安全性、创新性等特点。本次考试首次启用全新的云在线监控系统，对考场进行全方位监控。考试视频实时上传到云端，可通过手机等授权管理客户端随时调取查看，并运用大数据分析和人工智能技术，加强考场管理和考试纪律约束，全面提高考试的安全性，提升考试科学化与规范化管理水平，保障考试的公平公正。

【绵阳市参加第二届“四川工匠杯”职业技能大赛】 2018年11月26—28日，由省人社厅等7个省级部门共同组织、面向全省技能人才的综合性职业技能竞赛——第二届“四川工匠杯”职业技能大赛主赛场决赛在泸州市举行。绵阳市代表队共派出20名选手参加中式烹调师、数控铣工、品酒师、数控车工、车身修理、品酒师、健康与社会照护等10个项目的比赛。经过角逐，绵阳市代表队获得金奖2个、银奖2个、铜奖3个，其中中式烹调师、数控铣工2个项目获得金奖，品酒师、数控车工2个项目获得银奖，车身修理、品酒师、健康与社会照护3个项目铜奖。绵阳市金牌和奖牌总数均排名全省第二，被组委会评为“四川省技能人才培育突出贡献奖”。

【第三届绵阳市职业技能大赛举行】 2018年7月10—12日，绵阳市政府主办的第三届绵阳市职业技能大赛在四川九洲技师学院举行。全市96支代表队361名选手参加12个项目的决赛，经角逐，最终120人获个人单项奖，13个单位获团体奖，39个单位获优秀组织奖，24名执裁人员被评为优秀裁判员、5名获奖选手指导老师被评为优秀教练员。94名获奖选手获得职业资格晋升，其中技师（高级技师）46人、高级工48人。

【绵阳市公共实训基地建设项目开工建设】 2018年，经国家发改委、省发改委批准，中央预算内投资的绵阳市公共实训基地建设项目分别获得中央、省预算内投资2200万元、880万元。年内先后完成项目初步设计、岩土勘察报告、施工图设计、工程量清单和招标控制价编制，施工、监理单位招标等工作，并于11月正式开工。

（古钦译）

高校人才培养

【概况】 2018年，绵阳市有高等院校14所，其中全日制普通教育本科院校6所，分别为西南科技大学、绵阳师范学院、四川文化艺术学院、中国民航飞行学院绵阳分院、西南财经大学天府学院、西南科技大学城市学院；市属全日制普通教育专科院校3所，分别为绵阳职业技术学院、四川中医药高等专科学校、四川幼儿师范高等专科学校；全日制民办高等职业技术学院2所，分别为四川汽车职业技术学院、四川电子机械职业技术学院；成人教育本科院校1所，即中国工程物理研究院职工工学院；成人教育专科院校2所，分别为绵阳广播电视大学、涪江机器厂职工大学。高校校园总面积1013.308公顷，校园内总建筑面积396.19万平方米，图书馆藏书总量（含电子图书）超3134万册，学校固定资产总值625140.7万元。专业涵盖工学、理学、经济学、法学、文学、农学、管理学、教育学、历史学、医学、旅游学等学科门类，有博士点3个、硕士点（覆盖专业）72个、职业技能鉴定站（覆盖工种）147个、国家重点实训基地3个、教育部工程研究中心1个、教育部重点实验室1个、省部级重点实验室10个，共建国家工程技术中心1个、共建国家工程研究中心1个、国家级青少年科技创新工作室1个、国防重点学科实验室1个、四川省博士后创新实践基地1个、四川省工程技术研究中心1个、四川省高等学校重点实验室10个。全年全市新增国家重点实验室1个，即省部共建环境友好能源材料国家重点实验室；教育部批准在西南科技大学成立核废物与环境安全省部共建协同创新中心；省教育厅批准在北川新建四川通用航空职业技术学院；经省科技厅和教育厅批准在绵阳职业技术学院建设省级大学科技园。此外，四川中医药高等专科学校和盐亭县开展校地合作，联合市社科联成立四川岐伯文化研究中心。

2018年，全市高校在册大学生总数为152986人，其中各类全日制在校大学生达到137947人，成教大学生15039人；共有教职工总数10287人，其中教授619人，副教授1762人，具有博士学位教师1022人，具有硕士学位教师3183人。全年医高专等3所市属高校完成招生工作，其中医高专录取3682人，职业技术学院录取4008人，幼儿高等专科学校录取3658人，合计新招收大学新生11348人。绵阳高校打造电子商务相关专业4个，开展电商人才培养培训4000余人次。全年全市普通高校大学毕业生35875人，平均就业率达93.7%。3.8万余名大学生参加大学生就业创业培训，1000余名大学师生参加全国“双创”活动周绵阳分会场创客高校行活动。

2018年，赴重庆大学开展校地合作并取得初步合作成果，开展与华中科技大学大学、电子科技大学、清华大学、北京航空航天大学、吉林大学和天津大学的校地合作对接活动，研究校地合作具体事宜。收集汇总和研判10所绵阳普通高校的科技统计年报表，绵阳高校的R&D数据达到1.46亿元，同比增长25%。

【省部共建环境友好能源材料国家重点实验室】 2018年5月15日，省部共建环境友好能源材料国家重点实验室正式获批建设。实验室依托单位为西南科技大学，聚焦以材料促进能源与环境协同发展，开展前沿基础研究、应用基础研究和技术攻关。以能源材料的研发和应用促进能源资源安全、高效利用。聚焦以材料促进能源与环境协同发展，开展关键材料、核废物处理处置与辐射安全材料、能量的存储和转换机制、高效节能材料等方面研究。实验室与中物院开展院校合作，共建合作平台；与中国空气动力研究与发展中心共建热科学研究中心，开展特殊材料研究。截至年底，实验室1人获四川省创新领军人才长期项目，1人获四川省青年人才项目，1人获四川省杰出青年科技人才项目，3人入选四川省第十二批学术和技术带头人后备人选；同时，实验室申报各级各类国家级人才项目6人次，29人获“龙山人才计划”人才项目资助，3个ESI学科建设学术研究团队和3个科技创新研究团队获“龙山人才计划”团队资助。

【省级大学科技园建设】 2018年7月，省科技厅、省教育厅联合组织的省级大学科技园评审专家组莅临绵阳职业技术学院，对该校大学科技园申报省级科技园进行评审认定。经过现场实地考察、听取大学科技园发展汇报、专家评议讨论三大环节，会议认定绵阳职业技术学院大学科技园为省级大学科技园。专家组一致认为，绵阳职业技术学院大学科技园的建设规划，充分发挥学校特色与优势，构建较好的产学研平台和校企合作机制，对学校创新创业人才培养，聚集创新资源，加快成果转化，推动大学科技园发展，促进绵阳科技城发展具有重要意义，筹建科技园成效明显。科技园申报材料齐全，符合《四川省大学科技园认定与管理办法》的要求，专家一致同意通过评审。（杨进平）

中国国际人才市场国家科技城（绵阳）分市场

【概况】 2015年9月20日，中国国际人才市场国家科技城（绵阳）分市场（以下简称分市场）在第三届中国（绵阳）科技城国际科技博览会闭幕式上举行授牌仪式，2016年启动建设。分市场由绵阳科发集团天达投资开发有限责任公司承建，位于科创园创新中心二期6号楼，建筑面积3533.88平方米，使用面积2120.33平方米。整栋楼共3层，一楼、二楼为功能服务区，三楼为入驻机构办公区。2017年7月，分市场实体建成并正式对外运行。分市场学习借鉴广州、深圳、宁波、扬州、成都、重庆分市场的建设经验，立足绵阳实际，注重科技城创新中心二期公共服务设施互补，科学划分功能服务区域，满足高端国际国内人才一站式公共服务、大型活动、会议、培训、商洽、远程（现场）面试、测评、运营机构办公等各项需求。分市场主要提供国际人才引进、劳务派遣、业务外包、代理招聘、人事代理、培训、劳动人事争议调解、企业咨询等服务。其核心定位是：为科技城人才战略提供支撑；为科技城企业和个人提供专业人力资源服务；通过线上线下服务，为绵阳、四川乃至整个西南地区建设人力资源体系、提升人力资源服务水平提供支撑。2018年，绵阳市执行国家战略产业项目3项、“天府高端计划”项目5项、省常规项目2项，其中子项目21项，获国家、省财政专项资金资助274万元，柔性引进高端国（境）外专家140人、163人次。项目涵盖电子信息、金融科技、新材料、现代农业、医疗卫生等行业。外国专家献力全市重大项目技术攻关，实现产业转型升级，部分产业技术发展呈现井喷效应，创造经济效益累计超2亿元。

【第六届科博会科技人才交流活动】 2018年9月10—14日，分市场先后承办国家级专家智力服务基层行动计划项目——国家重大人才专项专家走进中国绵阳科技城、创业导师走进绵阳留学人员创业园和海外赤子走进绵阳师范学院等活动作为第六届科博会科技人才交流活动。活动期间，21名专家深入企事业单位，通过项目对接、学术交流、现场指导等形式开展智力服务活动。5名全国权威创业导师通过开展名师讲堂、项目推介路演以及深入创业企业实地走访、现场座谈、专业点评等方式对市留创园企业提供智力服务。12名海外高层次人才走进绵阳师范学院，通过学术交流、讲座报告、现场指导等形式开展智力服务活动，解决高校在人才培养、教学科研和发展规划方面的突出问题。共对接超40个单位的72个项目，举办专题讲座和学术交流活动43场次，解决技术难题20个，提出发展建议意见10余条。6名重大人才专项专家、9名海外赤子专家被绵阳师范学院聘为客座教授。（古钦译）

金融服务
Financial Service

社会信用体系建设

【概况】 2018年，绵阳市加强社会信用体系顶层制度建设、公共信用信息共享交换平台建设、信用中国（四川绵阳）网站建设、守信激励与失信惩戒、信用特色品牌创建和加强信用宣传等工作。绵阳城市综合信用指数监测排位呈迅速上升态势，10月、11月在全国262个地级市排名中，分别位居第42、43位，首次进入全国前50名，12月位居第60位，省内排位由第8位上升至第2位。

【社会信用体制机制建设】 2018年，绵阳市召开全市社会信用体系建设工作推进会，并出台《关于贯彻落实四川省关于全面加强电子商务领域诚信建设的实施方案责任分工》《关于加强政务诚信建设的实施意见》《关于加强个人诚信体系建设的实施方案》等规范性文件，印发多个完善工作机制、推进联合奖惩、加强诚信教育宣传的通知。从组织领导、规划部署、制度建设等方面层层推进社会信用体系建设。

【信用信息平台建设】 2018年，全市按照“一网三库一平台+N应用”的建设思路，建成公共信用信息共享交换平台（一期），实现与省级信用信息平台的互联互通。以信用信息平台为依托，全面建成并运行“信用中国（四川绵阳）”网站。全年市信用信息平台共归集各类信用数据674万余条，公示行政许可和行政处罚“双公示”信息136768条。并在信用网站设立红黑榜、双公示、联合奖惩、典型案例、重点人群、统一社会信用代码等公示和查询专栏，年点击量累计达333693次。

【重点领域诚信建设】 2018年，全市完成政府机构和涉金融领域失信问题专项治理，印发《关于开展涉金融领域失信问题专项治理绵阳市工作方案》，对全市四类共86家涉金融领域失信企业完成核查评估和治理整顿。在安全生产、食品餐饮、金融税务、工程建设、交通运输、劳动用工、环境保护等重点领域对监管主体进行信用评级，为全市14544家餐饮服务单位、城区298家房地产开发企业、64家汽车运输企业、2789家用人单位、87家生产性企业建立信用档案。各级工商登记机关参考信用记录对辖区企业实施监管。

【信用联动监管格局构建】 2018年，全市出台《关于加快推进失信被执行人信用监督、警示和惩戒机制建设的实施意见》《绵阳市事业单位失信被执行人相互通报及联合惩戒规定（试行）》等制度性文件，建立联合奖惩典型案例报送机制。人民银行与市工商局建立征信市场监管协调机制，确定协作内容、形式和联系方式，落实具体实施部门。按季开展联合监测，定期反馈绵阳征信机构监测情况，共同学习法规制度，提高联合监管检查能力。发改、税务、住建、工商、质监、安监、食药监、交通运输、旅发委等部门联合开展“红黑名单”的认定和发布工作。“信用中国（四川绵阳）”网站累计发布A级纳税人、海关高级认证等“红名单”信息1737条，失信被执行人等“黑名单”信息11296条。全市银行机构向817家纳税信用良好的企业发放贷款62.55亿元，对A级纳税人实行按需领用普通发票、取消增值税发票认证、行政审批绿色通道、简化进出口货物单证审核等激励措施7694户次。对失信被执行人、D级纳税人实行惩戒措施21548户次。

【信用成果运用推广】 2018年，市发改委、市住建局、市交通运输局、市水务局联合出台《绵阳市国家投资工程建设项目采用随机抽取方式确定中标候选人实施细则》，在招投标领域全面使用信用信息和信用报告。市住房公积金管理中心在全省率先设立“住房公积金信用贷”，累计向70家民营企业发放住房公积金信用贷款6500万元。推广“科创·税e贷”创新产品，支持信用等级高的科技型企业获得信用与轻资产质押贷款，累计发放贷款29亿元。“5·12”汶川特大地震纪念馆试运行四川首家AAAAA级旅游景区“诚信购物店”。涪城区、游仙区、盐亭县探索开展个人信用评分与应用，开展“诚信涪城”“信义游仙”等信用特色品牌创建。

【诚信宣传教育工作】 2018年，全市建立四部门工作联动机制，联合发改委、教文体局、团市委会商研究诚信文化教育工作重点，确定工作推进模式，建立健全工作协调机制、联合督导机制、评价考核机制和信息共享机制，其中特别注重扩大校园诚信文化教育的覆盖面和影响力。开展“六进”征信宣传活动。组建诚信宣讲团，创建“绵州信用”微信公众号，利用春节外出务工人员返乡潮、“3·15”消费者权益保护日、“6·14”全国信用记录关爱日、金融知识普及宣传月、春秋开学季等时间节点，开展送征信知识“进机关、进社区、进乡村、进企业、进校园、进景区”系列宣传活动。其中“6·14”信用记录关爱日”举办大型集中宣传12场，张贴宣传海报1000份，散发宣传资料3.5万份，现场解答业务咨询6700人次，赠送宣传小礼品7100份，5500人次关注“绵州信用”微信公众号并参与有奖知识问答，近4万名群众接受信用知识再教育。《绵阳日报》、中国绵阳新闻网、信用中国（四川绵阳）、绵阳广播电视台等媒体对活动进行报道。全年在全市公务员年度培训中开设《我国个人信用体系构建策略》等信用课程，参加培训人员共1.85万人。建立信用信息归集报送和审核发布工作机制，在“信用中国（四川绵阳）”网站和《绵阳日报》开通“诚信建设万里行”主题宣传专栏，加强对各地各部门信用工作的宣传力度及对守信行为的宣传和对失信行为的曝光力度。

【小微企业信用体系建设】 2018年，全市持续开展库网平台建设和运用，组织实施“千户百亿”金融培育工程，为金融机构和企业提供线上融资对接服务，支持信用等级高的企业快速获得低成本融资，推进“信用”快速转化为“资本”。采集共享9.42万家企业各类信用信息157万条，全市1900家企业注册并发布融资需求2306个，完成项目对接1851个，实现融资163.3亿元，其中“科创·税e贷”融资29.86亿元。建立信用联合激励惩戒机制。加强“红黑白名单”管理，建立健全基于信用评价的信用激励惩戒机制，加大对守信红名单企业的金融支持，引导金融机构对白名单企业实施信贷优惠，联合政府部门对黑名单企业实施惩戒，探索信用救济，帮助有意愿的企业从黑名单中退出。组织开展2016—2017年度金融守信红名单企业评选，并向社会公布55家“金融守信企业红名单”企业。

【农村信用体系建设】 2018年，全市推动农村信用体系建设，助力金融精准扶贫，以乡村振兴、金融精准扶贫工作为抓手，加大农村库网平台推广使用。共采集5363家涉农法人企业、124万户农户、426户家庭农场、农户借款记录等信息66万余条。组织开展金融生态环境评价等工作，累计评定信用户88万家，评定信用村1720个，评定信用乡镇126个，建档立卡贫困户信用评价覆盖面达100%。注重农村信用评定成果运用，将辖区存量信用户、村、乡评定结果全量报送入库。推动各涉农金融机构对信用户实行差别化利率优惠5%~15%。推广“公司+农民专业合作社+农户”“农民专业合作社+农户”等农业产业链金融扶贫模式，依托中小微融资对接平台实现农村法人企业授信金额13.12亿元。

【校园诚信文化教育活动】 2018年，全市打造校园诚信文化教育模式，按照“以点带面，示范带动”的工作思路，选取西南科技大学、四川幼儿师范高等专科学校、绵阳师范学院、绵阳南山中学等，采取集中授牌、上好“开学第一课”、设立诚信小超市、诚信班级评选、诚信征文比赛、诚信演讲比赛、征集诚信校训校歌、讲述身边诚信故事等形式，推动“一人一校一队”校园诚信文化教育活动深入开展，发挥“小手拉大手”的社会传播效应，提高全社会诚信意识。推动诚信教育走进高校课堂。联合推动西南财经大学天府学院开设征信（信用）知识选修课程，将诚信道德教育融入录取通知书、助学贷款和信用卡申请、期末考试、学术论文等环节，采取共同授课、专题讲座、征信知识辩论赛等形式，面向高校学生开展诚信文化教育，多渠道普及宣讲个人信息保护、征信维权等知识，持续深化高校征信教育理论研究合作，探索推进高校征信教育工作模式。创建校园诚信教育示范基地。联合市发改委、市教体局、团市委联合开展“诚信校园行”系列校园诚信文化教育活动，在南山中学启动首个“校园诚信文化教育基地”授牌仪式暨“诚信第一课”示范活动，并持续在各县市园区展开系列活动。

【绵阳市“金融守信企业”评选】 2018年11月30日，绵阳市中小企业信用体系建设工作领导小组办公室根据《绵阳市中小企业信用体系试验区建设工作方案》工作安排，按照《绵阳市“金融守信企业红名单”评选暂行办法》规定及企业自愿申报与银行推荐相结合原则，通过申报、推荐、初审、复审、公示等程序，产生2016—2017年度绵阳市“金融守信企业”名单，共评选出四川永贵科技有限公司、绵阳市紫金印象餐饮管理有限责任公司、四川长虹电器股份有限公司、太极集团四川绵阳制药有限公司等55家金融守信企业。

（师途 任海）

2016—2017 年度绵阳市“金融守信企业”名单

表 26

序号	企业名称	序号	企业名称
1	绵阳高新区新茜南实业有限公司	29	四川海瑞尔重型包装有限公司
2	四川永贵科技有限公司	30	绵阳新亚科技有限公司
3	绵阳市紫金印象餐饮管理有限责任公司	31	四川省绵阳红方实业有限公司
4	四川隆盛科发实业有限公司	32	绵阳宏坤建设有限责任公司
5	四川长虹电器股份有限公司	33	绵阳市政峰实业有限责任公司
6	太极集团四川绵阳制药有限公司	34	绵阳市三汇实业有限责任公司
7	四川长虹电子控股集团有限公司	35	绵阳市宏盛源商贸有限责任公司
8	北川县禹露茶业有限公司	36	四川东辰（集团）股份有限公司
9	四川省羌山农牧科技股份有限公司	37	梓潼君辉膨润土开发有限责任公司
10	四川久远化工技术有限公司	38	绵阳鼎鑫工业机械制造有限公司
11	四川超声印制板有限公司	39	绵阳高新区天力机械有限责任公司
12	四川绵阳黄河电子电器有限公司	40	四川绵阳华元航升环保科技有限公司
13	四川佳瑞药业有限公司	41	四川华拓光通信股份有限公司
14	绵阳虹瑞科技有限公司	42	绵阳花园投资集团有限公司
15	绵阳市金诺瑞饼业有限公司	43	四川绵阳德鑫机械有限公司
16	北川禹珍实业有限公司	44	四川尚高建设有限公司
17	江油兴蜀石化有限公司	45	四川东都商贸有限公司
18	江油市新华石油有限公司	46	四川聚鸿建材有限公司
19	四川新为橡塑有限公司	47	四川省银河化学股份有限公司
20	江油市华丰肉类联合加工有限公司	48	绵阳中研磨具有限责任公司
21	江油天安矿业有限公司	49	太极集团四川天诚制药有限公司
22	绵阳市腾晖建材有限公司	50	四川梓州实业有限公司
23	绵阳豪茂魔芋食品有限公司	51	三台县盛达路桥建设有限责任公司
24	绵阳市安州区辉达油脂化工有限责任公司	52	三台县小寨子畜牧科技有限公司
25	绵阳市博媛建材有限公司	53	绵阳佳禧印染有限责任公司
26	绵阳市永丰园生态农业有限责任公司	54	绵阳市朝育机械有限公司
27	绵阳宏辰建设工程有限公司	55	四川铁骑力士实业有限公司
28	绵阳市圣鼎建筑有限公司		

（任　海）

金　融

【概况】　2018年，绵阳市金融工作持续深化金融改革与金融创新，优化金融生态环境，围绕科技城建设，服务创新驱动战略，探索创新金融服务体系，激发金融发展内生动力与活力。应收账款融资模式、“税鑫融”成效明显，启动“绵荟融通”，放宽住房公积金信用贷政策，拓宽企业融资渠道，加大企业融资力度。

【中小微企业应收账款融资模式】　2016年，绵阳市以核心企业带动供应链中小微企业融资的应收账款融资新模式，为核心企业、供应链中小微企业和金融机构提供一体化线上融资对接服务，解决银行应收账款商品交易真实性核实难、债务人确权难、信息不对称等问题，实现提高应收账款融资效率和风险防控水平的双重目标，2018年，全市新增融资额51.2亿元。

【“税鑫融”财税资综合服务平台】　2017年，绵阳市推出以税务为引领融合企业和中小微企业财务、资金信息，助推企业提升管理水平、规范经营行为，提升纳税信用评级，并作为企业融资的有效征信依据，帮助企业一站式解决融资难、融资成本高、财务不健全、税务不规范等问题，推动“数据多跑路、企业少跑路”。2018年，全市“税鑫融”授信3000万元，贷款余额567万元。人保财险推出首台（套）重大技术装备综合保险，平安产险推出高新技术企业产品研发责任保险、高新技术关键研发设备保险等11个创新产品。

【金融配套服务】　2018年，全市出台《绵阳银行业服务实体经济发展普惠金融十条措施》《绵阳市绿色金融发展意见》等指导性文件。打造绵阳市中小微企业信用服务网及融资对接平台，建立跨部门信息采集、更新、共享机制，采集4.1万家企业各类信用信息130万条，实现融资金额93.3亿元。建设科技金融服务大厅，实施“阵地+”精准服务，在国家两用技术交易中心二楼打造集融资路演、对接交易等功能于一体的一站式科技金融服务大厅和新三板俱乐部，引进长虹创新投、人保财险等24家机构入驻。　（杨　杰）

【“绵荟融通”平台启动】　2018年11月，由绵阳市人民政府牵头，市经信委、人民银行绵阳中心支行等多部门共建的“绵荟融通”平台（即绵阳市中小企业融资服务网）正式启动。该平台按照“政府引导、市场驱动、企业建设”原则，整合多方资源建设，致力于链接中小企业、政府部门、融资机构、中介机构，实现信息服务、信用共享、融资对接、部门管理、统计监测等综合功能，形成与全市公共信用信息共享平台、二代中小（微）信用信息数据库优势互补、互联共享，为中小微企业融资服务提供强力支撑。该项目一期正式上线运营后，平台运用推广工作选择三台县作示范，并在全市各县市园区全面启动。　（任　海）

【邮储银行200亿元助推西部先进制造强市建设】　2018年4月3日，市经信委与邮储银行绵阳分行就中小企业金融服务签署战略合作协议。根据该协议，邮储银行绵阳分行为加快推进绵阳市建设西部经济强市和先进制造强市提供200亿元信贷资金保障。签约仪式上，市经信委副主任肖元书和邮储银行绵阳市分行副行长康年淦作为双方代表在协议上签字。绵阳市委常委、副市长杨学宁，邮储银行四川省分行副行长刘强见证签约仪式。

【“住房公积金信用贷”政策放宽】　2018年，绵阳市针对部分民营企业因无固定资产抵押、信息不对称、担保缺乏等造成的融资难问题，继续执行“住房公积金信用贷”，并在准入门槛、审批程序等方面作适当调整。降低准入门槛，降低信用贷企业申报准入条件，将至少连续2年正常缴存住房公积金、申请贷款时企业缴存人数不少于10人、月缴存基数原则上应不低于注册地月最低工资标准1.5倍等条件分别放宽至1年、5人、月缴存基数不低于最低工资，明确单户贷款最高额度200万元，期限不超过1年，不需提供财产抵押或第三方担保。简化审批程序，将合作金融机构由建设银行、工商银行2家增加至4家，将线下业务审批模式升级为线上办理模式，对接住房公积金业务管理系统与金融机构业务系统，企业网上申请，公积金中心工作人员在线核验公积金缴存情况，贷款时间由5—7个工作日缩短至3—5个工作日。增设专属服务。组建住房公积金信用贷款业务专业服务团队，通过信息咨询、服务对接、跟踪回访等方式，精准掌握企业融资需求，量身定制最优融资方案，并增设专人代办、全程帮办等专属服务，不断提升群众满意度。截至年底，累计向70家民营企业发放住房公积金信用贷款6500万元。 （李维怡）

政府投资基金管理

【概况】 2018年，市财政局所属绵阳聚融股权投资基金管理有限公司（以下简称绵阳聚融公司）在2016年组建设立的4支基金的基础上，加快资金的募集到位和项目的选择投资。其中绵阳科技城城市基础设施建设基金累计完成投资金额11.23亿元，绵阳科技城集中发展区基础设施建设基金累计完成投资金额12.5亿元，绵阳市振兴县域经济产业发展股权投资基金设立于2018年，首期规模5亿元。

【绵阳科技城城市基础设施建设基金】 2016年8月，基金由绵阳聚融公司发起设立，基金规模为12亿元，其中绵阳聚融公司代表市政府引导基金实缴出资2亿元，交银国际信托有限公司实缴出资10亿元。基金资金12亿元于2016年11月全部到位，截至2018年年底，基金投入平政桥和花园雨污水改造提升、美丽绵阳亮化工程等城市基础设施建设以及农业水利、社会公益事业、公共服务等多个领域的40余个项目，累计完成投资金额11.23亿元。

【绵阳科技城集中发展区基础设施建设基金】 2016年11月，基金由绵阳聚融公司发起设立，基金规模为12.5亿元，其中绵阳聚融公司代表市政府引导基金实缴出资2.5亿元，华宝信托有限责任公司实缴出资10亿元。基金资金12.5亿元于2017年1月全部到位，截至2018年年底，基金投入科技城集中发展区综合管廊等城市基础设施建设以及社会公益事业、公共服务等多个领域的20余个项目，累计完成投资金额12.5亿元。

【绵阳科技城“两新”产业发展股权投资基金】 2016年6月，基金由绵阳聚融公司发起设立，基金规模为5亿元，其中政府引导基金出资25%，基金管理机构出资1%，剩余部分由基金管理机构负责募集社会资本。截至2018年年底，基金储备投资项目15个，完成投资并成功退出产业项目1个。

【绵阳市振兴县域经济产业发展股权投资基金】 2018年8月，基金设立注册，首期规模5亿元（总规模50亿元），其中政府引导基金出资25%（市县两级财政各出资50%），普通合伙人出资1%，由其募集社会资本74%。基金主要支持绵阳市县域经济产业发展，基金规模的60%投向相关产业领域的企业，40%可投向绵阳区域外。基金首个拟投资项目于同年12月经市政府批准同意，拟投资金额1亿元。 （谢成刚）

上市公司

【概况】 2018年，全市召开推进企业上市专题会、“新三板”重点企业培训座谈会、支持企业上市挂牌实施意见座谈会、推进企业在“新三板”挂牌目标落实工作会等，出台《绵阳市推进企业上市挂牌“三年行动计划”》促进企业上市，服务上市企业。全年全市有上市挂牌公司30家，总市值达908.86亿元。

【上市企业服务】 2018年，绵阳市拓宽企业融资渠道，实现直接融资和其他融资97.92亿元，上市公司历年累计实现融资476.77亿元。其中IPO融资约48.73亿元，再融资（股权融资）约241.99亿元，再融资（债券融资）约186.06亿元。“新三板”融资约6.03亿元。支持企业登陆资本市场。绵阳有A股上市公司9家、港股上市公司3家、“新三板”挂牌企业18家，另有拟上市在审企业1家、辅导期企业2家。支持证券期货经营机构在绵阳科技城集聚发展。绵阳科技城有证券公司分公司2家、证券公司营业部33家、期货公司营业部2家。

绵阳市上市公司IPO首发融资情况一览

表27

序号	名称	首发时间	发行股价	首发数量（万股）	融资金额（万元）
1	新希望六和股份有限公司	1998.03.11	6.9	4000	27600.00
2	四川长虹电器股份有限公司	1994.03.09	—	—	—
3	四川西部资源控股股份有限公司	1988.12.30	2	2100	4200.00
4	四川双马水泥股份有限公司	1999.10.24	4.5	5800	26100.00
5	四川东材科技集团股份有限公司	2011.05.20	20	8000	160000.00
6	四川九州电子科技股份有限公司	2015.03.30	—	—	—
7	利尔化学股份有限公司	2008.06.26	16.06	3400	54604.00
8	四川富临运业集团股份有限公司	2010.02.10	14.97	2100	31437.00
9	新晨中国动力控股有限公司	2013.03.13	2.23	34720	77427.384
10	四川长虹佳华信息产品有限责任公司	2000.01.17	1.3	3000	3900.00
11	中国金属资源利用有限公司	2014.02.21	1.13	62528.4	60096.2928
12	绵阳富临精工机械股份有限公司	2015.03.19	13.97	3000	41910.00
合计				127648.4	487274.6768

绵阳市上市企业再融资（股权融资）一览

表28

序号	名称	融资时间	融资股价	融资数量	融资金额（元）	融资方式
1	新希望六和股份有限公司	2017.01.24	8.38	47780425	400399961.50	发行股份购买资产
2	四川双马水泥股份有限公司	2015.03.30	5.64	147578333	832341798.12	发行股份购买资产
3	四川九州电子科技股份有限公司	2015.03.30	25.08	51515151	1291999987.08	非公开发行股份
4	利尔化学股份有限公司	2016.02.05	9.87	59742482	589658297.34	配股
5	绵阳富临精工机械股份有限公司	2016.12.29	16.46	94021155	1547588211.30	定向增发
6	四川长虹电器股份有限公司	1995.08.14	7.35	59454690	436992000.00	配股

续表

序号	名称	融资时间	融资股价	融资数量	融资金额（元）	融资方式
7	四川长虹电器股份有限公司	1997.09.10	9.8	236241509	2315166788.30	配股
8	四川长虹电器股份有限公司	1999.08.24	9.98	175243190	1748927036.00	配股
9	新希望六和股份有限公司	2001.03.28	16	12000000	192000000.00	配股
10	四川西部资源控股股份有限公司	2008.12.11	16.68	39088729	651999999.72	定向增发
11	四川九州电子科技股份有限公司	2010.06.17	8.59	57958183	497860791.97	定向增发
12	新希望六和股份有限公司	2011.11.04	8	905298070	7242384560.00	定向增发
13	四川双马水泥股份有限公司	2011.04.13	7.61	296452000	2255999720.00	定向增发
14	四川西部资源控股股份有限公司	2011.09.29	19.58	35750766	699999998.28	定向增发
15	四川九州电子科技股份有限公司	2012.07.20	6.2	79900000	495380000.00	定向增发
16	新希望六和股份有限公司	2014.09.03	8.46	354609927	2999999982.42	定向增发
合　计				2652634610	24198699132.23	

绵阳市上市企业再融资（债券融资）一览

表 29

序号	名称	发行时间	发行金额（元）	债券类型
1	新希望六和股份有限公司	2016.09.23	2000000000	一般中期票据
2	四川长虹电器股份有限公司	2016.01.28	1500000000	超短期融资债券
3	新希望六和股份有限公司	2015.08.25	800000000	一般短期融资债券
4	四川长虹电器股份有限公司	2015.05.11	3000000000	一般短期融资债券
5	四川长虹电器股份有限公司	2014.05.06	3000000000	一般短期融资券
6	四川双马水泥股份有限公司	2014.07.08	300000000	一般中期票据
7	新希望六和股份有限公司	2014.10.13	200000000	一般短期融资券
8	新希望六和股份有限公司	2013.09.09	1000000000	一般短期融资券
9	四川西部资源控股股份有限公司	2013.03.08	600000000	一般公司债
10	四川双马水泥股份有限公司	2013.09.23	500000000	一般短期融资券
11	四川长虹电器股份有限公司	2009.07.31	3000000000	可分离转债存债
12	新希望六和股份有限公司	2009.11.25	800000000	一般公司债
13	四川长虹电器股份有限公司	2017.11.03	581000000	证监会主管 ABS
14	四川长虹电器股份有限公司	2017.11.03	352000000	证监会主管 ABS
15	四川长虹电器股份有限公司	2017.11.03	68000000	证监会主管 ABS
16	四川长虹电器股份有限公司	2017.11.03	53000000	证监会主管 ABS
17	利尔化学股份有限公司	2018.10.16	852000000	可转债
合　计			18606000000	

【上市挂牌公司情况】 2018年，绵阳市有上市挂牌公司30家，其中主板6家、中小板2家、创业板1家、港股H股3家、“新三板”18家。按县市区、园区属地分，高新区8家（“新三板”4家）、科创园区6家（“新三板”4家）、涪城区5家（“新三板”3家）、江油市3家（“新三板”2家）、经开区3家（“新三板”1家）、北川“新三板”2家、游仙区2家（“新三板”1家）、梓潼县“新三板”1家。截至年底，绵阳上市挂牌企业总市值达908.86亿元。

2018年绵阳市上市挂牌公司一览

表30

序号	名称	上市地及板块	属地	行业
1	四川长虹电器股份有限公司	上海A股（主板）	高新区	消费电子
2	四川西部资源控股股份有限公司	上海A股（主板）	高新区	新能源汽车
3	四川东材科技集团股份有限公司	上海A股（主板）	经开区	新材料
4	新希望六和股份有限公司	深圳A股（主板）	高新区	农产品
5	四川双马水泥股份有限公司	深圳A股（主板）	江油市	建材
6	四川九州电子科技股份有限公司	深圳A股（主板）	科创园区	—
7	利尔化学股份有限公司	深圳A股（中小板）	经开区	化肥与农民
8	四川富临运业集团股份有限公司	深圳A股（中小板）	涪城区	公路运输
9	绵阳富临精工机械股份有限公司	深圳A股（创业板）	涪城区	锂电池
10	新晨中国动力控股有限公司	港交所H股	高新区	新能源汽车
11	四川长虹佳华信息产品有限责任公司	港交所H股	科创园区	软件类
12	中国金属资源利用有限公司	港交所H股	游仙区	能源
13	四川龙华光电薄膜股份有限公司	北京股转中心（新三板）	涪城区	其他光电
14	绵阳捷智科技股份有限公司	北京股转中心（新三板）	涪城区	电气机械
15	四川长虹民生物流股份有限公司	北京股转中心（新三板）	涪城区	物流
16	四川赛卓药业股份有限公司	北京股转中心（新三板）	高新区	化学制药
17	绵阳众工机械股份有限公司	北京股转中心（新三板）	高新区	工业机械
18	四川福德机器人股份有限公司	北京股转中心（新三板）	高新区	通用设备
19	四川长虹新能源科技股份有限公司	北京股转中心（新三板）	高新区	电气设备
20	四川西科种业股份有限公司	北京股转中心（新三板）	科创园区	种植业与林业
21	四川九洲光电科技股份有限公司	北京股转中心（新三板）	科创园区	光学光电子
22	四川奇石缘科技股份有限公司	北京股转中心（新三板）	科创园区	电气设备
23	绵阳立德电子股份有限公司	北京股转中心（新三板）	科创园区	医疗器械服务
24	四川特飞科技股份有限公司	北京股转中心（新三板）	北川	—
25	四川省羌山农牧科技股份有限公司	北京股转中心（新三板）	北川	养殖业

续表

序号	名称	上市地及板块	属地	行业
26	四川远方高新装备零部件股份有限公司	北京股转中心（新三板）	江油市	通用设备
27	四川南联环资科技股份有限公司	北京股转中心（新三板）	江油市	新材料
28	四川蜀旺新能源股份有限公司	北京股转中心（新三板）	经开区	科技推广和应用
29	四川圣迪乐村生态食品股份有限公司	北京股转中心（新三板）	梓潼县	养殖业
30	四川恒力通农牧科技股份有限公司	北京股转中心（新三板）	游仙区	养殖业

绵阳市上市挂牌公司市值一览

表 31

序号	公司名称	总市值（亿元）
1	新希望六和股份有限公司	329.6924
2	四川西部资源控股股份有限公司	25.4166
3	四川双马水泥股份有限公司	110.9279
4	四川九洲电器股份有限公司	51.5495
5	四川富临运业集团股份有限公司	18.2451
6	四川东材科技集团股份有限公司	25.44
7	四川长虹电器股份有限公司	113.098
8	绵阳富临精工机械股份有限公司	30.1367
9	利尔化学股份有限公司	76.506
10	新晨中国动力控股有限公司	5.5776
11	中国金属资源利用有限公司	112.9678
12	四川长虹佳华信息产品有限责任公司	9.31
合　计		908.8676

【《绵阳市推进企业上市挂牌“三年行动计划”》】 2018年12月19日，市政府第54次常务会议审议通过《绵阳市推进企业上市挂牌“三年行动计划”》并印发。根据该计划，绵阳市企业上市工作坚持“企业自愿、市场主导、政府引导”原则，按照“储备一批、培育一批、改制一批、上市一批”的工作思路，加大企业上市挂牌推进力度，建成较为完善的覆盖企业发展全过程服务的孵化培育体系，政策支撑体系和投融资服务体系，着力培育一批主业突出、成长性好，带动力强，符合国家产业政策的上市挂牌后备企业。主要是建立资源“两库”即建设上市企业后备库、上市服务中介及投资咨询顾问机构资源库。健全培育机制。采取社会购买服务方式组建企业上市挂牌孵化培育平台和专家团队，落实培育抓手、完善培育体系。组建投融资综合服务团，深入各产业园区、各重点行业，深度服务企业上市挂牌。各县市区政府、园区管委会择优签约1家以上券商，依托专业机构智力支撑统筹推进辖区企业上市挂牌。推动企业改制。落实《四川省人民政府办公厅关

于推动规模以上企业对接资本市场规范化公司制改制的指导意见》精神，县市区、园区每年改制比例不低于应改制企业数的10%；到2020年末，实现辖区50%的规上企业完成规范化公司制改制，促进规模以上企业普遍建立现代企业制度，具备对接资本市场的基本条件。拓宽上市渠道。坚持境内和境外上市并重、直接上市和间接上市并重、上市和挂牌并重，实施多层次、多渠道上市挂牌计划，引导企业科学选择适合自身实际的登陆资本市场的路径。2018年，后备企业库首批入库111家，上市服务中介库首批入库52家。

【“新三板”重点企业培训座谈会】 2018年4月26日，全市为加大企业上市挂牌培育，助推企业运用资本市场工具转型升级、做优做强，绵阳市上市办牵头在四川豪特实业集团有限公司举办“新三板”重点企业培训座谈会。全市县市区、园区金融主管部门负责人及“新三板”挂牌企业、拟挂牌企业代表60余人参会。会议由企巢“新三板”学院绵阳分院院长周韬主持，市政府金融办资本市场科负责人致辞并分享绵阳企业在“新三板”的发展历程和业绩。特邀中国社会科学院管理学博士、“新三板”业内领军人物、企巢“新三板”学院院长程晓明作《“新三板”当前形势与未来出路的分析》主题演讲。

（段　飞）

科技金融

【概况】 2018年，全市在科技金融工作中通过不断完善顶层设计、落实政策资金保障，开展金融产品创新、服务模式创新等方式，调动金融机构和科技企业的积极性，“科金云”服务模式在各县市区、园区持续推广。全市加大宣传绵阳科技金融工作力度，建立数据开放共享长效机制，激励绵阳银行业机构开发创新，推出适合科技企业发展的科技金融信贷产品。用好用活信贷融资“风险池”补偿资金，深化与银行、保险、担保等金融机构合作，激发金融机构创新活力。科技信贷专营机构累计创新推出“应收账款质押贷”“设备仪器贷”“住房公积金信用贷”“税鑫融”“科创·税e贷”等科技信贷产品50多个。截至年底，5家合作的科技信贷专营机构累计为583家科技型中小企业发放贷款63.43亿元，在其示范引领下，全市科技型企业贷款余额319.4亿元，贷款企业1465家，专利权质押贷款累计4.58亿元。

【投融资服务】 2018年，全市先后举办绵阳高新技术企业融资培训会、金融助力发展暨险企金融产品创新工作推进会、推进企业上市培训会、工行创新支持发展暨投贷联动业务对接会等，先后组织近300家科技企业参加四川省首届天府金融博览会、第六届中国（西部）高新技术产业与金融资本对接推进会等。带领国内知名创投深创投、九鼎投资、硅谷天堂、清科母基金、中天国富、海辰投资等深入长虹电源、长虹技佳、华丰、麦斯威尔等企业开展调研、对接，寻求投资合作。其中在“第六届中国（西部）高新技术产业与金融资本对接推进会”上，共征集融资项目56个，实现成果转化项目32个，路演项目3个，现场签约项目6个，签约金额达2.395亿元；2家绵阳科技支行展示科技信贷产品并实现现场签约。鼓励企业挂牌上市，全年全市新三板挂牌企业18家；天府（四川）股权交易中心挂牌企业353家，其中科技金融板163家，市财政拨付挂牌补贴176.5万元。

【融资担保服务】 2018年，全市加强融资担保体系建设，发挥融资担保作用。支持担保机构的健康发展，争取到国、省两级融资担保补助资金，继续做好对融资担保和中小工业企业的担保贷款风险补助和支持的工作，引导和鼓励民营资本投资担保业，增大融资性担保公司资本金实力。截至年底，政策性、商业性和互助式会员制三大类型担保机构，共为1640家企业担保2285笔，新增中小企业担保额31.06亿元，在保余额55.98亿元。设立2.6亿元企业应急转贷资金，累计为144家企业转贷274笔，转贷总金额19.71亿元。

【科技保险】 2018年，全市按照《绵阳市开展科技保险工作的实施意见》，开展科技保险工作，通过分担创新风险，促进发展“两新”产业和开展“双创”工作。全年共有43家高新技术企业参加科技保险，保费收入1096.56万元，保障额157.2亿元，各级财政拨付保费补贴255.4万元。累计共有92家（次）高新技术企业参加科技保险，累计保费补贴630多万元，累计保险事故13起，理赔385万元。

【“科金云”服务模式推广】 2018年，具有绵阳特色的“政策扶持+基金引导+风险补助+平台保障+创新服务”服务模式（即“科金云”服务模式）形成后，各县（市）区、园区因地制宜地开展科技金融工作。截至年底，高新区成立“科技金融创新中心”推进领导小组，启动全国首创的绵阳“税鑫融”财税资综合智能服务平台，为267家入驻平台企业补贴服务费157.92万元，知识产权质押融资金额达8000多万元。对首批参与税鑫融平台的1300家企业给予平台年费服务补贴。组建4支创投（基金）公司，基金规模达62亿元，兑现1.6亿元财政扶持资金，为27家企业兑付科技保险补贴186.9万元。科创区通过引进10余家天使、VC、PE在园区设立机构，成立天府（四川）联合股权交易中心绵阳分中心，设立1000万元的双创孵化投资基金，为13家企业兑付科技保险补贴89.6万元。江油市成立3家科技金融服务中心，设立300万元“风险池”资金、800万元“园保贷”风险补偿资金池，累计为10家企业放贷2910万元。设立4亿元工业发展投资引导基金，支持创新型、科技型中小微企业发展。兑现2家“新三板”挂牌企业200万元奖励。游仙区每年安排1000万元预算用于科技型中小企业发展工作，设立全国首款纯线上、秒申秒贷的10万~100万元“创客贷”产品，随借随还，按日计息，累计为22家企业贷款351万元，为11家企业兑付科技保险补贴78.2万元。经开区重点对企业科技创新、技术改造、升规入统、融资等方面进行资金扶持。设立200万元种子资金，为企业提供种子资金扶持。通过举办多种形式的投融资对接活动，为3家中小科技企业完成325万元融资，累计为科技企业提供贷款担保4400余万元，为11家企业兑付科技保险补贴86万元。安州区财政出资500万元设立“助保贷”风险补偿基金，举办5场次对接培训辅导会，完成16家企业在“新四板”挂牌，2家企业签订“新三板”挂牌辅导协议，为2家企业引入股权投资2600万元，为3家企业兑付科技保险补贴19万元。盐亭县推进平台建设，通过平台放贷2.71亿元。2家高科技企业获得风投1亿余元。5家企业通过省市两级科技成果转化风险补偿专项资金的担保获得科技贷款1000万元。科学城开展多种形式的投融资对接会、培训会、融资路演等活动，与银行、保险、担保等金融机构合作，为12家企业进行融资签约。

【全市债券融资信用增进培训对接会】 2018年5月30日，全市为增强金融服务实体经济能力，引领企业直接融资、实现转型升级，市政府金融办、市发改委、人民银行绵阳中心支行联合举办全市债券融资信用增进培训对接会。市属和县市区、园区政府平台公司、部分绵阳上市公司、重点企业，以及县市区、园区金融办负责人参加培训对接会。会上，天府（四川）信用增进公司、中国银行、中信证券等单位对参会人员进行信用增进业务、债券承销及信用评价等业务培训。

（陈　华）

索引说明

一、本索引是《中国（绵阳）科技城年鉴（2019）》的主题词、内容分析索引，分主题词索引和图表索引；正文中凡具有独立检索意义的完整资料，都可以通过本索引进行检索；正文中的概述与概况不作为检索内容；统计资料等以类目进行检索。

二、索引按汉语拼音字母（同音字按声调）顺序排列。类目、分目以黑体字排印，其余款目用宋体排印。

三、索引款目后的数字表示内容所在页码，数字后的字母（a、b）表示栏别（即版面的1、2栏）。表、图索引以页码序号排列。

四、内容有交叉重复的款目，为方便读者检索，在本索引词条后有页码标识。

主题词索引

A

B

C

D

E

F

G

H

J

K

L

M

Q

R

S

T

W

X

Y

Z

图表索引